Ralph Ghadban

Allahs mutige Kritiker

Ralph Ghadban

Allahs mutige Kritiker

Die unterdrückte Wahrheit
über den Islam

FREIBURG · BASEL · WIEN

MIX
Papier aus verantwor-
tungsvollen Quellen
FSC® C014496

© Verlag Herder GmbH, Freiburg im Breisgau 2021
Alle Rechte vorbehalten
www.herder.de

Satz: ZeroSoft, Timisoara
Herstellung: GGP Media GmbH, Pößneck

Printed in Germany

ISBN Print 978-3-451-38591-9
ISBN E-Book 978-3-451-81871-4

Inhalt

Einleitung 9
1. Religionskritik und christliche Theologie 15
   Die Religionskritik 15
   Die christliche Theologie 19
   Trennung von den Juden 19
   Die Bekämpfung der Gnosis 22
   Die Entstehung der Orthodoxie 27
   Der theologische Übergang zum Islam 29
   Die Bewährungstheologie 30
   Der Arianismus 31
   Die Monophysiten 33
   Der Abrahamismus 36
   Die Judenchristen 38
   Zusammenfassung 41
2. Geschichte und Heilsgeschichte 43
   Die Geschichte 43
      Die zweifelhafte Geschichte 44
      Das unsichtbare Mekka 46
      Der Hedschas – der falsche Ort? 48
      Der Koran 51
      Misstrauen in der Gelehrsamkeit 56
   Die Heilsgeschichte 59
      Alte und neue Forschung 59
      Die Wirren des 7. Jahrhunderts 61
      Die Araber 63
      Die Apokalyptik 68
      Die Invasion der Araber 69

Inhalt

Religion oder Politik?	72
Zusammenfassung	74
3. Die islamische Theologie	75
Die Koranforschung	76
Die fehlende Tradition	80
Die politische Religion	84
Keine theologische Reflexion	85
Der Kalif als Stellvertreter Gottes	87
Der Kampf um die Macht	90
Die letzte Konfrontation unter Christen	92
Eine neue Religion: der Islam	95
Die islamische Theologie	98
Freier Wille und Prädestination	99
Die Theologie der Muʻtaziliten	100
Zusammenfassung	105
4. Ahl al-sunna – Die Verdrängung der autonomen Vernunft	107
Der *fiqh* – Das islamische Recht	107
Hadith und Sunna	109
Die Rechtsschulen	111
Die Islamisierung	115
Sakral und profan	115
Die Vertreibung der Vernunft	117
Die Orthodoxie	120
Rückschritt anstatt Fortschritt	120
Die Hoffnung: Al-firqa al-nâdjiya	122
Das Paradies – Die Kufr-Frage	124
Mehrheitsislam anstatt Orthodoxie	125
Zusammenfassung	127
5. Die Religionskritik in der Moderne	129
Die Rückkehr der autonomen Vernunft	129
Die Religionskritik der Nahda	130
Die Religionskritik im Nationalstaat	138
Die Kritik an der Sunna	145

Die Koranisten.................................... 149
Der Verzicht auf die Sunna 158
Zusammenfassung 161
6. Die Religionskritik unter dem Islamismus 163
Die Spaltung der Nahda........................... 163
Die Nahda und die Salafisten 167
Die Reaktion der ahl al-sunna...................... 168
Der indische Subkontinent 169
Der Wahhabismus............................. 171
Die Frage der Orthodoxie 172
Der Aufstieg des politischen Islam.................. 176
Der Kampf um den Nationalstaat................... 179
Die liberale Religionskritik 181
Zusammenfassung 185
7. Die neue Religionskritik............................. 187
Der Arabische Frühling 187
1. Die Offenbarung............................ 190
2. Der Koran 192
3. Das Paradies 208
4. Muhammad................................ 213
5. Die Sahaba................................. 219
6. Die Sunna................................. 224
7. Die Orthodoxie............................. 231
8. Die Institutionen............................ 231
9. Die Menschenrechte......................... 244
10. Ijtihâd und ta'wîl........................... 245
11. Die Reform 247
12. Die Nichtmuslime........................... 260
13. Die Geschlechter............................ 262
14. Politik..................................... 270
15. Die Religion................................ 274
16. Zivilisation................................. 277
17. Die Gewalt................................. 281
18. Vom Zweifel zur Apostasie 282

Inhalt

8. Eine Religion ohne Politik 289
   Paradigmenwechsel. 289
   Das Dilemma der Tradition. 292
   Die neue Religionskritik. 294
   Eine neue Theologie 299
   Der Abschied. 302

Anhang. 305
   Bibliografie. 305
   Videografie. 312
   YouTube-Autoren 314
   Glossar 317

Einleitung

Die Wahrnehmung des Islam durch die westliche Öffentlichkeit und Politik fand spät statt und war einseitig. Die islamische Welt war weit weg und spielte im westlichen Alltag keine Rolle. Selbst nach Beginn der modernen Migration nahm man die Muslime als Angehörige einer anderen Religion nicht wahr. Bis heute hat der Islam keine volle institutionelle Anerkennung erfahren. Am Anfang ging man wie selbstverständlich davon aus, dass die Muslime, wenn sie überhaupt im Westen blieben, sich automatisch in unserem freiheitlich-demokratischen System integrieren und die Trennung von Religion und Politik hinnehmen würden. Mit der Verbreitung des Islamismus änderte sich die Situation. Das geschah in Deutschland nach dem Sieg der Islamischen Revolution 1979 in Iran. Der Islam wurde im folgenden Jahrzehnt in der Öffentlichkeit sichtbar, immer mehr bevölkerten die kopftuchtragenden Frauen und die Männer mit gestutzten Bärten nach dem Vorbild des Propheten Muhammad die Straßen. Endlich nahm die Öffentlichkeit den Islam wahr, allerdings eine bestimmte Form, den politischen Islam, auch als Islamismus bekannt. Diese einseitige Wahrnehmung wird auch dadurch bestärkt, dass die Islamisten den organisierten Islam und den institutionellen Islam der *fiqh*-Räte im Westen beherrschen und sich als alleinige Ansprechpartner der Regierungen anbieten. Was sich tatsächlich in der islamischen Welt auf religiöser Ebene abspielt, bleibt, außer von einigen Fachleuten, gänzlich unbemerkt. Insbesondere die von Muslimen ausgeübte Religionskritik des Islam, die nach dem Arabischen Frühling 2011 ein riesiges Ausmaß erreicht hat, wird völlig übersehen. Das vorliegende Buch versucht, diese Lücke zu schließen.

Einleitung

Die Religionskritik ist vielfältig, sie kann von außerhalb oder innerhalb der Religion ausgeübt werden; im ersten Fall handelt es sich gewöhnlich um konkurrierende Religionen und hat neben sachlicher Kritik oft einen polemischen Charakter. Im zweiten Fall geht es auch um Konkurrenz, aber innerhalb derselben Religion, es geht um ihr Verständnis, was oft zu blutigen Kämpfen zwischen verschiedenen Sekten führt, ein Kampf um die richtige Lehre wird ausgetragen, um die Orthodoxie. Für die Entstehung einer orthodoxen Lehre in den monotheistischen Religionen ist die Entwicklung einer systematischen Theologie als Disziplin notwendig. Eine Disziplin, die die Fragen des Glaubens mit der Vernunft behandelt, indem sie Glaubensinhalte definiert, in einer systematischen Verbindung zusammenführt und mit anderen Wissenschaften sowie der historischen Glaubenspraxis überprüft und aktualisiert. Das hat das Christentum entwickelt, das Judentum hat es in der Moderne nachgeholt, der Islam hat es bis heute nicht erreicht. Die Theologie als Disziplin ist von den theologischen Inhalten zu unterscheiden, jede Beschäftigung mit dem einzigen Gott, dem Schöpfer, ist theologisch, sie findet auch ohne die systematische Theologie statt. In den nichtmonotheistischen Religionen ohne Schöpfergott gibt es für beide keinen Platz. Den drei monotheistischen Religionen gehört allerdings fast die Hälfte der Menschheit an.

Für eine bessere Einordnung und ein Verständnis der neuen Religionskritik wird diese in die Kulturgeschichte des Islam eingebettet. Das ist auch notwendig, weil eine neue Darstellung dieser Geschichte unternommen wird. Es wird auf die übliche historische Schilderung des Islam verzichtet, weil sie ein falsches Bild liefert; denn dabei handelt es sich um eine religiöse Geschichte, die die islamische Tradition konstruiert hat und die von der traditionellen Orientalistik übernommen wurde; sie ignoriert die historischen Fakten. Mit ihr kann man weder die Entstehung noch den Charakter der islamischen Herrschaft verstehen, und sie kann auch nicht das Scheitern der islamischen Theologie erklären. Deshalb will diese Arbeit die von der religiösen Erzählung unterdrückte historische Wahrheit zur Geltung bringen. Sie stützt sich dabei auf den letzten

Einleitung

Stand der Forschung und liefert darüber hinaus eine eigene Interpretation der Ereignisse.

Die franko-saudische Mission „Oasis d'Arabie" für Archäologie und Inschriftenkunde zum Beispiel hat die islamische Darstellung des vorislamischen Arabien gründlich revidiert. Das Bild eines heidnischen Arabien, das von der islamischen Offenbarung Muhammads gerettet wurde, stimmt nicht. Siebzig Jahre vor seiner Ankunft stand ganz Arabien unter der Herrschaft eines christlichen Königs, berichten die Archäologen Robin und Tayran.[1] Muhammad kannte die jüdischen und christlichen religiösen Strömungen, er hat ihre Terminologie verwendet, sich dabei an ein Publikum gewandt, das mit der Bibel vertraut war; das erklärt, warum die biblischen Erzählungen im Koran einen allusiven Charakter haben. Der Paganismus herrschte nicht in Arabien, die Heiden waren nicht die Hauptfeinde Muhammads, sondern die vielen anderen monotheistischen Sekten.

Robin und Tayran kommen zu dem Schluss: „Wie wir sehen, das Bild eines Arabiens, beherrscht vom Paganismus am Vorabend des Islam, hat keine reale historische Grundlage. Es ist ein Konstrukt der islamischen Apologetik, um den Verfall der *djâhiliya*[2] im Kontrast zur heilsamen Tätigkeit des Propheten des Islam zu unterstreichen. Wir können hinzufügen, dass die ersten Theologen, deren Ahnen sehr oft Juden und Christen waren, es für besser hielten, wenn die Feinde Muhammads die Polytheisten waren."[3]

Nach der Schilderung der Entstehung der christlichen Theologie und Orthodoxie, die als historische Vorbilder für den Islam gelten, werden wir die christlichen Strömungen, die von der christlichen Orthodoxie ausgeschlossen wurden, als Übergangstheologie darstellen, in deren Schoß der Islam als Bewegung der Gläubigen an den Einzigen Gott entstanden ist. Diese Bewegung, die sich lange nicht als selbstständige Religion verstanden hat, bildete durch ra-

---

[1] Vgl. Robin, Christian, Tayran, Sâlim, Note d'information. Soixante dix ans avant l'islam: L'Arabie toute entière dominée par un roi chrétien. In: CRAI 2012, I (janvier-mars), p. 525–553. Paris 2012
[2] Bedeutet „Unwissenheit", das ist die Zeit vor dem Islam.
[3] Ibid., S. 549

sche Eroberungen ein Imperium, das Imperium formte seine eigene Religion, so entstand der Islam als politische Religion; er war von Anfang an mit der Politik eng verbunden.

Nach drei Jahrhunderten bewegter Geschichte hat es die Politik geschafft, eine Art von Klerus, die Gelehrten (Ulema), zu formen, der ihrer Herrschaft dienlich war. Entsprechend wurde versucht, den Lauf der Geschichte und der Religion auf ein einziges offizielles Narrativ zu reduzieren. Da inzwischen vieles geschehen war und geschrieben wurde, musste diese Version mit Gewalt durchgesetzt werden, man hat sie deshalb sakralisiert und die Abweichler und Kritiker als Apostaten verfolgt. Es ging seitdem darum, sich an diese Erzählung zu halten.

Dafür wurden die Chancen der Weiterentwicklung einer Theologie mit den Mu'taziliten, den ersten islamischen Theologen, abrupt unterbunden. Die Vernunft wurde vertrieben, man musste sich nach der angeblichen Lehre der Altvorderen, *salaf*, richten und sie weitergeben; anstatt Reflexion war die Nachahmung für Jahrhunderte angesagt. Das war auch die Version des Islam, die die Orientalisten beschäftigte, sie diente als Grundlage für ihre Forschung. Diese Version des Islam stellte jedoch eine zweite Unterdrückung der Wahrheit dar, sie blendete nämlich die realen Auseinandersetzungen innerhalb der islamischen Kultur aus. Sie war eine Idealisierung der Geschichte. Die Unterdrückung der Theologie verhinderte die Entstehung einer Orthodoxie. Es war daher nicht möglich, sich von abweichenden Texten abzugrenzen und sie außer Kraft zu setzen. Der Kalif al-Mutawakkil (822–861), der die Mu'taziliten bekämpfte, hatte den Kopisten verboten, deren Werke und die Werke der Philosophen zu kopieren und zu verbreiten; vieles ging deswegen verloren, aber bei Weitem nicht alles. Diese Texte wanderten ins Dunkel des kulturellen Raums, wurden verdrängt, sind aber nicht verschwunden. Man hat sich mit der Anerkennung alter etablierter Rechtsschulen begnügt, anstatt der Orthodoxie entstand ein Mehrheitsislam, den wir als traditionellen Islam kennen; inhaltlich widersprüchlich, zusammengehalten durch die politische Macht.

Einleitung

Die Traditionalisten haben sich mit diesen Texten beschäftigt, um sie zu entkräften, wie Ibn Hazm al-Andalusi (994–1064), der erwähnt, dass Omar, Ali und Osman, die engen Mitstreiter Muhammads, ihn auf der Razzia von Tabbouk töten wollten, um gleich die Erzähler dieser Geschichten ohne Begründung zu verurteilen.[4] Später wollte man mit al-Dhahabi (1274–1348) diese Texte systematisch verstecken, wenn möglich vernichten, damit man in dem erwähnten Fall an die Gerechtigkeit der Gefährten des Propheten, *sahaba*, glaubt.[5] Die Geschichte wurde sakralisiert, nicht nur die *sahaba*, sondern auch die Gelehrten, die *salaf*, natürlich auch der Prophet und sein Leben, *sira*, sowie seine Aussagen und Taten, die *sunna*; alles, was zum traditionellen Islam gehört, wurde sakralisiert, jede Kritik führte zur Apostasie und Verfolgung. Der Zugang zu den Texten wurde gesperrt, ein frommer Muslim musste sich an die Anleitung seines Scheichs halten, eine selbstständige Beschäftigung mit den Texten war unerwünscht, bei Fragen sollte man sich an die Gelehrten wenden, die inzwischen komplizierte religiöse Wissenschaften entwickelt hatten.

Durch Autoren wie Ibn Hazm werden allerdings die Fakten bestätigt, sie liefern in der Moderne das Material für die Religionskritik. Den Religionskritiker und Atheisten Ibn al-Rawandi (827–911) zum Beispiel kennen wir über seine Kritiker; sie haben seine Ideen ausführlich dargestellt, um sie zu widerlegen. Gerade nach der harten Erfahrung mit dem salafistischen und politischen Islam, die mit den Taliban, Daesh und Boko Haram einen unvorstellbaren Tiefpunkt erreicht hat, fragen sich viele Muslime, ob dies die Religion ist, die ihr Leben erfüllt. Der Zweifel ist wie immer der Beginn der Erkenntnis. Man macht sich auf die Suche nach Antworten und wühlt im tabuisierten dunklen Raum der Tradition. Die letzte Erfahrung mit der Muslimbruderschaft an der Macht 2012/13 in Ägypten

---

[4] Al-Andalusi, Ibn Hazm, *al-îsâl fil muhalla bil âthâr*. Beirut 2002, Bd. XII S. 160

[5] Al-Dhahabi, Muhammad, *Siyar a'lâm al-nubalâ'*. Beirut 1413, Bd. 10, S. 92

Einleitung

brachte das Fass zum Überlaufen, die Muslime haben erlebt, was der Islamismus bedeutet; seitdem ist ein Damm gebrochen, und die Religionskritik hat mithilfe der sozialen Medien nie gekannte Dimensionen erreicht. Wir erleben eine wirkliche Revolution, die den Arabischen Frühling fortsetzt. Die Würde des Menschen steht nach all den terroristischen Aktionen im Vordergrund, die Muslime wollen ihre Religion humanisieren, sie wollen eine Religion für den Menschen und keine politische Religion. Manche haben jedoch die Hoffnung aufgegeben und verlassen den Islam. Der zweite Teil des Buches berichtet über diese Debatten.

In ihren Bemühungen können die Muslime mit keiner Unterstützung aus dem Westen rechnen, im Gegenteil, die liberalen Muslime im Westen müssen es sich gefallen lassen anzuhören, sie seien mit ihrer Islamkritik Islamophobe und Rassisten. Mit dem Multikulturalismus haben die Menschen im Westen die Orientierung verloren, viele glauben tatsächlich, dass die Islamisten, die sie hofieren, der Islam sind. Indem es ein Fenster zu den arabisch-islamischen Ländern öffnet, will dieses Buch deshalb die Sicht auf den Islam erweitern, damit die Islamdebatte in Deutschland an Provinzialität verliert und in Zeiten der Globalisierung sich der grundsätzlichen Probleme der Muslime widmet, anstatt sich ständig die Inhalte von den lokalen islamischen Verbänden aufzwingen zu lassen.

1. Religionskritik und christliche Theologie

Die Religionskritik

„Die Kritik der Religion ist die Voraussetzung aller Kritik", schreibt Karl Marx in seiner Schrift „Zur Kritik der Hegelschen Rechtsphilosophie. Einleitung".[1] Der Mensch macht die Religion und nicht umgekehrt. Staat und Gesellschaft haben ein „verkehrtes Weltbewusstsein" erschaffen, das ist die Religion. Sie ist „die allgemeine Theorie dieser Welt ... , ihr allgemeiner Trost- und Rechtfertigungsgrund. Sie ist die phantastische Verwirklichung des menschlichen Wesens, weil das menschliche Wesen keine wahre Wirklichkeit besitzt. Der Kampf gegen die Religion ist also mittelbar der Kampf gegen jene Welt, deren geistiges Aroma die Religion ist ... Die Aufhebung der Religion als des *illusorischen* Glücks des Volkes ist die Forderung seines *wirklichen* Glücks." Der Ansatz von Karl Marx gehört zur sogenannten „neuzeitlichen Religionskritik", die im 19. Jahrhundert entstand und die Religion in Zusammenhang mit Geschichte und Gesellschaft stellte.[2]

In seinem Beitrag behauptet Marx, dass für Deutschland die Kritik der Religion im Wesentlichen beendet sei, wobei er an das Werk Ludwig Feuerbachs „Über das Wesen des Christentums" dachte, der die besonderen Wahrheiten des Glaubens mit den allgemeinen Wahrheiten und Gesetzen der Vernunft konfrontierte.[3] Diese

---

[1] Marx, Karl, Engels, Friedrich - Werke. Band 1. Berlin 1976, S. 378–391
[2] Zirker, Hans, Religionskritik. Düsseldorf 1995, S. 34
[3] Ibid., S. 78 ff.

1. Religionskritik und christliche Theologie

Behauptung erweist sich als unzutreffend und war voreilig. Bei näherer Betrachtung stellt man fest, dass sich die „neuzeitliche Religionskritik" hauptsächlich mit dem Christentum befasste, sie war eine Christentumskritik. In der Tat beobachten wir heute eine unaufhaltsame Säkularisierung in der deutschen wie auch in anderen westeuropäischen Gesellschaften. Die Privatisierung der Religion und die Abkoppelung von der Politik und dem öffentlichen Leben haben sich, wie Marx vorausgesehen hat,[4] im Westen überall durchgesetzt. Gleichzeitig aber wächst durch die Migration eine andere Religion, der Islam, unter dessen Mitgliedern die Religiosität weitverbreitet ist und dessen besondere Glaubenswahrheit keine Form der Religionskritik verkraftet. Die trotzdem von manchen Muslimen geübte Religionskritik in der Form der Islamkritik wird von der Mehrheit der Muslime bekämpft. Merkwürdigerweise wird diese Mehrheit auch von säkularen Europäern unterstützt, die den Bezug zur eigenen Geschichte und Kultur verloren haben und nicht mehr realisieren, wie sehr sie ihre Freiheit der Religionskritik verdanken.

Die neuzeitliche Religionskritik wird von der deutschen, französischen und englischen Aufklärung abgeleitet. Sie war von Fortschritts- und Wissenschaftsgläubigkeit geprägt und atheistisch orientiert.[5] Der Philosoph Herbert Schnädelbach schreibt: „Aufklärung ist Religionskritik."[6] Sie verwirklicht sich in dem „Kampf mit dem Aberglauben", wie Georg Friedrich Wilhelm Hegel in der „Phänomenologie des Geistes" schreibt; eine Auffassung, die von vielen anderen Autoren geteilt wird. Max Weber sieht in der Dynamik der „abendländischen Rationalisierung" jedoch nicht eine Abschaffung der Religion, sondern deren Rückzug ins Private.

---

[4] Ibid., S. 111
[5] Weger, Karl-Heinz, Religionskritik von der Aufklärung bis zur Gegenwart. Autoren-Lexikon von Adorno bis Wittgenstein. Freiburg i. Br. 1979, S. 14–15
[6] Schnädelbach, Herbert, Aufklärung und Religionskritik, in DZPhil, Berlin 54 (2006) 3, S. 332. Die weiteren Ausführungen stützen sich auf diesen Beitrag

Die Religionskritik

Für Hegel ist die Religionskritik der Religion grundsätzlich entgegengesetzt, und sie beginnt deshalb mit der Aufklärung. Das entspricht aber nicht den historischen Gegebenheiten, weil im Bereich des Religiösen von Anfang an eine Aufklärung als Religionskritik stattfand, sie war religionsintern. Diese Kritik wurde erstmalig bei den Griechen von der entstehenden Philosophie an der mythischen Religion geübt und beabsichtigte, die Religion zu reformieren und nicht zu vernichten. Xenophanes (ca. 570–470)[7] war der erste, der die Weichen für die spätere philosophische Religionskritik legte. Mit seiner anthropomorphen Erklärung holte er die Religion vom Himmel auf die Erde: Die Götter unterscheiden sich voneinander wie die Menschenrassen, die sie verehren. „Die Äthiopier stellen sich ihre Götter schwarz und stumpfnasig vor, die Thraker dagegen blauäugig und rothaarig."[8] Viel wichtiger waren seine Vorstellungen von einem überhöhten einzigen wahren Gott, der hellsichtig, mächtig, vollkommen und gerecht ist. Er ersetzte zwar nicht die vielen Götter, bildete trotzdem einen monotheistischen Ansatz, der in Platos Demiurg mündete. Dieser Monotheismus durchdringt die Philosophie bis zur Moderne. „Die Philosophie von Heraklit bis Hegel war immer zugleich eine Geschichte der philosophischen Gotteslehre, das heißt eines meist sogar expliziten Monotheismus, und der stand nicht im Widerspruch zum traditionellen Wissenschaftsverständnis – im Gegenteil: Man brauchte die Gottesbeweise, um in einer ‚ersten Philosophie' das System des Wissens begründen und abschließen zu können."[9]

Es sei hier an René Descartes, den Begründer des Rationalismus erinnert, der nach seiner berühmten Erkenntnis „Ich denke, also bin ich" (*cogito ergo sum*) die Frage nach der Garantie der Richtigkeit seiner subjektiven Erfahrung stellte und ob er nicht in die Irre geführt wird. Er kommt zum Ergebnis, dass der Gedanke an die Voll-

---

[7] Châtelet, François, Geschichte der Philosophie, Bd. I: Die heidnische Philosophie. Frankfurt a. M. 1973, S. 29–30
[8] Zitiert in Schnädelbach, ibid., S. 333
[9] Ibid., S. 334

kommenheit auf die Existenz eines Gottes hinweist, der die Echtheit des Denkens garantiert.

Die monotheistischen Offenbarungsreligionen – das Judentum, das Christentum und der Islam – waren nach Schnädelbach „Gegenreligionen" und wie die Philosophie auch gegen den Mythos gewandt. Sie wollten über die Illusion, die Irreführung, die Lügen und den Götzendienst des Mythos aufklären. Diese religionsinterne Aufklärung setzte sich allerdings nur bei dem Christentum mit der Entwicklung einer Theologie fort. Viel später, im 18. Jahrhundert, geschah dasselbe beim Judentum. Beim Islam startete eine Theologie im 9. Jahrhundert und wurde nach ein paar Jahrhunderten völlig verdrängt, bis heute hat sie im islamischen Kulturkreis nicht wieder Fuß fassen können.

Der Gegenstand des Glaubens im Islam ist ein Text, der Koran, der als das Wort Gottes gilt und aller Kritik entzogen wird. Im Christentum wird an eine göttliche Person geglaubt, von deren Wirken verschiedene Berichte vorliegen. Kein kanonisches Evangelium erhebt den Anspruch, *das* Evangelium zu sein; was ihre Bezeichnung zeigt, sie heißen das Evangelium in der Fassung des Matthäus, Markus, Lukas und Johannes.[10] Das erklärt, warum sich das Christentum viel weniger aufklärungsresistent erwies als der Islam. Ein weiterer entscheidender Punkt, der die Entstehung der Theologie begünstigte, ist die Reflexivität, die wegen der Verankerung der Vernunft in der Offenbarung durch die Konkurrenz mit der hellenistischen Philosophie gefördert wurde. Die Theologie ist die Reflexion und die rationale Durcharbeitung des Geglaubten.

---

[10] Walter, Michael, Probleme und Möglichkeiten einer Theologie des Neuen Testaments. In: Rieuwerd Buitenwerf, Harm W. Hollander and Johannes Tromp (ed.), Jesus, Paul and Early Christianity. Studies in Honour of Henk Jan de Jonge. Leiden 2008, S. 428

Die christliche Theologie

Eine Darstellung der christlichen Theologie erweist sich als notwendig, um die Entstehung des Islam, seiner theologischen Ansätze und deren Scheitern zu verstehen. Sie hilft auch, die Bestrebungen der modernen Islamkritik besser einzuschätzen.

Das Christentum entstand im Schoß des Judentums, es war sozusagen eine jüdische Sekte. Die zwei Grundaxiome des Judentums bilden[11] der Monotheismus und der Bundesnomismus, das heißt, dass die Selbstverpflichtung des Volkes Israel, das Gesetz zu befolgen, als Voraussetzung für ihre Auserwählung durch den Bund mit Gott ist. Das Heil bedeutet dann nicht, sich den Bund durch Befolgung des Gesetzes zu erwerben, sondern innerhalb des Bundes und seiner Verpflichtungen zu bleiben. Daher galt die Gnade Gottes dem Volke Israel.

Alle im Rahmen des Judentums entstandenen Strömungen lasen das Alte Testament mit den Augen des Glaubens und nicht als Historiker; sie hörten im Text die Stimme des Herrn und sahen nicht die Widersprüche, die mit dem Bundesnomismus verbunden sind; und falls doch, erfanden sie Methoden, um sie zu übersehen. Erst Jesus, Paulus und Johannes erkannten diesen tiefen Gegensatz in der alttestamentlichen Religion, der zwischen Gesetz und Verheißung beziehungsweise Gnade, zwischen nationaler Kultreligion und prophetisch-, sittlich-, universalistisch-eschatologischer Religion besteht.[12]

Trennung von den Juden

Die Christen haben tatsächlich zu dem übernommenen jüdischen Monotheismus Jesus als Erlöser, der neben Gott rückt, hinzugefügt und damit das zweite Grundaxiom des Judentums, den Bundesno-

---

[11] Theißen, Gerd, Die Religion der ersten Christen. Eine Theorie der ersten Christen. Gütersloh 2003, S. 37
[12] Sellin, Ernst, Die Theologie des Alten Testaments. Leipzig 1936, S. 2

1. Religionskritik und christliche Theologie

mismus, zu einem Erlöserglauben modifiziert. Durch diesen Erlöserglauben wurde das Judentum für alle Menschen geöffnet. So wurde das Urchristentum auf weite Strecken „universalisiertes Judentum".[13] Der Preis dafür war der Verzicht auf das Gesetz zugunsten einer überhöhten und radikalen Moralität der Demut und der Nächstenliebe. In seiner Verkündung des Evangeliums betonte Paulus, dass die Gerechtigkeit Gottes durch den Glauben an Christus für alle Glaubenden gilt; sie ist seine Gnade aufgrund der Erlösung in Jesus Christus. Das bedeutet, dass die Erlangung von Heil nicht mehr an Gesetz, Ritualgebote, Speise- und Reinheitsgebote und Beschneidung gebunden ist.

Das blieb nicht ohne Konsequenzen. Die Heidenmission von Paulus trat in Konflikt mit der Mission unter den Juden.[14] Die Heidenchristen verzichteten auf Beschneidung und Speisegebote und wurden als Unreine von den gemeinsamen kultischen Zeremonien mit den Judenchristen ausgeschlossen. Übrigens konnten selbst die Juden sie als legitime Variante des Judentums nicht akzeptieren. Auf dem Apostelkonzil (46/48) trafen beide Parteien, angeführt von Paulus und Petrus, in Jerusalem zusammen und einigten sich darauf, sowohl Heidenchristen als auch Judenchristen als Christen zu betrachten. Trotzdem blieben die Heidenchristen von der gemeinsamen Ritenausübung ausgeschlossen und standen außerhalb der jüdischen Tradition.

Diese judaistische Krise im 1. Jahrhundert förderte die paulinische Theologie, formuliert in 13 Briefen (48–61), die der Loslösung vom Judentum eine theologische Begründung lieferten. „Die Offenbarung Gottes in Christus tritt bei Paulus in einen Gegensatz zur Offenbarung Gottes in der Thora. Das wirkt oft so, als trete bei Paulus eine Gnadenreligion an die Stelle einer Gesetzesreligion."[15] Die Gebote Gottes werden durch den Geist in die Herzen der Menschen gegeben. Weiter legten die Heidenchristen eigene Aufnahme-

---

[13] Theißen, ibid., S. 38
[14] Ibid., S. 225 ff.
[15] Ibid., S. 286 ff.

riten fest: Die Taufe ersetzte die Beschneidung, und das Abendmahl löste die Opfermahle der jüdischen Tradition ab. Mit dieser eigenen Zeichensprache entfernte man sich von dem jüdischen Umfeld. Das war nicht mehr eine jüdische Sekte, eine Jesusbewegung; sondern eine neue Religion war am Entstehen.

Die Autonomie des Christentums und seine endgültige Trennung vom Judentum geschah mit der Redaktion der Evangelien, die eine eigene Grunderzählung liefern. Zwischen 60 bis 64 wurde die Apostelgeschichte verfasst, sie befasst sich mit der christlichen Mission. Zwischen 40 und 90 entstanden die vier Evangelien: Das Markusevangelium markiert die rituelle Abgrenzung gegenüber dem Judentum,[16] das Matthäusevangelium[17] die ethische Abgrenzung, das Lukasevangelium die narrativ-historische Abgrenzung[18] und das Johannesevangelium bringt das Bewusstwerden der inneren Autonomie der urchristlichen Zeichenwelt zum Ausdruck. Mit ihm erreicht die Vergöttlichung des irdischen Jesus ihren Höhepunkt.[19] Nach der Zerstörung des Tempels und der Vertreibung der Juden aus Jerusalem durch die Römer im Jahre 70 wurde das Judenchristentum in Palästina geschwächt. Das Christentum als universelle Religion konnte sich entfalten.

Diese Krise des Urchristentums im 1. Jahrhundert zeigt, wie die neue Religion durch den Glauben an Jesus Christus als Erlöser eine theologische Arbeit leisten musste, um ihr Profil zu schärfen und sich vom Judentum zu lösen. Am Ende dieser Phase hatte sich das Christentum die Option für den Logos der antiken Philosophie zu eigen gemacht. Das Evangelium von Johannes beginnt mit: „Im Anfang war das Wort [Logos], und das Wort war bei Gott, und das Wort war Gott."[20] Dies verankerte die Vernunft neben dem Glauben, öffnete aber die Tür für Fremdeinflüsse, die auch bedrohlich waren. Im 2. Jahrhundert tauchte die Gefahr der Gnosis auf, die das

---

[16] Ibid., S. 236 ff.
[17] Ibid., S. 242 ff.
[18] Ibid., S. 247 ff.
[19] Ibid., S. 255 ff.
[20] Lutherbibel

an Autonomie Erreichte zu vernichten drohte. Diese Herausforderung zwang die Kirchenväter, die theologischen Ansätze weiterzuentwickeln, um schließlich die Theologie als selbstständige Disziplin zu etablieren.

Die Bekämpfung der Gnosis

Die Gnosisbewegung breitete sich im Römischen Reich aus und interpretierte alle religiösen Traditionen in ihrem dualistischen Sinn um. Gut und Böse, Licht und Finsternis, Geist und Fleisch bilden unversöhnliche Gegensätze. Ihr Schöpfungsmythos besagt, dass die Welt durch einen Unfall des Demiurgen, eines untergeordneten Gottes entstand. Gegen seinen Willen geriet ein göttlicher Funke in den Menschen, der seine Herkunft allerdings vergaß. Die Gnosis hilft dem Menschen, sich daran zu erinnern. „Gnosis bedeutet Heilsgewinn durch Erkenntnis. Gegenstand der Erkenntnis ist die Wesensidentität des transzendenten Selbst im Menschen mit der transzendenten Gottheit jenseits der Welt."[21] Nur durch einen Offenbarer kann die Erkenntnis stattfinden; für viele Christen war Jesus als Sohn der vollkommenen Gottheit diese Person. So konnte sich die Gnosis innerhalb der christlichen Gemeinden verbreiten.

Die Gnosis wurde durch die Verfolgung der Christen durch die Römer indirekt gefördert. Die Christen beabsichtigten in keiner Weise einen politischen Umsturz, geschweige denn eine Revolution. Mit seiner Aussage „Gebt dem Kaiser, was des Kaisers ist, und Gott, was Gottes ist" (Matthäus 22,21) hatte Jesus nicht nur die Trennung von Politik und Religion gepredigt, sondern das Handeln des Staates legitimiert. Paulus warnte sogar vor Ungehorsam: „Wer sich nun der Obrigkeit widersetzt, der widersetzt sich Gottes Ordnung." (Römer 13,2) Was trotzdem zur Verfolgung der Christen führte, war ihre Andersartigkeit; sie bestanden darauf, anders zu sein als die anderen; das war ihr Hauptverbrechen.

---

[21] Theißen, ibid., S. 315

Die Bekämpfung der Gnosis

Der römische Staat, in religiösen Fragen sehr tolerant, war nun mit dem exklusiven Monotheismus der Christen konfrontiert, der alle anderen Götter, auch die politischen des römischen Pantheons ablehnte und sogar auf der rigorosen Ablehnung des Kaiserkultes bestand. „Durch das Fernbleiben von öffentlichen Festen, von Schauspielen und den beliebten Opfermahlzeiten wurden die Christen nicht weniger missliebig als durch ihre gelegentlich demonstrierte Ablehnung von Kriegs- und Verwaltungsdienst. Verdächtig aber wurden sie durch ihre geheimnisvollen Gottesdienste und Riten."[22] Diese Beschreibung traf auch auf die Juden zu, sie waren aber eine Randerscheinung im Reich und beschränkten sich auf eine einzige Ethnie, während die Zahl der Christen ständig zunahm und ihre Organisation das gesamte Imperium überzog.

Die Christenverfolgung begann nach dem Brand von Rom unter Nero (54–68), wiederholte sich unter den meisten Kaisern und endete mit dem Toleranzedikt des Galerius (311), der den Christen erlaubte, „wieder Christen [zu] sein und ihre Versammlungsstätten wiederaufbauen [zu] können, jedoch so, dass sie nichts gegen die öffentliche Ordnung unternehmen".[23] In dieser Zeit war der staatliche Wille zur systematischen Verfolgung meistens nicht vorhanden, was die Antwort des Kaisers Trajan (98–117) an den Statthalter von Bithynien Plinius illustriert: „Es soll nicht nach ihnen [die Christen] gefahndet werden; wenn sie angezeigt und überführt werden, soll man sie bestrafen, jedoch so, dass, wer leugnet, Christ zu sein ... aufgrund seiner Reue Gnade findet. Anonym eingereichte Anzeigen aber dürfen bei keiner Anklage berücksichtigt werden."[24]

Diese Haltung bedeutete, dass, wer nicht auffiel, das Risiko des Martyriums reduzierte und in Frieden leben konnte. Eine Art der Privatisierung der Religion war die Folge, daher waren Formen des Christentums gefragt, die dies unterstützten. Das traf auf manche

---

[22] Guyot, Peter, Klein, Richard (Hg.), Das frühe Christentum bis zum Ende der Verfolgungen. Eine Dokumentation. Darmstadt 2006, S. 3
[23] Ibid., S. 191
[24] Ibid., S. 43

1. Religionskritik und christliche Theologie

Formen des Gnostizismus zu, die deshalb im 2. Jahrhundert einen gewaltigen Aufschwung erlebten. Sie lehrten, dass ein Christ kein öffentliches Bekenntnis vor irdischen Behörden ablegen müsse, er dürfe sogar in kritischen Situationen seine christliche Identität verleugnen und, um nicht aufzufallen, an allen heidnischen Gastmählern, wo Götzenopferfleisch verzehrt wird, teilnehmen.[25] Weiter stellten die Gnostiker grundlegende Glaubenssätze infrage. Wegen ihrer Abwertung der Welt und des Leibes lehrten sie, dass der Erlöser einen Scheinleib habe oder nur vorübergehend mit einem Leib verbunden gewesen sei. Alttestamentlicher Schöpfungsglaube und neutestamentlicher Inkarnationsglaube wurden geleugnet.

„Die allmähliche Umformung des Glaubens in ein schillerndes Gefüge von Bildern, die zunehmende Auflösung der biblisch bezeugten Ereignisse in bloße Mythen und Metaphern stürzten die Kirche in ihre bislang schwerste Krise. Eine Besinnung auf bleibende Fundamente und maßgebliche Orientierungspunkte des Glaubens wurden nötig, sollte das Christentum nicht unmerklich seine Identität verlieren."[26] Dieser Aufgabe widmete sich Bischof Irenäus von Lyon (135–200), er war der erste bedeutende katholische Theologe. Sein Hauptwerk heißt: „Aufdeckung und Widerlegung der falschen Gnosis", auch als „Gegen die Häresien" gekennzeichnet. Er schreibt: „Sie reden zwar Ähnliches wie die Gläubigen, verstehen aber darunter ganz anderes, sogar das Gegenteil." Unter dem Motto „Der Herr hat gelehrt, der Apostel hat überliefert" stellte er die Kirche in ihrer Ursprünglichkeit gegen die Irrlehren der Gnostiker und verlieh ihr als Erster eine Vorrangstellung als Bewahrerin der Tradition. Zusätzlich zu seiner Lehre der „Überlieferung" begründete er den „Kanon der Wahrheit" aus Altem und Neuem Testament.

Irenäus ist der Begründer der christlichen Theologie, sie war eine Reaktion auf die Gnosis und erforderte einen rationalen intellektuellen Ansatz, um die Auseinandersetzung mit den Gnostikern

---

[25] Theißen, ibid., S. 321 ff.
[26] Fiedrowicz, Michael, Theologie der Kirchenväter. Grundlage frühchristlicher Glaubensreflexion. Freiburg 2007, S. 48

zu führen; diese betrachteten sich nämlich wegen ihres philosophischen Hintergrunds als die geistige Elite des Christentums. Es stelle sich akut das Problem von Ratio und Glauben. Reicht allein der einfache Glaube (*simplicitas fidei*), oder muss er reflektiert werden? Schon Paulus und den Aposteln fiel hinsichtlich des Glaubens der Niveauunterschied unter den Gläubigen auf, der in den Gemeinden manche Konflikte verursachte.[27] Paulus warnte vor der Versuchung, den Glauben philosophisch zu untersuchen, er bemängelte aber zugleich, dass viele hinter dem verpflichtenden Erkenntnisstand zurückblieben. Sie begnügten sich mit dem schlichten, einfachen Glauben an Jesus Christus und Fragen der christlichen Lebenspraxis, Gemeindeordnung und Liturgie, sie praktizierten einen Gemeindeglauben ohne gelehrte Theologie.

Das änderte sich mit den Gnostikern gründlich. Sie hatten sich in den christlichen Gemeinden etabliert, fühlten sich als intellektuelle Elite allein in der Lage, die Symbolsprache der Bibel zu dechiffrieren und zur Erkenntnis zu gelangen, wodurch den einfachen Gläubigen eigentlich jegliche Heilschancen abgesprochen wurden. Angesichts des universalen Heilswillens Gottes konnte die Kirche das nicht akzeptieren. Besonders gefährlich waren die Gnostiker, weil sie sich selber auf die Worte Christi beriefen; mit dem Ideal der *simplicitas fidei* konnte man ihnen nicht begegnen. Schlichter Glaube immunisiere keineswegs gegen Irrlehren.

Irenäus entwarf eine antignostische Theologie, die allerdings keine neuen Erkenntnisse hervorbrachte, wie dies die Gnostiker beabsichtigten, sondern nur die Heilsbotschaft erhellte. Er betont immer wieder, dass es sich nicht um neue Erkenntnisinhalte handelte, sondern nur um eine andere, höhere Reflexionsstufe des gemeinsamen Glaubens. „Auch der begabteste Redner unter den kirchlichen Vorstehen verkündigt nichts anders als die Übrigen … Es ist ja ein und derselbe Glaube; wer viel über ihn zu sagen versteht, vermehrt ihn darum nicht, und wer nur wenig sagen kann, vermindert ihn

---

[27] Ibid., S. 18 ff.

nicht." (*haer.* 1,10,2)[28] Wichtig ist nun, dass theologisches Forschen und Fragen legitim sind, sofern sie in Zusammenhang mit der Glaubensregel stehen. Ziel war der reflektierte Glaube.

Kirchenväter wie Tertullian (150–220) und Clemens von Alexandrien (150–215) entwickelten die Theologie weiter, mit Origenes (185–254) sehen wir die Anfänge einer wissenschaftlichen Theologie.[29] Für Origenes markieren die Propheten den Anfang der Gotteserkenntnis, die Apostel vollenden die Offenbarung, die Aufgabe der Theologen besteht darin, dem übernommenen Offenbarungsgut nichts mehr hinzuzufügen, sondern es mit dem Verstand zu erforschen und darzustellen. Mit Recht kann Origenes daher als Begründer der wissenschaftlichen Theologie bezeichnet werden. Wie die Philosophie typisch griechisch war, so war die Theologie typisch christlich: „Die in der patristischen Epoche entfaltete Theologie war religionsgeschichtlich analogielos. Glaubensreflexion war ein spezifisch christliches Phänomen, das sich aus dem Wesen dieses Glaubens selbst ergab, insofern er in der Überzeugung gründete: Im Anfang war der Logos."[30]

Fehlten Zentralinstanzen, die den Glauben normieren und verteidigen, waren die Gemeinden die Bewahrer der apostolischen Tradition. Die Gemeindevorsteher, die Presbyter, sicherten durch das Sukzessionsprinzip die Kontinuität der christlichen Botschaft, aus diesen entstand später der Klerus. Sie vermittelten eine mündliche Tradition, die durch die allmählich niedergeschriebenen Evangelien ergänzt wurden. Dazu kamen die apologetischen sowie Streitschriften der Kirchenväter. In dem Konflikt zwischen Hellenen und Hebräern, anders gesagt zwischen Heidenchristen und Judenchristen, und später mit den Gnostikern setzte sich der Konsens des Gemeindechristentums durch. Es gab weder politische noch religiöse Autoritäten, die den Gläubigen dazu verpflichten konnten, es galt das Prinzip der Freiwilligkeit.

---

[28] Zitiert in Fiedrowicz, ibid., S. 22
[29] Ibid., S. 30 ff.
[30] Ibid., S. 38

Die Entstehung der Orthodoxie

Zusätzlich zu den oben erwähnten großen Konflikten, aus denen das Christentum als autonome Religion hervorging, waren in den Gemeinden verschiedene Traditionen verbreitet: die judenchristliche, die paulinische, die synoptische und die Tradition von Johannes; es ging nun darum, genauer zu bestimmen, was christlich sei. Der Kanon war die Antwort. Im neutestamentlichen Kanon wurden Schriften aus allen vier Traditionen übernommen sowie Schriften der Kirchenväter, die sowohl die Offenbarung erklären als auch die Auseinandersetzung mit den Häretikern führen. Man entschied, den gesamten Kanon in Altes und Neues Testament aufzuteilen, das Neue Testament in Evangelien- und Apostelteil und die vier Evangelien von Matthäus, Lukas, Markus und Johannes sowie die Paulusbriefe und die katholischen Briefe wie z. B. von Johannes zu übernehmen.

Gerd Theißen definiert den Kanon wie folgt: „Ein Kanon besteht aus den normativen Texten, die geeignet sind, das Zeichensystem einer Religion immer wieder neu zu rekonstruieren und durch Auslegung für eine Gemeinschaft bewohnbar zu machen."[31] Er impliziert einen inneren Konsens, grenzt die Gemeinschaft nach außen ab und sichert ihre Kontinuität. Das ist die Orthodoxie der katholischen Doktrin, die jede Änderung oder Ergänzung des Kanons als Häresie und Irrlehre verurteilt. Erlaubt ist nur die Interpretation, die Exegese, die die Religion weiterentwickelt. Der Kanon war die Antwort des Urchristentums auf die Identitätskrise der Kirche. Mit der Bildung des Kanons endet auch das Urchristentum und die Ära der alten Kirche beginnt.

Die Theologie wurde zu einer institutionalisierten Religionskritik innerhalb der Kirche, sie speist sich aus der im Christentum verwurzelten Verheißung von Freiheit und Verpflichtung zur Wahrheit für jedes Individuum. Die Frage der Hellenisierung des Christentums durch die griechische Philosophie wurde ab dem 17. Jahrhun-

---

[31] Theißen, ibid., S. 341 f.

dert diskutiert.³² Es war die Rede vom „Platonismus der Kirchenväter", von „Paganisierung" und von dem „hebraisierenden Platon".³³ Die letzte Fassung dieser Problematik finden wir in den programmatischen Aussagen des Zweiten Vatikanums (1965): „Von Beginn ihrer Geschichte an hat sie [die Kirche] gelernt, die Botschaft Christi in der Vorstellung und Sprache der verschiedenen Völker auszusagen und darüber hinaus diese Botschaft mit der Weisheit der Philosophen zu verdeutlichen."³⁴

Diese Freiheit und Verpflichtung zur Wahrheit „bedeutete ... einen ständigen Konflikt zwischen den Ansprüchen persönlicher Frömmigkeit und den Folgen der unvermeidlichen Institutionalisierung des Christlichen in der Amtskirche und ihrer Dogmatik".³⁵ Dieser Konflikt wurde zum Motor der Aufklärung. In ihrer großen Mehrheit waren die Aufklärungsphilosophen Christen. Sie dachten, das Geglaubte sei mit den Ansprüchen der mündigen Vernunft vereinbar. „Nach Kant ist ‚Religion … (subjektiv betrachtet) die Erkenntnis aller unserer Pflichten als göttlicher Gebote'."³⁶ Sie hat allerdings nicht mehr den Vorrang, ist nicht mehr die Quelle; die Religion ist der Ratio untergeordnet. Allmählich fand eine Abkoppelung von der Religion statt: Wissenschaftsfreiheit, Religionsfreiheit, Säkularisierung der Alltagskultur. „Die meisten Zeitgenossen sind keine Christen mehr, aber sie wissen gar nicht, warum sie es nicht mehr sind und was das Christentum einmal bedeutete. Es ist paradox, aber in der westlichen Moderne müsste man die Menschen überhaupt erst wieder über die Religion aufklären."³⁷ Eine lebhafte

---

[32] Vgl. Cheffczyk, Leo, Tendenzen und Brennpunkte der neueren Problematik um die Hellenisierung des Christentums. München 1982. Auch Markschies, Christoph, Hellenisierung des Christentums? Die ersten Konzilien. In: Graf, Friedrich Wilhelm, Wiegandt, Klaus (Hg.), Die Anfänge des Christentums. Frankfurt a. M. 2009
[33] Ibid., S. 5
[34] Zitiert in Cheffczyk, S. 29
[35] Schnädelbach, ibid., S. 341
[36] Zitiert in Schnädelbach, S. 336
[37] Ibid., S. 344

Religionskritik im Sinne der Aufklärung gibt es schon lange nicht mehr, wir erleben einen schlichten Religionsverfall. Umso auffälliger erscheint im Westen die Kritik der Muslime an ihrer Religion, sie werden von manchen als fundamentalistische Aufklärer „beschimpft".

Der theologische Übergang zum Islam

Die Weiterentwicklung der christlichen Orthodoxie führte zu einer Spaltung der Christenheit aufgrund unterschiedlicher christologischer Vorstellungen in eine westlich-hellenistische und eine östliche-orientalische Kirche. Aus dieser orientalischen Tradition soll später der Islam entstehen. Die spätere Spaltung (1045) zwischen den lateinischen und byzantinischen Kirchen ist für unser Thema irrelevant.

Nach der Festlegung des Kanons wurden nicht nur die gnostischen,[38] sondern auch alle anderen Schriften der Anhänger Jesu, wie die Judenchristen, ausgeschlossen und als abweichende Lehre verurteilt. Die Judenchristen entfernten sich nach der Zerstörung des Tempels und der Vertreibung der Juden aus Jerusalem im Jahre 70 noch weiter von den Heidenchristen und akzeptierten die Vergöttlichung Jesu Christi, die sich mit dem Johannesevangelium (90–100) endgültig durchsetzte, nicht. Man hört wenig von ihnen, ihre Spuren findet man in Ostsyrien, Mesopotamien, Jordanien und Südpalästina. Sie teilten sich in drei Sekten, die Hebräer, die Nazaräer und die Ebioniten, die ihr jeweiliges Verständnis des Christentums in Evangelien verfassten.[39] „Die Judenchristen kennzeichneten sich als Juden, die Jesus für einen menschlichen Propheten hielten, dessen Mission darin bestand, die ursprüngliche jüdische Religion

---

[38] Lüdemann, Gerd, Janßen, Martina (Übers.), Bibel der Häretiker. Die gnostischen Schriften aus Nag Hammadi. Stuttgart 1997

[39] Berger, Klaus, Nord, Christiane (Übers.), Das Neue Testament und frühchristliche Schriften. Vollständige Sammlung aller ältesten Schriften des Urchristentums. Frankfurt a. M. 1999

zu restaurieren. Paulus und seine Nachfolger haben aber seine Botschaft korrumpiert."[40] Auffällig ist die Ähnlichkeit ihrer Lehre mit dem Jahrhunderte später erschienenen Islam.

Die Bewährungstheologie

Im syrischen Raum, der sich vom Euphrat bis zum Mittelmeer, von der Türkei bis Saudi-Arabien erstreckt, entstanden parallel christliche Gemeinden verschiedener theologischer Auffassungen. Neben den hellenisierten Christen existierten die Judenchristen, aber auch die Aramäer, bekannt als Syrer, die die Mehrheit der Bevölkerung bildeten und deren Kultur trotz Jahrhunderten der hellenistischen und römischen Herrschaft die dominante geblieben ist. Jesus sprach Aramäisch und nicht Hebräisch.

Bei diesen Orientalen herrschten andere Denkstrukturen, die in orientalischen kulturellen Traditionen wurzelten. „Grundsätzlich findet sich im syrischen, also semitischen Raum ein Denken, das sich, vergleichbar dem jüdischen Verstehen, vor allem an der Geschichte orientiert und nicht – wie in der hellenistischen Tradition – am Sein bzw. der Natur von Gott, Mensch und Kosmos. Gott handelt in der Geschichte durch die Propheten und durch Jesus. Heil findet der Mensch in der Nachfolge Jesu, in der Bewährung, und nicht – wie im griechischen Christentum – in der ‚Vergöttlichung' durch den Gottmenschen Jesus Christus."[41]

Im 1. und 2. Jahrhundert waren trotz der dürftigen Quellenlage verschiedene Strömungen identifizierbar, die den Logos unterschiedlich interpretierten, aber alle Jesus als Mensch sahen; sie

---

[40] Nevo, Jehuda D., Koren, Judith, Crossroads to Islam. The Origins oft the Arab Religion and the Arab State. New York 2003, S. 190–191 (Übersetzung des Autors)

[41] Ohlig, Karl-Heinz, Das syrische und arabische Christentum und der Koran. In: Ohlig, Karl-Heinz, Puin, Gerd-Rüdiger (Hg.), Die dunklen Anfänge. Neue Forschungen zur Entstehung und frühen Geschichte des Islam. Berlin 2005, S. 378

nannten ihn auch, wie später die Muslime, Knecht Gottes, *Abd-Allah*. Eine weitere Gemeinsamkeit bildet die Abgrenzung gegen die griechische Kultur und Philosophie, wie die „Rede an die Hellenen" von Tatian dem Syrer (gest. 170) und die Schrift „Zu Autolycum" von Theophilus von Antiochien (gest. 185) zeigen. Alle diese Strömungen verteidigten die Lehre der Einheit (Monarchianismus). Es gebe keinen Unterschied der Personen innerhalb der Gottheit, sondern nur eine Folge vorübergehender Arten des Wirkens.

Im 3. Jahrhundert gewinnt diese Lehre mit Paul von Samosata (gest. 272) an Konturen. Der Logos oder die Weisheit ist das Instrument des einen und selben Gottes für sein Wirken nach außen, das ist der „dynamische Monarchianismus", auch „Adoptionismus" genannt. Der Logos wohnte in Jesus wie in einem Tempel. Diese Verbindung zu Gott war wie bei allen übrigen Propheten ähnlich, bei Jesus jedoch tiefer und radikaler. Jesus wurde aus Gnade auserwählt und hatte sich durch Erkenntnis, Vollendung der Tugend und Gehorsam bewährt. Wegen seiner Bewährung wohnte der Gott-Logos in ihm. Die Erlösung der Christen ist die Bewährung, die in der Nachfolge Jesu realisiert werden soll. „Eine Erlösung im Sinne hellenistisch-christlicher Vergöttlichung durch die Vermittlung des Gottmenschen Jesus Christus oder im Sinne der lateinischen Theologie durch das Opfer Jesu Christi am Kreuz kommt nicht in den Blick."[42]

Der Arianismus

Anfang des 4. Jahrhunderts erschien mit dem Presbyter Arius in Alexandria ein Fürsprecher dieser theologischen Positionen. Arius sah in Christus nicht den aus dem Wesen Gottes entstandenen Logos, sondern ein Geschöpf, das vollkommen ist. Wie die Katholiken glaubte er an die Präexistenz Christi, gab aber eine neue Begründung: Gott in seinem Vorherwissen sah, dass der Logos in Jesus spä-

---

[42] Ibid., S. 383

ter wohnen werde, und gab ihm diese Herrlichkeit. Das war, wie der Theologe Karl-Heinz Ohlig meint, „eine Begründung der hellenistischen Logoslehre durch die syrische Bewährungstheologie".[43]

Das führte zu heftigen Unruhen unter den Christen. Kaiser Konstantin, der sich gerade für das Christentum als Stütze seines Reiches entschieden hat, kam die Sache ungelegen; er hatte sich gerade mit dem Donatistenstreit unter den Christen in Nordafrika auseinandergesetzt und wollte weitere Unruhen vermeiden. 325 berief er ein Konzil nach Nicäa, später als erstes ökumenisches Konzil gezählt, und setzte trotz des Bedenkens vieler Bischöfe die zentrale theologische Formel der „Wesenseinheit" zwischen Gott und Gottessohn durch, später, nach dem Konzil von Konstantinopel 381, kam der Heilige Geist hinzu. Damit wurde das Dogma der Trinität festgelegt. Die Teilnehmer an der Synode hatten die Zeit der Verfolgung erlebt und waren dankbar für die Aufwertung ihrer Religion und wollten deshalb dem Kaiser nicht widersprechen. Ihre Stimmung gibt der Kirchenvater Eusebius von Caesarea (gest. 340) in seiner „Vita Constantini" wieder, er verherrlicht den Kaiser Konstantin, Gott habe ihn zum Kaiser ausgerufen, und sein Reich sei ein irdisches Abbild der Herrschaft Gottes. Diese Unterwerfung räumte dem Kaiser eine Rolle in religiösen Fragen ein, er wurde ein Mitgestalter des religiösen Geschehens in der Kirche. Man spricht daher von Cäsaropapismus.

Viel bedenklicher aber war die strafende Intervention des Staates: Arius und zwei oppositionelle Bischöfe wurden verbannt – eine gefährliche Innovation. Bislang war es gelungen, die Spannungen innerhalb der Kirche ohne bedeutende Gewaltanwendung zu überwinden. In ihrem Wesen war die Kirche eine Überzeugungsgemeinschaft, exzessive Neuerungen wurden fast automatisch ausgeschieden, eine zentrale Kontrollinstanz existierte nicht. Nun bestand die Möglichkeit, staatliche Gewaltmittel zur Unterdrückung oppositioneller kirchlicher Gegner zu verwenden. Die theologischen Gegen-

---

[43] Ibid., S. 384

sätze wurden zu Parteikämpfen, deshalb versuchten die Streitparteien, die Gunst des Hofes zu gewinnen.

Die Monophysiten

Der Staat, der durch die Erhebung des Christentums zur Staatskirche (385) die Einheit des Reiches bewahren wollte, verfehlte sein Ziel; jede Parteinahme zugunsten einer Gruppe bedeutete die Feindschaft und die Unterdrückung der anderen, eine Politik, die für die folgenden Jahrhunderte zur Regel wurde. Das haben alle Abweichler, hauptsächlich die Monophysiten, auch als Miaphysiten bekannt, mit schwerwiegenden Konsequenzen zu spüren bekommen: Die „kirchliche Opposition der ‚Monophysiten' hat sich seit dem 5. Jahrhundert mit nationalistischen Unabhängigkeitsbestrebungen der Kopten und Syrer verbunden und dem Arabersturm des 7. Jahrhunderts Ägypten und Syrien ausgeliefert".[44]

Die lateinische Kirche im Westen blieb von dem arianischen Kampf in der Ostkirche unberührt und vollzog den Übergang zur Staatskirche ohne Zugeständnisse an den Kaiser. Sie behielt und stärkte ihre kirchliche Eigenständigkeit. Sie war mehr auf das Ethos als auf das Dogma ausgerichtet: Der Kaiser vertritt keine Idee der Obrigkeit, die man anbeten soll, er ist ein Mensch unter Menschen und wird an den Geboten Gottes gemessen, er verdient Gehorsam nicht kraft seines Amtes, sondern wegen seiner Taten.[45] Wegen dieser Unterschiede begann die lateinische Kirche schon im 4. Jahrhundert sich von der Gemeinschaft mit der griechischen abzulösen. Bei der germanischen Völkerwanderung im 5. Jahrhundert überlebte die lateinische Kirche den staatlichen Zusammenbruch und rettete

---

[44] Ibid., S. 13
[45] Aland, Kurt, Kaiser und Kirche von Konstantin bis Byzanz. In: Ruhbach, Gerhard (Hg.), Die Kirche angesichts der konstantinischen Wende. Darmstadt 1976, S. 47

1. Religionskritik und christliche Theologie

die wertvollsten Elemente der spätantiken Kultur in eine neue Zeit hinüber.

Das auf den Konzilen verabschiedete Dogma der Trinität hatte im Orient keinen Konsens gefunden. Die adoptionistischen Vorstellungen waren tief verankert, und der Bischof Theodor von Mopsuestia (350–428) lehrte noch deutlich, dass der Gott-Logos wegen seiner Bewährung und des Wohlgefallens Gottes in Jesus wohnte. Die göttliche Natur und die menschliche Natur waren in der menschlichen Gestalt Jesu vereint, aber nicht wesensgleich. Sein Schüler Nestorius, der zwischen 428 und 431 der Patriarch von Konstantinopel wurde, war in seinem Sprachgebrauch vorsichtiger, trotzdem hatte er sich in dem Streit über die Person Marias verraten und wurde seines Amtes enthoben.

Er weigerte sich, Maria als Mutter Gottes (Theotokos) zu bezeichnen, sie habe nur den Menschen Jesus geboren, daher die Bezeichnung Christotokos. Scharf unterscheidet er zwischen dem Menschen Jesus und dem Gott-Logos, beide Naturen sind getrennt, und mit dieser Trennung wird der blasphemische Glaube, Gott habe am Kreuz gelitten und sei gestorben, gemieden. Auf dem Konzil von Ephesos 431, das vor der Ankunft der fünfzig orientalischen Bischöfe eröffnet wurde, die auf der Seite Nestorius' standen und als Gruppe der Orientalen bezeichnet werden, warfen die Teilnehmer Nestorius Adoptionismus vor und setzten ihn von seinem Amt ab. Einmal eingetroffen wurden auch über dreißig Bischöfe der Gruppe der Orientalen abgesetzt.[46] Die Beschlüsse des Konzils konnten aber nicht umgesetzt werden.

Das Konzil von Ephesos scheiterte an der Opposition der Orientalen, ein Schisma drohte der Kirche, der Kaiser berief ein neues Konzil nach Chalcedon ein (451). Der Einfluss des Kaisers war in religiösen Fragen maßgebend und wechselte zwischen den drei untereinander konkurrierenden theologischen Zentren Antiochien, Ale-

---

[46] Perrone, Lorenzo, Von Nicaea (325) nach Chalcedon (451). In: Alberigo, Giuseppe (Hg.), Geschichte der Konzilien. Von Nicaenum bis zum Vaticanum II. Wiesbaden 1998, S. 95

xandrien und Rom. Im Jahre 451 triumphierte Leo, der Papst von Rom: Das Glaubensbekenntnis der zwei Naturen Christi (Duophysitismus) wurde angenommen und die Beziehung zwischen diesen beiden Naturen geregelt. Die menschliche und die göttliche Natur Christi stehen „unvermischt, unveränderlich, ungetrennt und unteilbar". „Unser Herr Jesus Christus ist ein und derselbe ... vollkommen in der Gottheit und vollkommen in der Menschheit ... wahrer Gott und wahrer Mensch ... der Gottheit nach wesensgleich mit dem Vater, der Menschheit nach uns wesensgleich."[47] Eine Niederlage für Antiochien, Nestorius wurde verbannt und seine Anhänger verfolgt. Sie flüchteten in das sassanidische Reich und gründeten die ostsyrische bzw. assyrische Kirche. Das war das erste Schisma im Christentum, vor dem Hintergrund ähnlicher Glaubenssätze entstanden zwei Kirchen.

Weitere Schismen sollten folgen. Unzufrieden mit der neuen Doktrin waren auch die Anhänger des Kyrill von Alexandrien, der die Vereinigung beider Naturen in einem einzigen Subjekt Jesus bei gleichzeitiger Verschiedenheit der Naturen betonte. Eine Position, die sein Nachfolger Dioskur ebenfalls vertrat: Die Taten Jesu könnten nicht in zwei unterschiedlichen Naturen aufgeteilt werden; sie gingen alle von einer Person, einer Inkarnation, nämlich der des fleischgewordenen Logos aus. Das war der Monophysitismus, für den Maria als Mutter Gottes als Selbstverständlichkeit galt. Der Marienkult war in Ägypten und Syrien tief verwurzelt, und so fand diese Lehre eine weite Verbreitung insbesondere unter dem Mönchtum, das in Palästina das Dogma von Chalcedon ablehnte. In diesem Kulturkampf zwischen Orient und Okzident brachte Chalcedon den Sieg der europäischen Kultur über die orientalische. Die Griechen und die Römer siegten über die Syrer und Ägypter.

Die Exkommunikation und die Absetzung des Patriarchen Dioskur von Alexandrien durch das Konzil und der Versuch des Kaisers, den Chalcedonier Proterius der koptischen Kirche aufzuzwingen, endete in einer Katastrophe. Bei seiner Ankunft wurde Proterius von

---

[47] Zitiert ibid., S. 117

einer Volksmeute, die von den Mönchen aufgehetzt worden war, in Empfang genommen, ermordet und in Stücke gerissen. Die Anti-Chalcedonier spalteten sich ab und gründeten ihre eigene Kirche.

In Syrien tobte zwischen beiden Parteien ein Kampf um die Bischofssitze mit wechselhaftem Erfolg, der bis tief in das 6. Jahrhundert andauerte. Bei dieser Auseinandersetzung kam Kaiserin Theodora (ca. 500–548), eine Fürsprecherin des Monophysitismus, der Bitte von Harith ibn Jabala, des Vorstehers der arabischen ghassanidischen Stämme, nach und weihte zwei Bischöfe: Theodor von Arabien als Metropoliten von Bosra in Südsyrien und Jakob von Edessa als ökumenischen Metropoliten. Die Ghassaniden waren die Verbündeten der Byzantiner und mit dem Schutz der Südgrenze zu Arabien beauftragt. Jakob Baradai nutzte seine Position als Metropolit, wanderte durch Syrien, gründete Gemeinden und weihte Priester und Bischöfe. Eine neue, nach ihm benannte monophysitische Kirche entstand, die jakobitische Kirche.

Die Lektion aus dem Konzil von Chalcedon: „Bevor ein neues Jahrhundert vergangen war, wurde die bittere Erinnerung an die Erniedrigung, die die nicht-griechisch-römische Kultur in Chalcedon erfahren hatte, in den zwei folgenden Jahrhunderten zu einem allgemeinen Zustand, aufgrund dessen viele Nordafrikaner und Westasiaten dem Christentum absagten, um die Religion des neuen Propheten von Mekka und Medina anzunehmen."[48]

Der Abrahamismus

Shlomo Pines[49] hat aus mehreren christlichen, jüdischen und muslimischen Quellen ausreichend Daten gesammelt, die auf die Existenz einer Form von Monotheismus in den ersten Jahrhunderten

---

[48] Verghese, Paul, Koptisches Christentum. Die orthodoxen Kirchen Ägyptens und Äthiopiens. Stuttgart 1973, S. 23
[49] Pines, Shlomo, Notes on Islam and on Arabic Christianity and on Judaeo-Christianity. In JSAI 4 (1984), S. 135–152. Zitiert in Nevo und Koren, ibid., S. 186 ff.

Der Abrahamismus

hinweisen, die Abraham als Gründer der Religion und Vorbild für alle Menschen darstellen. Bei Tertullian (150–230) finden wir die älteste Erwähnung; er berichtet über eine Diskussion mit einer Gruppe von Menschen, die dem Beispiel Abrahams folgen. Sozomenos (gest. 450), der in Gaza lebte und ein ausgezeichneter Kenner der arabischen Stämme war, spricht in seiner Kirchengeschichte von dem „ismaelitischen Monotheismus", dem Vorläufer des mosaischen Judentums. Ihr Monotheismus wurde jedoch durch ihre sehr lange Nachbarschaft mit den Heiden korrumpiert und hatte seine ursprüngliche Reinheit verloren. In der letzten Zeit allerdings hatten diese paganisierten Abrahamisten von Judenchristen erfahren, dass sie über Ismael, den Sohn von Hagar, die Nachfahren Abrahams seien, und viele hatten eine jüdische Lebensart übernommen, die nach ihren Vorstellungen der Religion Abrahams entsprechen sollte. Diese Geschichte wird auch von dem armenischen Bischof und Historiker Sebeos im 7. Jahrhundert erwähnt.

Der Koran unterstreicht diese Verbindung. In Vers 67 der dritten Sure heißt es: „Abraham war weder Jude noch Christ; vielmehr war er lauteren Glaubens (*hanîf*), ein Muslim und keiner derer, die Gott Gefährten geben." Im folgenden Vers (3:68) wird die Aussage deutlicher: „Diejenigen Menschen, die Abraham am nächsten stehen, sind wahrlich jene, die ihm folgten, sowie dieser Prophet und die Gläubigen. Und Allah ist der Gläubigen Hort." Die Araber, die ihre Abstammung in der „Genesis" der Bibel entdeckt und akzeptiert hatten, neigten deshalb dazu, die Religion ihres Ahnen Abraham, den reinen unverfälschten Monotheismus, zu befolgen. Der Abrahamismus war eine Form von Monotheismus, die die eigene ethnische Identität der Araber am besten ausdrückte. Er unterscheidet sich nicht sehr von der Auffassung der Judenchristen.

Jehuda Nevo, der jahrelang epigrafische und archäologische Spuren im Negev untersuchte, fand, dass ab der Epoche Sozomenos' Mitte des 5. Jahrhunderts der Name Abraham immer öfter in den Inschriften auftauchte, was in keinem Verhältnis zu seinem bescheidenen Erscheinen in den hellenistischen Gebieten Syriens steht. Zu demselben Zeitpunkt verschwanden langsam die heidnischen

1. Religionskritik und christliche Theologie

Inschriften, Ende des 6. Jahrhunderts endgültig. Mitte des 7. Jahrhunderts waren auf den Felsen im Negev monotheistische Sprüche zu lesen, wie übrigens in anderen, früher heidnischen arabischen Gebieten in Syrien, Jordanien, dem Irak und dem Hedschas. Das entspricht der Zeit der Entstehung und Herausbildung des Islam. Tausende von Inschriften wurden bis zum Ende des 2. Jahrhunderts der Hidschra, der islamischen Zeitrechnung, gefunden.[50] Das Glaubensbekenntnis, das darin zum Ausdruck kommt, ist weder christlich noch jüdisch, beinhaltet jedoch Elemente, die für beide Religionen akzeptabel sind. Es handelt sich hauptsächlich um Bittgebete, die den Volksglauben reflektieren.

Wegen ihrer unscharfen Konturen nennt Nevo diese Religion „unbestimmter Monotheismus".[51] Man vermisst nicht nur die Hinweise auf das Christentum und Judentum, sondern auch auf den Islam. Weder Muhammad noch der *tawhîd* (die Einsheit Gottes) werden erwähnt. Gott wird Allah, aber überwiegend *rabb* genannt. Die Bezeichnung, die überall anzutreffen ist, heißt „*rabb Musa wa 'Isa*", „Gott der Herr von Moses und Jesus", das klingt sehr judeo-christlich. Die erste islamische Inschrift stammt aus dem Jahr 112h./730c.,[52] zum ersten Mal wird in einem populären Text Muhammad als Prophet erwähnt; das ist ein Ergebnis, wie wir unten sehen werden, der Reform von Abdel Malik ibn Marwan (685–705).

Die Judenchristen

Die Nähe zwischen Judeo-Christentum und Islam ist inzwischen in der Forschung allgemein bekannt und von einer Mehrheit von Wissenschaftlern anerkannt. Die vielseitige Beziehung des Judeo-Christentums zum Islam bedarf allerdings weiterer Untersuchungen.

---

[50] Hidschra bedeutet die Flucht Muhammads von Mekka nach Medina im Jahre 622, sie markiert den Beginn der islamischen Zeitrechnung.
[51] Nevo und Koren, ibid., S. 195
[52] Die Abkürzung „h." ist für die islamische und „c." für die christliche Zeitrechnug.

Die Judenchristen

Manche Äußerungen im Koran z. B. bezüglich der Trinität scheinen verwirrend: „Und wenn Allah sagt: O Jesus, Sohn der Maria, hast du zu den Menschen gesagt: ‚Nehmet mich und meine Mutter als zwei Götter neben Allah an?'" (5:116) Man weiß nicht genau, auf welche Tradition der Koran sich beruft. Bekanntlich ist der Heilige Geist der Dritte in der Trinität und nicht Maria. Das war auch die Auffassung aller christlichen Zeitgenossen Muhammads, ob hellenisierte Christen oder monophysitische Orientalen. Der Prophet scheint offensichtlich in einem Milieu aufgewachsen zu sein, in dem er mit Juden und Judenchristen zusammentraf. Im Koran sind die Spuren der mehrheitlichen Christen sehr knapp; seine Auseinandersetzung und Polemik mit den Juden ist ausführlich und eher von einem judeo-christlichen Standpunkt. Jesus wird als Gesandter nur für die Juden dargestellt, in seiner Bedeutung folgt er Moses und wird als Mensch betrachtet. Moses wird im Koran 153 Mal erwähnt, Jesus 25 Mal. Materialien aus dem Neuen Testament kommen lediglich in acht Suren vor, aus dem Alten Testament in fast allen Suren des Korans.[53] Patricia Crone, die das Thema behandelte, kommt zu dem Schluss: „Kurz gesagt, die Sicht des Gesandten von Jesus suggeriert, dass sie von einer Gemeinde beeinflusst wurde, in der Jesus zwar verehrt wird, aber Abraham der vorbildliche Prophet bleibt. Diese Beschreibung trifft nur auf die Judenchristen zu."[54]

In den ersten Jahrhunderten vor der Festlegung des Dogmas der Trinität auf der Synode von Nicäa 325 bestand das Christentum aus zwei Lagern: Das eine betrachtete Jesus als den inkarnierten Gott, wobei die Beziehung zwischen der menschlichen und göttlichen Natur in Jesus noch nicht festgelegt war. Das andere Lager betrachtete Jesus als Menschen, der wegen seiner Bewährung von Gott als Tempel für seinen Geist (Logos) auserwählt wurde. Diesen Geist nannte man Christus, er war präexistent. Keine Einigkeit bestand darüber, ob die Inkarnation Christus mit der Taufe Jesu oder schon bei sei-

---

[53] Crone, Patricia, Jewish Christianity and the Qur'ān (Part One). In: Journal of Near Eastern Studies (JNES) 74 no. 2 (2015)
[54] Ibid., S. 237

ner Geburt stattfand. Zu dem zweiten Lager gehörten die meisten Judenchristen; genau wie die meisten Orientalen befolgten sie die Adoptionstheorie des dynamischen Monarchianismus. Patricia Crone findet die Bezeichnung eher vernebelnd statt erklärend und verwendet einen eigenen Begriff: „Gast-Christologie" (host christology).

Crone verteidigt den Standpunkt derjenigen, die von einem einzigen Evangelium in verschiedenen Versionen für die drei judeo-christlichen Sekten sprechen. Es soll das von Elchasai verfasste Evangelium der Hebräer sein, das auf dem Evangelium von Matthäus beruht und adoptionistische christologische Ergänzungen beinhaltet. Im Neuen Testament steht in den drei synoptischen Evangelien bezüglich der Taufe bei Johannes dem Täufer, nachdem Jesus aus dem Wasser ausstieg, übereinstimmend: „Eine Stimme ertönte aus dem Himmel: Du bist mein geliebter Sohn, an dem ich Wohlgefallen habe." In der Version der Ebioniten heißt es: Als der Herr aus dem Wasser kam, stieg der Geist Gottes auf ihn herab und sagte ihm, dass er in allen Propheten auf ihn wartete, jetzt, wo er gekommen ist, kann er in ihm für die Ewigkeit wohnen, er ist sein erstgeborener Sohn. Die Versionen der beiden anderen judeo-christlichen Sekten weichen davon wenig ab. Die Nazoräer glaubten, der Geist Gottes sei in allen Propheten moderat, in Jesus aber voll hinabgestiegen. Die Hebräer, auch Elchasaiten genannt, weil sie seinem Evangelium folgten, glaubten, dass alle Propheten letzten Endes identisch waren, bewohnt vom selben göttlichen Geist. Sie brachten dieselbe Botschaft hervor, nur der letzte Prophet aber sei der Messias, in dem der Geist Gottes für die Ewigkeit weilen wird. Elchasai war ein Judenchrist, der in Mesopotamien im Reich der Parthen lebte und 116 bis 117 sein Buch, bekannt als das Evangelium der Hebräer, auf Aramäisch verfasste. Ein Jahrhundert später wurde das Buch auf Griechisch übersetzt und erreichte Palästina und Rom, wo es die Aufmerksamkeit der Väter der Kirche auf sich zog.[55] Jahrhunderte später erfahren wir im Koran: „Muhammad ist nicht der Vater eines eurer Männer, sondern Allahs Gesandter und das Siegel der Propheten."

---

[55] Vgl. Klijn, Albertus F. J., Jewish-Christian Gospel Tradition Leiden 1992

Zusammenfassung

Die Religionskritik begann mit der Philosophie, die ausschließlich griechisch war. Martin Heidegger schreibt: „Die Philosophie ist im Ursprung ihres Wesens von der Art, dass sie zuerst das Griechentum, und nur dieses, in Anspruch genommen hat, um sich zu entfalten."[56] Die Philosophie konfrontierte den Mythos mit der Vernunft und entwickelte eine Gotteslehre mit monotheistischen Tendenzen, um das Verhältnis zwischen der geistigen und der materiellen Welt zu erklären. Das Christentum, das mit der Inkarnation Gottes als Christus die Beziehung zwischen Jenseits und Diesseits zu lösen glaubte, schaffte das schwere Problem des Verhältnisses zwischen der göttlichen und menschlichen Natur in Jesus. Die Kirchenväter begannen, die Glaubensinhalte mit dem Mittel philosophischer Begrifflichkeit und Theorien zu erläutern, zu verteidigen, aber auch zu begründen. So entstand das hellenisierte Christentum, das die Untersuchung des Glaubens mit der Vernunft zu einer Disziplin erhoben hat: die Theologie. Das hellenisierte Christentum breitete sich im Westen aus und grenzte sich mit den Konzilen von Nicäa (325) und Chalcedon (451), die die zwei Naturen unvermischt, unveränderlich, ungetrennt und unteilbar in Christus beschlossen bzw. bestätigt haben, von den Orientalen ab.

Diese Art von Dualismus hat die überwiegende Mehrheit der orientalischen Christen nicht akzeptiert. Für die Monophysiten, entstanden als Reaktion auf das Dogma von Chalcedon, ist Jesus in allen seinen Handlungen einfach der inkarnierte Gott. Vorher wurden nach der Synode von Nicäa alle Christen, die dem Adoptionismus anhingen, ausgegrenzt und zu Häretikern erklärt. Sie betrachten Jesus als erschaffenen Menschen, der wegen seiner Bewährung von Gott für seine Inkarnation auserwählt wurde. Dass der göttliche Geist in Jesus wie in einem Tempel wohnte, glaubten nicht nur die syro-aramäischen Adoptionisten, sondern auch die drei Sekten der

---

[56] Heidegger, Martin, Identität und Differenz, Gesamtausgabe Bd. 11. Frankfurt a. M. 2006, S. 9–10

Judenchristen. Unter den Arabern im südlichen Palästina, in Jordanien und dem Hedschas war eine abrahamitische Religion verbreitet, die ab dem 5. Jahrhundert eng an das Judenchristentum angelehnt war. In diesem Milieu soll der Islam entstanden sein.

2. Geschichte und Heilsgeschichte

Die Geschichte

Die Rede von islamischer Theologie setzt selbstverständlich die Existenz einer Religion voraus. Vor allem ist die Geschichte ihrer Entstehung von Bedeutung, weil sie über die neuen theologischen Gegebenheiten aufklärt, die eine neue Religion rechtfertigen. Eine grundsätzliche Frage wurde aber bis heute nicht geklärt: Seit wann gibt es den Islam? Josef van Ess (geb. 1934), der weltweit bedeutendste Forscher auf dem Gebiet der islamischen Theologie und Philosophie, der sein Hauptwerk „Theologie und Gesellschaft im 2. und 3. Jahrhundert Hidschra" zwischen 1991 und 1997 in sechs Bänden veröffentlichte, gab 2010 in einem Interview folgende Antwort: „Diese Frage ist überhaupt nicht zu beantworten. Zumal man ja schon unterschiedlicher Meinung darüber ist, seit wann es den Koran gibt. Eines ist klar: Als es den Koran gab, gab es noch lange nicht den Islam." Weiter sagte er: „Es ist sehr wahrscheinlich, dass der Islam von Muhammad noch gar nicht intendiert war. Anfangs wird bloß eine Gemeinde gebildet, die sich eines besonders sittlichen oder frommen Lebenswandels befleißigen soll und die sich als ‚die Gläubigen' bezeichnet: ‚*al-Mu'minûn*'."[1]

---

[1] Interview geführt von Christian Meier für Zenithonline 2010 https://www.disorient.de/blog/islamforscher-josef-van-ess-der-koran-ist-eine-reformatorische-schrift

2. Geschichte und Heilsgeschichte

Die zweifelhafte Geschichte

Das widerspricht gänzlich den Vorstellungen der Muslime von ihrer eigenen Religion. Sie verfügen nämlich über eine religiöse Geschichte, die detailliert die historischen Fakten wiedergibt. Muhammad soll z. B. am 12. des Monats *rabih al-awwal* des Jahres des Elephanten geboren sein (4. April 571). Am Montag, dem 12. des Monats Ramadan (10. August 610), begann die Offenbarung, der Engel Gabriel erschien ihm und forderte ihn auf, den ersten Vers des Korans zu rezitieren. Am Montag, dem 12. des Monats *rabih al-awwal* im 12. Jahr nach dem Beginn der Offenbarung, ging Muhammad ins Exil von Mekka nach Medina. Das war im Jahre 622 und markierte den Beginn der islamischen Zeitrechnung. Am Montag, dem 12. des Monats *rabih al-awwal* vom 11. Jahr der Hidschra (9. Juni 632), ist Muhammad gestorben. Geburtstag, Exiltag und Todestag sind gleich, das ist eines der Wunder Gottes in der Lesart der Muslime.

Mit dieser Darstellung kann der Historiker wenig anfangen, vor allem nicht, wenn man weiß, dass die Biografien des Propheten als Informationsquelle sehr problematisch sind. Die Fülle von Erzählungen über Wunder gehört der Welt der Legenden an. Die Wiederholung eines bestimmten Datums für verschiedene Ereignisse, wie das oben erwähnte Beispiel, hat einen unbekannten symbolischen Wert. Manche Ereignisse im Leben Muhammads scheinen einen historischen Hintergrund für koranische Aussagen schaffen zu wollen. Andere Fakten sind dafür gedacht, den Erwartungen eines zeitgenössischen Publikums an einen Propheten zur Zeit der Redaktion der Texte zu entsprechen. So ist der Prophet ein Waisenkind wie Moses, er wird von seinem Stamm Quraisch abgelehnt und muss gegen ihn kämpfen. Außerdem bleiben viele wichtige Fragen unbeantwortet, sie werden nicht einmal angegangen: Warum war der Stamm Muhammads so unerbittlich gegen ihn? Was war seine wirkliche Position in Medina, und wie war genau seine Beziehung zu den Juden?[2]

---

[2] Donner, Fred M., Muhammad and the Believers. At the Origins of Islam. Cambridge 2010, S. 51 ff.

Neben den Widersprüchen zwischen den Erzählungen finden wir von außerhalb der muslimischen Quellen keine Bestätigung der Ereignisse, im Gegenteil, zuverlässige Beweise widerlegen sie oft. Muhammad soll 632 z. B. gestorben sein, in einer christlichen antijüdischen Schrift vom Juli 634, bekannt als die „Doctrina Jacobi",[3] ist die Rede von einem falschen Propheten, der mit den Sarazenen gekommen ist. Das könnte heißen, dass Muhammad noch nach seinem offiziellen Tod Razzien in Syrien angeführt hat. „Sarazenen" bedeutet auf Griechisch: die Bewohner der Zelte. Damit sind die arabischen Beduinen gemeint. Interessanterweise wird weiter berichtet, dass dieser Prophet die Ankunft des kommenden Gesalbten und Christus verkündet und er die Schlüssel des Paradieses besäße. Manche Orientalisten wie etwa Patricia Crone sehen in dem Bericht einen Hinweis auf die Existenz Muhammads, andere wie Yehuda Nevo nicht. Ohne Namensnennung kann es sich wohl um eine andere Person als Muhammad handeln, zumal der Inhalt seiner Verkündung nicht islamisch ist. Anstatt zu verkünden, dass die Endzeit naht, wie es beim Islam zu erwarten wäre, verkündet er die Ankunft Christi. Das entspricht einem rudimentären Monotheismus, der eher zu den jüdischen, judeo-christlichen und sogar christlichen Vorstellungen passt.

Die muslimische Erzählung behauptet, Muhammad habe sich 16 Monate nach seiner Ankunft in Medina mit den Juden überworfen; infolgedessen habe Gott die Änderung der Gebetsrichtung von Jerusalem gen Norden nach Mekka gen Süden angeordnet (Verse 2:144 und 2:150). Die ältesten Quellen erzählen allerdings eine andere Geschichte, sowohl die „Doctrina Jacobi" als auch Sebeos (661)[4] betonen die enge Zusammenarbeit zwischen Juden und Ismaeliten (Arabern). Nach der Analyse des Materials schreiben Crone und Cook: „Es gibt hier nichts, das die islamische Darstellung be-

---

[3] Dagron, Gilbert, Déroche, Vincent, Juifs et chrétiens en Orient byzantin, Paris 2010, S. 47 ff. Hoyland, Robert D., Seeing Islam as others saw it: a survey and evaluation of Christian, Jewish, and Zoroastrian writings on early Islam. Princeton 1997, S. 57
[4] Hoyland, ibid., S. 124 ff.

stätigt, wonach der Bruch zwischen Muslimen und Juden vor der Eroberung stattgefunden hat, um sie, genau wie die Christen, mit einer distanzierten Toleranz zu betrachten."[5]

Auch die Datierung der Änderung der Gebetsrichtung stimmt nicht, ihr wurde vor Kurzem vonseiten der Archäologie widersprochen. Die Gebetsrichtung der meisten Moscheen im 1. Jahrhundert der Hidschra richten sich nicht nach Mekka, sondern nach Jerusalem, aber auch südlicher in Südjordanien nach Petra, der Hauptstadt der Nabatäer. Bis zum Ende des 2. Jahrhunderts zeigen viele Moscheen noch in diese Richtung. Ein Zweifel ist ausgeschlossen, weil die Moscheen in allen Himmelrichtungen um diesen Ort liegen.[6] Das Beispiel unterstreicht die Bedeutung der Archäologie in der historischen Forschung; archäologische Ausgrabungen in Mekka und Medina sind leider nicht möglich, sie hätten zur Klärung mancher Fragen des Frühislam beitragen können.

Das unsichtbare Mekka

Es ist allgemein bekannt, dass der Islam in Mekka entstand. Das wissen wir von Ibn Ishâq (gest. 767), der die erste Biografie des Propheten, Sira, geschrieben hat. Das Buch hat uns nicht erreicht, wir kennen es jedoch durch die Biografie von Ibn Hischâm (gest. 834), die von seinen Schülern ein Paar Dekaden später redigiert wurde. In der Sira werden Angaben über den Handel von Mekka gemacht. Die mekkanischen Kaufleute durchkreuzten die Wüste mit ihren Karavanen, südlich gingen sie nach dem Jemen, nördlich nach Damaskus; Muhammad persönlich war als Kaufmann bei seiner ersten Frau Khadija angestellt. Die Sira wurde von den meisten Orientalisten übernommen. In den 1950er-Jahren hat William Montgomery

---

[5] Crone, Patricia, Cook, Michael, Hagarism. The Making of the Islamic World. London 1977, S. 6
[6] Vgl. Gibson, Dan, Early Islamic Qiblas. A survey of mosques built between 1 A. H./622 C.E. and 263 A.H./876 C.E. Vancouver 2017

Watt aus dem dürftigen wirtschaftlichen Material der Sira eine These über die Entstehung des Islam entwickelt, die bis heute unter vielen Gelehrten verbreitet ist. Er stützte sich hauptsächlich auf die Arbeiten eines früheren Orientalisten, Henri Lammens, der aus Mekka eine „Handelsrepublik" machte, sein Material war noch dürftiger als das von Watt.

Mekka soll Anfang des 7. Jahrhunderts ein Knotenpunkt für den internationalen Handel zwischen dem Süden und dem Norden geworden sein. Güter aus Indien, Südarabien und Äthiopien seien nach Syrien und Mesopotamien weiterverkauft worden. Das Handelskapital habe die Stammesgesellschaft in eine soziale und moralische Krise gestürzt, die zur Entstehung des Islam führte, so die These von Watt. Patricia Crone war skeptisch und stellte eine grundlegende Frage, nämlich: Womit haben die Mekkaner gehandelt, welche lokalen Güter hatten sie zum Austausch anzubieten? Sie bemerkte, dass diesem Thema in den zwei Bänden von Watts Werk[7] weniger als eine Seite gewidmet ist. Sie schrieb ein Buch,[8] um diese Frage zu klären, und kam zu dem Ergebnis, dass alles eine Illusion sei. Der Handel von Mekka war mehr als bescheiden; er war an erster Stelle ein lokaler Handel unter den Arabern mit arabischen Gütern. Er diente der Befriedigung eigener Bedürfnisse und nicht der Wünsche fremder Menschen in fernen Ländern. Was sie anzubieten hatten, waren die Produkte ihrer Herden: Tierhäute, Kamelhaar, Schafwolle und natürlich Kamele und Vieh, dazu Sklaven. Auch die These, dass Mekka mit seiner Kultstätte von der Pilgerfahrt wirtschaftlich profitierte, ist falsch, weil Mekka vor dem Islam keine Wallfahrtsmesse hatte, der Stamm Quraisch war nicht der Hüter der Heiligtümer, er wartete nur die Kaaba und versorgte die Pilger. Auf den Listen der 13 bis 16 wichtigsten Messen in Arabien, die die Traditionsliteratur erwähnt, steht der Name Mekka nicht. In seinem Bezirk lagen drei Jahresmärkte: ʿUkâz, Dhul-Majâz und Majanna, ihre Besucher sind ab-

---

[7] Watt, Montgomery, Muhammad in Mekka Bd. I., Oxford 1953, und Muhammad in Medina Bd. II., Oxford 1956
[8] Crone, Patricia, Meccan Trade and the Rise of Islam. Princeton 1987

schließend nach Arafat und Mina gepilgert, diese Pilgerorte liegen außerhalb Mekkas. Noch wichtiger: Der Handel war zur Pilgerzeit in diesen Orten verboten, erst der Islam hat ihn erlaubt. Die Quraischis haben wie andere Araber diese Messen und Pilgerstätten besucht.[9]

Der Hedschas – der falsche Ort?

Nach Auswertung der islamischen Quellen kommt Crone zu dem Schluss, dass die Quraischi tatsächlich seit Jahrhunderten Handel betrieben haben, die Erzählungen der Traditionsliteratur würden zu ihnen passen, wenn wir eine Korrektur vornehmen: „Falls wir die Identifizierung ihres [der Quraischis] Zentrums mit dem modernen Mekka ablehnen, dann können wir es irgendwo in Nordwesten Arabiens lokalisieren und damit das geschilderte Bild ihres Handels akzeptieren."[10] Das Bild wird allerdings nur ohne seine Verbindungen zu Südarabien und Äthiopien verständlich, die keinen Sinn ergeben. Im Nordwesten Arabiens ist die Anwesenheit der Juden und der monotheistischen Abrahamiten dokumentiert, und schließlich war der Prophet, der bald eine neue Religion gründen wird, auch dort als Kaufman unterwegs. Im Jahre 2008 schreibt Patricia Crone: „Bewohner der byzantinischen und persischen Reiche haben über den Norden und Süden der Arabischen Halbinsel geschrieben, wir haben von ihnen viele Inschriften; die Region in der Mitte war aber *terra incognita*. Gerade dort hat die islamische Tradition das Wirken Muhammads platziert. Wir wissen nicht, was da los war, außer was die islamische Tradition uns erzählt."[11]

---

[9] Crone, ibid., S. 170 ff. Vgl. dazu Bonner, Michael, Commerce and Migration in Arabia before Islam: A Brief History of a Long Literary Tradition. In: Aghaei, Behrad (Hg.), Iranian Languages and Culture. Costa Mesa 2012, S. 69–70
[10] Crone, ibid., S. 196
[11] Crone, Patricia, What do we actually know about Muhammed? https://www.opendemocracy.net/en/mohammed_3866jsp/

Die Geschichte

Volker Popp,[12] der neben der üblichen islamischen Literatur die Archäologie und vor allem die Numismatik in seine Forschung miteinbezogen hat, stellt fest, dass die älteste geprägte Geldmünze in Mekka aus dem Jahr 201h./816c. stammt, die zweite aus dem Jahr 203h./817c., sie trägt den Namen des Kalifen al-Ma'mûn (813–833). Die Münzprägung wurde abgebrochen und 249h./863c. für mehrere Jahrhunderte mit Unterbrechungen wieder aufgenommen. Das bedeutet, dass Mekka ab der Herrschaft al-Ma'mûns eine religiöse Bedeutung gewann. Die Münzprägung ist an die Ausübung einer politischen Herrschaft gebunden, zur Zeit des Frühislam finden wir in Mekka und im gesamten Hedschas keine Spuren davon. Auch keine Inschriften; die älteste Inschrift stammt von 58h./677c. in Taif, 100 Kilometer von Mekka entfernt, und erwähnt den Emir der Gläubigen Mu'awiya (661–680), verliert aber kein Wort über den Islam, den Koran oder den Propheten Muhammad. Wie Crone und Nevo vermutet auch Volker Popp, dass sich die Geschichte des Frühislam in Nordarabien abgespielt hat, wobei er zum Gebiet der Judenchristen, Juden, Monophysiten und Abrahamiten in Südsyrien das Gebiet Mesopotamien hinzufügt, wo die Nestorianer die größte christliche Gruppe bildeten. Er kommt zu dem Schluss: „Die spätere islamische Historiografie verlegt das Wirken des Propheten der Araber in dieses schwarze Loch der Geschichte."[13] Womit er Mekka im Hedschas meint.

Das schwarze Loch betrifft die ersten sechzig Jahre nach dem Tod Muhammads. In dieser Zeit sind die Dokumente selten und für die Geschichte und die Religion wenig ergiebig. Es geht um Dokumente – z. B. Papyri aus Ägypten –, die die Beschlagnahme von Gütern durch die Armee und die Erhebung von Steuern behandeln; oder fromme Inschriften auf Felsen und Gräbern oder auch Bildlegenden auf Münzen. Der Islam, der Koran und der Prophet kom-

---

[12] Popp, Volker, Von Ugarit nach Samara. In: Ohlig, Karl-Heinz (Hg.), Der frühe Islam. Eine historisch-kritische Rekonstruktion anhand zeitgenössischer Quellen. Berlin 2007, S. 202–203, 218
[13] Ibid., S. 52

men in diesem Material nicht vor. Im Gegenteil: Die zweite Inschrift von Muʿawiya an den Bädern von Gadara in der Nähe des Sees Tiberiade zeigt den Emir der Gläubigen als Christen, sie beginnt mit einem Kreuz. Die Inschrift beinhaltet nicht einmal die islamische Zeitrechnung der Hidschra, sondern ausdrücklich das „Jahr 42 der Araber". Diese Zeitrechnung geht auf das Jahr 622 zurück, als die Byzantiner die Perser vernichtend schlugen; das hat ihre beide Reiche geschwächt und die Landesübernahme durch die Araber eingeleitet. Die Zeitrechnung richtete sich noch nach dem Sonnenkalender und nicht nach dem Mondkalender, den der zweite Kalif Omar (634–644) angeblich eingeführt hat.

Anders als die benachbarten Hochkulturen, die uralte schriftliche Traditionen besaßen, war die islamische Tradition eine mündliche. Die Araber konnten noch nicht schreiben. Die arabische Schrift entwickelte sich gerade auf der Basis der aramäisch-nabatäischen Schrift und hatte ihre Reife noch nicht erreicht. Dieser Mangel an schriftlichen Belegen macht den Hedschas noch mysteriöser. Mekka, der Hauptschauplatz des Wirkens Muhammads, wird vor dem Islam nirgendwo erwähnt. Crone vermutet deshalb, dass die muslimische Tradition wegen der fehlenden Informationen die vorislamische Zeit zur Zeit der Unwissenheit, *djâhiliya,* und den Propheten zum Analphabeten erklärt hat. Damit konnte Muhammad alles, was Christen und Juden wissen, allein durch die Offenbarung von Gott bekommen haben.[14] Das trennte den Islam vom historischen Kontext der Spätantike, deren Geschichte im Dunkel der Unwissenheit endete, um Platz für die neue Religion von Muhammad einzuräumen, deren Geschichte die Wahrheit des geoffenbarten Korans ausstrahlte. Von dieser Finsternis ausgenommen ist nur die glorreiche Tradition der vorislamischen arabischen Poesie, die auch mündlich überliefert wurde.[15]

---

[14] Crone, What do we actually know
[15] Debié Muriel, Les controverses Miaphysites en Arabie et le Coran. Princeton 2017, S. 137

Die Geschichte

Alles Wissen über den Frühislam beruht auf Erzählungen mit verschiedenen Namen: *Hadith*, *akhbâr* oder *riwâya*; Theologie, Recht, Politik, Geschichte usw. sind mündlichen Überlieferungen entnommen. Als zwei Jahrhunderte später mit der Abfassung von Büchern begonnen wurde, prüfte man die Richtigkeit der Angaben, indem man die Vertrauenswürdigkeit der Überlieferer als Garantie für die Zuverlässigkeit der Überlieferungskette untersuchte. Dabei achtete man mehr auf Ruf und Ehrlichkeit der Überlieferer als auf den Inhalt ihrer Überlieferung. Mit dem Ergebnis, dass wir oft für ein und denselben Sachverhalt verschiedene, manchmal widersprüchliche Versionen besitzen. In dieser frühen Phase gab es noch keine Spuren vom Koran.

Die Traditionsliteratur behauptet, zu Lebzeiten Muhammads sei die Offenbarung von seinen Gefährten als Gedächtnisstütze auf Holz, Palmenblätter, Knochen, Steinen geschrieben worden, worauf man sich überwiegend verlassen hat. Diese Gefährten des Propheten, die den Koran memorierten, nannte man Koranleser, weil sie den Koran aus ihrem Gedächtnis rezitierten. Das Rezitieren war wichtiger als das Schreiben, weil in der Rezitation die Vokale wiedergegeben wurden; sie fehlten bei der Schrift. Noch schwerwiegender: Die diakritischen Punkte fehlten ebenfalls, sodass von den 28 Buchstaben des arabischen Alphabets 21 verwechselt werden konnten. Daher war es möglich, die Schrift, die aus gezeichneten Konsonanten bestand, unterschiedlich zu lesen.

Der Koran

Weiter erzählt die Traditionsliteratur, bei Muhammads Tod sei der Koran noch nicht gesammelt worden. Viele der arabischen Stämme betrachteten nach ihrem Stammesverständnis ihr Bündnis mit dem Propheten für aufgelöst und verließen den Islam. Der erste Kalif Abu Bakr (632–634) hielt sie für vom Islam abgefallen und führte gegen sie Krieg, um sie zu unterwerfen. Dabei kamen viele Koranleser ums Leben, allein siebzig bei der Schlacht von al-Yamama.

2. Geschichte und Heilsgeschichte

Omar überzeugte Abu Bakr, den Koran zu sammeln, bevor er verloren ging. Dieser beauftragte Zayd ibn Thabit, das koranische Material zu sammeln und eine schriftliche Kopie davon zu erstellen. Omar, der der zweite Kalif wurde (634–644), erbte das Koranexemplar von Abu Bakr, das nach seinem Ableben an seine Tochter Hafsa, die eine der Frauen des Propheten war, ging. Unter dem dritten Kalifen Osman (644–656) wäre es wegen der unterschiedlichen Lesung des Korans beinahe zu einem Kampf zwischen den Armeen von Syrien und dem Irak gekommen, die die Invasion Armeniens vorbereiteten. Osman lieh das Koranexemplar von Hafsa aus und berief eine Kommission unter der Leitung von Zayd ibn Thabit, um eine kanonische Koranfassung zu erstellen.

Da das Hafsa-Exemplar nur das alte schriftliche Material abbildete, das unvollständig war, forderte Zayd alle Muslime, die in ihrem Gedächtnis zusätzliches koranisches Material besitzen, dazu auf, begleitet von zwei Zeugen vor der Kommission aufzutreten. Bei unterschiedlichen Lesarten empfahl Osman, die Lesart von Quraisch zu befolgen, weil der Koran in ihrer Sprache geoffenbart war. Am Ende ihrer Arbeit fertigte die Kommission die erwünschte Koranfassung in vier Kopien an, eine für den Kalifen, die anderen wurden in die Provinzen nach Damaskus, Basra und Kufa geschickt. Manche Traditionen sprechen von fünf, andere von sechs oder sieben Kopien.[16] Hafsa bekam ihr Exemplar zurück, Osman ordnete die Vernichtung aller übrigen Koranmaterialien an. Selbst das Exemplar von Hafsa (gest. 41h./661c) wurde nicht verschont, nach ihrem Tod wurde ihr Exemplar verbrannt, weil man fürchtete, hieß es, dass es vom osmanischen Koran abweiche.[17] Mit dieser Aktion wurden alle Spuren des Urkorans beseitigt. Die Tradition will uns glauben lassen, dass die Koranfassung von Osman, später als osmanischer Koran bekannt,

---

[16] Al-Munadjid, Salâh ad-din, Studien in der arabischen Schrift von den Anfängen bis zum Ende der omayyadischen Zeit. Beirut 1972, S. 42 (*dirasât fil-khatt al-'arabi mundhu bidayatuhu ila âkher al-'asr al-umawi*)

[17] Al-Sadjistani, Ibn Abi Daoud, Das Buch der Korane. Beirut 2002, S. 203 (*Kitâb al-Masâhif*)

die einzige richtige und gültige Fassung, also der kanonische Koran sei.

Wir erfahren aber von der Tradition, dass manche Gefährten des Propheten, die, wie Ibn Mas'ud (gest. 653) oder Ali (gest. 661), zu Lebzeiten Muhammads ihre eigene Fassung hergestellt hatten, sich weigerten, ihr Material zu vernichten; so zirkulierten lange Zeit verschiedene Versionen. Trotz widersprüchlicher Berichte behauptet die Tradition, dass der osmanische Koran überall akzeptiert worden sei. Diese unterschiedlichen Berichte über die Entstehung des Korans waren langlebig und brachten eine Fülle von Werken hervor. Hier als Beispiel zwei Werke von der Früh- und Spätzeit: al-Sadjistani (gest. 316h./795c.), „Das Buch der Korane" (*kitâb al-masâhef*), al-Sayuti (gest. 911h./1505c.), „Die Beherrschung der Koranwissenschaften" (*al-itqân fi 'ulûm al-Qur'ân*).

Wegen der fehlenden Vokale und diakritischen Punkte waren Reformen notwendig. Mehrere wurden unternommen, doch auch über sie finden wir widersprüchliche Berichte. Eine wichtige Reform fand gegen 700 unter der Herrschaft Abdel Malik ibn Marwan (685–705) statt, sie wurde vom Gouverneur al-Hajjaj ibn Yusef (gest. 714) veranlasst, weitere folgten. Erst Mitte des 9. Jahrhunderts erlangte der osmanische Koran eine allgemeine Anerkennung durch die Gelehrten. Wer sich an den neuen Konsens nicht hielt, wurde bestraft.[18] Ein Jahrhundert später, Mitte des 10. Jahrhunderts, verstummte auch die heftige Kritik der Schiiten am osmanischen Koran. Sie hatten den Sunniten vorgeworfen, den Koran gefälscht zu haben. Ali soll die einzige vollständige und echte Version des Korans besessen haben, die seine sunnitischen Gegner verworfen hätten, weil sie ihn und seine Nachkommenschaft bevorzugt habe. Nur bei kleinen radikalen Sekten blieb diese Kritik virulent. Aus dieser Zeit stammt endlich die erste vollständige, uns bekannte Kopie des Korans.

Neben dem Koran wurden sieben seiner Lesarten anerkannt. Wegen der unsicheren Überlieferungskette mancher dieser kano-

---

[18] Vgl. Gilliot, Claude, Origines et fixation du texte coranique. In: Études nr. 4096. Paris 2008, S. 645–655

nischen Lesarten, deren Authentizität bedenklich war, wurden weitere hinzugefügt, ihre Zahl erhöhte sich auf zehn, dann auf 14. Im 16. Jahrhundert beschränkten sich die türkischen Osmanen jedoch auf eine einzige Lesart, die von 'Asim in der Überlieferung von Hafs ibn Suleiman (gest. 180h./796c.), dem Rezitator von al-Kufa. Allmählich breitete sich diese Festlegung aus. In den modernen Zeiten folgte die Kairiner Edition des Korans von 1924 derselben Lesart, was viel zu ihrer Popularität beitrug. In Nord- und Westafrika wird jedoch die Lesart von Nafi' ibn Abdulrahman al-Madani (gest. 783) in der Überlieferung von Warsh (gest. 812) bevorzugt. Die anderen Lesarten sind deswegen nicht gestorben, sie sind lebendig und dienen nach wie vor den exegetischen und grammatikalischen Studien der Gelehrten. Gestorben sind dagegen die anderen Versionen des Korans. Von den etwa dreißig Versionen, die von der Traditionsliteratur für die Zeit vor dem osmanischen Koran erwähnt werden, haben wir bis heute keine Manuskripte gefunden. Selbst vom osmanischen Koran haben wir aus der frühen Zeit nur Fragmente, manchmal ziemlich umfangreiche wie die in der Hauptmoschee von Sanaa 1972 gefundenen Manuskripte. Sie gehören aber alle zu der Zeit der Herrschaft von Abdel-Malik ibn Marwan (685–705). Ferner zwei Inschriften mit koranischen Inhalten: die Inschrift im Felsendom in Jerusalem (72h./692c.) und die von Ibn al-Walid I. (705–715), dem Sohn von Abdel Malik, in der Omayyaden-Moschee in Damaskus (86h./705c.).[19] Die Behauptung, von dem osmanischen Koran existieren heute vier Exemplare in Taschkent, Kairo und zwei in Istanbul (Topkapi), stimmt nicht. Salâh ad-din al-Munadjid hat das erste, Tayyar Altiulaç die drei anderen Exemplare untersucht. Sie gelangen zu einem negativen Ergebnis und bestätigen damit die Antwort von Mâlik ibn Anas, dem Begründer der nach ihm benannten Rechtsschule der Malekiten im 2. Jahrhundert

---

[19] Vgl. Prémaire, Alfred-Louis de, 'Abd al-Malik b. Marwân et le processus de constitution du Coran. In: Ohlig, Die dunklen Anfänge, ibid., S. 179–210

Die Geschichte

der Hidschra, auf diese Frage. Er sagte ganz klar: Der osmanische Koran ist verschwunden.[20]

Der Koran ist das erste arabische Buch, von dem wir schriftliche Spuren besitzen. Nun stellt sich die Frage: Wann wurde die mündliche Tradition schriftlich fixiert? Das Schreiben war lange verpönt, ohne Vokale und diakritische Punkte war die Lesung fragwürdig, sicher war nur die Rezitation aus dem Gedächtnis; das Schreiben diente deshalb nur als Stütze. Nach der Phase der dunklen Anfänge, der ersten sechzig Jahre des Islam, beginnt mit Abdel Malik ibn Marwan eine frühe Phase der Aufzeichnung, die die zweite Generation der Traditionsüberlieferer erfasst. Sie hatten begonnen, ausführliche Notizen über die Geschichte des Islam, insbesondere des Propheten zu schreiben, die sogenannten *al-maghazi*, übersetzt: die Razzien, womit die kriegerischen Handlungen Muhammads gemeint sind. Die Traditionsliteratur erzählt jedoch später von vielen Gelehrten, die kurz vor ihrem Tod ihr geschriebenes Material vernichteten. Sie fürchteten, es könne in die Hände von Ungelehrten gelangen und missverstanden bzw. missbraucht werden.[21] Von dieser Phase sind keine schriftlichen Dokumente übrig geblieben. Ihre mündliche Überlieferung diente zur Zeit der Abbassiden im 2. Jahrhundert der Hidschra dem Verfassen von Werken. Aus der Sicht der Historiker war es leider zu spät für die Erwerbung von zulässigen historischen Informationen. Zwischenzeitlich waren zwei Bürgerkriege ausgebrochen, die die Gemeinschaft gespalten hatten, zudem hatte die abbasidische Revolution stattgefunden; nach hundert Jahren Herrschaft wurden die Omayyaden von den Abbasiden ausgerottet. Einem Prinzen, Abdel Rahman, gelang die Flucht, er setzte die omayyadische Herrschaft in Spanien fort (756–1031). Noch später, im 3. Jahrhundert der Hidschra, wurden diese Werke niedergeschrieben, doch besitzen wir von dieser Zeit keine Manu-

---

[20] Déroche, François, Qur'ans of the Umayyads. A First Overview. Leiden 2014, S. 3
[21] Tarabischi, Georges, Kritik der Kritik des arabischen Denkens. London 1998, S. 32. (*Naqd naqd al-fikr al-'arabi*)

2. Geschichte und Heilsgeschichte

skripte, diese tauchen in der Form, die wir heute kennen, Jahrhunderte später auf, verfasst von den Schülern der Autoren und deren Schülern.

Misstrauen in der Gelehrsamkeit

Wegen der politischen Kulisse war das Misstrauen groß, die Neutralität der frühen Autoren wurde sogar von Zeitgenossen angezweifelt. Ibn Ishâq (703–767), der erste Autor der Biografie Muhammads, verachtete die Arbeit von Mâlik ibn Anas (711–795), dem ersten Sammler der Prophetentradition und Begründer der malekitischen Rechtsschule. Malek seinerseits zweifelte am Glauben von Ibn Ishâq, weil er viele christliche und jüdische Erzählungen erwähnte;[22] er betrachtete ihn außerdem als Hochstapler.[23] Al-Wâqidi (747–823), dem zweiten Autor einer Biografie Muhammads, wurde von den wichtigsten Gelehrten nicht vertraut. Ibn Hanbal (780–855), der Sammler der Prophetentradition und Gründer der hanbalitischen Rechtsschule, warf ihm vor, die Geschichten ohne Quellen und Überlieferungskette zu erzählen. Wie auch andere Gelehrten unterstellte er ihm, die Erzählungen zu manipulieren, die Quellen zu vertauschen oder einfach zu erfinden. Man zählte bei ihm 20 000 Hadithe, Überlieferungen, die nirgendwo anders auftauchen. Sowohl Ibn Hanbal bezeichnete ihn als Lügner wie auch al-Schafi'i (gest. 820), der Begründer des islamischen Rechtes, *usûl al-fiqh*, sowie der schafiitischen Rechtsschule. Al-Buchâri (810–870) und Muslim (821–875), die Sammler der zuverlässigsten Prophetentraditionen, übernahmen keine einzige Überlieferung von ihm. In allen sechs kanonischen Hadith-Kompendien finden wir lediglich

---

[22] Guillaume, Alfred, The Life of Muhammad. A Translation of Ishâq's Sirat Rasul Allah. Pakistan 1967, S. 11
[23] Prémaire, Alfred-Louis de, Les fondations de l'Islam. Entre écriture et histoire. Paris 2002, S. 16

bei Ibn Maga (824–887) ein einziges Hadith von ihm zitiert.[24] Ibn Saad (784–845), der Schüler und Schreiber von al-Wâqidi, verfasste ein Werk[25] über den frühen Islam und das Leben Muhammads, *al-tabaqât al-kubra*,. Obwohl die Hälfte seiner Erzählungen aus al-Wâqidi stammen, wird er geachtet. Ein späterer Autor, al-Dhahabi (1274–1348), der über das Schicksal al-Wâqidis sinnierte, meint, dass er ein großes Wissen besaß, in dem sich bedauerlicherweise das Wahre und das Falsche vermischten.[26]

Das beschreibt wahrscheinlich am besten die damalige Situation. Ob Exegeten, Historiker oder Traditionisten, die Ungenauigkeit des Umgangs mit den Quellen wird bei allen Autoren dieser Zeit beklagt, auch bei Ibn Ishâq. Die Achtung und die Pflege der Überlieferungskette entwickelten sich erst danach ab der Mitte des 8. Jahrhunderts. Das klassische Werk ist die Muhammad-Biografie von Ibn Hischâm (gest. 834). Sie ist für die Muslime die wichtigste Referenz überhaupt, weil sie auf dem alten Werk von Ibn Ishâq beruht. Ibn Ishâq wird zitiert, aber klar abgetrennt, wenn der Beitrag des Autors kommt. Daher kennen wir diesen alten Text, auch wenn das Original verschollen ist. Das heute existierende Buch wurde aus dem Buch von Ibn Hischâm extrahiert und als selbstständiges Werk veröffentlicht. Jedoch hat Ibn Hischâm seine Spuren hinterlassen. In seiner Einführung erwähnt er, was er alles aus Ibn Ishâqs Buch gestrichen hat: Er beginnt mit der Geschichte des Propheten Ismael, alle anderen Propheten vor ihm fallen aus, dann verfolgt er die Linie bis zum Propheten Muhammad, die Linien anderer Kinder Ismaels werden nicht beachtet. Aus ökonomischen Gründen will er sich auf den Propheten konzentrieren und streicht alles, was nicht von ihm oder vom Koran belegt ist und nicht zum Thema des Buches beiträgt. Weiter werden Gedichte ignoriert, deren Echtheit er bezweifelt

---

[24] Al-Salûmi, Abdel Aziz, Al-Wâqidi und sein Buch al-maghâzi. Seine Methode und seine Quellen. Medina 2004, Bd I, S. 111 ff. (*Al-wâqidi wa kitâbuhu al-maghâzi. Manhajuhu wa masâdirahu*)
[25] Ibn Saad, *al-tabaqât al-kubra*
[26] Zitiert in al-Salumi, ibid., S. 114

oder die den Muslimen respektlos und diffamierend erscheinen.[27] Ibn Hischâm hat mit dieser Neugestaltung des alten Buches und der Ergänzung durch andere Quellen ein eigenes Buch erzeugt, das die Muslime heute als Hauptquelle zur Information über den Propheten und seine Zeit betrachten.

Die Geschichtsschreibung im 2. Jahrhundert der Hidschra reflektiert eher die religiösen Umtriebe dieser Zeit und bezweckt weniger die Sammlung von historischen Fakten.[28] Ihr historisches Interesse hatte einen exegetischen Hintergrund. Sie wollten den Koran erklären und erfanden viele Geschichten unter dem Titel „Die Umstände der Offenbarung". Alle Autoren waren religiöse Gelehrte, Ulema, eine soziale Gruppe, die unter Abdel Malik in Erscheinung trat, um die Muslime über den Propheten und ihre Gemeinschaft aufzuklären. In ihren Erzählungen unterschieden sie kaum zwischen Realität und Fiktion, sie sahen in den Ereignissen das, was sie glaubten, und nicht die Fakten. Sie erfanden aber nicht nur Legenden, sondern auch historische Fakten. Die Geschichtenerzähler bezogen sich aufeinander, widmeten sich denselben Themen, die sie in vielen Variationen erzählten. Weil sie dasselbe Repertoire hatten, waren ihre Erzählungen teilweise ähnlich und vermitteln so den Eindruck, sie würden auf Tatsachen beruhen. Al-Wâqidi kopierte Ibn Ishâq nicht, aber beide bedienten sich desselben Fundus von Erzählungen. So stimmen sie bei vermeintlichen historischen Fakten überein, die nie existiert haben. Wenn man von Tradition redet, ist vor allem der Beitrag der Geschichtenerzähler, *qussas*, gemeint.[29] Das waren fromme Menschen, die dem Publikum Geschichten über die Propheten, die Schöpfung der Engel, aber auch die Schlachten und die Heldentaten erzählten. Viele Elemente christlicher, aber vor allem jüdischer Überlieferung gingen in ihre Vorträge mit ein. Mu'awiya verlieh ihnen eine feste Funktion, Abdel Malik stellte sie offiziell in

---

[27] Ibn Hischâm, Die Prophetenbiografie. Beirut 1996, Bd. I., S. 18–19 (*al-sira al-nabawiya*)
[28] Vgl. Crone, Meccan Trade, S. 203 ff.
[29] Vgl. Al-Aschqar, Omar, Die wahren prophetischen Erzählungen. Amman 2007, 7. Auflage (*Sahîh al-qisas al-nabawi*)

den Moscheen an; das war der Versuch, einen Klerus zu schaffen.[30] Um die Menschen zu beeindrucken, arrangierten sie historische Fakten oder erfanden sie und bestückten sie mit Legenden. Ergebnis war eine Art religiöse Volkskultur, die Volkserzählung, bei der sich Ibn Ishâq und al-Wâqidi reichlich bedienten. Patricia Crone fällt ein radikales Urteil: „Die ganze Tradition ist tendenziös, ihr Ziel ist die Ausarbeitung einer Heilsgeschichte ... Ohne Korrektur von außerhalb der islamischen Tradition, wie Papyri, archäologische Belege und nichtmuslimische Quellen, besteht wenig Hoffnung auf die Rekonstruktion der originalen Gestaltung dieser früheren Periode."[31]

Die Heilsgeschichte

Alte und neue Forschung

Die Meinung, es gehe bei der islamischen Tradition um eine Heilsgeschichte, ist inzwischen weitverbreitet. Die Idee stammt von John Wansbrough,[32] der das vorhandene islamische Material untersuchte. Anders als die konventionellen Orientalisten, die die Angaben der islamischen Tradition übernommen haben, um sie kritisch zu untersuchen, stellte er diese islamische Tradition infrage und näherte sich ihr skeptisch. Er stellte Fragen, die bei der Behandlung anderer Religionen in der Moderne üblich sind: Wer hat den Koran geschrieben und wann? Seit wann gilt der Koran unter den Muslimen als allgemein anerkannt, anders gesagt, wann wurde er kanonisiert, und schließlich, in welchem kulturellen Kontext ist er entstanden? Das war beinahe revolutionär, es eröffnete neue Wege und Perspektiven für die Koranforschung.

---

[30] Van Ess, Josef, Theologie und Gesellschaft im 2. und 3. Jahrhundert Hidschra. Berlin 1991, Bd. I, S. 12, 41
[31] Crone, Meccan Trade, S. 230
[32] Wansbrough, John, Quranic Studies. Sources and Methods of Scriptural Interpretation. London 1977; The Sectarian Milieu. Content and Composition of Islamic Salvation History. Oxford 1978

2. Geschichte und Heilsgeschichte

Noch immer versucht die konventionelle Orientalistik, ausgehend vom islamischen Material, in die Frühzeiten einzudringen, wie etwa Harald Motzki.[33] Wenn sie aber hinter die Zeit Abdel Maliks gehen will, muss sie in die Leere springen und fällt ins Reich der Spekulationen.[34] Diese Versuche sind eigenartig. Der Ansatz, z. B. die Biografie des Propheten anhand des Werkes von Ibn Ishâq, überliefert und modifiziert durch Ibn Hischâm, zu rekonstruieren, sieht so aus, als würden wir die Biografie Jesu anhand der Schriften von Klemens und Justin dem Märtyrer, revidiert durch Origenes, rekonstruieren wollen. Jesus würde dann mehr als ein hellenistischer Philosoph erscheinen denn als ein eschatologischer jüdischer Prophet.[35] Diese Art von Forschung findet Gefallen bei den meisten Muslimen, von denen viele durch ihre Ausbildung im Westen an der Orientalistik beteiligt sind. Ein Beispiel ist Fuat Sezgin,[36] der vieles vom alten islamischen Material als authentisch erklärte. Die Skeptiker hingegen versuchen den gesamten kulturellen Kontext der Spätantike zu erschließen, um die Entstehung des Islam zu verstehen. Da diese Forschung voll im Gange ist, werden wir versuchen, eine historisch-theologische Darstellung zu wagen. Manche der behandelten Autoren im zweiten Teil dieser Arbeit sind mit dieser Forschung vertraut und bedienen sich ihrer Argumente und Ergebnisse.

---

[33] Motzki, Harald, Die Anfänge der islamischen Jurisprudenz. Ihre Entwicklung in Mekka bis zur Mitte des 2./8. Jahrhunderts. Stuttgart 1991
[34] Shoemaker, Stephen J., Muhammad and the Qurʾān. In: Johnson, Scott Fitzgerald (Hg.), The Oxford Handbook of Late Antiquity. Oxford 2015, S. 1082
[35] Ibid., S. 1080
[36] Fuat Sezgin war ein türkischer Orientalist, der in Frankfurt a. M. wirkte. Er hat ein monumentales Werk, „Geschichte des arabischen Schrifttums", in 17 Bänden verfasst. Erschienen sind die Bände in Leiden zwischen 1967 und 2015.

Die Heilsgeschichte

Die Wirren des 7. Jahrhunderts

Ab der Mitte des 4. Jahrhunderts begann der allmähliche Rückzug von Byzanz aus den arabischen Provinzen in Südsyrien. Man stellt fest, dass die militärischen Befestigungen der Grenze zur arabischen Wüste vernachlässigt und die Verteidigungsaufgabe an lokale arabische Stämme delegiert wurden. Nach dem Friedensvertrag zwischen Byzanz und Persien 532 stand das Gesamtgebiet vom Euphrat bis Südjordanien unter dem Schutz dieser arabischen Verbündeten, genannt *foederati*.[37] Sie wurden von Byzanz subventioniert. Die wichtigsten unter den *foederati* waren die Ghassaniden, die ein Königreich nördlich des Hedschas bildeten. Sie waren Monophysiten. Während eines Militärfeldzugs gegen Persien 581 hatte Kaiser Maurikios (582–602) dem ghassanidischen König al-Mundhir Verrat vorgeworfen und ihn entmachtet. Die ghassanidische Föderation zerfiel in ihre Bestandteile aus 15 Stämmen, wobei Byzanz nicht nur einen wertvollen Verbündeten gegen die Perser verlor, sondern auch einen Verteidiger der Grenze gegen die arabischen Stämme. Eigentlich hatte Maurikios die Bekämpfung des Monophysitismus im Sinn; er sah mit Sorge den Zuwachs der Macht der Ghassaniden, die von Anfang an den Monophysitismus unterstützten und sich der Solidarität der Jakobiten sicher waren.

Justinian I. (527–565) hatte in seiner Politik des Rückzugs aus Syrien auf die Loyalität seiner arabischen Verbündeten gesetzt und damit die Verbreitung und das Erstarken des Monophysitismus in Kauf genommen. Er ging so weit, die Reste der römischen Armee in Teile des Herrschaftsgebiets der Ghassaniden zu entlassen. Auch die kommunale Verwaltung wurde allmählich der Kirche übertragen, öffentliche Bauprojekte und Kirchen trugen nicht mehr den Namen des Kaisers, sondern den von Bischöfen und privaten Gönnern; der Klerus wurde der Fürsprecher des Volkes. Die Nachfolger Justinians setzten diese Politik fort, bis Maurikios den Bund mit den *foederati*, die eine ähnliche Rolle wie die Kirche in ihren Gebieten spielten,

---

[37] Nevo und Koren, Crossroads to Islam, S. 43

auflöste, was später das Eindringen der persischen Truppen erleichterte.

Infolge der Thronwirren im sassanidischen Reich flüchtete König Chosrau II. (590–628) ins Byzantinische Reich und wurde bei Hofe aufgenommen. Mit der militärischen Unterstützung des Kaisers Maurikios bestieg er vier Jahre später 595 wieder seinen Thron. Seitdem verband eine enge Freundschaft die zwei Herrscher. Als der Usurpator Phokas Maurikios und seine Gesamtfamilie 602 ermordete, führte Chosrau II. einen Rachefeldzug gegen Phokas, der sich aber nach Ausbruch der Streitigkeiten unter den Byzantinern infolge der Machtübernahme durch Heraklios 610 schnell zu einem Eroberungskrieg entwickelte. 619 wurde Syrien erobert, und zum ersten Mal fiel Ägypten unter persische Herrschaft.

Um Byzanz endgültig zu schwächen und in der Hoffnung, dem ewigen Krieg zwischen beiden Reichen ein Ende zu setzen, beabsichtigten die Perser, diese Gebiete ihrem Reich einzuverleiben. Ägypten war die Kornkammer des Reichs und deshalb für die Versorgung Konstantinopels unerlässlich. In Syrien bauten die Perser systematisch die kommunalen Strukturen um, überall wurden die chalcedonischen Bischöfe durch monophysitische und nestorianische ersetzt. Nach der Eroberung Jerusalems 614 zerstörten die Perser nicht nur die Grabeskirche und nahmen die Reliquie des Kreuzes in ihre Hauptstadt Ktesiphon mit, sie deportierten auch den Patriarchen Zacharia und 34 000 Chalcedonier. Unter ihrer Besatzung Syriens (614–630) verdrängten die Perser die Chalcedonier; als die Araber begannen, Syrien unter ihre Kontrolle zu bringen, war es fast ganz monophysitisch und antitrinitarisch.[38]

Byzanz fürchtete um seine Existenz, daher erklärte es zum ersten Mal in der Geschichte den Heiligen Krieg. Um die Reihen der Christen zu schließen, erfand Heraklios 623 eine neue Theologie: Jesus habe zwei verschiedene Naturen, eine menschliche und eine göttliche, was sie vereine, sei sein einziger Wille. Zwei Naturen mit einem Willen, das war der Monothelismus. Mit diesem Ansatz er-

---

[38] Ibid., S. 57–58

zielte Heraklios jedoch keinen Erfolg, alle Christen waren dagegen. Ein letzter Versuch mit der „Ekthesis" von 638, einem Brief des Heraklios, die neue Lehre zur Staatsdoktrin zu erklären, scheiterte. Auf dem Konzil von Konstantinopel 681 wurde diese Lehre als Häresie verurteilt. Nur die Mönche des Klosters des heiligen Maron im Nordwesten Syriens folgten ihr, ihre Anhänger wurden Maroniten genannt. Jahrhunderte später – im 11. Jahrhundert – erscheinen sie wieder in der Geschichte, diesmal als Katholiken; sie verneinen heute, jemals Monotheliten gewesen zu sein. Im Jahre 622 besiegte Heraklios die Perser in Armenien. Dieses unerwartete Ereignis fand im Nahen Osten ein großes Echo. In der syrischen Wüste und ihren besiedelten Rändern sowie auch auf Münzen erscheint eine neue Datierung der „Araber", wie es in der oben erwähnten Inschrift der Bäder von Gadara der Fall ist.

Die Araber

Unter Arabern versteht man heute eine Ethnie, deren Ursprung in Arabien liegt, was historisch anders war. Françoise Briquel Chatonnet, die die syrischen Quellen seit der nationalen Synode von Ktesiphon 410, deren Dokumentation vorhanden ist, bis zur lokalen Synode von Qatar, berufen von Catholicos Georges I. 676, untersuchte, fand heraus, dass der Begriff Arabien sich nie auf die Arabische Halbinsel bezog. Vielmehr kennzeichnete er zwei andere Regionen: Die erste ist die römische Provinz Arabia der Nabatäer. Seit den Verwaltungsreformen von Diokletian (gest. 312) war das nahöstliche römische Gebiet in drei Provinzen aufgeteilt: im Norden die Provinz Syria von nördlich von Antiochien bis zu den Golanhöhen südlich von Damaskus; dort beginnt die Provinz Arabia, die sich bis zum Roten Meer und dem Hedschas ausdehnt und westlich den Negev umfasst; zwischen Arabia und dem Mittelmeer liegt die dritte Provinz Palästina. Der schon erwähnte Jakob Baradai, der auf Bitte der arabischen Ghassaniden von Kaiserin Theodora als Bischof gesandt wurde, wirkte nicht nur in der Provinz Arabia, sondern auch in Syria. So entstand die nach ihm benannte jakobitische Kirche im ganzen Großraum Syriens. In einem Brief an ihn und andere Bischöfe, der von 138 Mönchen aus ganz Syrien unterzeichnet wurde, stellen sich diese als „die Väter in Arabien" vor, die meisten von ihnen stammten aus der Provinz Syria. Das bedeutet, dass der Begriff Arabien sich auf den gesamten großsyrischen Raum bezog.

Die zweite Region ist die *Beth-Arabaye* im Norden Mesopotamiens, westlich des Tigris. Ihre Bevölkerung bezeichnete sich selber als Araber, auch griechische Quellen nennen sie so.[39] Ende des 2. Jahrhunderts beanspruchte der König von Hatra den Titel „König der Araber" für sich. Diese Araber in Nordmesopotamien und Nordsyrien waren sicher keine ethnischen Araber und stammten nicht von der Arabischen Halbinsel, sie waren überwiegend Aramäer. In der Sprache von Hatra bedeutet „Arab" Westen und „Araber" die Bewohner des Westens, womit westlich vom Fluss Tigris gemeint ist.[40] Das ist heute wie „Wessi" im Gegensatz zu „Ossi" in Deutschland. Bei der Eroberung des Nahen Ostens dagegen werden die „Araber" aus der Arabischen Halbinsel selten als solche bezeichnet, die Quellen sprechen von *tayaye*, von Ismaeliten, Sarazenern, Hagariten oder auch von *magaritai*. Der letzte Begriff wird mit Exilanten (*muhâdjirûn*) übersetzt, was falsch ist, denn das Wort bedeutet „die Kinder von Hagar". Übrigens sprechen die Quellen nie von „Muslimen".

Ein zweites Zentrum des Christentums lag im Sassanidischen Reich. Die Christianisierung im persischen Gebiet ab dem 2. Jahrhundert aus Mesopotamien ist unklar. Im Sassanidischen Reich, gegründet 224, hatte sich die Situation geändert. Dessen Herrscher Shâpur I. (ca. 240–272) hatte Hatra erobert und die dortige Bevölkerung deportieren lassen, darunter viele Christen. Neben anderen Städten eroberte er Antiochien, „der Bischof samt seiner Gemeinde wurden in der Neugründung Gundeschâpur in Khuzistân am Per-

---

[39] Vgl. Briquel Chatonnet, Françoise, L'expansion du Christianisme en Arabie: l'apport des sources syriaques. Semitica et Classica 3, 2010, S. 177–187
[40] Popp, Von Ugarit nach Samara, S. 15–16

Die Heilsgeschichte

sischen Golf angesiedelt. Gundeshâpur wurde auf diese Weise zur neuen Heimat antiochenischer Theologie."[41] Die Deportierten organisierten sich nach ihrer Sprache in zwei Gemeinschaften, eine griechische und eine aramäische. Die Präsenz des Christentums war dadurch konsolidiert, es wurde Teil des öffentlichen Lebens. Mit ihrer Flucht in das Sassanidische Reich nach ihrer Verurteilung auf dem Konzil von Ephesus 431 gründeten die Nestorianer hier eine nationale Kirche, die alle Christen im Reich einschloss. Die ständigen Kriege mit Byzanz brachten stets christliche Gefangene, die im lokalen Christentum verschmolzen. Viele Deportierte wurden zur Besiedlung der Städte im Nordosten des Reiches bis nach Merw geschickt. Merw, heute in Südost-Turkmenistan gelegen, wurde 553 Bischofssitz.[42] Unter der Herrschaft Chosraus I. (531–579) wurde die Gesamtbevölkerung Antiochiens 540 wieder gefangen genommen und deportiert, diesmal nach Mesopotamien, wo sie die Stadt „Neu-Antiochien" erbauten.

Aus der Provinz Fars, dem Kernland der Perser am östlichen Ufer des Persischen Golfes, wurden die Araber am Westufer missioniert. Im Laufe der Zeit bildeten sich vier Bistümer heraus. Das älteste war Mashmahig, heute eine der Inseln Bahrains mit dem Namen al-Muharraq. Ihr Bischof nahm an der Synode 410 teil, die Gründung muss also älter sein. Zum letzten Mal wird dieser Bischofssitz 659 erwähnt. Der zweite Bischofssitz war Dayrin auf der Insel Tarut, ebenfalls in Bahrain, er wurde während der Synode von 410 gegründet. Zuletzt wird er 676 auf der lokalen Synode von Qatar erwähnt. Der dritte Bischofssitz war in Hajar, heute Hufuf, in Saudi-Arabien: erste Erwähnung 576, die letzte 676. Der vierte war der von Hatta, heute al-Hasa neben al-Qatif in Saudi-Arabien – erste Erwähnung 576, die letzte 676. Auch andere Gemeinden ohne Bischofssitz sind bezeugt, eine in Talwan auf einer Insel von Bahrain und fünf Gemeinden in Qatar. Weiter südlich außerhalb des Golfes wird der Bischof von Oman auf der Synode von Dadisho 424 zum ersten Mal

---

[41] Ibid., S. 18
[42] Ibid., S. 70

2. Geschichte und Heilsgeschichte

genannt, die letzte Erwähnung erfolgt wie bei allen anderen um 676, später unter dem Islam sind keine christlichen Spuren mehr zu finden. Die christliche Mission erreichte auch Indien, wo das Christentum bis heute überlebte.

Die Bistümer am Golf standen nicht unter direkter sassanidischer Herrschaft, sondern unter dem Schutz ihrer Verbündeten, der Lakhmiden. Seit Ende des 3. Jahrhunderts herrschten die arabischen Lakhmiden in al-Hira, einer Stadt am unteren Euphrat, und waren für dreihundert Jahre die wichtigste politische und militärische Macht im Osten der Arabischen Halbinsel. Sie waren Heiden, beschützten aber die Christen, die ihre Untertanen waren. Der König al-Nuʿman ibn Mundher (580–602) ließ sich 601 als Nestorianer taufen und wurde damit der natürliche Führer der syrischen Christen im Sassanidischen Reich. Das Christentum war auf dem Vormarsch. Der Großkönig erkannte die Gefahr und reagierte unverzüglich: Er umgab sich mit Monophysiten aus Nordmesopotamien, den natürlichen Feinden der Nestorianer, ließ den Patriarchatssitz von Ktesiphon unbesetzt und beseitigte 602 die Lakhmiden, indem er ihren König hinrichten ließ. Der Schutzwall gegen die arabischen Stämme fiel aus, und die Niederlage der Perser 611 in der Schlacht von *dhu-qâr* gegen arabische Eindringlinge kann als Vorzeichen der späteren arabischen Invasion gelten. Zum ersten Mal besiegten arabische Stämme die Perser.[43]

In der an die Wüste grenzenden Stadt al-Hira war im 3. Jahrhundert die christliche Gemeinde der ʿIbaditen entstanden. Dabei handelte es sich um einzelne Personen, die sich zum Christentum bekehrt und ihre Stämme verlassen hatten, um in der Stadt Zuflucht zu finden.[44] Sie waren ethnische Araber, um sie von anderen Christen zu unterscheiden, nannte man sie die Christen von Hira, die Hi-

---

[43] Beck. Daniel A., Anti-Sassanian Apocalypse And The Early Qurʾān: Why Muhammad Begann His Career As A Prophet Who Genuinely Prophesised. S. 9; https://yaleisp.academia.edu/DanielBeck

[44] Vgl. Rothstein, Gustav, Die Dynastie der Lahmiden in al-Hîra. Ein Versuch zur arabisch-persischen Geschichte zur Zeit der Sassaniden. Berlin 1899, S. 20 ff

Die Heilsgeschichte

renser, sie selber nannten sich 'Ibaditen, die „religiösen Anbeter". Ihr Name diente als Gruppenbezeichnung, als handelte es sich bei ihnen um einen Stamm. Wann diese Gemeinde sich bildete, ist unbekannt, erst 410 ist die Präsenz eines Bischofs aus al-Hira auf der Synode von Ktesiphon bezeugt. Als 457 die nestorianische Kirche entstand, gingen die Hirenser zu ihr über und sandten regelmäßig Bischöfe zu ihren Synoden.

Bemerkenswert ist diese Tatsache, weil wir bei dieser Gemeinschaft zum ersten Mal unter Arabern die religiöse Bindung anstelle der Blutgemeinschaft des Stammes finden. Gustav Rothstein zieht einen Vergleich: „Wenn man das, was hier im Irak sich bildete, auch bei weitem nicht dem an die Seite stellen wird, was Muhammed nachher unter viel schwierigeren Verhältnissen prinzipiell durchgesetzt hat, so ist es doch interessant, hier ein gewisses Analogon zu finden."[45] Es ist möglich, dass diese Erfahrung die Autoren der Muhammad-Biografien später inspirierte. Folgt man ihnen, verließen Muhammad und seine Anhänger als einzelne Personen ihren Stamm, um in Medina Zuflucht zu finden. Dort gründeten sie eine religiöse Gemeinschaft, die in der sogenannten Verfassung von Medina als Stamm gegenüber anderen Stämmen in der Oase auftritt. Eine andere indirekte Beziehung zum Islam bestand in der Einführung christlicher Ideen in Arabien. Die geistige Elite der Beduinen verkehrte in al-Hira wie auch am Hof der gleichfalls christlichen Ghassaniden. Treffpunkt waren die Weinkneipen, deren Besitzer Juden und Christen waren, in al-Hira die 'Ibaditen. In den Kneipen wurde viel erzählt, auch die biblischen und außerbiblischen christlichen und jüdischen Legenden. Und auch in den Klöstern wurde ein exquisiter Wein eingeschenkt. Die Umgangssprache der 'Ibaditen war zwar Arabisch, die Schriftsprache jedoch Aramäisch, viele aramäische Wörter für den Kultus und die Religion fanden Zugang in die arabische Sprache: Koran, Sura, Aya, Muhammad, Imam, Salat, Mufti, Masdjid usw. Selbst das Arabische wurde mit aramäischer Schrift geschrieben.

---

[45] Ibid., S. 25

2. Geschichte und Heilsgeschichte

Die Apokalyptik

Als im Jahr 602 der Krieg zwischen Byzanz und dem Sassanidischen Reich ausbrach, bot sich eine dramatische Situation: Byzanz verfolgte seine Monophysiten, Persien seine Nestorianer. Der Krieg zwischen den beiden größten Weltreichen dieser Zeit wurde schnell zu einem Religionskrieg, der sowohl Hoffnungen weckte wie Enttäuschungen hervorrief, überall aber eine Endzeitstimmung verbreitete. Allerorts waren messianische Bewegungen und apokalyptische Erwartungen zu finden. Christus werde wiederkehren, den Antichrist besiegen und den Jüngsten Tag verkünden. In der Beziehung zwischen Juden und Christen war eine steigende Spannung zu bemerken, angetrieben durch die kriegerischen Ereignisse, die die Herrschaft der Byzantiner untergruben. Um diesen Weltuntergang zu verstehen, griffen beide Parteien auf apokalyptische Erzählungen zurück: Nach dem Verständnis der Juden sollte der Messias nach dem Kollaps des Byzantinischen Reiches kommen, nach Ansicht der Christen sollte nach den Zerstörungen, die der Antichrist verursacht hatte, die Wiederkunft Christi stattfinden und die Endzeit markieren. Der Blick richtete sich auf Jerusalem, das für die eine Seite verloren war, für die andere aber befreit. Im Verschleppen der Kreuzreliquie nach Persien sahen die Juden eine Hoffnung auf die Restauration ihrer Präsenz im gelobten Land.[46]

Im Byzantinischen Reich wirkten sich die inneren Kämpfe zwischen Phokas und Heraklios in den Jahren 609 bis 610 verheerend aus. Anschließend marschierte die persische Armee in Syrien ein, was von den dortigen Juden gutgeheißen und unterstützt wurde, aber zu Repressalien vonseiten der Byzantiner führte. Doch auch die Perser änderten ihre Haltung: Anstatt der Chalcedonier, die sie misshandelten und deportierten, verfolgten und vertrieben sie die Juden wieder aus Jerusalem. Die feindselige Konfrontation zwischen den Religionsgemein-

---

[46] Dagron, Gilbert, Juifs et Chrétiens dans l'Orient du VII. siècle. Entre histoire et apocalypse. In: Juifs et Chrétiens en Orient byzantin. Paris 2010, S. 17 ff.

schaften erreichte unvorstellbare Dimensionen. Im Jahre 630 zog Heraklios in Jerusalem ein, brachte die Kreuzreliquie zurück und ordnete die Taufe aller Juden an. Wegen der anhaltenden Massaker flohen viele Juden nach Arabien, Persien und in den Westen. Die Zwangstaufe der Juden wurde von etlichen Christen als ein Zeichen der Endzeit angesehen. Der christliche Glaube der Neukonvertiten war nicht allein zweifelhaft, er erlaubte ihnen zudem, an den Sakramenten teilzunehmen, was in den Augen der Christen ihrer Entweihung gleichkam; sie hielten dies für eine Zersetzung der Religion von innen.

Die Invasion der Araber

Neben der persischen Okkupation und der Zwangstaufe der Juden war die arabische Invasion als drittes Zeichen für die Ankunft des Antichrist anzusehen. Sie wurde kaum beachtet und nicht ernst genommen. Wie bei den Persern war sie vorübergehend und würde durch die Wiederkunft Christi angeblich überwunden. Maximus der Bekenner (580–662) schreibt mitten in der Invasionsphase zwischen 634 und 640: „Was ist bemitleidenswerter und schrecklicher für die Betroffenen? Eine Nation von Barbaren aus der Wüste zu sehen, die im fremden Land wandern, als ob es ihr eigenes wäre; die Zerstörung der Zivilisation der Sanftmut durch wilde, rabiate Bestien, die von Menschen nur das physische Aussehen haben." Nach dieser kurzen Erwähnung zieht er in einer langen Tirade über die Juden her, wie in der früheren Apokalyptik. Die jüdische Apokalyptik zwischen 630 und 640 beschäftigte sich überwiegend mit den Persern, die arabische Invasion wird nicht ernst genommen. Man wusste nicht, dass die Invasion eine dauerhafte Eroberung sein würde. Die Apokalyptik sowie die messianischen Bewegungen verloren am Ende des 8. Jahrhunderts an Bedeutung, als das islamische Reich sich religiös und institutionell stabilisierte.[47]

---

[47] Déroche, Vincent, Polémique antijudaique et Émergence de l'Islam (VII-VIII siècles) in : Dagron, Gilbert, Déroche, Vincent (Hg.), Juifs et Chrétiens en Orient byzantin. Paris 2010, S. 482

2. Geschichte und Heilsgeschichte

Auch bei den Christen im Sassanidischen Reich blühte die Apokalyptik – mit manchmal spezifischen Ursachen. Das Eindringen der Monophysiten unter der Herrschaft Muʻawiyas (661–680) in Nordmesopotamien versetzte die nestorianische Kirche in Panik.[48] Schwerwiegender aber war das Schisma des Metropoliten der Provinz Fars, auf dessen Seite sich die arabischen Bischöfe stellten. Die Abtrünnigen wandten sich an die arabischen Herrscher, was eine Verletzung des innerkirchlichen Bereichs bedeutete. Die lokale Synode von Qatar 676, nur von arabischen Bischöfen besucht, befasste sich mit der Konversion der Christen in Oman zur neuen Religion. Der Grund war finanzieller Natur, die Eroberer verlangten die Hälfte des Vermögens der Christen für die Erlaubnis, ihre Religion ausüben zu dürfen.[49] Die Akten der Synode dokumentieren zum letzten Mal die Anwesenheit der Bistümer in dieser Region. Die theologischen Einwände waren gering, die nestorianischen Christen glaubten, bei den Eroberern handele es sich um eine neue christliche Häresie, mit der man sich in einem zentralen Punkt einig war: Jesus ist nicht am Kreuz gestorben. Auf der anderen Seite, bei den Christen in Syrien, Monophysiten wie Orthodoxen, dachte man ähnlich: Die Araber brächten eine neue christliche Häresie mit. Noch Mitte des 7. Jahrhunderts listet der Kirchenvater Johannes von Damaskus (650–754) in seinem Werk über christliche Häresien die Lehre Muhammads – er spricht nicht vom Islam – als hundertste und letzte christliche Häresie auf.

Lange Zeit hat die alte Orientalistik die Apokalyptik im Islam vernachlässigt. Wie die Jesus-Forschung im 19. Jahrhundert sah sie in Muhammad einen Sozialreformer, der die Armen und Schwachen schützen wollte und deshalb eine gerechte Herrschaft nach dem Willen Gottes zu errichten anstrebte. Dabei hat man die historisch-kritische Haltung, die die Untersuchung des Christentums begleitet,

---

[48] Juynboll, Gautier H.A., Syriac Views of Emergent Islam. In: Syriac Perspectives of Late Antiquity. Burlington 2001 S. VIII, 17

[49] Tamcke, Martin, Der Patriarch und seine arabischen Christen. In: Kreikenbom, Detlev (Hg.), Arabische Christen – Christen in Arabien. Wiesbaden 2007, S. 105–119

Die Heilsgeschichte

nicht übernommen, man bewegte sich innerhalb der überlieferten islamischen Tradition. Ein Hauptverantwortlicher für dieses Versäumnis ist der schon erwähnte Montgomery Watt, der Maßstäbe setzte. Obwohl auch er schrieb, dass das Thema des Jüngsten Tages das zweitwichtigste Thema des Korans überhaupt ist, berücksichtigte er dies nicht weiter, weil es nicht in seine Theorie passte.[50] Wir finden im Koran Hunderte von Versen, die vom Jüngsten Tag und der Apokalyptik erzählen. z. B.: „Die Menschen fragen dich nach der Stunde. Sag: Das Wissen darüber ist nur bei Gott. Was lässt dich wissen? Vielleicht ist die Stunde nah." (33:63)

Diese Verse störten die Forscher, vor allem diejenigen, die in Muhammad einen politischen Visionär sahen, der ein Imperium gründen wollte; eine politische Herrschaft hat er in der Tat errichtet. Sie fragten nach der Relevanz der Apokalyptik: Wie kann man das baldige Ende der Welt ankündigen und gleichzeitig ein langfristiges Programm für die Eroberung der Welt predigen? Genau genommen gehören die meisten Verse zur Apokalyptik in die mekkanische Phase der Offenbarung (610–622). In der medinensischen Phase (622–632) wird allerdings in manchen Versen die Ankunft des Jüngsten Tages, auch „Tag der Stunde" genannt, zeitlich hinausgezögert. Offensichtlich fand in der Tat eine Entwicklung statt zwischen der ersten Phase der Offenbarung in Mekka, wo Muhammad und seine wenigen Anhänger keine politische Macht besaßen, und der Offenbarung in Medina, wo sie die Herrschaft Gottes verwirklichten; die apokalyptischen Erwartungen traten nun in den Hintergrund. Dieser Idee ist Daniel Beck nachgegangen,[51] der die Offenbarung in engem Zusammenhang mit den politischen Ereignissen dieser Zeit untersuchte. Die Offenbarung dauerte von 610 bis 632, die Besatzung des Nahen Ostens durch die Perser von 611 bis 630. Die ausgeprägte Apokalyptik der mekkanischen Phase reicht bis ins Jahr 622; in diesem Jahr hatte Byzanz die Perser besiegt, die Hidschra des Propheten nach Medina fand statt, und die Araber begannen, die Macht in Sy-

---

[50] Zitiert in Stephen J. Schoemaker, ibid., S. 518–520
[51] Vgl. Beck, Daniel , ibid.

rien zu übernehmen; die apokalyptischen Erwartungen kühlten ab, eine neue Datierung nach den Arabern tauchte auf.

Religion oder Politik?

Die politischen und eschatologischen Entwicklungen schienen sich zu überlagern, weshalb die apokalyptischen Erwartungen verschoben wurden. Die Frage des Verhältnisses von Politik und Religion blieb jedoch bestehen. Ist der Islam eine Religion oder eine politische Ideologie? Patricia Crone schreibt: „Muhammad war ein Prophet mit politischer Mission, nicht, wie oft behauptet, ein Prophet, der bloß in die Politik involviert war."[52] Die Unterscheidung zwischen materiellen und religiösen Angelegenheiten ist laut Crone christlich und führt zu unendlichen Debatten darüber, ob die Eroberungen politisch oder religiös motiviert waren. Muhammads Gott befürwortete eine Politik der Eroberung, meint Crone weiter, die Gläubigen sollten die Ungläubigen überall bekämpfen (9:5) und sie sollten die Erde beerben (21:105–106). Die Lehre Muhammads entsprach den Interessen der Stammesgesellschaft, deshalb sind die Stämme ihm gefolgt.

Fred Donner, der die traditionelle und die skeptische Orientalistik kombiniert, geht von einer apokalyptischen und eschatologischen Bewegung aus.[53] Eine Religion war nicht intendiert, man glaubte an den einen Gott und die baldige Ankunft des „Tages der Stunde". Weil man sich nicht als Träger einer neuen Religion verstand, konnte man leicht diese riesigen Gebiete erobern. Ein Religionskrieg, der die Parteien hätte mobilisieren und zu einer heftigen Konfrontation führen können, war nicht sichtbar, eine Militanz jedoch nicht zu übersehen: „Am Ende von Muhammads Leben waren die Gläubigen nicht nur eine pietistische Bewegung, die die Ethik und die Hingabe an Gott betonte, sondern eine Bewegung mit mi-

---

[52] Crone, Meccan Trade and the Rise of Islam, S. 241 ff.
[53] Donner, ibid., S. 78 ff.

litantem Pietismus, gebunden an eine aggressive Suche zur Zerstörung alles dessen, was sie als abscheuliche Praxis Gott gegenüber betrachteten (insbesondere den Polytheismus); und sie beabsichtigten eine rigorose Einhaltung Gottes Verfügungen."[54] Das war der Dschihad. Es ging nun darum, den ideologischen Krieg der Gläubigen zu legitimieren, was im Koran reichlich geschieht. Die Eroberer verlangten politische Unterwerfung, Steuerabgaben und ließen jeden nach seiner Religion leben. Die Bewegung umfasste Überläufer anderer Religionen – Juden, Christen und Heiden –, die sich durch ihren ethischen Monotheismus und das seltsame Gebet von den anderen abgrenzten, um ihre Gemeinschaftszugehörigkeit zu unterstreichen. Der unerwartete politische Erfolg und die Staatsbildung gingen Hand in Hand mit der Schaffung einer neuen Religion. Die lange diskutierte Frage, ob der Islam einen Staat erschaffen hat oder umgekehrt der Staat eine Religion, erübrigt sich. „Ihrer Ansicht nach war der Zufluss an Reichtum infolge der Eroberungen und der Expansion nichts anders als die Anmut Gottes für sie, weil sie ihm folgten."[55] Erst gegen Ende der Herrschaft Abdel Maliks begannen die Gläubiger sich als Muslime zu bezeichnen.

Zur Zeit Muhammads gab es weitere vier Propheten in Arabien, darunter Musaylima, von den Muslimen „der Lügner" genannt, die alle scheiterten.[56] Der letzte erwähnenswerte Prophet war Harith ibn Sa'id in Damaskus, er predigte, „dass Jesus am Ende der Tage dort auf das ‚weiße Minarett' herabkommen werde, um den Antichristen zu bekämpfen".[57] Eine Vorstellung, die von der islamischen Tradition als Glaubenssatz übernommen wurde. Abdel Malik kreuzigte Ibn Sa'id lebendig in Jerusalem. In dieser Zeit verlor die Apokalyptik an Bedeutung. „In seiner großen Mehrheit hat der Islam die Naherwartungen schneller aufgegeben als das Christentum."[58]

---

[54] Ibid., S. 85
[55] Ibid., S. 143
[56] Ibid., S. 101
[57] Van Ess, Josef, Theologie und Gesellschaft im 2. und 3. Jahrhundert Hidschra. Berlin 1991, Bd. I, S. 5
[58] Ibid., S. 7

2. Geschichte und Heilsgeschichte

Zusammenfassung

Die muslimische Historiografie erzählt eine Heilsgeschichte, die historischen Fakten sind dabei zweitrangig. Die Geschichte wurde über zweihundert Jahren nach den Ereignissen geschrieben, ihre Hauptquelle ist die mündliche Tradition. Die muslimischen Gelehrten haben eine religiöse Geschichte erstellt und vieles erfunden, um die Offenbarung zu bestätigen. Die Erzählungen der islamischen Tradition werden aber von der Archäologie, der Numismatik und von Berichten der eroberten Völker, die zeitnah geschrieben wurden, nicht bestätigt. Die traditionelle Orientalistik ist trotzdem von der islamischen Tradition ausgegangen.

Die neue Orientalistik geht hingegen davon aus, dass mit dem islamischen Material allein eine Klärung der Geschichte nicht möglich ist. Deshalb berücksichtigt sie neu gefundenes Material, das ständig wächst. Die vorläufigen Ergebnisse zeigen, dass die von der islamischen Tradition überlieferten Ereignisse besser nachvollziehbar wären, hätten sie woanders als im Hedschas stattgefunden. Drei Gegenden scheinen infrage zu kommen: die Negev mit den Abrahamiten, die monophysitischen Ghassaniden in Südsyrien und die 'Ibaditen von al-Hira im Irak mit ihrer adoptionistischen Theologie.

Im Jahre 602 brach der Krieg zwischen den Weltreichen der Byzantiner und der Sassaniden aus. 614 eroberten die Perser Jerusalem und erbeuteten die Reliquie des Kreuzes. Nach seinem Endsieg 630 brachte Heraklios das Kreuz nach Jerusalem zurück, danach verließ er Syrien.

In dieser Zeit herrschte eine Endzeitstimmung, die Apokalyptik breitete sich in allen Religionen aus, eschatologische Bewegungen entstanden, eine davon war die Bewegung der Gläubigen, die sich viel später Muslime nennen sollten. Die islamische Offenbarung ereignete sich nach der islamischen Tradition zur Zeit der großen Kriege, sie reflektierte ihre Entwicklung, wie sie im Koran dokumentiert ist: Der Islam begann als eschatologische und apokalyptische Bewegung. Mit dem Erfolg wurde die Apokalyptik verschoben, das Interesse galt nun der diesseitigen Welt.

3. Die islamische Theologie

Das theologische Profil der religiösen Bewegung, die zum Islam führte, war unscharf, die Inhalte undeutlich. Außer einem radikalen Monotheismus und der völligen Unterwerfung unter Gott, um das Heil zu erlangen, war nichts erkennbar. Das war übrigens nichts Besonderes, alle Religionen in der Region waren schon Jahrhunderte vor den Muslimen monotheistisch gewesen. Die Muslime unterschieden sich jedoch von allen anderen durch ihre religiöse Militanz, durch ihr Selbstbewusstsein als Auserwählte Gottes und durch ihre Frömmigkeit, *taqwa*, manifestiert in der Einhaltung der göttlichen Vorschriften Fasten, Beten und auf dem Weg Gottes kämpfen. Van Ess schreibt: „Ursprünglich ist *taqwa* die Grundtugend des Muslims, in welcher er seine Erwählung im Glauben durch das Befolgen der Gebote beweist."[1] Dabei spielte das gemeinsame Gebet eine zentrale Rolle, es war eine Machtdemonstration, mit der die Gläubigen ihre Andersartigkeit und ihren Zusammenhalt als distinktive Gruppe demonstrierten. Die Zugehörigkeit zur Gemeinschaft der Gläubigen war die Garantie für das Erlangen des Heils. Anders als die Christen, die die Beschneidung durch die Taufe und das heidnische Opfermahl durch das Abendmahl ersetzen, fielen die Gläubigen nicht durch eine eigene Zeichensprache auf. Sie übernahmen vieles von den Juden, was Ritual, Kult und Sitten betrifft, und erinnerten deswegen an die Haltung der Abrahamiten vor ihnen. Beschneidung, Polygamie, Strafrecht, Reinheitsvorschriften, um einige zu nennen, sind jüdische und keine islamischen Erfin-

---

[1] Van Ess, ibid., S. 15

dungen. Selbst das Niederwerfen, *sudjûd*, das bei ihrem Gebet beeindruckt, haben sie von christlichen Mönchen übernommen.

Die Koranforschung

Theodor Nöldeke schreibt in seinem Standardwerk „Geschichte des Qorans": „Aus so verschiedenen Stoffen bildete sich in Muhammed die neue Religion, welche die ganze Welt erschüttern sollte. Was er selbst positiv dazu tat, war unbedeutend gegen das Fremde bis auf die zweite Grundlehre des Islams: Muhammad der Prophet Gottes (48:29). Zwar erhalten im Qoran auch viele andere Gottesmänner der Vergangenheit (Noah, Israel, Lot, Jethro, Aaron, Jesus, Hud, Salih) dieses Prädikat, aber Muhammed stellt sich hoch über sie durch die Behauptung der abschließenden Bedeutung seiner Prophetie (33:40)."[2] Der letzte Vers lautet: „Muhammad ist nicht der Vater irgend jemandes von euren Männern, sondern Gottes Gesandter und das Siegel der Propheten. Und Gott weiß über alles Bescheid." (33:40) Trotz fremder Übernahmen glaubte Nöldeke, dass Muhammad der Autor des Korans sei, der uns heute in seiner kanonischen osmanischen Fassung vorliegt. Nöldeke ist übrigens der Begründer der traditionellen Orientalistik, die sich im vorgegebenen Rahmen der islamischen Tradition bewegt.

Im Sinne der neuen Forschung schreibt Fred Donner dagegen: „Die merklich unterschiedlichen Stile und Inhalte in verschiedenen Teilen des Korans beweisen vielleicht, dass der Text, den wir jetzt haben, eine Kombination aus ursprünglich getrennten Texten ist, die aus verschiedenen Gemeinschaften von Gläubigern in Arabien stammen."[3] Er bemerkt auch, dass trotz des Anspruchs des Korans in „arabisch klarer Sprache" herabgesandt zu sein, manche Passagen weit davon entfernt sind, klar zu sein. Deshalb vermutet er die

---

[2] Nöldeke, Theodor, bearbeitet von Friedrich Schwally, Geschichte des Qorans. Leipzig 1909, Bd. I, Teil 1, S. 20

[3] Donner, ibid., S. 56

Übernahme und Bearbeitung alter, bereits vorhandener Texte, die wegen des fehlenden Kontextes ihren Sinn verloren haben. Ähnlich denkt auch Gerd-Rüdiger Puin, der 1981 mit der Sortierung und Restaurierung der Manuskripte von Sanaa beauftragt wurde. Bei Renovierungsarbeiten an der Großen Moschee in Sanaa entdeckte man 1972 auf dem Dachboden Tausende Fragmente von insgesamt tausend Koranen. Die ältesten sind auf das Ende des 7. und den Anfang des 8. Jahrhunderts zu datieren. In einem Interview sagte Puin: „Ich denke, dass der Koran eine Art von Cocktail von Texten ist, die selbst zur Zeit Muhammads nicht alle verstanden wurden. Viele von ihnen können Hunderte von Jahren älter als der Islam selbst sein."[4] Außerdem sei ein Fünftel des koranischen Textes auch für einen arabischen Leser unverständlich. Die Orientalisten nennen sie „die dunklen Stellen" und sind an ihrer Dechiffrierung gescheitert.

Der Philologe und Semitist Christoph Luxenberg nahm sich diese Stellen vor und entwickelte eine neue Forschungsmethode.[5] Wenn die muslimischen Exegeten sowie die arabischen Wörterbücher zu dem Schluss kommen, dass „die einen dies sagen und die anderen jenes, das Wissen ist aber nur bei Gott", das heißt, wenn sie das Erklären aufgeben, dann wendet sich Luxenberg an die Orientalisten. Findet man bei ihnen eine vernünftige Erklärung, wird sie übernommen; oft aber sind auch die Orientalisten genauso hilflos wie die muslimischen Gelehrten. Ausgehend von der Tatsache, dass Arabisch mit aramäischer Schrift in al-Hira und im Nordosten Arabiens geschrieben wurde, bevor es nach der Reife der arabischen Schrift umgeschrieben wurde, was zu einem Sinnverlust führte, schlägt Luxenberg vor, die Stellen auf Aramäisch zu lesen, das bedeutet, die Arabisierung der Urtexte bei der Redaktion des Korans rückgängig zu machen. Der Sinn, der dadurch verloren ging, weil man den Kontext nicht mehr kannte, wird wiedergewonnen,

---

[4] https://www.theatlantic.com/magazine/archive/1999/01/what-is-the-koran/304024/ (31.07.2019)
[5] Luxenberg, Christoph, Die syro-aramäische Lesart des Koran. Ein Beitrag zur Entschlüsselung der Koransprache. Erlangen 1993, 2. Auflage

manchmal mit erstaunlichen Ergebnissen; so gebe es keine paradiesischen Jungfrauen im Koran, mit dem Wort *hûris* seien Weintrauben gemeint. Allgemein geht Luxenberg davon aus, der Koran sei ursprünglich ein Gebetsbuch: „Bedeutet Koran aber eigentlich *Lektionar*, so darf man annehmen, dass der Koran sich zunächst als nichts anderes als ein liturgisches Buch mit ausgewählten Texten aus der *Schrift* (dem Alten und Neuem Testament) und keineswegs als Ersatz für die *Schrift* selbst, d. h. als eigenständige *Schrift* verstanden wissen wollte. Daher die zahlreichen Anspielungen auf die *Schrift*, ohne deren Kenntnis der Koran dem Leser häufig als Buch mit sieben Siegeln erscheinen mag."[6]

Luxenberg hat sich mit den dunklen Stellen beschäftigt, die Frage der verschiedenen theologischen Aussagen im Koran, die sich oft unterschiedlich wiederholen und zum Teil widersprechen, bleibt offen und wird kontrovers diskutiert. Der Alttestamentler Karl-Friedrich Pohlmann behandelt das Problem aus der Sicht seines Faches. Er verfährt nach den neuen Methoden der Bibelforschung, die die Textgestaltung unabhängig von den historisch unsicheren Vorgaben der Tradition untersucht, im Fall des Islam auch unabhängig von der traditionellen Koranforschung, die von Nöldeke beeinflusst ist.[7] Der Autor analysiert vier Themen wie z. B. die *iblîs*/Satan-Texte. Die Textverhältnisse sind mit denen der alttestamentlichen Prophetenbücher vergleichbar, findet er. In beiden Texten ist unklar, wer gerade spricht, der Prophet oder Gott, beide weisen deutliche Einschubtexte vor, und beide beinhalten häufig Dubletten und Parallelversionen.[8]

Der Text, der auf Muhammad zurückgeht, ist in einem stark jüdisch-christlichen Milieu entstanden, sowohl der Autor als auch die Zuhörer scheinen ein biblisches Grundwissen besessen zu haben, das es ihnen ermöglichte, die zahlreichen kurzen Anspielungen und

---

[6] Ibid., S. 111
[7] Pohlmann, Karl-Friedrich, Die Entstehung des Korans. Neue Erkenntnisse aus Sicht der historisch-kritischen Bibelwissenschaft. Darmstadt 2012
[8] Ibid. S. 187–188

Die Koranforschung

Hinweise auf biblische Personen und Themen zu verstehen. Dabei bleibt offen, ob und welche Rolle Gewährsmänner und Informanten gespielt haben. Bei den *iblîs*/Satan-Texten stellt sich übrigens diese Frage gar nicht mehr: „Hier waren eindeutig *Literati* am Werk, literarisch versierte, theologisch reflektierende, schriftgelehrte Kenner und Vermittler spezieller biblischer Stoffe und Themen. Ihnen war das koranische Textgut vertraut und in verschiedenen Versionen zugänglich … Es waren die Gelehrten, die aufgrund ihrer literarischen Fähigkeiten und Kenntnisse nach dem Tode Muhammads sich der Aufgabe stellten, das damals wie auch immer sortierte koranische Textgut zu ordnen, zu redigieren und zu ergänzen."[9] Dies konnte nur nach dem Tode Muhammads geschehen, ein Eingreifen der Schriftgelehrten in seine früheren Offenbarungstexte durch Ergänzung und Korrektur „ist äußerst unwahrscheinlich, weil die Konzipierung ihrer Texte wie auch ihre Aufnahme als Korantexte mit dem Offenbarungsanspruch Muhammeds kollidiert wären".[10] Vieles spricht dafür, dass diese Gelehrten konvertierte Juden, Christen oder Judenchristen waren, die das vorhandene koranische Schriftgut theologisch weiterschrieben.

Mit der Ausdehnung der Eroberungen am Ende von Muhammads Leben und danach konvertierten in der Tat viele Menschen, die die theologischen Defizite zu beheben versuchten. Da eine Änderung des „geoffenbarten" Textes nicht mehr möglich war, versuchten sie mit Neuordnung der Verse und Suren, mit Texteinschüben und Ergänzungen dieses Vorhaben zu realisieren. Dabei wurden die verschiedenen religiösen Hintergründe der Konvertiten in den Koran eingeführt oder, wenn schon vorhanden, weiter betont. Aus diesem Grund weist das theologische Gut des Korans auf den Einfluss fast aller religiösen Strömungen außerhalb des chalcedonischen Christentums hin. Dieser Prozess dauerte bis zur Herrschaft Abdel Maliks an, vermutet unser Autor.

---

[9] Ibid., S. 143
[10] Ibid., S. 141

3. Die islamische Theologie

Die fehlende Tradition

Von dieser Entwicklung sind Spuren in der islamischen Tradition zu entdecken. Wir sagen „Spuren", weil kein sicheres Wissen vorhanden ist. Im Vorwort zu seinem Werk „Theologie und Gesellschaft" schreibt Josef van Ess: „Alles, was wir über das 1. Jahrhundert in islamischen Texten erfahren, steht unter dem Verdacht der Projektion."[11] Auf das Material kann man aber nicht verzichten, deshalb beschreibt er den unsicheren Umgang mit ihm wie folgt: „So lässt es sich zwar bei vielen Aussagen nicht vermeiden, auf den Zehenspitzen des Konjunktivs zu gehen; aber gerade deswegen kann man sich ein wenig Ballett noch erlauben."[12] In der Sira-Literatur ist die Umgebung von Muhammads erster Frau Khadidja christlich geprägt. Ihr Cousin war ein *hanif*, ein Abrahamit, der zum Christentum konvertiert war und die Bibel ins Arabische übersetzte. Er bestätigte das Prophetentum Muhammads, als diesem im Alter von vierzig Jahren der Erzengel Gabriel erschien. Viele Jahre zuvor hatte ein nestorianischer Mönch in der Nähe von Bosra, der Hauptstadt der Ghassaniden, die Prophetie Muhammads auf dessen Schulter gezeichnet gesehen. Der neunjährige Muhammad begleitete die Karawane seines Onkels auf dem Weg nach Damaskus. Der Mönch, Bahira hieß er, ermahnte die Araber, den jungen Muhammad vor den Juden zu schützen. Das hindert die islamische Tradition nicht daran zu erzählen, dass viele muslimische Theologen jüdische Konvertiten waren: der Hadith-Erzähler Abu Huraira, der Schreiber des Propheten Zaid und der Exeget Qaʻb al-Ahbâr, um nur einige zu nennen. Auch die Kompositionsarbeit am Koran wird angedeutet, die Sammlung des Koranmaterials durch den ersten Kalifen Abu Bakr, die Abfassung eines kanonischen Korans unter dem dritten Kalifen Osman und die Koranreform von al-Hajjaj unter Abdel Malik waren wahrscheinlich mehr als das, was die Tradition zugibt.

---

[11] Van Ess, ibid., S. VIII
[12] Ibid., S. X

Die fehlende Tradition

Wenn man akzeptiert, dass die Endfassung des Korans etwa Anfang des 8. Jahrhunderts stattgefunden hat, bedeutet dies noch lange nicht, dass der Koran für alle Gläubigen allgemein gültig war. Über die dunkle Entstehungsphase der religiösen Bewegung hinaus verfügte die neue Gemeinschaft der Gläubigen über keine eigene verbindliche religiöse Referenz. Es fehlte ihr eine vergleichbare Tradition wie die apostolische, die den Christen eine feste Basis für die religiöse Reflexion lieferte. Von Anfang an hatten die Christen eine theologische Auseinandersetzung mit Juden und Heiden geführt. Das Ergebnis war eine Differenzierung von der jüdischen Religion, von der sie sich trennten, und eine Verschärfung des eigenen Profils, das den Römern missfiel und die Verfolgungen rechtfertigte. Die Jesusbewegung im Judentum wurde schnell zu einem selbstständigen Christentum. Ein Blick auf die islamische Seite zeigt das Gegenteil. Als die Bewegung der arabischen Gläubigen mit der Eroberung des Nahen Ostens begann, hatten die Völker das Erscheinen einer neuen Religion nicht bemerkt, hundert Jahre später und trotz muslimischer Herrschaft zögerten die Untertanen immer noch, im Islam eine neue Religion zu sehen, jeder fand etwas von der eigenen Religion in ihm. Die zwei Säulen des Islam, die Einsheit Gottes und das Prophetentum Muhammads, empfanden sie nicht als so andersartig; sie alle waren seit eh und je Monotheisten und betrachteten und erlebten Muhammad, vor allem seine Nachfolger, als Militärführer. Das Profil blieb unscharf, und der Koran galt noch nicht als allgemein bindende Referenz für Staat und Gesellschaft, wie wir sehen werden.

Dagegen hatten die Christen sehr früh ihre Religion verschriftlicht, innerhalb von sechzig Jahren nach dem Tod Jesu am Kreuz, zwischen den Jahren 48 und 90, lagen die Zentraldokumente des christlichen Glaubens vor, die Apostelgeschichte lieferte auch einen historischen Überblick zur Mission und zu den ersten Gemeinden. Die Konfrontation mit der philosophischen Strömung der Gnosis zwang die Christen, den Glauben, der in der apostolischen Tradition bewahrt ist, mit der systematischen Anwendung der Vernunft zu verteidigen. Das Ergebnis war die Entstehung der Theologie als

3. Die islamische Theologie

wissenschaftliche Disziplin, die es dem Christentum erlaubte, im Laufe der Zeit sich immer wieder zu erneuern. Ein zweites Ergebnis war die Herausbildung des Kanons, der die Identität der Kirchenmitglieder definierte und die Abweichungen von der Lehre als Häresien bekämpfte. Das war die Orthodoxie. Die Grundlage für beide Ergebnisse bildet die apostolische Tradition, ohne sie sind sie nicht nachvollziehbar.

Das bedeutet, dass die Gründungszeit für die Entwicklung einer Religion entscheidend ist. Bei der christlichen Mission entstanden Gemeinden, die sich selber organisierten und einen Vorsteher hatten; diese Gemeindeordnung sicherte eine Kontinuität der Lehre. Bald wurde sie schriftlich untermauert, erst mit den Paulusbriefen – der erste Brief stammt aus dem Jahr 50/51 –, dann mit den Evangelien. Der Kanon gründete die Orthodoxie, er brachte die christlichen Strömungen, die nah zueinanderstanden, zusammen und schloss alle anderen aus. Wenn wir wieder einen Blick auf den Islam werfen, stellen wir fest, dass diese Tradition hier fehlt. Die Bücher, die diese Entstehungsphase dokumentieren, vor allem die Biografie des Propheten, sind zwei Jahrhunderte später geschrieben worden. In diesen Dokumenten spielen die Gefährten des Propheten, die *sahaba*, keine vergleichbare Rolle wie die Apostel Jesu in der apostolischen Tradition; das hätte man eigentlich erwartet. Stattdessen erfahren wir, dass es Koranleser gab, die den Koran oder was sie davon im Gedächtnis aufbewahrten, rezitierten, die Ergänzung und Kommentierung der koranischen Texte blieb den Geschichtenerzählern, den *qussas*, überlassen. Erst nach der dunklen Phase werden von der Tradition Koranexegeten erwähnt, sie gehören der Zeit nach Abdel Malik an: Mujahid (gest. 104h./722c.), Hasan al Basri (gest. 110h./728c.), Qatada (gest. 117h./735c.) oder Kalbi (gest. 146h./763c.).[13]

Die Omayyaden hatten das Amt des Qadi erschaffen; bei fehlenden heiligen Referenzen, wie dem Koran und der Prophetentradition, stützten sich die Richter auf die Praxis der Gemeinden, in denen Recht gesprochen wurde. Deren Zahl war aber sehr be-

---

[13] Ibid., S. 46

Die fehlende Tradition

grenzt; nur die großen Städte hatten ein Qadi-Amt. Diese Praxis war die einzige, die an die Entstehungszeit anknüpft. Das war eine Art lebendige Tradition, die in der dunklen Zeit wurzelte. Trotz der Unklarheit des Ursprungs hätte sie eine ähnliche Rolle wie die Gemeindetradition bei den Christen spielen und als Grundlage für eine theologische Entwicklung dienen können. Sie wurde aber von den Traditionalisten, *ahl al-hadith*, zerstört. Joseph Schacht schreibt: „Die Grundhaltung der Traditionalisten, im Gegensatz zu den alten Rechtsschulen, lautet, dass die formellen *hadith* des Propheten die ‚lebendige Tradition' ersetzen."[14] Da die Tradition des Propheten kaum bekannt war – sonst hätten die alten Rechtsschulen sie erwähnt –, wurden massenweise Hadithe produziert, die die Sunna bildeten. Diese ersetzten die Gemeindetradition, darüber hinaus lieferten sie das Material für das islamische Recht, den *fiqh*, der die Theologie verdrängte.

Die *sahaba* hatten die Religion nicht durch Mission vermittelt. Sie führten die Eroberungen an und errichteten neben den eroberten Städten militärische Siedlungen für ihre Armeen, ohne die lokalen Traditionen zu berühren. In ihren Garnisonsstädten kamen sie nach ihrer tribalen Herkunft zusammen, jeder Stamm hatte seine eigene Moschee.[15] Die Konvertiten mussten sich in den Schutz der arabischen Stämme begeben und waren Muslime zweiter Klasse, *mawâli*. Eine Missionierung war während und nach der Eroberung sogar unerwünscht, Konvertiten wurden nur halbherzig aufgenommen, weil sie als Muslime von den Extrasteuern befreit waren. Die religiöse Leistung der *sahaba* bestand darin, dass sie die praktische Tradition des Propheten hinsichtlich des Gottesdienstes weitervermittelten: Beten, Fasten Pilgern usw. Für theologische Spekulationen hatten sie kein Interesse; die theologischen Fragen sollten sie jedoch in einem anderen Feld nachholen: im Feld der Politik.

---

[14] Schacht, Joseph, The Origins of Muhammadan Jurisprudence. Oxford 1979, S. 253
[15] Van Ess, ibid., S. 17

3. Die islamische Theologie

Das Fehlen einer der apostolischen Tradition ähnlichen *sahaba*-Tradition verzögerte nicht nur die Entwicklung einer Theologie, sondern verhinderte auch die Entstehung einer Orthodoxie. Zwar entstand später mit den Muʿtaziliten eine Theologie nach christlichem Vorbild, sie musste aber scheitern. Noch schwerwiegender aber war die Tatsache, dass bis heute keine Orthodoxie entstehen konnte und die inneren Religionskriege unter den Muslimen immer noch im Namen der wahren Religion, die jede Partei für sich beansprucht, geführt werden.

Die politische Religion

Die apokalyptische Bewegung der Gläubigen erzielte in einer kurzen Zeit große politische Erfolge. Sehr schnell wurde dieser Erfolg zu einem theologischen Argument in die Religion integriert: Gott hat den Gläubigen den Sieg geschenkt, weil sie sich ihm unterworfen haben. Während die orthodoxen Christen und die Juden das Ende dieser turbulenten Zeit mit apokalyptischen Erwartungen beantworteten, betrachteten die Nestorianer, deren Kirche in Persien von Anfang an unter nichtchristlicher Herrschaft stand, den Sieg als von Gott gewollt. So sah ihr Patriarch „dass die Ursächlichkeit des Geschehens nicht in den Befehlen der Araber, sondern in Gottes Ratschluss zu suchen sei, der den Arabern das Reich der Erde in dem überwältigenden Eroberungssturm anvertraut habe. Für den Patriarchen ist also Gott der in der Geschichte Handelnde."[16] Diese Herrschaft sei natürlich nicht für die Ewigkeit, sie sei aber nicht mit der Herrschaft des Antichrists gleichzusetzen. Außerdem behandelten die Invasoren die Nestorianer gut, ehrten ihre Heiligen und machten ihrer Kirche Geschenke. Der Klerus bezahlte keine Steuer, Kirchen und Klöster wurden nicht zerstört. Unter der neuen Herrschaft sollte die nestorianische Kirche ihre Blütezeit erreichen.

---

[16] Tamcke, ibid., S. 107

Die politische Religion

Keine theologische Reflexion

Der Erfolg wurde theologisiert und lenkte die theologische Reflexion in eine politische Richtung. Oder besser gesagt: Er bestätigte die politische Religion, die im Koran geoffenbart ist. Die Leute des Buches, *ahl al-kitâb,* zu unterwerfen und die Heiden zu töten gehört zur Pflicht der Gläubigen, die darin besteht, auf dem Weg Gottes zu kämpfen, *al-djihâd fi sabîl allah.* Der Erfolg zeigte nun, dass sie auf dem richtigen Weg waren. Er sollte wesentlich zum Zusammenhalt der Gläubigen beitragen. Josef van Ess schreibt: „Kerygma und früher politischer Erfolg hatten innerhalb der Gemeinschaft der Muslime ein Erwählungs- und Sendungsbewusstsein geschaffen, das sich über alle Krisen hinweg als beständig erwies ... Der Einzelne ging ganz in der Gemeinde auf."[17] Die rein theologische Arbeit, die in der Herstellung des Korans bestand, lief ohne nennenswerte Konflikte parallel dazu im Hintergrund, nur manchmal tauchen in der Tradition Geschichten auf, die möglicherweise auf Konflikte hinweisen, etwa die Weigerung mancher Gefährten des Propheten, der Aufforderung von Osman Folge zu leisten, ihre Koranexemplare zu vernichten, oder die Kritik der Schiiten am osmanischen Koran. Letztere Kritik allerdings war eher politisch motiviert, weil es um den Anspruch Alis auf das Kalifat ging, und schon sind wir bei der ersten ernsthaften islamischen theologischen Auseinandersetzung, derjenigen um die Nachfolgerschaft Muhammads.

Nach der Tradition hatte Muhammad auf seinem Sterbebett keinen Nachfolger ernannt. Bevor der Kampf um seinen Nachfolger entbrannte, geschah ein Zwischenfall, der die theologische Marschroute bestimmen sollte. Als Muhammad starb, sagte Omar: „Manche Heuchler behaupten, der Prophet sei gestorben. Der Prophet ist nicht gestorben, er ist zu seinem Gott entrückt, wie Moses der Sohn von 'Imran es getan hat; er blieb vierzig Tage vor seinen Leuten verborgen und kam zu ihnen zurück, als sie dachten, er sei verstorben. Bei Gott! Der Prophet wird zurückkommen, wie Moses zurückkam.

---

[17] Van Ess, ibid., S. 8

Diejenigen die behaupten, der Prophet wäre tot, sollen die Hände und Füße abgehackt bekommen." Abu Bakr, der zugehört hatte, intervenierte und sagte: „Wer Muhammad anbetet, Muhammad ist tot; wer Gott anbetet, Gott ist lebendig und unsterblich." Dann rezitierte er einen Koranvers: „Und Muhammad ist doch nur ein Gesandter, vor dem schon Gesandte vorübergegangen sind. Wenn er nun stirbt oder getötet wird, werdet ihr euch dann auf den Fersen umkehren? Und wer sich auf den Fersen umkehrt, wird Gott keinerlei Schaden zufügen. Aber Gott wird die Dankbaren belohnen." (3:144) Erstaunt sagte Omar, er habe diesen Vers nie gehört, das galt auch für alle anderen Anwesenden.[18]

Das Ereignis muss so gravierend gewesen sein, dass Omar sich genötigt fühlte, sich zwei Mal zu rechtfertigen. Zuerst dachte er, der Prophet werde bei der Gemeinschaft bleiben, bis deren Angelegenheit geregelt ist. Das zweite Mal meinte er, der Vers „Und so haben wir euch zu einer Gemeinschaft der Mitte gemacht, damit ihr Zeugen über die anderen Menschen seiet und damit der Gesandte über euch Zeuge sei" (2:143) lasse ihn denken, dass der Prophet bis zum Jüngsten Tag bei seiner Gemeinschaft bleiben werde, um ihre Taten zu bezeugen. Manche Autoren wie Stephen J. Shoemaker[19] sehen darin einen Beweis für den eschatologischen Charakter der Bewegung und dass man das nahe Ende bereits zu den eigenen Lebzeiten erwartete. Diese Einschätzung ist sehr wahrscheinlich. Wichtig ist aber auch die Tatsache, dass eine schwerwiegende theologische Frage durch eine Überlieferung gelöst wurde. Wäre Muhammad entrückt, dann hätte er den Status von Jesus erlangt. Im Koran steht: „Und sie sagen: ‚Wir haben den Messias Jesus, den Sohn der Maria, den Gesandten Gottes getötet'; sie haben ihn weder getötet noch gekreuzigt, sondern es erschien ihnen so … Und sie haben ihn mit Gewissheit nicht getötet. Nein! Vielmehr hat Gott ihn zu sich erhoben." (4:157–158) Jesus wird zurückkehren, glauben die Muslime, den Jüngsten Tag ankündigen,

---

[18] Ibn Hischâm, Die Prophetenbiografie. Beirut 1996, Bd. IV, S. 305–306 *al-sîra al-nabawiya*
[19] Shoemaker, Muhammad and the Qur'ân, S. 1098

den falschen Jesus töten und sich zum Islam bekehren. Das alles blieb Muhammad erspart, weil Omar akzeptierte, dass er verstorben war, und sich mit dem Koran begnügte. Omar konnte nicht ahnen, dass das Problem damit nur aufgeschoben, nicht aber behoben war; denn später sollte sich die Frage stellen, ob der Koran als Wort Gottes erschaffen oder ewig sei, dasselbe Problem hatten die Christen früher mit der Person Jesu. Auf jeden Fall bestand die theologische Marschroute darin, dass Glaubensinhalte nicht durch systematisches Reflektieren entwickelt, sondern durch Überlieferungen festgelegt wurden, die neben anderen standen, deren theologische Relevanz oft nicht gesehen wurde. Besonders problematisch wurde dies später mit der ausufernden Hadith-Produktion, die die Tradition überfrachtete und sie schließlich noch undurchschaubarer machte.

Der Kalif als Stellvertreter Gottes

Die Vermeidung der Entstehung einer Theologie bildete das erste Element der neuen Orientierung, das zweite war inhaltlicher Natur. Da es keinen Erlöser wie Jesus mehr gab, drehte sich nun alles um die Nachfolge: *khalifat al-rasûl*, Nachfolger des Propheten, oder *khalifat allah*, Stellvertreter Gottes. Gleich nach dem Tod des Propheten trafen sich die medinensischen Anhänger Muhammads, die *ansâr*, und erhoben Anspruch auf seine Nachfolge. Die Exilanten aus Mekka, die *muhâdjirûn*, konnten den Konflikt abwenden; sie setzten durch, dass der Nachfolger aus dem Stamm Muhammads kommen sollte, das heißt aus dem Stamm Quraisch. Dieser Anspruch wurde Teil der Religion und später mit vielen Hadithen untermauert. Nach Ibn Hanbal soll der Prophet gesagt haben: „Die Imame sind von den Quraisch." In der Hadith-Sammlung von Muslim steht: Der Gesandte Gottes sagte: „Gott hat die Kunana aus den Kindern Ismael ausgewählt, die Quraisch aus Kunana, die Banu Haschim aus Quraisch und mich aus den Banu Haschim."[20] Die Banu

---

[20] Hadith Nummer 2276

Haschim sind ein Clan des Stammes Quraisch, die Quraisch ein Stamm der Konföderation Kunana. Diese Regel wurde mit der Zeit radikaler, Ibn Al-Qaiyem (1292–1350) etwa schreibt: „Das Kalifat gebührt den Quraisch, selbst wenn es nur zwei Personen von ihnen gibt. Kein Mensch darf ihnen es streitig machen oder gegen sie opponieren. Wir akzeptieren für das Amt niemand anders bis zum Jüngsten Tag."[21]

Nachdem das Problem der *ansâr* geregelt war, trat derselbe Konflikt innerhalb der Quraisch auf, insbesondere zwischen dem haschemitischen Clan des Propheten und dem mächtigen Clan der Omayyaden. Ali, der Cousin Muhammads, rechnete mit seiner Ernennung zum Kalifen, musste zunächst aber warten. Abu Bakr (632–634) und Omar (634–644), die ersten zwei Kalifen, stammten aus kleineren Clans; der dritte Kalif, Osman (644–656), kam aus dem mächtigen Clan der Omayyaden. Er versuchte, die Macht an seinen Clan zu reißen und hievte seine Verwandtschaft in alle wichtigen Regierungsposten. Die Armee in Ägypten rebellierte, kam nach Medina, um Osman abzusetzen, er weigerte sich, sie töteten ihn. Ali wurde endlich Kalif (656–661), stand aber unter dem Verdacht, an dem Komplott gegen Osman beteiligt gewesen zu sein, zumindest wurde ihm vorgeworfen, Osman nicht geschützt zu haben und seinen Mord billigend geschehen haben zu lassen. Mu'awiya, ein Verwandter von Osman und Gouverneur der Provinz Syrien, erkannte die Herrschaft Alis nicht an und erklärte sich selber zum Kalifen. Es kam zu dem in der Tradition genannten ersten Bürgerkrieg, *al-fitna al-kubra*. Nach einem faulen Kompromiss spaltete sich der Islam in drei Strömungen: die Anhänger von Mu'awiya, die Sunniten, die Anhänger von Ali, die Schiiten, und die Ablehnenden des Kompromisses, die Kharidjiten. Ein Kharidjit tötete Ali, Mu'awiya blieb der einzige Kalif und gründete die Dynastie der Omayyaden, indem er seine Nachfolge für erblich erklärte.

---

[21] Al-Juziyah, Ibn al-Qaiyem, Der Führer der Seelen ins Land der Glückseeligkeit. Mekka 2007, S. 831 (*Hâdi al-arwâh ila bilâd al-afrâh*)

Die politische Religion

Ob diese Erzählung stimmt, sei dahingestellt. Die Analysen nichtmuslimischer Quellen deuten aber auf die Bedeutung der politischen Dimension hin, die allerdings in einem anderen Zusammenhang steht, als die Tradition behauptet. Angesicht der Repressions- und Zwangskonvertierungspolitik des Heraklios entstand eine Allianz aus allen Adoptionisten, judeo-christlichen und arianischen Sekten, mit der Bewegung von Muhammad. Eine Art „muhammadanische Allianz" kam zustande, die jedoch von Osman gebrochen wurde.[22]

Verstanden sich die ersten Kalifen als Nachfolger Muhammads im Sinne seiner Stellvertreter – *khalifat rasul allah* (Stellvertreter des Propheten Gottes) –, so nannte sich Osman als Erster *kahalifat allah*, der Stellvertreter Gottes, ein Titel, den alle omayyadischen Kalifen nach ihm innehatten.[23] Nach der Tradition antwortete Osman den Rebellen, die ihn vor der Wahl zwischen Tod oder Rücktritt gestellt hatten: „Ich werde das Hemd nicht ablegen, das Gott mir angezogen hat."[24] In einer anderen Version heißt es: „Was den Rücktritt betrifft; es ist mir lieber, gekreuzigt zu werden, als den Befehl Gottes und seine Stellvertretung zu verleugnen."[25]

Diese Verschiebung hatte eine enorme theologische Bedeutung und sollte die Macht der Omayyaden festigen, denn nun besaß der Kalif eine göttlich-absolute Macht. Unter diesem Gesichtspunkt muss auch die von Osman initiierte Sammlung des Korans gesehen werden; sie diente der Vereinheitlichung der religiösen Ideologie und wurde durch die Vernichtung des alten koranischen Materials vervollständigt. Dabei darf nicht vergessen werden, dass die Tradition Osman und mit ihm dem gesamten Clan der Omayyaden einen

---

[22] Deus, A. J., The Umayyad Dynasty's Conversion to Islam. Putting Muslim Tradition into the Historical Context. From the Low Point Until ca. 692 AD. 2013
[23] Crone, Patricia, Hinds, Martin, God's Caliph. Religious Authority in the First Centuries of Islam. Cambridge 1986, S. 5
[24] Al-Tabari, Abi Jaafar Muhammad bin Jarir, Die Geschichte der Propheten und Könige, Kairo, Bd. IV, S. 371, 372, 375
[25] Ibid., S. 377

Mangel an Frömmigkeit vorwirft sowie ausgeprägte weltliche anstatt religiöse Interessen.[26] Das kann kaum verwundern, galt der Clan doch zunächst als Hauptgegner der Muslime und konvertierte nach der Eroberung Mekkas 630 als letzter zum Islam. Die Omayyaden wurden bevorzugt und gelangten zum Entsetzen vieler Gläubigen in wichtige Positionen.[27] Dies wurde mit dem Koranvers 9:60 gerechtfertigt: „Die Almosen sind für die Armen, die Bedürftigen ... diejenigen, deren Herzen vertraut gemacht werden sollen ...", womit Nichtgläubige, deren Unterstützung gewonnen werden soll, oder oberflächlich Bekehrte gemeint sind. Man kann darin auch einen Hinweis auf die Bildung einer politischen Front für den Kampf gegen die Ungläubigen, die oben erwähnte „muhammadanische Allianz", sehen. Einen weiteren Hinweis auf diese breite Allianz liefert Ibn Ishâq in seiner Prophetenbiografie, der die Personen in Mekka erwähnt, die vor dem Islam zu dem Monotheismus gefunden haben.[28] Ihre Wege führten zum orientalischen Christentum, zum Arianismus, zum Abrahamismus, alle waren gegen die Chalcedonier und befanden sich am Ende in der Bewegung Muhammads.[29]

Der Kampf um die Macht

Osman war es, der dieses Bündnis brach, wofür er mit seinem Leben bezahlte. Es folgte der erste Bürgerkrieg, und die Einheitsfront der Muslime zerbrach in drei Strömungen: Die erste vertrat mit den Kharidjiten den radikalen, frommen Islam, der die Gleichheit aller Gläubigen betonte, was sich unter anderem darin äußerte, dass nach Auffassung der Kharidjiten jeder fromme Muslim Kalif werden dürfe und dieses Amt kein Privileg der Quraisch sei. Das sei auch das Kriterium für die Wahl der ersten Kalifen gewesen und entspre-

---

[26] Donner, ibid., S167-170
[27] Ibid., S.151
[28] Guillaume, ibid., S. 98-100
[29] Deus, ibid., S. 22

che dem Willen Gottes. Die zweite Strömung war genau so radikal, aber in entgegengesetzter Richtung. Für sie gehörte das Kalifat nicht nur den Quraisch, sondern allein dem Clan von Haschim, noch genauer der Familie des Propheten, *ahl al-beit*; damit waren die Schiiten gemeint, denn Ali hatte Fatima, die Tochter des Propheten, geheiratet. Die dritte Strömung, vertreten durch Muʿawiya, hielt an dem Privileg der Quraisch fest, tendierte aber dazu, das Kalifat im Clan der Omayyaden zu behalten und es mittels Erbfolge zu sichern; hieraus sind die späteren Sunniten hervorgegangen. Der offensichtlich politische Konflikt wurde schnell zu einem theologischen. Die Kharidjiten betrachteten den erreichten Kompromiss zwischen Ali und Muʿawiya als Verstoß gegen den Willen Gottes und daher als große Sünde, die zum Abfall vom Islam führte, zur Apostasie, *kufr*, und mit dem Tod bestraft werden musste. Das hat Ali das Leben gekostet. Dagegen meinte die Mehrheit der Gläubigen, dass man ein Mitglied der Gemeinschaft bleibe, solange man an Gott und seinen Propheten glaubt. Eine dritte Gruppe empfahl, diese Frage auf das Jenseits zu verschieben, die *murdjiʾa*, Gott soll darüber entscheiden und nicht der Mensch. Diese Gruppe ging später in die Mehrheit der Sunniten ein. Die Kharidjiten mit ihrem *takfir* (Vorwurf des Unglaubens) und den Attentaten dienen als Vorbild für die modernen Dschihadisten.

Nach der Ermordung Alis sollen die Omayyaden mit ihrem Clanchef Muʿawiya ihren Kurs geändert haben und zum Christentum zurückgekehrt sein, behauptet zumindest der Forscher A. J. Deus. Die Belege, auf die er sich stützt, wurden von anderen Forschern anders interpretiert. Muʿawiya hat sich auf die christliche Verwaltung gestützt, er hat vom muslimischen Glaubenszeugnis, der *Schahada*, nur den ersten Teil übernommen; die von ihm geprägten byzantinischen Münzen werden mit folgendem Zusatz versehen: „Es gibt keinen Gott außer Gott, den Einzigen." Der zweite Teil der Schahada: „und Muhammad ist sein Prophet" fehlt. Der Name Muhammad taucht nirgendwo auf. Viel wichtiger war die militärische Stütze des Reiches. Ein Großteil der Armee bestand aus Christen, vor allem den Stämmen von Banu Kalb und den alten arabischen ghassanidischen Verbündeten Roms in Syrien, den *foederati*.[30] Fast alle arabischen Stämme in Syrien hatten sich der Bewegung der Gläubigen angeschlossen. Deshalb waren die Konturen der Bewegung unscharf und beschränkten sich auf einen monotheistischen Slogan und einige religiösen Praktiken.

Die Unruhen der Expansionsphase, die in der islamischen Tradition als erster Bürgerkrieg gekennzeichnet werden, beschreibt Johannes bar Penkaye, ein ostsyrischer Mönch in Nordmesopotamien, in seiner Chronik von 687. Nachdem er beschrieben hatte, dass diese nackten Männer aus der Wüste zwei Reiche kampflos erobert hatten, weist er darauf hin, dass sie unter sich stritten, bis Muʿawiya endlich Frieden stiftete.[31] Die Idee, dass die Expansion nicht zentral gesteuert war, wie es die Tradition schildert, sondern eher aus einem lockeren Bündnis bestand, gewinnt in der Forschung immer mehr an Anhängern; gestritten wird nun über die Gewichtung ihrer Bündnispartner. Jehuda Nevo und Patricia Crone schlagen folgendes Bild vor: Die Araber, die 638 Syrien und Palästina unter ihre Kontrolle brachten, bestanden aus ehemaligen *foederati*, Stämmen aus Südpalästina und Jordanien sowie aus der Gegend vom heutigen Jawf in Nord-Saudi-Arabien. Als sich ihr Erfolg abzeichnete, schlossen sich immer mehr lokale Araber ihnen an. Sie gehörten allen religiösen Richtungen an, die in der Region beheimatet waren, vereint waren sie durch einen simplen „undefinierten Monotheismus". Im Jahre 661 setzte sich Muʿawiya als alleiniger Herrscher durch.[32]

Die letzte Konfrontation unter Christen

Die Abstammung von Muʿawiya ist unbekannt, sein aramäischer Name deutet auf eine Herkunft aus Nordmesopotamien im alten Sassanidischen Reich hin. Dort und weiter westlich in Nordsyrien

---

[30] Donner, ibid., S. 176
[31] Nevo, Crossroads to Islam, S. 131
[32] Ibid., S. 242 ff.

Die politische Religion

war er militärisch gegen Byzanz aktiv. Die erste Münzprägung mit seinem Namen fand 662 in Darabjird anlässlich seiner Erhebung zum Emir der Gläubigen, *amir al-mu'minîn*, statt. Die Sprache war Persisch, die Schrift Aramäisch, und Darabjird, die ehemalige Residenz der Sassaniden in der Provinz Persis am östlichen Ufer des Persischen Golfes, war von den arabischen Emiren umkämpft. Mit der Unterstützung der gesamten antichalcedonischen Front von Persien bis Ägypten wollte Mu'awiya seine religiöse Auffassung gegen Byzanz durchsetzen. „Es standen sich zur Zeit Muawiyas nicht ein arabisch-islamischer Eroberer und byzantinisch-christliche Kaiser gegenüber, wie es die spätere, historisierende Literatur der Abbasidenzeit uns glauben machen will, sondern ausweislich der Dokumente in Form von Inschriften der arabischen Herrscher die Christen des ehemaligen byzantinischen Orients als natürliche Verbündete der nestorianischen Kirche Irans, unter der Führung der arabischen Christen Irans auf der einen Seite und des Kaisers von Konstantinopel als Herrn der griechisch-römischen Christenheit auf der anderen Seite. Es handelte sich demnach um einen Religionskrieg zwischen den orientalischen Anhängern eines semitischen Verständnisses vom Christentum und den Vertretern der hellenistischen und römischen Sonderentwicklung. Das Zentralproblem waren immer noch Fragen der Christologie."[33]

Das ist der Hauptgrund, warum Mu'awiya keine bedeutende Änderung an der Verwaltungsstruktur in den eroberten Gebieten vornahm. Er hat auch keine Zeichen einer neuen Religion erschaffen. Die neue Bezeichnung „Emir der Gläubigen" ist ganz im Sinne der politisch-religiösen Bewegung. Emir ist ein Feldherr, und die Gläubigen sind die Monotheisten und Gegner der Trinität. Deshalb hat er die byzantinische Münzprägung fortgesetzt mit dem monotheistischen Zusatz „Es gibt keinen Gott außer Gott, den Einzigen".

---

[33] Popp, Volker, Die frühe Islamgeschichte nach inschriftlichen und numismatischen Zeugnissen. In: Ohlig, Karl-Heinz, Puin, Gerd-Rüdiger (Hg.), Die dunklen Anfänge. Neue Forschungen zur Entstehung und frühen Geschichte des Islam. Berlin 2005, S. 55

3. Die islamische Theologie

Der zweite Teil der Schahada, „und Muhammad ist sein Prophet", wird, wie schon gesagt, nicht erwähnt. Fred Donner sieht darin noch einen Hinweis auf die breite Front der Bewegung mit vielen monotheistischen Juden und Christen.[34] Zur Herrschaft gehörte in der arabischen Tradition der Schutz eines Heiligtums. „Als Christ schützte Muʿawiya natürlich ein christliches Heiligtum, das Grab des Täufers und seine Basilika in Damaskus."[35] Er beließ alles beim Alten, sorgte für Frieden, war den orientalischen Kirchen positiv gesonnen, was deren Chroniken erwähnen. Den Kampf gegen Byzanz führte er weiter, baute eine Flotte und griff Konstantinopel an. 680 scheiterte er, es kam zu einem schmählichen Friedensschluss, Muʿawiya musste Tribut zahlen. Infolgedessen verlor er die Unterstützung im Osten des Reiches. Nach seinem Tod kam sein Sohn Yazid an die Macht. Ibn al-Zubayr (619–692), ein Repräsentant der quraischitischen Aristokratie,[36] akzeptierte dessen Ernennung nicht und rebellierte. Das stellt in der islamischen Tradition den Beginn des zweiten Bürgerkriegs (680–692) dar. Nach dem Tod Yazids 683 erklärte sich al-Zubayr zum Emir der Gläubigen, und wieder wird das Ereignis in der Prägung einer Münze in Darabjird festgehalten.[37]

Im zweiten Bürgerkrieg unterstützten die Christen die Omayyaden militärisch massiv. Auch politisch ermunterten sie sie, die Herrschaft beizubehalten und zu verteidigen. Bei diesen Diensten hatten sie nicht den Eindruck, einer Herrschaft zu dienen, die antichristlich und gegen sie gerichtet war. Überhaupt nutzten weder Christen noch Juden die Unruhen aus, um die Herrschaft der Gläubigen abzuschütteln; sehr wahrscheinlich begriffen sie sich selber als Teil davon. Diese Situation sollte sich jedoch bald ändern.[38]

---

[34] Donner, ibid., S. 112
[35] Popp, ibid., S. 45
[36] Cahen, Claude, Der Islam I. Vom Ursprung bis zu den Anfängen des Osmanischen Reiches. Frankfurt a. M. 1968, S. 29
[37] Popp, Volker, Von Ugarit nach Samara, S. 65
[38] Donner, ibid., S. 192–193

Die politische Religion

Eine neue Religion: der Islam

Abdel Malik kam im Jahr 685 an die Macht. Gemäß der islamischen Tradition gehörte er zu den vier berühmten Gelehrten von Medina. Nach dem Scheitern Muʿawiyas, das byzantinische trinitarische Christentum durch das orientalische adoptionistische Christentum zu ersetzen, bestand keine Chance mehr, dieses Projekt zu realisieren. Abdel Malik musste weiter an die Byzantiner Tribut zahlen, seine Herrschaft beschränkte sich auf Syrien. Er änderte seinen Kurs. Das Vorhandensein einer bedrohlichen Konkurrenz mit al-Zubayr, der die alte Frömmigkeit der ursprünglichen Bewegung pflegte, zeigte ihm die Richtung. Er entschied sich, aus der Bewegung der Gläubigen eine neue Religion zu gründen, wofür zuvor die Bewegung wieder vereint und die Abgrenzung von den Byzantinern klar markiert werden musste. Fred Donner spricht von der Suche nach einer Legitimation der politischen Vormachtstellung, basierend auf dem, was sie als Wort Gottes verstanden.[39] Nach dem Ausschalten von al-Zubayr 692 begann Abdel Malik, sein Vorhaben zu verwirklichen. Er erfand eine neue Zeichensprache, die ihn vom Christentum weiter entfernen sollte. Als Erstes setzte er die arabische Sprache als offizielle und als Amtssprache durch. Die Arabisierung diente der Abgrenzung gegenüber der griechischen und syrisch-aramäischen Schrifttradition in Syrien. Von den höheren Amtsträgern verlangte er, seine Auffassung der Religion zu teilen oder den Dienst zu quittieren. Nach der Arabisierung und Islamisierung der Verwaltung war die Währung an der Reihe, er prägte den ersten arabischen Dinar als Pendant zu dem byzantinischen Mancus (77h./696c.). Neben der Sure 112 „Sag: Er ist Gott, ein Einer, Gott der Überlegene. Er hat nicht gezeugt und ist nicht gezeugt worden, und niemand ist ihm jemals gleich" wird der Spruch „Muhammad der Prophet Gottes" geprägt; dies hatte vor ihm schon al-Zubayr auf seine Münzen in Bishapur, Persis, 685–687 geprägt. Diese Formel erscheint nun überall auf Grabsteinen und sogar auf Wegweisern und Meilensteinen.

---

[39] Ibid., S. 195

3. Die islamische Theologie

Die Eroberung Konstantinopels war nicht mehr erstrebenswert, der Bau eines Pendants schon. Abdel Malik errichtete 692 in Jerusalem den Felsendom als Oktogon ohne Gebetsrichtung, er sollte das Zentrum des neuen Glaubens sein. Der Felsendom ist keine Moschee, sondern ein Repräsentationsbau und eine Machtdemonstration gegenüber Byzanz. Hier brachte Abdel Malik Inschriften mit Koranzitaten an, zusammen mit der Prägung auf den Münzen stellen sie die frühesten Zeugnisse für die Bedeutung des Korans dar. Sie sollten für die neue Ideologie werben und die Überlegenheit der neuen Identität betonen. Neben der Polemik gegen die Trinität der Christen (4:171) wird die Überlegenheit der „Religion der Wahrheit" betont, wie z. B. in Sure 9:33: „Er ist es, der seinen Gesandten mit der Rechtleitung und der Religion der Wahrheit gesandt hat, um ihr die Oberhand über alle Religionen zu geben." Der Begriff „Islam" kommt in der Inschrift zum ersten Mal vor, aber noch im erweiterten koranischen Sinn. Eine ideologische Differenzierung innerhalb der Bewegung der Gläubigen hatte begonnen. Das Wort Gläubiger wurde immer mehr auf denjenigen angewandt, der das koranische Gesetzt befolgt. Eine langsame Trennung von anderen Monotheisten war die Konsequenz. Dies Verständnis betraf auch den Begriff Muslim im Koran. „Gott ergeben" waren im Prinzip alle Monotheisten; nun bezog sich der Begriff nur noch auf diejenigen, die Muhammad als Prophet anerkannten. Die Doppel-Schahada, das heißt die Bezeugung der Einsheit Gottes und des Prophetentums Muhammads, war nun die Haupteigenschaft des Glaubens. Damit waren die Weichen für die „Muslime" und den „Islam" gestellt, wie wir sie heute kennen.[40] Unter der Herrschaft seines Sohns und Nachfolgers al-Walid I. (705–715), der die Politik seines Vaters fortsetzte und viel in Kultbauten investierte, kam der Begriff Islam dem modernen Sinn etwas näher. Al-Walid I. baute neben dem Felsendom die Aqsa-Moschee, er ließ die Prophetenmoschee in Medina ausbauen und 705 die Omayyadenmoschee auf die Trümmer der Basilika von Johannes dem Täufer errichten. Eine Inschrift, die

---

[40] Ibid., S. 203 ff.

er dort hatte anbringen lassen, besagt: „Unser Herr ist Gott allein, unsere Religion ist der Islam und unser Prophet Muhammad."[41]

Zurück zu Abdel Malik, der seinen Gouverneur in Basra, al-Hajjaj (660–714), mit der Reform des Korans beauftragte. Die islamische Tradition behauptet, dass er das Hinzufügen von diakritischen Punkten und langen Vokalen veranlasst habe, um eine bessere Lesbarkeit des Korans zu gewährleisten. Plausibler aber ist der Gedanke, dass die oben geschilderten inhaltlichen Arbeiten am Koran fortgesetzt wurden. Abdel Malik wollte die von ihm militärisch erreichte Wiedervereinigung der Gemeinschaft der Gläubigen mit einer einheitlichen Ideologie absichern. Dafür war eine inhaltliche Arbeit an Komposition, Adjustierung, Neuordnung des Korans notwendig, aber auch das Wegfallen von Teilen.[42] So gehörte die Sure zwei (die Kuh), die den gesamten islamischen Glauben beinhaltet, noch nicht zum Koran.[43] Ein weiteres Beispiel der Bearbeitung liefert der bereits erwähnte Johannes von Damaskus, der in den Jahren 700 bis 705 als höchster Finanzbeamter bei Abdel Malik tätig war und infolge der Verwaltungsreform ausscheiden musste, da er seine Religion nicht wechseln wollte. Er zählt übrigens zu den Kirchenvätern. Er zog sich in ein Kloster in Jordanien zurück und blieb an den theologischen Diskussionen in Byzanz beteiligt. Um 735 schrieb er ein umfassendes Werk über die christlichen Häresien; die hundertste und letzte Häresie sei die Lehre von Muhammad, Johannes von Damaskus spricht nicht vom Islam oder einer neuen Religion, sondern vom Kult der Ismaeliten. Dabei kritisiert er unter anderem die Prädestinationslehre, die Polygamie und ausführlich das Thema des „Kamels von Gott". Dieses Thema existiert im später bekannten Koran nicht mehr. Es ist jedoch ausgeschlossen, dass Johannes es erfunden hat, es wurde mit Sicherheit von den späteren Redakteuren des Korans fallen gelassen.

---

[41] Prémaire, Alfred-Louis de, 'Abd al-Malik b. Marwân et le processus de constitution du Coran. In: Karl-Heinz, Puin, Gerd-Rüdiger (Hg.), Die dunklen Anfänge, S. 182
[42] Ibid., S.197 ff.
[43] Ibid., S. 185 ff.

Egal wie die wirkliche Geschichte gelaufen ist, besteht bleibt das Faktum, dass der Koran nun im Blickfeld der Machtinhaber stand. Die alte Frage, ob wir es mit einer Religion, die eine Herrschaft erzeugt hat, zu tun haben oder mit einer Herrschaft, die ihre eigene Religion produzierte, scheint beantwortet zu sein. Abdel Malik ließ im ganzen Reich die Kreuze verbieten, sein Bruder, der Statthalter von Ägypten, ließ Schriftbänder an den Kirchen anbringen, die die Einsheit Gottes und die menschliche Natur Jesu unterstrichen. Vor seinem Ableben ordnete er die Tötung aller Schweine in Syrien an.[44] Die Zeichensprache wurde mit der Gewaltsprache ergänzt, seitdem entstand ein sanfter Druck zur Konversion, der im Laufe der Geschichte immer größer wurde. Hätte Muʿawiya Konstantinopel erobert, dann hätte das orientalische Christentum gesiegt; der Westen wäre auch nicht abgeneigt gewesen, ihnen zu folgen. Stattdessen versuchte nun Abdel Malik mit aller Kraft, sich als Gegenpol zu Byzanz zu positionieren.

Die islamische Theologie

Die omayyadischen Kalifen betrachteten sich als Stellvertreter Gottes auf Erden. Ihre Herrschaft galt als gottgewollt und wurde auch als Besitz der Dynastie verstanden, vererbbar und unantastbar. Wer ihnen gehorchte, der kam ins Paradies, die Ungehorsamen aber in die Hölle. Das bedeutet aber auch, dass die Herrschaft der Omayyaden vorbestimmt war. Die Prädestination, die früher kein Thema war, wurde nun aktuell. Wegen des Mangels an koranischen Belegen wird diese Ideologie mit Überlieferungen, den Hadithen, untermauert. Das Hadith mit dem Fötus im Mutterleib soll es richten. Ihm zufolge kommt der Engel und legt für den Menschen fest, wie sein Lebensunterhalt aussehen wird, sein Todestermin und ob er verdammt oder selig enden wird. Er kann lebenslang das Gute tun, wenn geschrieben steht, dass er in der Hölle enden wird, dann sündigt er

---

[44] Ibid., S. 11. Donner, ibid., S. 202

und kommt ins Feuer oder umgekehrt. Die fruchtbarste Phase der Hadith-Entwicklung fällt in die späte Omayyadenzeit und die ersten beiden Jahrzehnte der Abbasiden.[45] Auf diese Weise gewinnt die oben erwähnte Marschroute der Theologie ihre Konturen. Sie wird auf das Aneinanderreihen von Hadithen reduziert. Partikuläre historische Ereignisse werden überinterpretiert und als Argumente für theologische Positionen gebraucht. Problematischer war die Erfindung von Aussprachen, die in den Mund der Prophetengenossen und des Propheten selber gelegt wurden. Dies wurde auch dadurch erleichtert, dass man nur sinngemäß überlieferte, die Erwähnung der Kette der Überlieferer war noch nicht üblich, sie setzte sich erst in der zweiten Hälfte des 8. Jahrhunderts durch. Sie wurde von den Gelehrten entwickelt, um gerade authentische von falschen Überlieferungen zu sortieren.

Freier Wille und Prädestination

Die von den Omayyaden unterdrückten Untertanen starteten eine theologische Rebellion, die Qadariya. Dahinter steckten keine Schiiten. Denn diese hatten den Kampf um die Macht zwar verloren, verfolgten aber dieselben Ziele wie ihre Gegner, die Omayyaden, und dieselbe prädestinationistische Ideologie. Beide Protagonisten benutzten dieselben Hadithe für die Begründung ihres Machtanspruchs. Die Schiiten waren eher politische Rebellen. Die theologischen Rebellen waren hingegen überwiegend unter den Konvertiten, *mawâli*, zu finden. Unter ihnen entstand die Lehre des freien Willens: Der Mensch trage die Verantwortung für seine Taten, vor allem seine Untaten, diese seien mit der Prädestination nicht zu rechtfertigen. Das war gegen die omayyadische Tyrannei gerichtet. Die Lehre der Qadariya wurde zu einem Sammelbecken für die protestieren-

---

[45] Van Ess, Josef, Zwischen Hadith und Theologie. Studien zum Entstehen prädestinatianischer Überlieferung. Berlin 1975, S. 181

den, unter ihrem *mawla*-Status leidenden Intellektuellen.[46] Sie hatten den Koran auf ihrer Seite, vielleicht auch einige Erinnerungen an theologische Diskussionen, die ihnen vor ihrer Konversion geläufig gewesen waren.[47] Sie hatten sich nicht die Praxis der Fälschung von Hadithen bedient. Van Ess schreibt: „Wir werden weiter daran festhalten können, dass die Qadariya, aufs Ganze gesehen, theologisch vorgegangen ist, vom Koran her argumentierend. Darum ist ihr der Übergang zum *kalâm* so leichtgefallen ... In dem Augenblick aber, wo dieser Übergang zum *kalâm* vollzogen war, ließ das Interesse am *hadith* erst recht nach; wir wissen, dass die frühen Mu'taziliten das *hadith* bewusst aus theologischen Erörterungen ferngehalten haben."[48] *Kalâm* ist die Kennzeichnung der islamischen Theologie als Disziplin. Wie kann man die Vernunft anwenden, um das geoffenbarte Wort Gottes zu verstehen und umzusetzen? Wer in der Auseinandersetzung um die Prädestination die Produktion von frommen Hadithen versäumt hat, war wie die Mu'taziliten auf den *kalâm* angewiesen, weil das Problem aus dem Koran allein nicht entschieden werden konnte.

Die Theologie der Mu'taziliten

Die Mu'taziliten entstanden in Basra, nach dem Bau von Bagdad 762 als Sitz des Kalifats siedelten sie sich auch dort an. Beide Städte liegen im Irak, wo alle Religionen und Sekten miteinander in Kontakt standen; zusätzlich zu den bekannten Gruppen in Syrien waren der Zoroastrismus und der Manichäismus des alten Sassanidischen Reiches weitverbreitet. Besonders die Nestorianer hatten eine starke Präsenz, vor allem in Nisib und Gundishapur, zwei berühmten kulturellen Zentren für Philosophie und Theologie, in denen sie schon vor dem Islam aus der griechischen Kultur Werke ins Aramäische

---

[46] Ibid., S. 69–70
[47] Ibid., S. 184
[48] Ibid., S. 67

übersetzt hatten. Die Abbasiden, die 750 die Omayyaden ablösten, zeigten auch Interesse für die griechische Kultur, die auf die eine oder andere Weise ein Bestandteil der Kultur ihrer christlichen und jüdischen Untertanen war. Vordergründig beabsichtigten sie, ein islamisches Reich auf festen Normen aufzubauen, das sich nicht nur auf das Militär stützte, sondern auch kulturell konkurrenzfähig war. Der Kalif al-Ma'mun (813–833) ging nach Jerusalem, entfernte den Namen Abdel Malik von der Inschrift im Felsendom und setzte seinen eigenen Namen ein. Die Inschrift selbst wurde nicht angetastet. Das war ein symbolischer Akt der Neugründung des Reiches. Zurück in Bagdad gründete er 825 das *beit al-hikma*, das Haus der Weisheit, stellte ein festes Team ein, das meist aus Christen und Juden bestand und systematisch griechische Werke direkt oder aus dem Aramäischen übersetzte; betroffen waren hauptsächlich wissenschaftliche Werke zur Mathematik und Medizin sowie zur Philosophie. Die kulturelle Bereicherung war ungeheuer, die nächsten hundert Jahre sollten die goldene Zeit der islamischen Zivilisation darstellen. Alle traditionellen Wissenschaften wie der *fiqh*, die sich bislang in einem primitiven Zustand befanden, übernahmen die neuen Denkweisen der Griechen, insbesondere die der Rhetorik und der Logik. „Ein Wind von Rationalität wehte über die islamische Welt, bis in die unteren Volksschichten."[49]

Ein Hauptbetätigungsfeld der Mu'taziliten bildete die Polemik mit den Nichtmuslimen; sie konnte natürlich nicht, wie es bei den Traditionalisten üblich war, mit Überlieferungen, Hadithen, und Koranzitaten geführt werden, weil der Gegner daran nicht glaubte. Deshalb mussten die Muslime bei den Streitgesprächen sich auf die Kategorien ihrer Gesprächspartner einstellen, sie mussten rational argumentieren. Die Mu'taziliten waren mit wenigen Ausnahmen keine Araber, sie waren Konvertiten, *mawâli*, deren alter kultureller Hintergrund mehr oder weniger weit zurücklag, aber nicht ganz verschwunden war. Trotzdem waren sie überzeugte Muslime und

---

[49] Caspar, Robert, Traité de Théologie musulmane. Tome I, Histoire de la pensée religieuse musulmane. Rom 1996, S. 148

nannten sich die Leute der göttlichen Gerechtigkeit und des reinen Monotheismus, *ahl al-ʿadl wal-tawhîd*. Sie räumten der Vernunft einen unermesslichen Freiraum ein. Alles, was nicht rational begründet ist, ist zweifelhaft, lehrten sie. Die Vernunft ist allein aus eigener Kraft und vor der göttlichen Offenbarung in der Lage, die zwei grundlegenden Wahrheiten zu entdecken: Erstens, dass ein transzendentales Wesen existiert, das die Welt erschaffen hat, und zweitens, dass dieses Wesen absolut, einzig und perfekt ist.[50] Die Offenbarung bestätigt nur die Vernunft.

Mit der Vernunft allein kann der Mensch auch die ethischen Werte erreichen und mit seinem freien Willen, sich für das Böse oder das Gute entscheiden. Er ist für seine Taten selbst verantwortlich mit allen Konsequenzen von Belohnung und Bestrafung. Gott entscheidet nicht durch eine willkürliche Vorherbestimmung über die Taten und das Schicksal der Menschen, sondern über ihre Folgen. Gott als Gerechter kann nur einen verantwortlich Handelnden verurteilen. Der Mensch ist daher der Schöpfer seiner Taten. Das war für die Traditionalisten ein Skandal. Und es blieb nicht der einzige. Die Muʿtaziliten lehrten, dass im Jenseits der muslimische Großsünder für die Ewigkeit in der Hölle enden werde und der gläubige Nichtmuslim, solange er nach seiner Religion handele, ins Paradies komme. Ein Grundprinzip, wonach alle Muslime irgendwann im Paradies endeten und die Nichtmuslime keinen Zugang hätten, wurde dadurch infrage gestellt.

Die Muʿtaziliten wehrten sich gegen den Fatalismus, sie verurteilten auch jede Form von Anthropomorphismus wie Hören, Sehen, Sprechen, Wollen und Sitzen, die zuhauf im Koran vorkommen, übrigens auch in anderen Religionen. Die einzige Wahrheit über Gott, die der Mensch erfahre, sei seine Existenz, über sein Wesen könne er nichts erfahren; das Endliche könne das Unendliche nicht erfassen. Die Eigenschaften Gottes im Koran seien von seinem Wesen nicht zu trennen, sie seien mit dem Wesen identisch. Der

---

[50] Nader, Albert N., Le système philosophique des Muʿtazila. Premiers penseurs de l'islam. Beirut 1986, S. XI ff. Caspar, ibid., S. 152 ff.

Die islamische Theologie

Wille, das Wissen, die Macht gehörten zum Wesen Gottes und seien daher ewig. Sie seien nicht von ihm getrennt mit einem eigenen Ewigkeitscharakter zu verstehen, das wäre Beigesellung, also Polytheismus. Sie seien Handlungen Gottes und als solche erschaffen. Der Wille Gottes, die Welt zu erschaffen, sei ewig, die Schöpfung finde aber in der Zeit statt, weil die Welt nicht immer existiert habe. Ähnlich das göttliche Wort, es sei mit Gott identisch und ewig. Es sei aber erschaffen, wenn es sich an die Menschen wendet, da die Menschen nicht seit der Ewigkeit existierten. Danach war der Koran erschaffen, was eine schwerwiegende Krise in der Gesellschaft auslöste und die Traditionalisten auf die Barrikaden trieb.

Der Gönner der Mu'taziliten, der Kalif al-Ma'mun, beließ es nicht bei den Streitgesprächen, er versuchte ihre Auffassung mit Gewalt durchzusetzen, weil er unbedingt eine offizielle Doktrin für sein islamisches Reich brauchte. Für die Umsetzung seines Vorhabens errichtete er 833 eine Art Inquisitionsgericht, vor dem alle Qadis auftreten und die Frage beantworten sollten, ob der Koran erschaffen sei oder nicht. Wer die Frage bejahte, behielt sein Amt und seinen Kopf, wer nicht, verlor sein Amt und manchmal mehr. Nach dem Tod al-Ma'muns im Jahr 833 erweiterten seine Nachfolger al-Mu'tasem (833–842) und al-Wâthiq (842–847) diese Prozedur von Bagdad auf die Hauptprovinzen. Die meisten Qadis bejahten die Frage, allerdings ohne Überzeugung, manche verneinten sie, wie der Imam Ibn Hanbal, der Begründer der gleichnamigen Rechtsschule und Anführer der Traditionalisten. Er wurde gefoltert, aber wegen seiner Popularität nicht hingerichtet. Das war die Zeit der Prüfung, *al-mihna*.

Mit dem Anwachsen der Repression wendete sich die Bevölkerung von der Regierung ab und solidarisierte sich mit den Opfern, den Traditionalisten, die ein simples Islamverständnis verbreiteten; die philosophischen Spekulationen der Mu'taziliten waren den einfachen Menschen zu hoch. Als al-Mutawakkil (847–861) an die Macht kam, beendete er 848 die *mihna* und verbot die Diskussionen über die Erschaffung des Korans. Bald aber schlug er sich auf die Seite der Traditionalisten, er setzte ihre Qadis wieder in Amt und

Würden und entließ und misshandelte die Muʿtaziliten. Diese wurden sogar vom Volk verfolgt, sie mussten sich verstecken. Der Sieg der Traditionalisten, *ahl al-sunna*, war überwältigend. Als Ibn Hanbal 855 starb, wohnten Hunderttausende seiner Beisetzung bei. Die Verfolgung der Muʿtaziliten dauerte an, bis der Kalif al-Qadir Billah (991–1031) eine Glaubenslehre in den Moscheen publik machte. Sein Nachfolger al-Qåʾim Biamr Allah forderte 1040 alle Gelehrten in Bagdad auf, das Dokument, inzwischen als die „al-Qaderi-Glaubensbekundung" bekannt, zu unterschreiben; das taten sie mit dem Satz: „Das ist der Glaube der Muslime, wer ihm widerspricht, ist ein Apostat." Nebenbei betont das Dokument, dass man die *sahaba* lieben solle, sie seien alle besser als der Rest der Menschheit. Vorher hatte al-Qadir Billah 1017 alle Muʿtaziliten gezwungen, ihre Ansichten schriftlich zu bereuen und ihre Aktivitäten diesbezüglich einzustellen.[51] Seitdem wurde ihre Verfolgung systematisch betrieben. Bis in die Neuzeit war ihr Ansehen beschädigt, und ihre Anfeindung wurde Bestandteil des sunnitischen Glaubens. In Randgebieten wie Khorasan in Persien und Qairawan in Tunesien konnte die Lehre der Muʿtaziliten eine Zeit lang überleben. Unter Tughrul Beg (gest. 1063), dem ersten Sultan der Seldschuken, erlaubten sie sich mithilfe der Politik eine zweite *mihna*, (1054–1063), die diesmal gegen die Aschʿariten gerichtet war, und verloren. Das war ihr Ende. Nizam al-Mulk (gest. 1092), der Großwesir der Nachfolger Tughruls, machte den Aschʿarismus zur offiziellen Doktrin des Reiches; die Osmanen taten später dasselbe.

Al-Aschʿari (873–935) war ursprünglich ein Muʿtazilit arabischer Herkunft. Im Jahre 912 konvertierte er in Basra zum Sunnismus. Die Motive seiner Konversion sind unklar. Vielleicht fand er, dass die Muʿtaziliten nach sechzig Jahren der Verfolgung keine Zukunft mehr hatten. Auf jeden Fall wandte er ihre Methoden an, um sie zu wider-

---

[51] Al-Rifai, Abdel Jabbar, *ʿIlm al-kalâm al-djadîd*. Bagdad 2016, S. 16–18 (Die neue Theologie). Text mit Kommentar in: Zeitschrift der Universität Um al-Qurah für Theologie und arabische Sprachen. Mekka Dez. 2006, Jahr 39, Bd. 18, S. 225–278

legen und traditionelle Positionen zu verteidigen. In der grundlegenden Frage der Prädestination fand er einen Ausweg: Gott schafft die Taten, der Mensch eignet sie sich an. Das ist die heute orthodoxe Lehre der Aneignung der Taten, *kasb al-afʿāl*. Er wurde trotzdem von den Traditionalisten nicht akzeptiert, nach seinem Tod entweihten die Hanbaliten sein Grab. Bis heute sind sie gegen jede Form der Betätigung der Vernunft in Glaubensfragen, sie werden durch die Salafisten und den politischen Islam stark vertreten. Dagegen haben heute die Muʿtaziliten nur im Jemen bei den Zaiditen Spuren hinterlassen. Die Chance, eine Theologie zu entwickeln, wurde verpasst. Das griechische Erbe, das die islamische Kultur befruchtet hat, wurde seitdem systematisch von den Traditionalisten verdrängt. Die islamische Zivilisation steuerte auf ihren Niedergang zu.

Zusammenfassung

Der Islam wurde lange Zeit nicht als neue selbstständige Religion wahrgenommen. Der Koran, der seine Grundlage bildet, hatte zur Zeit der Eroberungen seine endgültige Form noch nicht gefunden; seine Kanonisierung als hauptautoritative Quelle für die Religion erfolgte noch später. Von seiner vermuteten Entstehung 610 bis zur Inschrift von Gadara 664 haben wir keine Hinweise vonseiten der Muslime auf ihre eigene islamische Geschichte. Die mit einem Kreuz versehene auf Griechisch verfasste Inschrift spricht von Muʿawiya, dem Emir der Gläubigen, er scheint noch ein Christ zu sein. Alle Quellen, die über die Invasion der Araber berichten, erwähnen nie eine neue Religion oder den Islam. Noch 733 spricht Johannes von Damaskus von der Lehre Muhammads als einer christlichen Häresie.

Die dunkle Periode in der Geschichte des Islam hat für die Muslime Konsequenzen. Sie kennen ihre eigene Frühtradition nicht; ihre Geschichte haben sie zweihundert Jahre später konstruiert, sie ist eine religiöse Geschichte. Ihr Anliegen ist es nicht, die historische Wahrheit zu finden, sondern die religiöse Wahrheit zu rechtfertigen und zu begründen, insbesondere die koranische Offenbarung. Das

3. Die islamische Theologie

Fehlen einer Frühtradition bedeutet, dass notwendige theologische Konfrontationen, die zur Abgrenzung von anderen Religionen und zur Entstehung eines religiösen Profils als Orthodoxie dienen, nicht stattgefunden haben.

Die Auseinandersetzung wurde auf das Feld der Politik verlagert. Der Islam ist nach seinem Gründungsbuch, dem Koran, eine politische Religion. Das Heil des Menschen besteht in der Unterwerfung der Menschheit unter den Willen Gottes durch die Umma der Muslime. Kampf, Sieg und Beute sind Bestandteile der Religion und keine Nebenangelegenheiten. Der Erfolg bestätigt die Richtigkeit der Offenbarung mit dem Ergebnis, dass die theologische Reflexion der Politik untergeordnet wurde.

Am Anfang bestand eine breite Bewegung der Gläubigen, zusammengehalten durch den Propheten. Nach seinem Ableben entbrannte ein Kampf um seine Nachfolge. Die theologischen Themen wurden seitdem an diesen Kampf geknüpft. Die Bewegung der Gläubigen verstand sich noch als Front gegen die Chalcedonier und als Ersatz für Byzanz; nach dem Scheitern Muʿawiyas vor den Mauern Konstantinopels entschied sein Nachfolger Abdel Malik, neue Wege zu gehen. Der Islam als neue Religion begann mit ihm Gestalt anzunehmen, um seine Herrschaft zu legitimieren. Gleichzeitig erklärte er sich und seine Nachkommen als prädestiniert, Gott auf dieser Erde zu vertreten, und stieß damit das theologische Thema der Prädestination an.

Die Abbasiden, die die Omayyaden stürzten, erhoben den Islam zur Staatsreligion und förderten neben den Islamwissenschaften auch die profanen Wissenschaften durch die Übersetzung von Teilen der Kultur der Antike. Für die polemische Auseinandersetzung mit dem Christentum übernahmen sie deren Methoden und entwickelten eine Theologie nach ihrem Vorbild. Sie versuchten auf rationaler Basis eine Glaubenslehre zustande zu bringen, die als Orthodoxie im Reich gelten sollte und die Herrschaft der Kalifen auf feste Grundlagen stellte. Die Politik versuchte, das Vorhaben mit Gewalt durchzusetzen, und scheiterte. Das war das Ende dieses Experiments.

4. Ahl al-sunna –
Die Verdrängung der autonomen Vernunft

Der *fiqh* – Das islamische Recht

Mitte des 9. Jahrhunderts hatten die Traditionalisten einen entscheidenden Erfolg gegen die autonome Vernunft erzielt. Das war ein Wendepunkt in einem Kampf, der lange vorher begonnen hatte und noch Jahrhunderte andauern sollte. Es ging um die Islamisierung von Staat und Gesellschaft im Herrschaftsgebiet der Muslime. Abdel Malik hatte den Anstoß für die Gründung des Islam als selbstständige Religion gegeben. Er hatte unter anderem versucht, mit der Anstellung der *qussas* in den Moscheen eine Art Klerus zu schaffen. Für seine Zielsetzung war dies allerdings nicht ausreichend, viel wichtiger war die Rechtsprechung; wenn das Heil durch die Befolgung des Gesetzes Gottes erreicht wird, dann muss auch nach diesem göttlichen Gesetz Recht gesprochen werden. Im 7. Jahrhundert gab es noch keine Scharia als islamisches Recht, der Koran lag noch nicht in seiner endgültigen Fassung vor und war noch lange nicht kanonisiert. Die Organisation des Rechtswesens war politisch.[1] Recht sprachen die Herrscher, das waren die Militäranführer, der Emir der Gläubigen an der Spitze und die Emire der Armeen, die Gouverneure in den Provinzen. Emir ist, zur Erinnerung, ein militärischer Titel. Die Emire vereinten alle Macht, sowohl die militärische als auch die religiöse und die juristische. Beim Fehlen von Referenzen

---

[1] Johansen, Baber, Contingency in a Sacred Law. Legal and Ethical Norms in the Muslim Fiqh. Leiden 1999, S. 26

4. Ahl al-sunna – Die Verdrängung der autonomen Vernunft

handelten sie nach ihrem eigenen Willen und ihrer Einschätzung der wenig vorhandenen islamischen Regeln in Bezug auf Ehe, Erbrecht und Beute. Schon bei Letzterer berichtet die Tradition, dass der Kalif Omar sich weigerte, den eroberten Südirak unter den Kriegern zu verteilen, und damit ein koranisches Gesetz brach. Ein weiteres koranisches Gesetz hatte er ebenfalls gebrochen, indem er die Geldleistungen an befreundete Nichtmuslime einstellte, weil nach den islamischen Eroberungen ihre Hilfe überflüssig wurde. Diese Geschichten in der Tradition weisen darauf hin, wie locker mit dem Gesetz Gottes umgegangen wurde; außer Fasten, Beten und auf dem Weg Gottes kämpfen war das meiste unklar. Die Eroberer richteten sich nach den vorhandenen Verhältnissen, die überwiegend aus dem Gewohnheitsrecht bestanden.

Abdel Malik und vor allem sein Sohn und Nachfolger al-Walid (705–715) begannen allmählich damit, Religionsgelehrte, *faqih* pl. *fuqaha*, in ihr Projekt einzubeziehen, indem sie einige von ihnen als Richter, Qadi, anstellten, um so eine islamkonforme Rechtsordnung entstehen zu lassen. Als die Abbasiden 750 an die Macht kamen, war es schon eine verbreitete Praxis, das Richteramt mit Islamgelehrten zu besetzen, mit der Folge, dass eine neue einflussreiche soziale Schicht entstand, die den Herrschenden ihre religiöse Kompetenz streitig machte. Deshalb unterzog Kalif al-Ma'mun die Qadis dem Inquisitionsgericht, der *mihna*, um sich mit seinen Ansichten zu behaupten. Für die Rechtsprechung reichte der Koran bei Weitem nicht aus, weil er kein ausreichendes normatives Material lieferte, um ein inzwischen ausgedehntes, kosmopolitisches, riesiges Reich zu verwalten. Von den 6236 Versen im Koran haben nach Noel Coulson[2] etwa 600 einen normativen Charakter, sie behandeln aber hauptsächlich gottesdienstliche und Reinheitsfragen, nur ein Bruchteil, etwa achtzig Verse, ist mit positivem Recht wie Strafrecht, Familien- und Erbrecht vergleichbar. Das ist zu wenig für ein Rechtssystem, andere Lösungen mussten gefunden werden. Man begann sich auf die Praxis früherer Generationen zu beziehen, die

---

[2] Coulson, Noel, A History of Islamic Law. Edinburgh 1964, S. 12

eben mündlich überliefert wurde. So wurde das *hadith* eine zweite Quelle des Rechtes.

Hadith und Sunna

Das Hadith umfasste am Anfang alle überlieferten Informationen, historische wie religiöse, militärische und literarische, die ganze Kultur wurde mündlich überliefert. Das Hadith war von den Erzählungen, *akhbâr*, der Geschichtenerzähler nicht zu unterscheiden. Als man für die Rechtsprechung Referenzen brauchte, begann man zwischen dem Hadith und den *akhbâr* zu unterscheiden, das Hadith bezog sich dann immer mehr auf Taten und Sprüche des Propheten, seiner Gewährsmänner und ihrer Nachfolger, weil sie der Offenbarung nahestanden. Die Befürworter dieser Entwicklung erhielten den Namen Leute des Hadith, *ahl al-hadith*. Aus der Sorge, sie würden als zweiter Koran dastehen, hatte der Prophet die Niederschrift seiner Sprüche und Aussagen zu seinen Lebzeiten verboten, und diese Befürchtungen waren lange maßgebend. Die von den Abbasiden beabsichtigte Bildung eines Reichs mit dem Islam als Staatsreligion wischte diese Bedenken beiseite. Der Kalif al-Mansur (754–775), der Bagdad als neue Hauptstadt baute, war derjenige, der Ibn Ishâq damit beauftragte, ein Buch für die Bildung des Thronerben über den Propheten zu schreiben, woraus die Prophetenbiografie entstand, die Sira. Gleichzeitig hatte er aber auch Mâlik ibn Anas gebeten, ein Rechtsbuch zu verfassen, um die Rechtsprechung zu vereinheitlichen. Daraus entstand *al-muwatta'*, ein Kompendium von Hadithen. Offensichtlich war der Prophet noch nicht die Hauptreferenz in Rechtsfragen. Der Imam der Malikiten Abu Bakr al-Abhari (gest. 985) zählte in *al-muwatta'* 822 Hadithe des Propheten, 898 von anderen, das sind 613 von den Gewährsmännern, *sahaba*, und 285 von ihren Nachfolgern, die *tabi'un*.[3]

---

[3] Abu Raya, Mahmud, Die Erhellung der muhammedanischen Sunna. Kairo 1994, S. 270 (*adwâ' 'ala al-sira al-muhammadiya*)

4. Ahl al-sunna – Die Verdrängung der autonomen Vernunft

Andere Sammlungen folgten, die alle ohne Ausnahme nicht von ihren Urhebern, sondern von deren Schülern im 9. Jahrhundert und später niedergeschrieben oder verfasst wurden. *Al-muwatta'* z. B. wurde von zehn bis zwanzig Schülern von Malik geschrieben – mit abweichenden Inhalten, weil der Autor seine Sammlung je nach eigenem Wissensstand änderte. Uns erreicht haben acht Versionen, davon die Redaktion, *mudawwana*, von Ibn Sahnun (gest. 855), die als Grundwerk der malekitischen Rechtsschule in Nordafrika dient. Zu dieser Zeit, im 3. Jahrhundert der Hidschra, entstanden die sechs kanonischen Hadith-Kompendien, ausgewählt wurden nur Hadithe des Propheten. Die Taten und Sprüche des Propheten nannte man Sunna, so löste langsam die Benennung Anhänger der Sunna, *ahl al-sunna*, die der Anhänger des Hadith, *ahl al-hadith*, ab.

Seit dem ersten Bürgerkrieg begannen die Streitparteien Hadithe zu erfinden, um ihre politischen Ansprüche zu untermauern; im Laufe der Zeit erreichte diese Produktion unheimliche Dimensionen. Die Gelehrten erfanden deshalb in der zweiten Hälfte des 9. Jahrhunderts eine Wissenschaft, die helfen sollte, die authentischen Hadithe herauszufiltern. Man unterschied zwischen den guten, den schwachen und den falschen Hadithen. Diese Wissenschaft untersuchte an erster Stelle die Zuverlässigkeit der Überlieferungskette und weniger den Inhalt, mit dem Ergebnis, dass wir für ein und denselben Sachverhalt verschiedene und nicht selten widersprüchliche Angaben haben. Ahmad Amin (1886–1954), ein moderner Aufklärer, beschreibt die Hadith-Produktion wie folgt: „Wenn wir die Hadithe mithilfe der Skizze einer Pyramide darstellen, dann entspricht deren Spitze merkwürdigerweise der Zeit des Propheten und wird danach immer breiter; am breitesten ist ihre Basis, die am meisten von der Epoche des Propheten entfernt ist. Verständlicher wäre das Gegenteil, die Gefährten des Propheten kannten seine Hadithe am besten, nach ihrem Tod wurde nicht alles, was sie wussten, weitervermittelt, die Menge der Hadithe wird immer geringer. Stattdessen sehen wir, wie nach der Zeit der rechtgeleiteten Kalifen unter den Omayyaden die Menge wächst und unter den Abbasiden noch weiterwächst."⁴ Mâlik (gest. 795) sammelte 100 000 Hadithe, behielt in seinem Kompendium 1720 davon. Die späteren Sammler verfügten schon über einen beachtlichen Fundus, aus dem nur ein Bruchteil behalten wurde: Ibn Hanbal (gest. 855) 26 363 von 750 000, al-Buchâri (gest. 870) 7563 von 600 000, Muslim (gest. 875) 7358 von 600 000.⁵ Die Zahl der ausgewählten Hadithe variiert je nach Redakteur, in der Regel den Schülern der Gelehrten, bleibt jedoch im Rahmen der hier angegebenen Größenordnung. Wenn man die Wiederholungen abzieht, dann ist die Zahl noch geringer, als hier angegeben. Die kanonischen Kompendien beanspruchen, authentische Hadithe zu liefern, die meisten Orientalisten und viele Muslime heute und damals waren eher skeptisch.

Die Rechtsschulen

Zu den Skeptikern zählt Abu Hanifa (699–767), der Begründer der ersten islamischen Rechtsschule, der die Authentizität der Hadithe bezweifelte und sich selten auf sie in seinen juristischen Fragen bezog. Er verließ sich hauptsächlich auf den Koran und sein eigenes Urteil, und er stützte sich auf das Gewohnheitsrecht im Irak. Die Menschen, die so verfuhren, nannte man die Leute der Meinung, *ahl al-ra'y*. Er praktizierte den rationalen *ijtihâd*, *al-qiyâs al-'aqli*; *ijtihâd* bedeutet geistige Anstrengung, und rational bedeutet: auf der Vernunft basierend. Das führte zu einer freien Interpretation des Korans, *ta'wîl*, eine Praxis, die übrigens unter den *sahaba*, den Gefährten des Propheten, üblich war. Das war für die Traditionalisten, *ahl al-hadith*, eine Anmaßung: Der Mensch geriert sich als Gesetzgeber anstelle von Gott! Nur der Prophet habe die Berechtigung, die herabgesandte Offenbarung im Koran zu interpretieren, er sei schließlich von Gott ausgesucht worden. Abu Yusuf (gest. 798), ein Schüler von Abu Hanifa, verfasste für den Kalifen Harun al-Ra-

---

⁴ Amin, Ahmad, *Duha al-Islâm*, Kairo 1998, Bd. II S. 128–129
⁵ Vgl. Abu Raya, ibid., S. 166, Fußnote 1

4. Ahl al-sunna – Die Verdrängung der autonomen Vernunft

schid ein Buch über die Landsteuer, *kitâb al-kharâj*. Dieses erste juristische Buch stellte keine Prinzipien vor, sondern klassifizierte und behandelte Sachfragen, deren Lösungen als Muster für spätere Handlungen dienen sollten. Er bereitete den Weg für den *ijtihâd al-sharʻi* vor, das heißt die geistige Anstrengung für die Rechtsfindung, die auf einem Vergleich aktueller Sachfragen mit alten beruht, das ist der Analogieschluss. Die Traditionalisten ihrerseits sammelten und klassifizierten das Hadith, der erste unter ihnen war Mâlik mit seinem *muwattaʼ*, der die Praxis in Medina reflektierte. Mâlik ist der Begründer der malekitischen Rechtsschule. Seine Methode bestand darin, die Themen zu klassifizieren und die dazugehörigen Hadithe zu zitieren; Sachfragen wurden selten behandelt. Die Hadithe sollten als Grundlage des Rechts die freie Meinung verdrängen, der Konflikt zwischen den Leuten der Meinung und den Leuten des Hadith wurde immer schärfer.

Mit al-Schafiʻi (gest. 820), der als Begründer des islamischen Rechts, *fiqh*, gilt, erzielten die Traditionalisten einen Durchbruch. Neben dem Koran wurde die Sunna des Propheten als zweite Quelle der Rechtsfindung festgelegt, was den Raum für eine freie Meinung bedeutend einschränkte; das Vorhandensein eines Hadith war ausreichend für die Lösung von Sachfragen. Und wenn kein passendes Hadith zur Verfügung stand, wurde es einfach erfunden. *Ijtihâd* bedeutete für al-Schafiʻi ausschließlich die Verwendung des Analogieschlusses. Angesichts des Mangels an rechtlichen Ressourcen im Koran kann man sich vorstellen, wie die Sunna zur Hauptquelle des islamischen Rechts wurde. Doch das reichte nicht aus, sodass als vierte Quelle für die Rechtsfindung neben Koran, Sunna und Analogieschluss der Konsens hinzugefügt wurde. Bei strittigen oder ganz neuen Rechtsfragen galt und gilt der Konsens der Gelehrten, praktisch der Gelehrten einer Rechtsschule, deren Urteile in der Tradition derselben aufbewahrt bleiben.

Al-Schafiʻi ist der Begründer der dritten Rechtsschule. Es wird berichtet, dass er sein Hauptwerk, *al-risâla*, mit dem er das islamische Recht, den *fiqh*, begründet hat, zuerst in Bagdad schrieb, aber, nach Ägypten umgesiedelt, noch einmal neu geschrieben hat.[6] Muslime erwähnen diese Anekdote gerne als Beweis für die Flexibilität und die Anpassungsfähigkeit des *fiqh*, Rechts- und Islamwissenschaftler sehen darin hingegen den Einfluss des Gewohnheitsrechts, das in Kairo anders aussah als in Bagdad. Dieses Recht bildet die Grundlage des *fiqh*, und die Gelehrten versuchten ständig, es nach den Erfordernissen der islamischen Ethik zu klassifizieren, das heißt nach den islamischen ethischen Kategorien von verpflichtend (*fard*), empfohlen (*mandûb*), erlaubt (*mubâh*), nicht empfohlen (*makrûh*) und verboten (*harâm*) einzuordnen. Diese Nähe zur Praxis hat das *fiqh* daran gehindert, eine juristische Disziplin wie das römische Recht zu werden. Auf der Ebene des praktizierten Gewohnheitsrechts arbeiteten die Gelehrten die höhere Stufe der Grundsätze aus, woraus ein Juristenrecht entstand, das von einer Schule zur anderen variiert; ein Homosexueller wird bei den Hanafiten ermahnt, bei den Hanbaliten zum Tode verurteilt. Die nächste und höhere Stufe hat das islamische Recht nicht erreicht, nämlich eine rationale logische Einordnung der Grundsätze in einem umfassenden logisch strukturierten System, das zu einer Rechtsprechung führt.

Das setzt nach Joseph Schacht eine analytische Denkart im Gegensatz zur analogischen Denkart der *fuqaha* voraus.[7] Die Theologen beziehungsweise die Mu'taziliten pflegten eine analytische Denkart. Ihre Referenz war der Koran, sie lehnten die Hadithe weitgehend ab, vor allem die von einer einzigen Person überlieferten Hadithe, deren Erfindung ein Einfaches war. Das bedeutete die Ablehnung der juristischen Doktrinen basierend auf der Sunna. Sie erkannten nur die allgemein akzeptierte Sunna an und legten viel Wert auf den Konsens der Gemeinschaft. Die *fuqaha* beschränkten einerseits den Konsens auf ihre Zunft, an-

---

[6] Abu Zahra, Muhammad, Al-Schafi'i. Sein Leben, seine Zeit, seine Ideen und fiqh. Kairo 1978, S. 27 (*al-schafi'i. hayâtuhu, 'asruhu, ârâ'uhu wa fiqhuhu*)
[7] Schacht, Joseph, An Introduction to Islamic Law. Oxford 1982, S. 5

4. Ahl al-sunna – Die Verdrängung der autonomen Vernunft

dererseits schlossen sie die Theologen aus, indem sie deren Meinungen für die Konsensbildung nicht beachteten. Beide Wege gingen auseinander. „Die Entwicklung der juristischen Theorien war von dem Kampf zwischen zwei Konzepten beherrscht: Die gemeinsame Doktrin der Gemeinschaft und die Autorität der Tradition des Propheten."[8] Mit dem Niedergang der Theologen unter al-Mutawkkil übernahm allmählich der *fiqh* die Rolle der Theologie und lenkte die theologischen Überlegungen in eine andere Richtung. Er machte daraus eine Pflichtenlehre. „Die Theologie liefert den rationalen Beweis für die religiösen Wahrheiten. Der fiqh versucht die Prinzipien und Hinweise der Offenbarung in ein System von normativen Beinah-Äquivalenten zu übersetzen."[9]

Ibn Hanbal, der dem pro-muʿtazilitischen Kalifen al-Ma'mun mit Erfolg widerstand, ist der Begründer der nach ihm benannten vierten Rechtsschule der Hanbaliten. Sie richtet sich nach Koran und Sunna und vermeidet den Analogieschluss. Sie ist gegen jede Betätigung der Vernunft, für sie ist der Bezug auf ein schwaches Hadith in der Rechtsprechung willkommener als der rationale Vergleich der Fälle, um eine Lösung zu finden. Es ist kein Zufall, dass Ibn Hanbals Hadith-Kompendium das umfassendere in dieser Gattung ist. Theologisch wird auch die Anwendung der Vernunft verpönt, der koranische Text wird wortwörtlich verstanden. Die hanbalitische Rechtsschule war lange nicht dominant, mit Ibn Taimiya (1263–1328) erlebte sie eine Erneuerung, wiederbelebt wurde sie aber erst mit Ibn Abdel Wahhab (1703–1792), dem Begründer der modernen Salafiya. Dieser Trend der Vertreibung der Vernunft im *fiqh* erreichte im 10. Jahrhundert seinen Höhepunkt, als das Tor des *ijtihâd* geschlossen wurde. Alle erdenklichen Sachverhalte seien schon behandelt worden, hieß es, man brauche die Vernunft nicht mehr zu bemühen, um neue Lösungen zu finden. Nun galt nur die Nachahmung, natürlich innerhalb jeder Rechtsschule getrennt. Es durften keine neue Rechtsschulen gegründet werden, löste sich eine

---

[8] Schacht, The Origins, S. 137
[9] Johansen, ibid., S. 40

auf oder verschwand einfach, durfte sie nicht wiederbelebt werden. Von den damaligen neuen sunnitischen Rechtsschulen sind die oben erwähnten vier übrig geblieben.

Die Islamisierung

Die Islamisierung des Rechts gehörte zum Selbstverständnis der neuen Religion, es geht im Grunde genommen um die Sakralisierung der Gesellschaft, um in einer heilen Welt, *dâr al-islâm*, unter dem Schatten des göttlichen Gesetzes zu leben. Für die Muslime hat der Islam die Zeit der Unwissenheit, der *djâhiliya*, beendet und das Wissen offenbart. Es stammt aus der „wohlverwahrten Tafel" oder „Urschrift", einer himmlischen Urkunde, die die Offenbarungstexte und die menschlichen Schicksale enthält. In Sure 96:1–5 steht: „*(1)* Lies im Namen deines Herrn, der erschuf, *(2)* den Menschen erschuf aus geronnenem Blut, *(3)* lies und dein Herr ist der edelste, *(4)* der mit dem Federrohr gelehrt, *(5)* gelehrt den Menschen, was er nicht wusste." Damit werden sowohl das Wissen als auch das Lesen und Schreiben sakralisiert.

Sakral und profan

Diese Grundhaltung führte im Mittelalter zur Unterscheidung zwischen den sakralen und den profanen Wissenschaften. Die sakralen Wissenschaften beschäftigen sich mit dem Koran, den Überlieferungen des Propheten, Hadith, der Glaubenslehre und dem islamischen Recht, *fiqh*. Zwei weitere Wissenschaften, die Geschichtsschreibung und die Philologie, hatten keinen sakralen Charakter im engeren Sinn, wurden aber sakral legitimiert, weil sie aus der Beschäftigung mit dem Koran entstanden waren. Anders die profanen Wissenschaften, die unter den Abbasiden aus dem Heidentum übertragen wurden, sie hatten keine Legitimation. Die Araber nannten sie die „Wissenschaften der Alten" oder auch der „Ersten", sie hatten über-

4. Ahl al-sunna – Die Verdrängung der autonomen Vernunft

wiegend einen griechischen Ursprung.[10] Man kann sagen, sie entstammten der Antike. Ihr Eindringen in das heilige Haus des Islam, *dâr al-islâm*, stellte eine Herausforderung für die heile Welt der Muslime dar. Diese hatten Angst, den Glauben zu verlieren. Wer sich mit den Wissenschaften der Alten beschäftigte, war in seiner Religion gefährdet, er sollte es unterlassen. Manchmal wurde zu harten Maßnahmen gegriffen: „Im Jahre 277h. [890c.] mussten sich die gewerbsmäßigen Kopisten [in Bagdad] unter Eid verpflichten, kein Buch über Philosophie in ihr Gewerbe einzubeziehen."[11]

Die Muslime hatten keine andere Wahl, als diese Wissenschaften zu integrieren, was sie in einem langen Prozess, der Jahrhunderte andauerte, auch taten, indem sie den interpretierbaren Stoff islamisierten und damit sakralisierten. Das war eine Vereinnahme der Wissenschaft durch die Religion. Selbst bei Wissenschaften wie der Mathematik, die keine Berührung mit der Religion haben, war es wünschenswert, die Beschäftigung auf Fragen, die die Religion tangieren, wie Gebetszeiten, Gebetsrichtung und Erbschaftsberechnungen, zu reduzieren.[12] Bei diesem langen Prozess der Islamisierung bildeten die Mu'taziliten Anfang des 9. Jahrhunderts eine Ausnahme. In ihrer Polemik mit christlichen und anderen Theologen und Philosophen bedienten sie sich, wie schon erwähnt, derselben Mittel der Logik. Für sie entsprach Gott den Postulaten der Vernunft und hatte daher keine menschlichen Attribute.

Zusätzlich zu ihrer allegorischen Interpretation der Anthropomorphismen im Koran, ihrer Voraussetzung eines freien Willens beim Menschen, der ihn für seine Taten verantwortlich macht, hatten die Mu'taziliten auch die Existenz einer Gesetzmäßigkeit in der Natur, *causa secunda*, anerkannt. Das stellte eine Öffnung gegenüber der Wissenschaft dar. Es wundert nicht, dass während eines halben Jahrhunderts ihres Einflusses auf das Kalifat Hunderte von griechi-

---

[10] Vgl. Goldziher, Ignaz, Stellung der alten islamischen Orthodoxie zu den antiken Wissenschaften. Berlin 1916
[11] Ibid., S. 13
[12] Ibid., S. 15 ff.

schen wissenschaftlichen Texten ins Arabische übersetzt wurden. Der Kalif al-Ma'mun, der Beschützer der Mu'taziliten, soll im Traum Aristoteles gesehen haben, weshalb er 825 das „Haus der Weisheit" gründete. Schon bei der Übersetzung jedoch begann stillschweigend die Islamisierung, aus den griechischen Göttern wurden Engel, Zeus wurde zu Allah und der Hades wurde zur Hölle.[13]

Auch al-Asch'ari, der Begründer der sunnitischen Orthodoxie, nutzte wie die Mu'taziliten die Logik, ihm ging es jedoch darum, mit ihrer Hilfe die Vernunft auszuschalten. Gott erschaffe die Taten, der Mensch eigne sie sich an, was auf Vorherbestimmung hinausläuft. Al-Asch'ari leugnete auch die *causae secundae*, ihre Existenz neben dem Einen Gott wäre eine Form der Beigesellung, also Polytheismus. Für al-Ghazali, der der sunnitischen Orthodoxie ihre letzte Ausformung lieferte, ist die wahre Vernunft diejenige, welche die Kausalität und den freien Willen als Täuschung erkennt. Er versetzte damit der islamischen Philosophie den Todesstoß. Anstelle der Naturgesetze ersetzte die asch'aritische Theologie die Kausalität durch das Vertrauen in Gottes „Gewohnheit". Die Frömmigkeit ersetzte die Vernunft, eine eigene theologisch-naturwissenschaftliche Theorie, die man als Atomismus kennzeichnen kann, wurde entwickelt. „Danach besteht die Welt aus Atomen, die Gott in jedem Augenblick vernichtet und neu erschafft."[14] Damit wird der Naturwissenschaft der Boden entzogen und der Verquickung von Religion und Magie Tür und Tor geöffnet.

Die Vertreibung der Vernunft

Das Eindringen der profanen Wissenschaften ins heilige Gebiet des Islam verlangte einen Freiraum für die Vernunft, der auch jahrhundertelang eingeräumt wurde. Sie wurden geduldet und in privaten

---

[13] Bürgel, Johann Christoph, Allmacht und Mächtigkeit. Religion und Welt im Islam. München 1991, S. 114
[14] Ibid., S. 110

4. Ahl al-sunna – Die Verdrängung der autonomen Vernunft

Zirkeln oder am Hofe liberal interessierter Herrscher oder Mäzene unterrichtet. An den Medresen, den Hochschulen des Mittelalters wie al-Azhar, und den Nizamiya-Schulen hatten die griechischen Wissenschaften keinen Platz. Anfang des 14. Jahrhunderts konnte Ibn Taimiya schreiben: „Es ist allein die vom Propheten ererbte Wissenschaft, die den Namen Wissenschaft verdient. Alles andere sind entweder unnütze oder gar keine Wissenschaften, auch wenn sie so bezeichnet werden. Jede nützliche Wissenschaft ist nämlich notwendig im Vermächtnis des Propheten enthalten."[15]

Mit seiner Aussage liegt Ibn Taimiya, der Hauptgegner des Sufismus, erstaunlicherweise nicht weit weg vom Mystiker Ibn ʿArabi (1165–1240), der hundert Jahre zuvor geschrieben hatte: „Das intelligente Individuum sollte daher kein Wissen erwerben außer dem unbedingt notwendigen. Vielmehr sollte es sich bemühen, das zu erwerben, was mit ihm fortschreitet, wenn es fortschreitet. Das sind sonderlich zwei Wissenschaften: das Wissen von Gott und das Wissen von den Heimstätten in der anderen Welt."[16] Schließlich schrieb im 15. Jahrhundert der berühmte Gelehrte al-Sayuti (1445–1505), der sich wie al-Ghazali als Erneuerer der Religion betrachtete: „Was aber Logik und philosophische Wissenschaften betrifft, so befasse ich mich nicht mit ihnen, denn sie sind verboten, *harâm*, wie al-Nawawi [1233–1277: berühmter Traditionsgelehrter] und andere festgestellt haben. Und selbst wenn sie erlaubt wären, würde ich sie den religiösen Wissenschaften nicht vorziehen."[17]

Zu seiner Zeit hatte die islamische Zivilisation ihren Zenit längst überschritten. Selbst in der Medizin, die wegen ihrer Nützlichkeit die Muslime am meisten interessierte, war die Dekadenz feststellbar. Die prophetische Medizin, *al-tub al-nabawi*, die im 10. Jahrhundert entstand, setzte sich im 13. Jahrhundert durch, als die griechische galenische Medizin verfiel. Ihre magische Seite nahm zu. Koran und Sunna verurteilen zwar die Magie, *sihr*, den Heilzauber aber nicht.

---

[15] Ibid., S. 99
[16] Ibid.
[17] Ibid., S. 167

Daher stammt unter anderem die Verbreitung von Talismanen und Amuletten in der islamischen Welt. Als Ergänzung zur griechischen Medizin hätte die prophetische Medizin schon einige Weisheiten parat gehabt, sie zielte aber auf ihre Ersetzung. Heidnische Autoritäten wie Hippokrates und Galen sollten der Autorität Muhammads weichen. Die prophetischen Überlieferungen sind wahr, der Prophet lügt nicht. So wurde selbstverständlich die Anwendung des Alkohols in der Medizin verboten. Auf diese Weise wurde die Medizin zu einem Gegenstand der religiösen Wissenschaften erhoben. Sie wurde sakralisiert.

Nach ihrer Rezeption im 9. Jahrhundert blühten zuerst die profanen Wissenschaften und schienen keine Konflikte mit der herrschenden Religion zu haben. Der orthodoxe Druck wuchs aber ständig und trat nach dem 10. Jahrhundert immer deutlicher zutage. Im 14. Jahrhundert waren die profanen Wissenschaften entweder islamisiert oder aus dem islamischen Kulturraum verschwunden. Die Wissenschaften, die geringe Berührung mit der Religion hatten, etwa die Mathematik und die Astronomie, bestanden weiter.

Das allgemeine Schrumpfen der Freiräume für die unabhängige Betätigung der Vernunft hatte aber das geistige Klima ständig verengt und diese Wissenschaften zerfallen lassen. Nach einem Friedensschluss zwischen den Habsburgern und den Osmanen im Jahre 1741 sollte die Grenze vermessen werden. Der osmanische Ingenieur hatte keine Ahnung von Vermessungen, und der anwesende Ebu Sehil Nuʿman Efendi berichtet: „Wenn wir nach Istanbul schreiben – in Istanbul gibt es doch keine Ingenieure und Messgeräte, wie diese sie hier haben."[18] Gemeint sind die Österreicher. So mussten die Osmanen sich auf die Ehrlichkeit ihres Feindes verlassen. Ab dem 18. Jahrhundert war die islamische Welt ernsthaft mit der Expansion Europas konfrontiert.

---

[18] Prokosch, Erich (Übers.), Molla und Diplomat. Der Bericht des Ebû Sehil Nuʿmân Efendi über die österreichisch-osmanische Grenzziehung nach dem Belgrader Frieden 1740/41. Wien 1972, S. 41

4. Ahl al-sunna – Die Verdrängung der autonomen Vernunft

Die Orthodoxie

Die Botschaft Gottes, vermittelt durch Muhammad und verkörpert im Koran, sollte die ultimative Lösung für das persönliche und kollektive Heil der Muslime sein. Die *mihna* (Inquisition) mit den Muʻtaziliten zwischen 833 und 861 mit ihren schweren theologischen und politischen Konflikten, die die Ewigkeit des Gotteswortes im Koran infrage stellten und seine Erschaffung behaupteten, führte allerdings zur Verbreitung einer pessimistischen Stimmung unter den Gläubigen. Sie waren ziemlich desorientiert, weil die Frage nach dem allein gültigen orthodoxen Islam noch nicht geklärt war. Die Suche nach dem richtigen Heilsweg zum Jenseits schien in eine Sackgasse zu geraten.

Rückschritt anstatt Fortschritt

In seiner Untersuchung über die Idee des Fortschritts bei den muslimischen arabischen Denkern stellt der jordanische Autor Fehmi Gedaan fest, dass historisch gesehen der Fortschrittsgedanke im Islam schon im 3. Jahrhundert der Hidschra der Idee des Rückschritts gewichen war.[19]

Die Muslime sehen in der Ankunft des Islam im 7. Jahrhundert den Höhepunkt der Weltgeschichte. Die muhammedanische Offenbarung vervollständigt die früheren Offenbarungen und schließt sie ab.[20] Sie stellt die höchste Stufe an Religiosität, Gerechtigkeit und Sittlichkeit dar und ist die Religion des reinen Monotheismus. Sie ist das, wonach die Menschheit strebte. Und die Muslime als auserwählte Gemeinschaft Gottes haben den Auftrag, seinen Willen und seine Scharia in dieser Welt zu verwirklichen. Durch die Bin-

---

[19] Gedaan, Fehmi, Die Grundlagen des Fortschritts bei den muslimischen Denkern in der modernen arabischen Welt. Beirut 1979 (*Usus al-taqaddum ʻinda mufakkiri al-islâm fil-ʻâlam al-ʻarabi al-hadith*)
[20] Koran, 33:40.

Die Orthodoxie

dung des Willens der Gemeinschaft an den Willen Gottes errang diese eine ähnliche Unfehlbarkeit wie die des Propheten, der die Botschaft Gottes übermittelte. Wenn die Gemeinschaft zu einem Konsens kam, dann war ein Irrtum ausgeschlossen, und was die Gemeinschaft der Muslime gut fand, fand auch Gott gut.[21]

Dieser Enthusiasmus wurde von den siegreichen Eroberungen und der Errichtung des damals größten Weltreichs innerhalb von weniger als zwei Jahrhunderten gerechtfertigt. Paradoxerweise begannen die Muslime ihre Zuversicht in die Zukunft zu verlieren, als das goldene Zeitalter der islamischen Zivilisation im 3. Jahrhundert der Hidschra eintrat. Trotz ihrer tiefen Überzeugung, im Besitz der einzig wahren Religion und über allen anderen Menschen erhaben zu sein, mussten sie beobachten, wie seit dem Tod des Propheten der Zwist innerhalb der Gemeinschaft und die Entfernung vom angeblichen wahren, zu Lebzeiten des Propheten gelebten Islam immer größer wurden. Zwei Bürgerkriege, die abbasidische Revolution, gefolgt von der *mihna*, hatten ihr Selbstbewusstsein erschüttert. In den gerade entstandenen Hadith-Kompendien taucht ein Hadith wiederholt auf, der den Rückschritt voraussagt. Fehmi Gedaan meint, dass, unabhängig davon, ob das Hadith echt oder erfunden ist, es die getrübte Stimmung der Muslime zu jener Zeit reflektiert. Wegen der Unruhen im islamischen Reich wurde ihr Vertrauen in die Zukunft erschüttert.[22]

Das Hadith besagt: Die Menschen meines Jahrhunderts sind die besten, gefolgt von denen des nächsten Jahrhunderts und denen des übernächsten Jahrhunderts. Dann kommen Menschen, sie bezeugen, ohne dazu gebeten zu werden, sie verraten und sind nicht vertrauenswürdig, sie versprechen und halten ihr Wort nicht.[23] Nach

---

[21] Al-Sayyed, Redwan, Die Umma, die Gemeinschaft und die Macht. Beiträge zum arabisch islamischen politischen Denken. Beirut 1986, S. 52 (*al-umma wal-djamâ'a wal-sulta. Dirâsat fil-fikr al-siyâsi al-'arabi al-islâmi*)

[22] Gedaan, ibid., S. 21

[23] Al-Buchâri, Abu Abdullah Muhamad Ismail, *Sahîh al-Buchâri* Nr. 2652. Al-Naisaburi, Abu al-Hussein Muslim ben al-Hajjaj al-Qushairi, *Sa-*

der Meinung der Gelehrten bedeutet dieses Hadith, dass die Zeit der Offenbarung die beste Epoche war, weil der Wille Gottes, vermittelt durch den Propheten Muhammad, einen direkten Zugang zu den Menschen fand, die unmittelbar die Wahrheit hörten und durch die Lebenspraxis des Propheten erleben konnten. Nach dem Tod des Propheten verlor die Religion an Wahrheitsgehalt, weil die Offenbarung durch seine Gefährten vermittelt wurde und später durch deren Nachfolger. Der Wahrheitsgehalt würde unaufhaltsam weiter schwinden bis zum Jüngsten Tag. Kurz davor werde allerdings der „Rechtgeleitete", *al-mahdi*, erscheinen und die Wende zum Besseren erzwingen.[24]

Die Hoffnung: Al-firqa al-nâdjiya

Um diesem Pessimismus entgegenzuwirken, wurde ein Hadith kolportiert, der einen Hoffnungsschimmer für die geprüften Muslime bringen sollte. Demzufolge soll der Prophet gesagt haben: Die Juden spalteten sich in 71 Sekten, eine wird ins Paradies gelangen und der Rest in die Hölle eingehen. Die Christen spalteten sich in 72 Sekten, eine wird ins Paradies gelangen und der Rest in die Hölle eingehen. Meine Umma wird sich in 73 Sekten spalten, eine wird ins Paradies gelangen und der Rest wird in der Hölle enden. Die Zuhörer fragten den Propheten, wer diese errettete Sekte, *al-firqa al-nâdjiya*, sein werde, worauf er antwortete: die Gemeinschaft, *al-djamâ'a*.[25]

Al-Buchâri und Muslim haben dieses Hadith in ihren Kompendien nicht aufgenommen, sie zweifelten an seiner Authentizität. Wir finden es aber zuhauf und in vielen Variationen in anderen Hadith-Sammlungen. Die meisten muslimischen Gelehrten betrachten es als schwach, aber akzeptieren es, weil es so oft und von so vielen

---

hîh Muslim Nr. 2533. In manchen anderen Versionen des *hadith* steht: „Mein Jahrhundert ist das beste ..." Aber gemeint sind die Muslime.

[24] Nagel, Tilman, Geschichte der islamischen Theologie. Von Muhammed bis zur Gegenwart. München 1994, S. 36

[25] Sinan ibn Madja, Nr. 3992

Die Orthodoxie

überliefert wird. In den Hadith-Sammlungen variiert manchmal die Gesamtzahl der Sekten sowie die Zahl der von diesen erretteten. Wo trotzdem nur von einer erretteten Sekte die Rede ist, wird sie nach der religiösen und politischen Zugehörigkeit der Verfasser festgelegt. Aus diesem Grund kommen alle Sekten irgendwann und irgendwo in diesen Genuss: Sunniten, Schiiten, Kharidjiten und Mu'taziliten. Die Autoren, die später über die Sekten geschrieben haben, waren an die Zahl von 73 muslimischen Sekten gebunden und mussten sich bemühen, entsprechend die Gemeinschaft (*Umma*) der Muslime zu zerlegen. Al-Turtuschi (gest. 1126), für den es klar war, dass die Klassifizierung stark von der Politik abhängig war, warnte seinen Leser: „Nimm zur Kenntnis, dass dieses Hadith die Fantasien bei der Suche nach diesen Sekten entfesselt hat, um zu erfahren, ob ihre Zahl vollständig erreicht wurde oder nicht."[26] Zu seiner Zeit, meint er, war die Zahl noch nicht erreicht.[27] Jahrhunderte später war für Muhamad Amin ibn Abidin (1783–1836), dem letzten großen muslimischen Gelehrten beim Anbruch der Moderne[28] im 19. Jahrhundert, die Zahl längst erreicht. Er unterscheidet sechs große Gruppen von Sekten: die Kharidjiten, die Rafditen, die Qadariten, die Djabriten, die Djahmiya und die Murdji'a, die je in zwölf kleine Sekten unterteilt sind. Das macht 72 Sekten, die 73. ist die errettete Sekte und das sind die *ahl al-sunna wal-djamâ'a*, das heißt die Sunniten.[29] Ibn Abidin war der sunnitische Mufti von Damaskus, und eine Art sunnitische Orthodoxie hatte sich längst etabliert.

---

[26] Al-Turtuschi, Muhammad bin al-Walid, Das Buch der Ereigmisse und Erneuerungen. Al-Dammam 1990, S. 33 (*Kitâb al-hawâdith wal bida'*)
[27] Ibid., S. 36
[28] Der Anbruch der Moderne im Nahen Osten wird allgemein mit dem Einfall Napoleons in Ägypten datiert (1798).
[29] Ibn Abidin, Ala' al-din, *Hâschiyat qurrat 'uyûn al-akhyâr takmilat rad al-muhtâr 'ala al-durr al mukhtâr fi fiqh madhhab al-imâm abi Hanifa al-nou'mân*. Beirut 1995, Bd. I, S. 522

4. Ahl al-sunna – Die Verdrängung der autonomen Vernunft

Das Paradies – Die Kufr-Frage

Wenn offensichtlich nur eine Sekte den richtigen Glauben besitzt und ins Paradies gelangt, was sind nun die anderen Sekten? Ungläubige, Apostaten, Sünder oder Beigeseller? Es stellte sich die Frage des richtigen Glaubens. Wer ist ein Gläubiger, und wer ist ein Ungläubiger (*kâfir*)? Von Anfang an haben die ersten radikalen Sektierer, die Kharidjiten, zwischen Unglauben (*kufr*) und Beigesellung (*shirk*) unterschieden. Ungläubiger ist jeder, der eine große Sünde begeht. Dafür reicht es aus, wenn er die göttlichen Gebote übertritt. In dem puritanischen Verständnis der Kharidjiten sind Glaube und strikte religiöse Praxis untrennbar. Praktisch haben sie alle Muslime, die ihre Meinung nicht teilen, verurteilt. Sie werden ewig in der Hölle schmoren. Man bemühte sich später, den Schaden einzuschränken. Der hanbalitische Gelehrte al-Barbahari (gest. 941),[30] der nach dem Ende der heftigen ideologischen Kämpfe mit den Mu'taziliten die Stärkung der *ahl al-Sunna* beabsichtigte, betrachtet den Unglauben der Großsünder nicht mehr als Grund für ihre ewige Verdammnis in der Hölle, nach Verbüßen ihrer Strafe stehen ihnen die Tore des Paradieses offen. Anders die Beigeseller (*muschrikûn*) und die Apostaten, für sie gibt es nach wie vor keine Gnade. Diese Position wurde weiter verfeinert und erreichte ihre endgültige Gestaltung mit al-Schâtibi (gest. 1388).

Der malekitisch Gelehrte al-Schâtibi, der unter *al-firqa al-nâdjia* die gesamte Gemeinschaft der Muslime versteht, unterscheidet zwischen menschlichem und göttlichem Urteil. Im Diesseits urteilen die Menschen beziehungsweise die Muslime darüber, ob andere Muslime ungläubig geworden sind oder nicht, wobei nicht jede Abweichung von der islamischen Lehre und Praxis als Abfall vom Islam betrachtet werden darf. Gott allein ist für den Unglauben der Abweichler zuständig und zieht sie im Jenseits zur Rechenschaft. Dabei stützt sich al-Schâtibi auf Vers 6:159 im Koran: „Für diejeni-

---

[30] Al-Barbahari, Abu Muhammad al-Hassan ben Ali ben al-Khalaf, *Sharh al-Sunna*. Medina 1993

Die Orthodoxie

gen, die ihre Religion in Sekten zersplittert haben, trägst du absolut keine Verantwortung. Gott allein entscheidet über sie. Am Jüngsten Tag wird Er ihnen über ihre Taten berichten und sie belangen." Anders als die Beigeseller und die Apostaten, die ewig im Feuer bleiben, werden die Abweichler wie andere muslimische Sünder nach einer befristeten Verweildauer in der Hölle ins Paradies überwechseln. Al-Schâtibi weist übrigens darauf hin, dass alle Hadithe über die errettete Sekte einen ewigen Verbleib in der Hölle der übrigen Sekten nicht erwähnen.[31] Der Vorwurf des Unglaubens (*takfir*) wurde dadurch sehr erschwert.

Mehrheitsislam anstatt Orthodoxie

Einer der letzten Vertreter dieser Position ist der jemenitische Gelehrte al-San'âni, (1688–1788) der dem Hadith ein Buch (1737) gewidmet hat.[32] Er schrieb seine Abhandlung als Antwort auf eine Anfrage und behandelt das Thema vom Standpunkt eines fachlich versierten Hadith-Gelehrten, ohne eine Parteinahme zu ergreifen. Al-San'âni scheint der Angelegenheit nicht viel Wert beizumessen, am Ende seiner Schrift erinnert er daran, dass die Echtheit des Hadith über die errettete Sekte zweifelhaft sei, weil es nicht in den Kompendien von Muslim und al-Bukhari erwähnt werde. Das Thema der Sekten lag schon so weit zurück, dass es keine Emotionen mehr hervorrief. Und die Sunniten, inzwischen 90 Prozent der Muslime, vertraten mit ihrem traditionellen Islam eine Art Mehrheitsislam. Der Islam schien seine Ruhe gefunden haben. In diesem Punkt hatte sich al-San'âni aber mächtig geirrt.

Ein Zeitgenosse und Nachbar von ihm, der auf der anderen Seite der Arabischen Halbinsel in der Provinz Nadschd agierte, war dabei, diesen Konsens der Muslime gründlich zu zerstören. Das war

---

[31] Al-Schatibi, *Kitâb al-i'tisâm*, Bd. II S. 162–164 (Das Buch der Wahrung)
[32] Al-San'âni, Muhammed ben Ismail al-amir, *hadith iftirâq al-umma ila nayyef wa sab'în firqa*, Riad 1994

4. Ahl al-sunna – Die Verdrängung der autonomen Vernunft

Muhammad Ibn Abdel Wahhab (1703–1792). Er begann seine Mission in seinem Geburtsort 1730 im kleinen Kreis und trat 1740 öffentlich auf. Die Verbreitung seiner Lehre begann aber erst 1744, als er sich mit der Familie al-Saud verbündete. Al-Sanʿâni, der am Anfang den Puritanismus der Bewegung Ibn Abdel Wahhabs eher positiv schätzte, weil er darin die Bekämpfung der Nachahmung der Tradition (*taqlîd*) sah und eine Reaktivierung des Denkens (*ijtihâd*) vermutete, erschrak später vor dessen *takfir*-Theorie und ihrer blutigen Konsequenzen. Er sah den Wahhabismus nicht mehr als Reformbewegung, sondern als Wiederbelebung des Kharidjiten-Radikalismus. Er konnte zu seiner Zeit nicht ahnen, dass ein paar Jahrhunderte später der Salafismus der Wahhabiten die traditionelle Orthodoxie massiv bedrängen würde, um die Vertretung der wahren Orthodoxie zu beanspruchen. Die Wahhabiten behaupten, sie seien die errettete Sekte, *al-firqa al-nâdjiya*, und die echten *ahl al-sunna wal djamâʿa*.

Der Frieden, der bislang in der Frage des *takfir* geherrscht hatte, war nicht der Entstehung einer Orthodoxie geschuldet, sondern dem Wunsch der politischen Macht, eine stabile Herrschaft zu sichern. Dafür hatte es die Politik vermieden, in den Sektenstreitigkeiten Partei zu ergreifen. Im Christentum haben wir gesehen,[33] dass aus vier Traditionen, die nahe beieinanderstanden, und aus heiligen Schriften sowie Texten der Kirchenväter ein Kanon entstand, der von allen orthodoxen Christen befolgt wurde und sie von anderen christlichen Sekten unterschied. Dies geschah in der alten Kirche unabhängig von der Politik, von der sie noch verfolgt war. Im Islam dagegen hatte die Politik entscheidend zur Gestaltung der offiziellen Religion beigetragen. Sie hatte alle Richtungen, verkörpert in den Rechtsschulen, anerkannt und ihnen einen offiziellen Status im Qadi-Amt verliehen. Nur die Freidenker blieben außen vor und wurden wie die Sekten mehr oder weniger verfolgt. Auf diese Weise entstand eine Art Mehrheits-Islam mit breit umrissenen Konturen, die durch die politische Macht festgehalten waren. Ahmad Amin

---

[33] Siehe S. 27 ff.

schreibt: „Die Regierungen haben eine große Rolle beim Sieg von *ahl al-sunna* gespielt. Bekanntlich, wenn eine Regierung stark genug ist und eine religiöse Doktrin unterstützt, dann wird diese Doktrin von den Menschen befolgt, bis die Regierung endet."[34]

Der Frieden hielt so lange an, wie die Herrschaften der Osmanen, Safawiden und Mogulen stabil waren. Mit der europäischen Expansion gerieten sie ins Straucheln, die alten religiösen Konflikte flammten wieder auf. Das Elend der Welt liegt in der Entfernung des Menschen von Gott, das Heil des Menschen in seiner bedingungslosen Unterwerfung unter den Willen Gottes. Ibn Abdel Wahhab, Anhänger der Rechtsschule der Hanbaliten, sah das Heil der Menschen in dieser Lehre, wie sie von Ibn Taimiya weiterentwickelt wurde. Sie stellt die wahre Orthodoxie dar, alle anderen Muslime sind auf dem falschen Weg und vom Glauben abgefallen, er erklärte ihnen den Heiligen Krieg.

Zusammenfassung

Die militärischen Anführer haben auch Recht gesprochen. Weil die Scharia als islamisches Recht noch nicht existierte, richteten sie sich nach ihrem beschränkten Verständnis der Religion und vor allem nach dem herrschenden Gewohnheitsrecht, wobei sie sich auf ihre eigene Urteilskraft stützten. Abdel Malik begann im Rahmen seiner neuen religiösen Orientierung Religionskundige ins Qadi-Amt zu ernennen, so entstand allmählich die neue soziale Gruppe der Gelehrten, die unter den Abbasiden ihren Anspruch auf die Verwaltung des Religiösen erhob und gegen die politische Führung verteidigte.

Die Gelehrten gründeten auch das islamische Recht, *fiqh*, und bemühten sich, die freie Anwendung der Urteilskraft einzuschränken, damit der Mensch nicht als Gesetzgeber neben Gott erscheint. Dafür stützten sie sich auf die Überlieferung, die Tradition im Allgemeinen, später mehr auf die Überlieferung des Propheten, die

---

[34] Amin, Ahmad, *Dhohru al-islâm*. Beirut 2004, Bd. IV, S. 80

4. Ahl al-sunna – Die Verdrängung der autonomen Vernunft

Sunna, und wurden anstatt *ahl al-hadith ahl al-sunna* genannt. Die Sunna wurde neben dem Koran zur zweiten Hauptquelle der Rechtsfindung erhoben. Zwei weitere Kriterien wurden hinzugefügt, der Analogieschluss durch *ijtihâd* und der Konsens.

Der *fiqh* übernahm die Funktion der Theologie, anstatt den Glauben zu reflektieren, wurde eine Pflichtenlehre entwickelt. Bei der Fülle der Hadithe, die massenhaft erfunden worden sind, war eine einheitliche Rechtsprechung unmöglich; viele Rechtsschulen entstanden, die unterschiedlich Recht sprachen. Im 9. Jahrhundert wurde der *ijtihâd* abgeschafft, es galt nun die Nachahmung, *taqlîd*.

Nach der Einschränkung der freien Meinung im Rechtsbereich setzten die *ahl al-sunna* ihre Aktion in allen Bereichen fort. Das Gewohnheitsrecht wurde als Erstes islamisiert, nun waren die profanen Wissenschaften der Antike, die mit den Übersetzungen in das Gebiet des Islam eingedrungen sind, an der Reihe. Man vertrieb systematisch die freie, autonome Vernunft aus der Gesellschaft, der Niedergang der islamischen Zivilisation war nun unaufhaltsam.

Nach der *mihna* und dem gescheiterten Versuch, einen stabilen Staat mit einer soliden Ideologie zu errichten, der das Heil der Muslime sichert, stellte sich die Frage der Orthodoxie noch dringlicher denn je. Wer kommt schließlich ins Paradies? Für die Sicherung ihrer Macht hatten die Herrscher eine Art Mehrheitsislam anerkannt und so lange für Frieden gesorgt, solange sie stark waren. Mit der europäischen Expansion kamen sie ins Straucheln, und der innere Kampf um die Orthodoxie entflammte erneut.

5. Die Religionskritik in der Moderne

Die Rückkehr der autonomen Vernunft

Der jahrhundertalte feste Glauben an die Überlegenheit des Gebiets des Islam, *dâr al Islam*, zerschellte 1683 an den Mauern von Wien. Die verheerende Niederlage der osmanischen Armeen in der russischen Steppe ein Jahrhundert später führte zum Verlust von riesigen Gebieten. Das daraus resultierende Friedensabkommen von Kücük Kaynarca 1774 bedeutete einen Wendepunkt in der Geschichte der Osmanen und den Beginn ihres Niedergangs. Das überzeugte sie von der Notwendigkeit, endlich Reformen nach dem Muster der europäischen Ungläubigen durchzuführen. Sie übernahmen die Militärtechnik und -organisation, das Bildungssystem der Hochschulen und führten im 19. Jahrhundert wirtschaftliche und politische Reformen nach europäischem Vorbild durch. Die Einführung des europäischen Rechts verengte allmählich den Wirkungsbereich der Scharia. Anfang des 20. Jahrhunderts blieb die Scharia nur im Bereich des Familien-, Stiftungs- und Erbrechts gültig, und das in allen islamischen Ländern bis heute. Eine Ausnahme bildet allein die Türkei, in der 1926 Atatürk einen laizistischen Staat errichtete.

Der Staat wollte sich modernisieren, um weiter gegenüber den Feinden bestehen zu können. Dabei leitete er einen Prozess der Herausbildung eines Nationalstaats ein, um den Zerfall des Reiches durch eine rationale und moderne zentralistische Staatsstruktur aufzuhalten. Dieser Prozess wurde von einem aufgeklärten Beamtentum getragen, das sich auf neue soziale bürgerliche Schichten stützen konnte, die mit dem westlichen rationalen Denken vertraut waren. Diese Schichten waren ein Produkt des neu entstandenen kapitalistischen Weltmarktes, und sie waren offen für die ideologischen Einflüsse des Westens, insbesondere des Nationalismus. Ihr Verständnis der Reformen war auch europäisch, so setzten sie 1876 die Verfassung und Parlamentswahlen durch, die zwei Jahre später vom Sultan außer Kraft gesetzt wurden. Die Modernisierung und der Aufbau des Nationalstaats gingen aber weiter. Der Streit zwischen beiden Parteien, den Modernisierern und dem Sultan, drehte sich nicht um den neuen Nationalstaat, sondern um seine Form: Trotz seiner panislamistischen Phraseologie war der Sultan für eine zentralistische Despotie, die Reformer dagegen waren für eine zentralistische Demokratie. Der Sultan dachte nicht daran, die eingeführten westlichen Gesetze abzuschaffen. So waren beide Parteien in der einen oder anderen Form für einen säkularen Nationalstaat.

1798 landete Napoleon Bonaparte in Ägypten, wo er bis 1801 blieb. Er riss das Land aus seiner Lethargie. Später förderte der Gouverneur Muhammad Ali Pascha (1805–1848), der de facto vom osmanischen Sultan unabhängig war, mit einem umfassenden Programm die Modernisierung des Landes. Wie die Osmanen strebte auch er die Nachahmung des europäischen Nationalstaates an und wurde von französischen Anhängern Henri de Saint-Simons unterstützt, der sich für eine moderne Gesellschaft einsetzte, deren Religion die Wissenschaft und deren Klerus die Wissenschaftler sein sollten. Sie waren als Ärzte, Lehrer und Ingenieure tätig und trugen damit zum Aufbau der Infrastruktur des Landes, wie z. B. eines modernen Bewässerungssystems, bei.[1]

Die Religionskritik der Nahda

Die Osmanen bauten Hochschulen nach europäischem Modell, Muhammad Ali seinerseits beabsichtigte zuerst die Ausbildung von

---

[1] Hourani, Albert, Arabic Thought in the Liberal Age 1798–1939. Oxford 1970, S. 53

Fachpersonal an europäischen, überwiegend französischen Fachhochschulen. Unter den Stipendiaten des Jahres 1826 befand sich ein Imam der ägyptischen Armee, Scheich Rifâ'a Râfi' al-Tahtawi (1801–1873). Er sollte die Seelsorge der Stipendiaten übernehmen, zeigte aber eine Begabung für Sprachen. So wurde er für Übersetzungen ausgebildet, eine wichtige Aufgabe für den Wissenstransfer. Nach seiner Rückkehr 1831 kümmerte er sich um das Bildungswesen in Ägypten, übersetzte viele französische Werke aus verschiedenen Disziplinen, darunter auch den französischen „Code Civil". Er gilt als die erste wichtige Figur der islamischen Renaissance, der Nahda, und seine Haltung dem Westen gegenüber war, wie bei den meisten Reformisten dieser Zeit, positiv. Man erhoffte sich, mithilfe des Westens den Einstieg in die Moderne zu schaffen, und war bereit, nicht nur sich dessen Wissen anzueignen, sondern auch seine Gesetze wie die nationalistische Ideologie. So sprach al-Tahtawi von Bürgern und Vaterland,[2] säkularen Begriffen, die in der islamischen Zivilisation nicht existierten. Er verlangte, dass die Ulema in den modernen Wissenschaften gebildet werden müssen, um mit dem *ijtihâd*, der wiederbelebt werden solle, die Probleme der Moderne zum Wohle der Gesellschaft und des Vaterlandes behandelt zu wissen.

Im Jahr 1877 standen die russischen Armeen vor den Toren der Hauptstadt Istanbul, der Frieden von San Stefano ein Jahr später (1878) brachte wieder riesige Gebietsverluste mit sich. Im Jahr 1882 kippte die Haltung gegenüber dem Westen ins Negative, als Frankreich Tunesien und Großbritannien Ägypten eroberten und die aggressive Expansionspolitik Europas mehr als offensichtlich wurde. Ab 1880 entbrannte ein Wettrennen zwischen den europäischen Mächten um die Aufteilung der Welt, die Imperien entstanden, Anfang des 20. Jahrhunderts erfassten die Kolonialgebiete ein Drittel der Erdoberfläche. Von den zwei Milliarden Menschen der Erdbevölkerung lebten 700 Millionen, darunter 160 von insgesamt 200 Millionen Muslimen,

---

[2] Al-Tahtawi, Rifâ'a Râfi', *Manâhej al-albâb al-misriya fi mabâhej al-âdâb al-'asriya*. Kairo 1912, S. 99

unter direkter europäischer Herrschaft.[3] Das politische Denken der Muslime veränderte sich radikal; man erlebte die reale Gefahr für die eigene Gesellschaft, die von Europa ausging, die Europäer waren keine Helfer für den Fortschritt, sondern Eroberer.[4]

Mit den Imperien setzte sich der Eurozentrismus durch. Immanuel Kant (1724–1804) sprach noch Anfang des 19. Jahrhunderts im Geiste der Aufklärung von der menschlichen Gattung. Jedem Menschen stehe der Gebrauch der Vernunft zu. Für Georg Wilhelm Friedrich Hegel (1770–1831) verkörperte dagegen nur Europa das historische Subjekt, das die Weltgeschichte vollenden würde. Asien habe seine historische Rolle erfüllt und damit als historisches Subjekt ausgedient, Afrika sei nicht in der Lage, diese Funktion zu erfüllen, weil es an der Schwelle der Weltgeschichte stehen geblieben sei.[5] Die Rassentheorie von Joseph Arthur de Gobineau und der Sozialdarwinismus von Herbert Spencer vollendeten das ideologische Konstrukt des Eurozentrismus.

Neben dem aufgeklärten Beamtentum um Midhat Pascha (1822–1884) und den Nationalisten um Ahmad Riza (1858–1930), die als Modernisten gelten, wirkte im Osmanischen Reich eine Gruppe von religiösen Gelehrten ebenfalls zugunsten des Nationalstaates; ihre Vorbehalte gegenüber dem kolonialistischen Europa waren aber ausgeprägt. Das sind die Islamreformer um die Hauptfiguren der islamischen Renaissance, der Nahda, die Scheichs Gamal ad-din al-Afghani (1838–1897) und Muhammad Abdou (1849–1905). Sie wehrten sich gegen den modernen Säkularismus der Nationalisten. Anstatt blinder Übernahme europäischer Gesetze und Institutionen, die die lokalen Traditionen zerstörten, wollten sie den Islam retten und zeigen, dass der wahre Islam die Betätigung der autonomen Vernunft und das wissenschaftliche Denken gerade fördere.

---

[3] Schulze, Reinhard, Geschichte der islamischen Welt im 20. Jahrhundert. München 1994, S. 39
[4] Hourani, Albert, Arabic Thought in the Liberal Age 1798–1939. Oxford 1970, S. 103
[5] Hegel, G. W. F., Vorlesungen über die Theorie der Geschichte, Frankfurt a. M. 1970, S. 129

Die Religionskritik der Nahda

Das gewaltsame Eindringen der westlichen Kultur im 19. Jahrhundert hatte zu ähnlichen Reaktionen geführt wie das friedliche Eindringen der hellenistischen Kultur im 9. Jahrhundert. Damals hatte es eine ablehnende Strömung gegeben, die *ahl al-sunna* um Ibn Hanbal, der die offene und empfangsbereite Strömung der Philosophen, die sich der Vernunft verpflichtet fühlten, ebenso gegenüberstand wie eine islamreformistische Strömung mit der Theologie der Muʿtaziliten, die den Glauben mit der Vernunft begründen und gleichzeitig den Islam gegen die anderen Religionen verteidigen wollten. Die Islamreformer der Nahda hatten eine ähnliche, apologetisch-polemische Haltung wie die Muʿtaziliten, doch anders als sie fanden ihre Debatten nicht nur mit Widersachern in der eigenen Kultur statt, sondern waren auch gegen Denker und Politiker in Europa gerichtet. Dafür knüpften sie an die verschiedenen europäischen Denkströmungen an, um sich deren Argumentation zu bedienen.

Seit der Niederlage der islamischen Welt und dem Ausbruch der Moderne war die Auseinandersetzung der Muslime mit dem Westen ein Bestandteil ihrer Kultur geworden. Der Westen war der ständig anwesende Ansprechpartner in ihrer geistigen und materiellen Welt, er gehörte zu ihren Denkstrukturen, sie konnten ihn nicht mehr aus ihrer Zivilisation verdrängen, wie sie es früher mit dem Hellenismus getan hatten. Selbst die neue Strömung des Salafismus, die die ablehnende Tradition von *ahl al-sunna* fortsetzte und alle Neuerungen bekämpfte, um den reinen Islam des 7. Jahrhunderts wiederherzustellen, blieb in dieser Hinsicht erfolglos. In seinem zweibändigen Werk „Orient und Okzident 1870–1932" dokumentiert Mohammad Kamel al-Khatib ausführlich diesen Zustand mit den Texten von 78 arabischen Autoren.[6] Taha Hussein, auf den wir noch zu sprechen kommen werden, schreibt in Bezug auf die Übernahme westlicher wissenschaftlicher Methoden: „Weil unsere Mentalität selber seit Dekaden im Begriff ist, sich zu ändern, um westlich zu werden, oder

---

[6] Al-Khatib, Muhammad Kamel. *Al-sharq wal Gharb* 1870–1932. Damaskus 1991

sagen wir mehr westlich als orientalisch zu werden. Je mehr die Zeit vergeht, umso mehr ändert sie sich und eilt zu mehr Kontakten mit den Westlern."[7]

Beispielhaft für diese neue Konstellation ist die Debatte mit dem Orientalisten Ernest Renan. Sie blieb nicht die einzige berühmte Auseinandersetzung; al-Afghanis Schüler Muhammad Abdou debattierte mit dem französischen Außenminister Hanneteau, al-Afghanis Schüler Rashid Rida mit Lord Cromer, dem britischen Gouverneur von Ägypten. In seiner Vorlesung „Islam und Wissenschaft", gehalten an der Sorbonne im März 1883, hatte Renan behauptet, der Islam sei gegen die Wissenschaft gerichtet: „Jedem Reisenden im Orient oder Afrika fällt auf, wie unweigerlich borniert der Geist eines wahrhaften Gläubigen ist, wie eine Art von eisernem Reifen sein Haupt einschließt, der vor der Wissenschaft völlig verschließt und ihn unfähig macht, irgendetwas zu lernen und irgendwelche neuen Ideen aufzunehmen."[8] Die Blüte der islamischen Kultur gebühre den Nichtarabern, die die griechische und andere Kulturen zu frühabbasidischer Zeit eingeführt hätten. Sie seien aber marginal geblieben und in den islamischen Kulturkreis nicht integriert worden: „Der Islam hat in der Tat die Wissenschaft und die Philosophie immer verfolgt; er hat sie schließlich erstickt."[9]

Der Vortrag wurde in der Zeitung „Les débats" veröffentlicht. Gamal ad-din al-Afghani, der sich in Paris aufhielt, erwiderte in derselben Zeitung, er gebe Renan Recht, was die Behinderung der Wissenschaft durch den Islam betrifft, und frage sich, ob es am Islam als Religion oder an den Völkern, die den Islam angenommen haben, und ihren Traditionen liege. Weiter ergänzte er: „Ein solcher Versuch, wenn ich mich nicht täusche, ist auch seitens der christlichen Religion gemacht worden, und die verehrten Häupter der katholischen Kirche haben meines Wissens die Waffen noch nicht

---

[7] Hussein, Taha, Zur vorislamischen Dichtung. Tunis 1997, S. 57 (*Fil schi'ir al-djhâhili*)
[8] Renan, Ernest, L'islamisme et la science. Paris 1883, S. 3–4
[9] Ibid., S. 16

Die Religionskritik der Nahda

niederlegt."[10] Alle Religionen seien intolerant, jede auf ihre Weise. Wenn man annehme, dass der Vorwurf richtig sei, sei nicht damit zu rechnen, dass eines Tages die islamische Gesellschaft diese Hindernisse sprenge und auf dem zivilisatorischen Weg fortschreite, wie die westliche Zivilisation es getan habe. Schließlich sei das Christentum etwas älter als der Islam und trotz ihres Widerstands habe sich der Fortschritt durchgesetzt.

Al-Afghani „ließ seine aufgeklärte, liberale Kritik an der Religion, einschließlich des Islams, in der islamischen Welt nicht veröffentlichen, um sein (islamisches) Reformprogramm nicht zu gefährden. In Europa ein Skeptiker, gab er sich in der islamischen Welt als gläubiger Verfechter des Islams aus. Und so richtete sich all die Empörung nur gegen Renans Angriff auf den Islam, und eine ernsthafte Auseinandersetzung in der islamischen Welt um die Frage des Verhältnisses von Religion und Wissenschaft hat bis in die jüngste Zeit nicht stattgefunden."[11] Dies meint die Historikerin Birgit Schäbler.

Al-Afghani übernahm die europäische Idee der Zivilisation.[12] Er meinte, die Umma erfülle alle Voraussetzungen dafür und habe eine große Zivilisation erzeugt, später seien diese Voraussetzungen jedoch verloren gegangen. Was einmal passiert sei, könne aber wieder geschehen, die Wiederherstellung der Einheit der Umma sei deswegen unerlässlich. Dabei dachte er nicht an das alte theokratische System, sondern an einen lockeren, internationalen Verbund von selbstständigen islamischen Staaten, die sich unter der Obhut eines Kalifen mit religiösen, aber ohne politische Kompetenzen miteinander solidarisieren. Die nationale Solidarität sei wichtig. Eine Gesellschaft, basierend auf humanen Eigenschaften und geleitet von der Vernunft, könne stabil sein. Für die Muslime allerdings könnten keine anderen Gemeinsamkeiten, wie z. B. der Patriotismus, sie so stark verbinden wie der Islam. Deshalb solle die zivilisatorische

---

[10] Schäbler, Birgit, Religion, Rasse und Wissenschaft. Ernest Renan im Disput mit Jamal al-Din al-Afghani. In: Themenportal Europäische Geschichte, http://www.europa.clio-online.de/2007/Article=274
[11] Ibid.
[12] Hourani, Arabic Thought, S. 114

Erweckung nicht nur politisch, sondern auch religiös sein. Neben den Regierenden seien die Ulema aufgefordert, zum wahren Islam zurückzukehren und ihn unter den Muslimen zu verbreiten.

Mit diesem Hauptanliegen stellte sich al-Afghani diametral gegen die europäische Kritik: Nicht der Islam sei der Grund des zivilisatorischen Niedergangs, sondern sein Fehlen; seine Restaurierung würde den Fortschritt wieder garantieren. Die rationalen Prinzipien, die die Wissenschaft entdeckt habe, harmonierten mit dem Islam, im Gegensatz zum Christentum, das ihnen im Wege stehe. Al-Afghani kommt zu dem Schluss: „Die Christen sind stark, weil sie keine richtige Christen mehr sind; die Muslime sind schwach, weil sie keine richtige Muslime mehr sind."[13] Man könne mit der Vernunft die Gesetze der Natur entdecken, aber die Justiz nicht herstellen, das geschehe erst, wenn man an Gott und den Jüngsten Tag glaube. Das sei der Glaube, der die soziale Sittlichkeit garantiere.

Wo findet man den wahren Islam, fragt er: Im Koran und der Tradition der rechtgeleiteten Kalifen, das heißt der ersten vier Kalifen, bevor die Muslime sich von der Lehre des Propheten zu entfernen begannen. Al-Afghani maß der Vernunft eine große Bedeutung bei und bediente sich ganz selbstverständlich des *ijtihâd*; wenn ein scheinbarer Widerspruch zwischen Koran und Wissenschaft vorkomme, dann müsse der Koran mit der Vernunft interpretiert werden, *ta'wîl*. Das hätten die mu'tazilitischen Theologen früher gemacht. Al-Afghani war aber durch seine Ausbildung mehr ein Philosoph, und wie diese rehabilitierte er die Kausalität, *causa secunda*. Im frühen Islam hätten die Vernunft und das wissenschaftliche Denken dominiert, meinte er, sie müssten ihren Platz wiederfinden. Dafür rief er die Muslime dazu auf, die Prädestination und den Fatalismus zu bekämpfen, und berief sich immer wieder auf den koranischen Vers: „Gott ändert nicht den Zustand eines Volkes, bis sie das ändern, was in ihnen selbst ist." (13:11)[14]

---

[13] Ibid., S. 129
[14] Caspar, Robert, Traité de théologie musulmane. Rom 1996, Bd. I, S. 275 ff.

Anders als sein Lehrer al-Afghani war Muhammad Abdou ein Reformist und kein Revolutionär. Er wollte die Mentalität und die Lebenspraxis der Muslime reformieren, damit sie leistungsfähiger würden, um in der Moderne mithalten zu können. Sein Ansatz war pädagogisch und theologisch; ab 1890 lehrte er an der Azhar-Universität und wurde 1899 der Großmufti von Ägypten. Wie sein Lehrer dachte Abdou, dass Glaube und Vernunft übereinstimmen; der Islam sei schließlich die Religion der Vernunft und der Wissenschaft. Um seine Reformen durchzusetzen, vermied er stets die Polarisierung und hob Gemeinsamkeiten hervor. Im Rahmen der Tradition war er sehr eklektisch und verlieh den alten Begriffen einen modernen Inhalt. „Unter dem Deckmantel traditioneller Autoritäten und Terminologie (aschʻaritisch-maturidisch) vertrat Muhammad Abdou wieder die Hauptthesen der Muʻtaziliten und einige Thesen der Philosophen."[15]

Die Naturgesetze, *causa secunda*, seien, wie die Aschʻariten sagten, eine Gewohnheit Gottes, aber diese Gewohnheit sei nicht launisch und wechselhaft, fügt Abdou hinzu, sie sei fix und konstant. Mit dieser Betonung stellte er die Kausalität wieder her, ohne sich mit den Aschʻariten zu streiten. Wie sie lehnte er die These, der Mensch erschaffe seine Taten selber, zugunsten der Aussage ab, der Mensch eigne sich die Taten an, die von Gott erschaffen seien. Anders als die Aschʻariten betont er jedoch die aktive und selbstständige Rolle des Menschen in dieser Aneignung. Diese Eigenverantwortung mache trotzdem aus dem Menschen keinen Schöpfer neben Gott, und der Vorwurf des Polytheismus sei hier falsch, versichert er. Im Gegenteil: Die Behauptung, Gott trage die Verantwortung für alle Taten, gute wie schlechte, führe zum Polytheismus, weil dadurch ein zweiter Gott der schlechten Taten erschaffen werde, der ganz anderes als der Gott des Korans sei, und darin liege der Polytheismus. Die eigene Verantwortung des Menschen bedeute ein unendliches Vertrauen in die Vorsehung Gottes. Der

---

[15] Ibid., S. 283

Mensch sei aufgefordert, das Beste aus sich zu geben, bevor er Gott um Hilfe bitte, betont Abdou.

In seinen Bemühungen, den islamischen Kategorien einen modernen Inhalt zu verleihen, hat Abdou sein Ziel, die Säkularisierung einzudämmen, verfehlt. Der islamische Begriff von *maslaha* wurde dem Begriff „Nützlichkeit" gleichgestellt, *schura* bedeutete die parlamentarische Demokratie, *idjmâ'* die öffentliche Meinung, und der Islam war mehr eine Zivilisation als eine Religion. Das war eine beachtliche Entfernung von den traditionellen Inhalten. Der Orientalist Albert Hourani schreibt: „Unabsichtlich hat Abdou wahrscheinlich die Tür geöffnet, um die islamische Doktrin und das Recht mit den Innovationen der modernen Welt zu überschwemmen. Er beabsichtigte, eine Mauer vor dem Säkularismus zu errichten, tatsächlich hat er ihm eine einfache Brücke zur Eroberung einer Position nach der anderen gebaut. Es war kein Zufall, ... dass eine Gruppe seiner Anhänger seine Lehre in Richtung kompletter Säkularismus führte."[16]

Die Religionskritik im Nationalstaat

Eine Hauptfigur dieser Richtung verkörpert Muhammad Abdous Schüler Scheich Ali Abdelraziq (1887–1966). Nach der Abschaffung des Kalifats durch Kemal Atatürk 1924 entbrannte eine Debatte, an der Abdelraziq teilnahm und zu der er im selben Jahr ein Buch mit dem Titel „Der Islam und die Grundlagen des Regierens" schrieb. Im Koran finde man keine Erwähnung des Kalifats, schreibt er.[17] Der Vers 4:59 „O ihr, die ihr glaubt, gehorchet Allah und gehorcht dem Gesandten und denen, die Befehl unter euch haben" erfasse nicht nur den Kalifen, sondern alle, die Macht ausüben, wie Richter, Militärführer und alle Regierende. Auch in der Sunna finde man keine Aussage, die die Notwendigkeit des Kalifats im Sinne der Nachfol-

---

[16] Hourani, Arabic Thought, S. 144–145
[17] Abdelraziq, Ali, *Al-islâm wa usûl al-hukm*. Beirut 2000, S. 122 ff.

gerschaft des Propheten vorschreibe. Die Rede von dem Imam und seine Huldigung bedeute nicht, dass seine Existenz eine religiöse Pflicht sei. Es werde auch von der Armut und der Sklaverei geredet, ihre Existenz sei bekanntlich im Islam unerwünscht.

Im Vergleich zu anderen Wissenschaften seien die politischen im Islam schwach vertreten, erklärt Abdelraziq weiter. Man habe im Haus der Weisheit, *beit al-hikma*, mit großem Eifer die griechischen Philosophen übersetzt, das Buch „Die Republik" von Plato und die politischen Schriften von Aristoteles habe aber leider niemanden interessiert. Der Grund dafür liege darin, dass eine politische Theorie nicht gebraucht wurde. „Wenn wir die Realität betrachten, stellen wir fest, dass das Kalifat im Islam nur auf der Basis einer furchtbaren Gewalt beruht, und außer in seltenen Fällen war diese Gewalt immer eine materielle bewaffnete Gewalt. Die Stellung des Kalifen war mit Lanzen und Schwertern beschützt und von voll bewaffneten und schlagkräftigen Armeen getragen. Nur auf diese Weise sicherte er seine Stellung und setzte seinen Willen durch."[18]

Deshalb sei das Kalifat von Anfang an umstritten gewesen, stellt Abdelraziq fest, vom ersten Kalifen Abu Bakr bis heute. Die islamische Geschichte kenne keinen Kalifen, dessen Kalifat nicht von einem Widersacher bekämpft worden sei. Ähnlich sei es auch bei anderen Nationen gewesen, aber nie so radikal und dauerhaft wie im Islam, bei dem die Gegnerschaft von Anfang an bis zum Ende an dem Kalifat haftete.

Das Kalifat, so werde behauptet, garantiere die Ausübung der Religion und das Heil der Gemeinschaft. Das stimme historisch jedoch nicht, im Gegenteil sei das Kalifat eine Quelle des Bösen und der Korruption. Ab der Mitte des 3. islamischen Jahrhunderts sei das Reich zerfallen und die Autorität des Kalifen auf Bagdad und Umgebung geschrumpft. In Khurasan habe Ibn Saman geherrscht, in Bahrain die Qarmaten, im Jemen Ibn Tabataba, in al-Ahwaz Maaz al-Dawla, in Aleppo Saif al-Dawla, in Ägypten Ibn Tulun, nach ihm die Mamluken, dann die Ikhschiden, die Fatimiden, die Ayyubiten

---

[18] Ibid., S. 129

5. Die Religionskritik in der Moderne

und andere. Sei die Welt in Bagdad besser und heiler gewesen als anderswo? Bestimmt nicht.

Die Herrschaft Muhammads sei religiös gewesen, weil er ein Prophet war; er habe keinen Nachfolger ernannt. Nach ihm sei die Herrschaft säkular und politisch geworden, sie sei die Herrschaft der Regierenden und nicht der Religion. Abdelraziq nennt das Beispiel des ersten Kalifen Abu Bakr, dem viele Muslime nicht folgen wollten, was ihn dazu gezwungen habe, sie in den sogenannten Kriegen gegen die Apostaten, *hurûb al-radda,* erneut zu unterwerfen. Das Zeichen der Unterwerfung habe in der Bezahlung der Almosensteuer, *zaqât,* bestanden. Wer die Zahlung verweigerte, sei getötet worden, wie z. B. Malek ibn Nuwaira, der trotz seiner Beschwörung, er sei immer noch ein Muslim, wolle aber die Macht Abu Bakrs nicht finanziell unterstützen, hingerichtet worden sei. Abdelraziq meint, dass sei kein religiöser Konflikt gewesen, sondern ein Streit um die Macht; Malek ist aus dem Stamm Tamim und Abu Bakr von den Quraisch. Er hoffe, dass die Wissenschaft eines Tages den Sachverhalt klären könne.[19] Das tut sie heute, meine ich, wie oben gezeigt, wenn sie von einer Bewegung der Gläubigen redet, die eine heterogene Front bildete, deren Teile die Macht auch mit Gewaltanwendung beanspruchten.

Abdelraziq stützt sich auf die Ideen Abdous, der geschrieben hat: „Der Kalif ist bei den Muslimen nicht unfehlbar, auch nicht der Empfänger der Offenbarung und darf auf die Interpretation des Korans und der Sunna keinen Monopolanspruch erheben ... Die Umma – oder ihr Vertreter – ernennt ihn, und die Umma hat das Recht, ihn zu kontrollieren, sie kann ihn entmachten, wenn das in ihrem Interesse liegt. Er ist ein Zivilgouverneur (*hâkem madani*) in jeder Hinsicht."[20]

Ohne seine Vorgehensweise zu erklären, hat Abdelraziq die historisch-kritische Methode angewandt und die Geschichte desakra-

---

[19] Ibid., S. 178
[20] Abdou, Muhammad, *Al-islâm wal nasrâniya ma' al-'ilm wal madaniya.* Beirut 1988, S. 70–71

lisiert: Das Kalifat habe kein religiöses Fundament, analysierte er, es sei ein historisch-politisch erklärbares Phänomen. Diese liberale Tradition, die sich auf Abdous Lehre berief, setzte sich fort, war vielfältig und erzeugte viele politische Persönlichkeiten, die den Nationalstaat aufbauten. Im Bereich der Religionskritik haben einige Autoren allerdings für heftige Debatten gesorgt, wie Taha Hussein in seinem Buch „Zur vorislamischen Dichtung",[21] deren Existenz er anzweifelt.

Taha Hussein war seit 1925 Professor für arabische Literatur an der neu gegründeten staatlichen Universität in Kairo; ein Jahr später veröffentlichte er sein Buch „Über die vorislamische Dichtung". Er ahnte, dass er ein vermintes Terrain betrat, und sprach selber von einer literarischen Revolution. Nicht nur in Bezug auf den *fiqh* wurde das Tor des *ijtihâd* geschlossen, sondern auch in Bezug auf die Literatur. Man hatte das Überlieferte übernommen und bewegte sich in dessen Rahmen, ohne nach seiner Herkunft zu fragen. Die Araber vor dem Islam wurden zwar als Analphabeten geschildert, aber fast alle als geborene Dichter dargestellt. Wenn es hieß: Der Dichter hat gesagt, wurde die Aussage als wahr angenommen, selbst wenn der Name der Dichter nicht erwähnt wurde. Taha aber hegte Zweifel an diesem Zustand und machte sich auf die Suche nach der Wahrheit. Um sinnlosen Diskussionen über seine Intention zuvorzukommen, erläuterte er seine Methode, die der der modernen Wissenschaftler und Philosophen glich. In der Tradition des französischen Philosophen Descartes wollte er unvoreingenommen und ohne Rücksicht auf vorhandenes Vorwissen das Thema angehen.

Das Ergebnis fiel verheerend aus: „Die absolute Mehrheit der vorislamischen Dichtung hat mit dem Vorislam nichts zu tun. Sie ist eher ein Plagiat oder nach dem Erscheinen des Islam erfunden. Sie ist islamisch, reflektiert mehr das Leben, Neigungen und Leidenschaften der Muslime als das Leben der Araber vor dem Islam."[22] Im Rahmen des Kampfes um die Macht nach den Eroberungen seien

---

[21] Hussein, Taha, *Fil schi'ir al-djâhili*. Tunis 1997
[22] Ibid., S. 19

5. Die Religionskritik in der Moderne

jede Partei und jeder Stamm darum bemüht gewesen, ihre Heldentaten und ihre Abstammung zu glorifizieren, um den eigenen Machtanspruch zu bekräftigen. Eins der Beispiele sei der literarisch ausgetragene Konflikt zwischen den Quraisch aus Mekka und den *ansar*, den Anhängern Muhammads in Medina. Bekanntlich sei das Verhältnis zwischen beiden Städten vor dem Islam harmonisch gewesen, die Karawanen der Mekkaner seien an Medina vorbeigelaufen, friedliche Beziehungen seien dafür die Voraussetzung gewesen. Als Muhammad von seinem Stamm in Mekka bedroht worden sei, sei er nach Medina geflohen, deren Bewohner ihn unterstützt hätten und mit deren bewaffneter Hilfe er seine Herrschaft habe errichten können. Nach seinem Tod sei es natürlich gewesen, dass die *ansar* den Anspruch auf seine Nachfolgerschaft erhoben hätten. Die Quraisch hätten sich aber durchgesetzt, und seitdem sei der Konflikt entstanden, das heißt nach der Entstehung des Islam und nicht vorher; er habe Jahrzehnte später mit der Vernichtung der *ansar* geendet.

In diesem Zusammenhang habe die Glorifizierung des Propheten und seines Stammes begonnen, schreibt Taha Hussein weiter. Er sei der Edelste in seinem Stamm, der der edelste unter den arabischen Stämmen sei, und die Araber seien die Edelsten unter den Menschen. Bei diesem Unternehmen spielten Taha Hussein zufolge die *qussas*, die Geschichtenerzähler, eine wichtige Rolle, sie hätten in den Moscheen über die alte Geschichte der Araber und anderer Völker erzählt, über die Propheten, den Koran und seine Inhalte, über die Taten, Aussagen und das Leben des Propheten, über die Eroberungen. Und sie hätten sich aller Quellen in den eroberten Gebieten bedient: arabischer, byzantinischer, persischer sowie aller Religionen und nicht zuletzt ihrer Fantasie, um den Stoff dem Geschmack ihrer Zuhörer anzupassen.

Die Erzählungen seien immer mit Gedichten geschmückt gewesen, die den Wahrheitsgehalt untermauern sollten. Taha Hussein vermutet sehr stark, dass die *qussas* von Helfern assistiert wurden, die ihnen die Geschichten sammelten und die Gedichte schrieben. Jeder von ihnen habe einen Stab von Erzählern, Dichtern und Plagiatoren besessen, die die Geschichten und die Gedichte harmonisierten und historisch anpassten. In den Prophetenbiografien von Ibn Ishâq und Ibn Hischâm finden wir Mengen von Gedichten, die auch Autoren zugerechnet werden, die keine Dichter waren. Einmal gefragt, antwortete Ibn Ishâq, dass er keine Ahnung von Dichtung habe, er gebe nur weiter, was er bekomme.

Hussein kommt zu dem Schluss, dass der Koran die einzige zuverlässige Quelle über die *djâhiliya*, die Zeit der Unwissenheit, sei; er sei unter den Arabern entstanden und gebe die Auseinandersetzung zwischen den Muslimen und ihrem Umfeld wieder, was uns zuverlässige Informationen über die damaligen Verhältnisse liefere. Ist es nicht verwunderlich, fragt er, dass die gesamte Dichtung der *djâhiliya* unfähig ist, das religiöse Leben der damaligen Zeit auch nur rudimentär zu schildern? Man habe die Dichtung der *djâhiliya* zur Erläuterung des Korans benutzt, das sei falsch gewesen; umgekehrt sei es der Koran, der die *djâhiliya* erkläre. Man habe von dieser Zeit ein desolates Bild fabriziert, wonach die Araber in ihrer Wüste isoliert und ohne Bildung gelebt haben sollen, an Kulturgütern hätten sie nur die Dichtung gehabt. Das Bild der Araber im Koran sei anders, die Verse erzählten eine andere Geschichte: Es habe Gebildete gegeben, die mit dem Propheten theologische Fragen diskutierten, ebenso aber auch grobe Beduinen, deren Herz und Verstand verschlossen gewesen seien. Die Araber hätten mit anderen Nationen verkehrt, ihre Karawanen seien in alle Richtungen gegangen; sie seien über Weltereignisse wie den Krieg zwischen Byzanz und Persien informiert gewesen. Auf jeden Fall hätten sie über Religionen Bescheid gewusst, eine Aussage, die die moderne Forschung übrigens bestätigt.

Die Grundhaltung Husseins bestand aus dem Zweifel an dem Überlieferten und seiner Bereitschaft, nur das zu akzeptieren, was wissenschaftlich bewiesen ist. Da er keine theologischen Interessen verfolgte, wandte Hussein diese historisch-kritische Methode jedoch nicht auf den Koran an. Anders sein Zeitgenosse Amin al-Khouli (1895–1966), der in Kairo an der Fakultät für islamisches Recht studiert hatte und später an der Azhar-Universität und an der staatlichen Universität lehrte. Sein Interesse galt der Koranexegese, er wollte den koranischen Text historisch-kritisch untersuchen. Al-Afghani und Abdou, die Reformer der Nahda, hatten die Mauer der traditionellen Exegese, die zwischen dem 9. und 12. Jahrhundert entstanden war, durchbrochen und waren zum Koran vorgedrungen. Sie betrachteten ihn als einzige Referenz für die Muslime und hatten manches im modernen Sinn interpretiert, blieben aber nach Ansicht al-Khoulis der traditionellen Methode verhaftet, was ihren exegetischen Einsatz einschränkte.

Ihr Ziel, den Koran als Leitung für das Leben der Muslime in einer modernen Welt zu etablieren, hatten sie jedoch erreicht. Sie hatten, analysiert der tunesische Theologie-Professor H'mida Ennaifer, wie die traditionelle Exegese den Koran „verhört"; diese Exegese hatte apologetische und sektiererische Interessen und diente oft der Mission, damit entferne man sich von Zweck und Absicht der Offenbarung.[23] Gerade dies wollte al-Khouli vermeiden, er plädierte für eine semantische Exegese des Korans, die anstatt, wie bislang üblich, die Suren einzeln und hintereinander zu erklären, den Koran thematisch interpretierte mit Bezug auf alle Verse zu einem Thema, die in mehreren Suren zerstreut sind. Für ein besseres Verständnis sollten außerdem die Entstehungsgeschichte sowie das historische Umfeld untersucht werden.

Sein Schüler Muhammad Ahmad Khalafallah (1916–1991), der an der staatlichen Universität Kairo Taha Hussein und Abdelraziq als Professoren hatte, ging methodisch einen Schritt weiter; in seiner Doktorarbeit mit dem Titel „Die Erzählkunst des edlen Korans" (1948) behandelte er die im Koran vorkommenden Geschichten nicht, wie traditionell, als historische Wahrheiten, sondern als mythische Erzählungen mit pädagogischen und frommen Absichten, die den kulturellen Zustand der damaligen Gesellschaft reflektierten. Als Vorbild hätten die Geschichten in der Bibel gedient, sie seien aber literarisch frei gestaltet und deshalb brüchig und manchmal umgeändert worden, um das fromme Ziel zu erfüllen. Khalafallahs

---

[23] Ennaifer, H'mida, Les commentaires coraniques contemporains. Analyse de leur méthodologie. Rom 1998, S. 75 ff.

Ansatz hatte mit Abdou begonnen, der den allegorischen Charakter der Geschichten im Koran erkannt hatte, sich aber fürchtete, diesen Weg weiterzuverfolgen. Taha Hussein, der diesen Ansatz fortsetzte, wurde verurteilt. Khalafallah hatte den Ansatz nun erweitert, wobei er der literarischen Analyse des koranischen Textes den Vorrang vor der philosophischen und rechtlichen Analyse (*fiqh*) gab. Seine Doktorarbeit wurde abgelehnt, Khalafallah veröffentlichte sie trotzdem, der Skandal war perfekt. Der Autor hatte den heiligen Text des Korans desakralisiert. Nasr Hamed Abu Zaid (1943–2010) folgte seinen Spuren und desakralisierte den koranischen Text endgültig, indem er ihn als literarische Produktion behandelte, die in einem soziokulturellen Kontext historisch entstanden sei.[24] Die Offenbarung, so Abu Zaid, würde sich an bestimmte Menschen in ihrer Sprache wenden, damit sie sie verstehen, daher sei der Text ohne diesen kulturellen Hintergrund unverständlich. Die Offenbarung sei göttlich, die Sprache aber menschlich und unterliege wie die Menschen einer historischen Entwicklung. Ein neues Verständnis des Korans sei allerdings nicht allein mit der Sprachanalyse erreichbar, sondern durch eine gründliche theologische Arbeit. Abu Zaid wurde als Apostat verurteilt und musste Ägypten nach Europa verlassen.

Die Kritik an der Sunna

Wenn wir nun die Koranexegese verlassen und zur Religionskritik zurückkehren, stoßen wir auf ein Werk, das ebenfalls viel Aufregung und etliche Diskussionen verursachte, es ist das Buch von Scheich Mahmud Abu Raya (1889–1970) „Die Erhellung der muhammedanischen Sunna" von 1958.[25] In seiner gründlichen Studie zeigt der Autor das Ausmaß der Fälschung in der Hadith-Produktion sowie die Fülle der Übernahmen aus der israelitischen Tradition. Er un-

---

[24] Interview mit Nasr Hamid Abu Zaid (07.07.2010). http://www.laghoo.com/2011/09/
[25] Abu Raya, Mahmud, *Adwâ' 'ala al-sunna al-muhammadiya*. Kairo 1958

5. Die Religionskritik in der Moderne

terstreicht die Bedeutung des Korans im Vergleich zur Sunna; der Prophet habe es verboten, dass seine Gefährten seine Aussagen und Taten schriftlich dokumentierten, weil er die Entstehung einer mit dem Koran konkurrierenden religiösen Quelle befürchtete. Außerdem habe die Sammlung der Sunna 150 Jahre nach dem Koran begonnen, sodass ihre Authentizität zweifelhaft sei. Die Unfehlbarkeit der *sahaba*, der Prophetengefährten, die die Sunna überlieferten, könne bei der mündlichen Überlieferung nicht garantiert werden; auf jeden Fall habe keine wortwörtliche Überlieferung stattgefunden, wenn überhaupt, sei nur sinngemäß erzählt worden. Später, als die Gelehrten die Authentizität der Sunna schließlich überprüft hätten, hätten sie sich auf die Echtheit der Kette der Überlieferer konzentriert, dabei aber kaum die Inhalte des überlieferten Materials beachtet.

Abu Raya kommt zu dem Schluss, dass die Religion auf dem Koran und der praktizierten Sunna basiere, worunter auch das Ritual des Betens falle, das im Koran nicht beschrieben sei, aber über Generationen hinweg massenhaft ausgeübt werde. Die in den Kompendien gesammelte mündliche Sunna sei dagegen keine Religion und daher unverbindlich, man könne auf sie verzichten, ohne damit vom Islam abzufallen. Bekanntlich besteht die islamische Religion aus Koran und Sunna. Die Reaktionen auf Abu Rayas Thesen fielen daher heftig aus, mehrere Bücher wurden veröffentlicht, die seine Behauptungen zu widerlegen versuchten. An dieser Kampagne war auch Mustafa al-Sibai (1915–1964), der Begründer der Muslimbruderschaft in Syrien, beteiligt; er schrieb seine Kritik 1960, sie wurde auch in der zweiten Auflage seiner Dissertation 1978 als Einführung veröffentlicht, die erste Auflage seiner Arbeit war 1949 erschienen, das Thema hieß: „Die Sunna und ihre Position im islamischen Recht".[26] Der Verzicht auf die Sunna, schrieb er, bedeute die Zerstörung des islamischen Rechts, des *fiqh*, was der Anarchie gleichkomme. Die Behauptung Abu Rayas, die islamischen Ge-

---

[26] Al-Sibai, Mustafa, Die Sunna und ihre Position im islamischen Recht. Beirut 1978 (*al-sunna wa makânatuha fil schar' al-islâmi*)

Die Kritik an der Sunna

lehrten seien 13 Jahrhunderte lang von dem Hadith-Erzähler und Lügner Abu Huraira, der im Dienst der Omayyaden handelte, irregeführt worden, sei total abwegig.

Abu Raya legte nach, schrieb ein Buch über Abu Huraira,[27] in dem er den berühmten Hadith-Überlieferer als Fälscher und Opportunisten entlarvte. Der Inhalt des Buchs lässt sich wie folgt zusammenfassen: Abu Huraira, ein Jude, der spät zum Islam konvertierte, verbrachte nach der islamischen Tradition lediglich ein Jahr und neun Monate in Begleitung des Propheten; trotzdem sind durch ihn die meisten Hadithe überliefert. Weder wurde er wegen seines Glaubens noch seiner Religionskenntnisse beachtet, und für den Krieg war er zu feige. Er begleitete den Propheten, um sich von den Resten seiner Tafel zu ernähren, er hatte keine Arbeit, betrieb keine Geschäfte. Seiner Liebe für das Essen schuldet er seinen Namen, „Scheich *al-madîra*", das ist ein edles Gericht, das er am Tisch des Kalifen Muʻawiya gerne aß.

Omar soll ihn im Jahr 640 für kurze Zeit zum Gouverneur von Bahrain ernannt, ihn aber wegen Unterschlagung der Almosensteuer wieder abgesetzt haben. Er verbot ihm, Hadithe des Propheten zu verbreiten, und schlug ihn deswegen. Abu Huraira hielt still, nutzte die Zeit, um sich von Qaab al-Ahbâr (gest. 652) religiöses Wissen aus der israelitischen Tradition, aus der Bibel, dem Talmud und dem Midrasch anzueignen. Qaab war ein jüdischer Gelehrter aus dem Jemen, der zur Zeit Omars nach Medina kam und zum Islam konvertierte. Er wurde ein enger Berater Omars und ein wichtiger Koranexeget, der den Koran mithilfe des Judentums erklärte. Mit ihm drangen die *israeliyât –Judaica* – in den Islam, nicht zuletzt durch die Überlieferung von Abu Huraira, der nach der Ermordung des dritten Kalifen Osman seine Zurückhaltung in religiösen Fragen aufgab. Im ersten Bürgerkrieg, *al-fitna,* der zwischen Ali und Muʻawiya entbrannte, hielt er sich neutral, nach dem Sieg Muʻawiyas schlug er sich, ohne zu zögern, auf die Seite der Omayyaden.

---

[27] Abu Raya, *Scheich al-madîra. Abu Huraira.* Beirut 1993

5. Die Religionskritik in der Moderne

Als ein Muster seiner Geschichten, die von der Bibel inspiriert sind, kann das Wunder der Datteln gelten: Abu Huraira reiste einmal mit dem Propheten, der ihn fragte, ob er was zu essen habe. Abu Huraira zeigte seinen Korb mit Datteln, der Prophet berührte sie mit seiner Hand und betete, dann rief er zehn Männer, sie kamen und aßen sich satt, dann kamen die nächsten zehn, bis die ganze Armee gesättigt wurde. Aus dem Korb ernährte sich Abu Huraira all die Jahre, bis die Aufständigen in Medina eindrangen und dabei den dritten Kalifen Osman ermordeten. Bei den Unruhen ist ihm der Korb abhandengekommen. Dieses Wunder erinnert an eine Geschichte im Neuen Testament. Als sich Jesus mit seinen Jüngern an einen einsamen Ort zurückziehen wollte, wurde er von Massen begleitet, die abends nichts zum Essen hatten. Jesus fragte nach vorhandenen Lebensmitteln, es waren fünf Brote und zwei Fische. Damit ernährte er fünftausend Männer, nicht mitgerechnet die Zahl von Frauen und Kindern, zwölf volle Körbe Nahrungsmittel blieben übrig. (Markus 6:30–44, Matthäus 14:13–21, Lukas 9:10–17, Johannes 6:1–14).

Ein Zeitgenosse und Bekannter von Abu Raya, der irakische Scheich Murtada al-Askari (1914–2007), kann als dessen schiitisches Pendant gelten. Auch er war darum bemüht, den Islam zu modernisieren, und wie Muhammad Abdou konzentrierte er sich auf die Reform des religiösen Bildungssystems. In der religiösen Bildungsstätte von Samara hatte er neben dem üblichen *fiqh* andere Lehrfächer wie Philosophie, Koranexegese und Theologie eingeführt. Sein Hauptinteresse galt aber der Verteidigung der Schiiten bzw. der Abwehr der ungerechtfertigten Kritik an ihnen. Dadurch hoffte er, eine Annäherung zwischen Sunniten und Schiiten herbeizuführen. 1957 veröffentlichte er ein Buch über eine umstrittene historische Figur, Abdullah ibn Saba', einen konvertierten Juden unter dem Kalifat von Osman, der nach Auffassung der Tradition den Schiismus initiiert und den Anspruch Alis auf das Kalifat propagiert hatte. Ibn Saba' wird nachgesagt, als erster Abu Bakr und Omar, die Gefährten des Propheten, sowie Muhammads Frau Aischa beschimpft und Ali vergöttlicht zu haben, wogegen Ali sich allerdings heftig wehrte. Er soll zum Aufstand gegen Osman und zu dessen Tötung beigetragen und auch die Verhandlungen zwischen Ali und seinen Gegnern vor der Kamelschlacht sabotiert haben. Im Laufe der Geschichte haben sich die Sunniten immer wieder auf die Verfehlungen Ibn Saba's bezogen, um die Schiiten zu attackieren.

Al-Askari untersuchte das traditionelle Material nach modernen Methoden, und er kam zu dem Ergebnis, dass die Figur erfunden worden war, um die Schiiten zu diskreditieren; Abdullah ibn Saba' habe nie existiert. Bei seinen Recherchen fiel dem Autor nebenbei das Ausmaß der Hadith-Fälschung auf; er schrieb ein weiteres Buch, in dem er glaubhaft die Nichtexistenz von 150 Prophetengefährten, *sahaba*, bewies. Weiter überprüfte er in einem anderen Werk den Wahrheitsgehalt der Überlieferungen von Aischa, die als zweite Hauptquelle der Sunna nach Abu Huraira gilt. Als der Prophet starb war sie 18 Jahre alt, Muhammad hatte sie als Neunjährige geheiratet. Aischa war eine Gegnerin Alis, den sie sie in der Kamelschlacht bekämpfte, sie war parteiisch, was ihre Glaubwürdigkeit erheblich beeinträchtigt.

Die Koranisten

Diese Kritik an der Sunna bildete später den gemeinsamen Nenner unter den Islamreformern in ihrer kritischen Haltung. Eine Gruppe ging jedoch weiter und wollte die Sunna abschaffen, deren religiöse Relevanz für den Islam sie vollständig abstritten: die Koranisten, die den Koran als einzige Quelle der Religion betrachteten.[28] Sie erschienen zuerst in Indien infolge der Lehre des Islamreformers Sayyid Ahmad Khan (1817–1898), der im indischen Subkontinent eine ähnliche Rolle erfüllte wie Muhammad Abdou im Osmanischen

---

[28] Vgl. Hager, Jamal bin Muhammad bin Ahmad, Die Koranisten und ihre Haltung zur Exegese. Kritische Studie. Jadda 2015 (*Al-qur'âniyûn wa mawqifuhum min al-tafsîr. Dirâsat naqdiya*); Bakhesch, Khadem Hussein Ilahi, Die Koranisten und ihr Verdacht um die Sunna. Taif 2000 (*Al-qur'âniyûn wa schubuhâtuhum hawl al-sunna*)

5. Die Religionskritik in der Moderne

Reich. Zwar lehnte er die Sunna nicht vollständig ab, setzte aber scharfe Kriterien für deren Akzeptanz, wodurch sie praktisch irrelevant wurde. Abdou seinerseits hatte die Sunna einfach vernachlässigt und einen Bogen um sie gemacht. Khans Schüler, Abdullah Chakralawi (gest. 1914) verzichtete ganz offen auf die Sunna. 1902 gründete er die Vereinigung „Ahl al-Quran", nicht zuletzt als Reaktion auf die Bewegung von „Ahl al-Sunna".[29]

Der Erste, der in den arabischen Ländern die Sunna negierte, war der Ägypter Muhammad Tawfiq Sidqi (1881–1920). 1909 veröffentlichte er in der Zeitschrift „Al-Manar", faktisch das Organ der Nahda, einen Artikel unter dem Titel „Der Islam ist der Koran allein", in dem er den Begriff Koranisten zum ersten Mal verwendet. Er schreibt, der Koran sei zur Lebenszeit des Propheten niedergeschrieben worden und stelle daher eine sichere Referenz dar, die Sunna dagegen sei viel später redigiert worden, was der Manipulation die Tür öffne; hätte der Prophet außerdem die Sunna als Leitung gewünscht, dann hätte er ihre Redaktion befohlen, doch er habe das Gegenteil getan und sie verboten. Sidqi leugnet die allgemeine Gültigkeit der Sunna, sie sei keine Religion, sondern diene nur der guten Leitung für die Zeitgenossen des Propheten in Arabien und gehe daher auf ihre speziellen Belange und ihre spezielle Situation ein. Deshalb könne sie nicht eine Quelle des Rechtes sein.

Ein anderer Ägypter, Muhammad Abu Zaid (1891–?), baute diese Eckpfeiler der koranistischen Position weiter aus. Anders als Sidqi, der noch eine zivilisierte Debatte führen konnte, wurde er für seine Meinung verfolgt und verurteilt. Nach der Auflösung des Osmanischen Reiches war die Azhar-Universität die höchste religiöse Autorität in Ägypten geworden und von der Regierung noch mehr als schon zuvor beachtet; auf ihre Initiative hin wurden die Bücher Abu Zaids konfisziert und vernichtet, sodass nur wenige Personen sie bis zu ihrer Veröffentlichung im Internet kannten. Doch schon 1917 sorgte Abu Zaid für Aufsehen, als er, ausgehend von der Evo-

---
[29] Qasmi, A. H., International encyclopedia of Islam. Isha Books 2006, S. 208

lutionstheorie, behauptete, es gebe keine überzeugenden Beweise für die Prophetie und Gesandtschaft von Adam. Jahre später leistete er sich einen noch größeren Skandal; er veröffentlichte 1931 eine Koranexegese mit dem Titel „Die Leitung und die Erkenntnis in der Deutung des Korans mit dem Koran".[30] Die Aufregung unter den Gelehrten von al-Azhar war enorm. Sie zeigten ihn an, sein Buch wurde noch in der Druckerei beschlagnahmt, nur wenige Exemplare kamen in Umlauf. Er wurde vom Gericht als Apostat zur Trennung von seiner muslimischen Frau verurteilt; das war ein Vorgeschmack für das, was Jahrzehnte später Nasr Hamed Abu Zaid passieren sollte. Anders als Nasr Hamed, der standhaft blieb und ins Exil ging, bereute Muhammad seine „Untat" und blieb in Ägypten.

Ein weiterer ägyptischer Denker, Ismail Adham (1911–1940), erlitt dasselbe Schicksal. 1936 veröffentlichte er das Buch „Aus den Quellen der islamischen Geschichte". Darin schreibt er: „Die Entstehung der islamischen Zivilisation wurde von internen Konflikten begleitet, die den Menschen dieser Generation den Fälschungen Tür und Tor öffneten. Die islamische Geschichte wurde von Tausenden falschen Erzählungen überflutet, selbst dem Propheten wurden Hunderte von erfundenen Hadithen in den Mund gelegt."[31] Weiter schreibt er: „Ich habe die Hadithe, den Koran und die *sira* untersucht. Meine Untersuchung ergab, dass das Hadith zum großen Teil gefälscht, wenn nicht gänzlich erfunden ist, dass die Sira überwiegend aus kleinen anekdotischen Geschichten besteht und dass der Koran die einzige Quelle ist, deren Verse auf sichere historische Fakten hinweisen."[32] Nach Aufforderung der Azhar-Universität konfiszierte die Regierung das Buch.

Ahmad Subhi Mansur (geb. 1949), ebenfalls ein Ägypter, der zur Galionsfigur der Koranisten werden sollte, hatte an der Azhar-Universität studiert und wurde dort Professor. Ab 1977 jedoch zeichnete

---

[30] Abu Zaid, Muhammad, *Al-hidâya wal ʿirfan fi tafsîr al-qurʾân bil qurʾân*. Kairo 1931
[31] Adham, Ismail, *Min masâder al-târikh al-islâmi*, Kairo 1936, S. 4
[32] Ibid., S. 5

sich der Konflikt mit seinem Arbeitsgeber ab, als er begann, seine Ideen zu propagieren. Er negierte die Sunna, zweifelte an der Unfehlbarkeit des Propheten und diskreditierte die *sahaba* sowie die Hadith-Überlieferer als unzuverlässig. In seinem Buch „Der Koran reicht aus als Quelle für die Gesetzgebung"[33] ging er so weit, al-Buchâri, dessen Hadith-Sammlung „Al-sahîh" gleich nach dem Koran die zweite religiöse Referenz für die Muslime bildet, vorzuwerfen, durch die Wiedergabe von merkwürdigen Hadithen Islam- und Koranfeindlichkeit zu nähren. Im Koran werde uns ein Prophet präsentiert, der seine Tage mit dem Dschihad und der Missionierung und seine Nächte mit Gebet und Lobpreis verbringe. In „Alsahîh" von al-Buchâri verbringe der Prophet dagegen seine Zeit mit dem Beischlaf. In einer Nacht habe er seine neuen Frauen besucht, und in einem anderen Hadith heißt es: „Tags und Nachts übersuchte der Prophet in einer Stunde alle seine Frauen; sie waren elf." Als Beweis wird das Zeugnis der *sahaba* bemüht, die Muhammads sexuelle Aktivität verfolgt und behauptet haben sollen, Gott habe ihm die Potenz von dreißig Männer gegeben.[34]

Noch schwerwiegender gilt Mansur die Unterstellung Buchâris, Muhammad habe praktisch gesündigt. Im Koran steht: „Sie fragen dich nach der Monatsblutung. Sag: Sie ist ein Leiden. So haltet euch von den Frauen während der Monatsblutung fern, und kommt ihnen nicht nahe, bis sie rein sind. Wenn sie sich dann gereinigt haben, so kommt zu ihnen, wie Allah es euch geboten hat. Allah liebt die Reumütigen, und er liebt die, die sich reinhalten." (2:222) Damit wird während der Menstruation der Frau nicht nur der Geschlechtsverkehr verboten, sondern auch die Annäherung an die Frau überhaupt. Al-Buchâri erwähnt jedoch mehrere Hadithe, die dem Propheten den Beischlaf mit seinen Frauen während ihrer Menstruation unterstellen. Ein Hadith von Aischa lautet etwa: „Der Prophet und ich wuschen uns Seite an Seite aus einem Gefäß, auf

---

[33] http://www.ahewar.org/debat/show.art.asp?aid=29467
[34] Sahîh al-Buchâri, Kap. Die Waschung, Nr. 260

Die Koranisten

seinen Befehl habe ich einen Gürtel gebunden, und er nahm mich während meiner Menstruation."[35]

Ahmad Subhi Mansur gründet eine Strömung, die nur den Koran akzeptiert, sowohl für den Glauben als auch für die Rechtsprechung, *fiqh*. 1985 wurde er von der Azhar-Universität entlassen und mehrmals verhaftet, 2002 beantragte er Asyl in den USA, wo er seitdem lebt. Er gründete 2006 in Pennsylvania ein Zentrum zur Erforschung des Korans und gestaltet die Website *ahl al-quran*, die Koranisten.[36] Inzwischen kann die Website 327 Autoren aus verschiedenen Ländern vorweisen.[37] Wir beabsichtigen hier nicht, alle zu erwähnen, sondern nur einige Repräsentanten dieser Strömung, die in der Öffentlichkeit eine Rolle gespielt haben. Dazu gehört der Ägypter Jamal al-Banna.

Jamal al-Banna (1920–2013) ist der jüngste Bruder von Hassan al-Banna (1906–1949), dem Begründer der Muslimbruderschaft, und war in der Arbeiterbewegung engagiert. Von 1963 bis 1993 lehrte er an der Arbeiterhochschule, *al-djami'a al-'ummaliya*, und wurde Berater bei der Arbeitsorganisation der Arabischen Liga. 1945 begann er zu publizieren, war sehr produktiv und schrieb etwa hundert Bücher und tausend Artikel. Anfangs behandelte er politische Themen der Demokratie und Arbeiterbewegung, mit dem Aufstieg der Islamisten widmete er sich politisch-religiösen Themen, dann immer mehr religionskritischen Fragen. Ausgehend von der Tradition der Nahda setzte er sich mit der islamischen Tradition auseinander.

Im Zentrum dieser Beschäftigung stand natürlich die Sunna, weil sie das islamische Recht und den Alltag der Muslime bestimmt. In seinem 1978 veröffentlichten Buch, „Die zwei herrlichen Quellen, das Buch und die Sunna", beleuchtete er die Beziehung der zwei Fundamente des Islam, Koran und Sunna, und untersuchte die Funktion der Sunna kritisch. Sein Ausgangspunkt war die These,

---

[35] Ibid., Kap. Die Menstruation, Nr. 290
[36] http://www.ahl-alquran.com/arabic/index.php
[37] Stand 14.12.2019

dass die Sunna mehr sei als eine religiöse Orientierung, sie habe eine soziale Dimension, die die Formung der Persönlichkeit des Muslims weitgehend beeinflusse. Diese Grundhaltung wurde 1997 in seinem gereiften Werk „Zu einer neuen *fiqh*. Teil zwei: Al-Sunna und ihre Rolle"[38] ausführlich dargestellt.

Zwar habe der Prophet die Redaktion der Sunna verboten, aber man habe trotzdem später eine Sunna entwickelt, die letztendlich den Koran überschattete und praktisch die Hauptquelle der *fiqh* wurde, schreibt er. Schuld daran sei der Kalif Muʻawiya, der die *qussas* auf die Moscheen verteilte; sie seien es gewesen, die unter der Führung von Qaab al-Ahbâr falsche Überlieferungen des Propheten verbreitet hätten, überfrachtet von Anreiz und Drohungen über das Leben auf der Erde, die Folter im Grab, das Jenseits mit seiner Hölle und seinem Paradies. Das Ziel Muʻawiyas sei klar gewesen, er habe die Aufmerksamkeit der Menschen auf das Jenseits lenken wollen anstatt auf das politische Geschehen, nämlich seine Usurpation der Macht. Zusätzlich zu dieser Hauptmotivation, so al-Banna, seien andere mit eigenen Motivationen am Werk gewesen: Feinde, die den Islam abwerten wollten, aber auch die Frommen, die ihre Religion aufzuwerten versuchten.

Weiter argumentiert al-Banna: Mitte des 2. Jahrhunderts der Hidschra hat die Zahl der Hadithe eine Million überschritten. Zwar bemühten sich die Gelehrten, die echten von den falschen Hadithen zu trennen, und reduzierten die Zahl der akzeptablen von Hunderttausenden auf Zehntausende, sie konnten aber die hervorragende Stellung des Korans nicht wiederherstellen, die gegenüber der Sunna zweitrangig blieb. Die erdrückende Mehrzahl der Gebote und Verbote in der Sunna kommen im Koran nicht vor. Ein Großteil davon beinhaltet detaillierte Angaben über den Gottesdienst sowie das Gebet, der zweite Teil beschreibt das Paradies und die Hölle, die Ankunft des Mahdi und des Jüngsten Gerichts.

---

[38] Al-Banna, Jamal, *Nahwa fiqhen djadîd. 2: al-sunna wa dawruha fil fiqh al-djadîd*. Kairo 1997

Die Koranisten

„Dreitausend Hadithe dieser Art erwähnen bestimmte Gebete, empfehlen gute Taten vor und nach dem Gebet, verpflichten den Muslim, ein bestimmtes Benehmen zu befolgen, wie er sich bewegen und welche Haltung er annehmen soll. Er beginnt seinen Tag mit dem Spruch: Ich bin am Morgen aufgestanden, und die Herrschaft gehört Gott. Dann steigt er mit dem rechten Fuß aus dem Bett; spät abends kommt er zurück, schläft auf seiner rechten Seite und sagt: In deinem Namen, Gott, lebe ich und sterbe ich. Dazwischen unterliegt er Hunderten von Hadithen, die seine Bewegung und Haltung, sein Lobpreis und seine Gebete lenken."[39] Diese Hadithe haben den Prototyp des Muslims geformt. Über die Rassen und Sprachen hinaus treffen wir diesen Stereotyp der muslimischen Persönlichkeit überall: in Indien, im Sudan und in Europa.

Die Bildung des islamischen Prototyps habe zur Zeit des Kalifen al-Mutawakkil (847–861) begonnen, als die *ahl al-hadith* bzw. die Hanbaliten über die Mu'taziliten siegten. Die Sunna setzte sich durch und bestimmte den *fiqh*, der den Alltag der Muslime gestaltet. Angewachsen zu einem Monument, das jegliche Kreativität erdrückte und die Nachahmung forderte, wurde sie zur Hauptursache für die Rückständigkeit der muslimischen Gesellschaften. Sie ist verantwortlich für die Erscheinung des Islam als oberflächliche Ritualisierung der Frömmigkeit, initiativlos und schicksalhaft. Die Stereotypisierung der muslimischen Persönlichkeit hat einen islamischen Commonwealth erschaffen, meint al-Banna, der positiv sein könnte, hätte er, anstatt allein das Gebet und Lobpreis des Propheten nachzuahmen, seine Ehrlichkeit, seinen Mut, seine Ritterlichkeit und Gerechtigkeit befolgt.

Als erfolgreichster Koranist gilt der syrische Ingenieur Muhammad Charour, der 1992 in Kairo „Das Buch und der Koran" veröffentlichte.[40] Dieses Buch, das mehrere Auflagen erfuhr, ist inzwischen zum Standardwerk avanciert. Charour betreibt hier eine Hermeneutik des Korans, die zu einem neuen Verständnis führt.

---

[39] Ibid., S. 18–19
[40] Charour, Muhammad, *al-kitâb wal qur'ân*. Kairo 1992

5. Die Religionskritik in der Moderne

Nach Charour besteht die Offenbarung aus zwei Teilen, der erste Teil sei der Koran, der die Fragen der Existenz und der Wahrheit behandele; in diesem Teil wende sich Gott an Muhammad als Propheten, *al-nabiy*. Ein zweiter Teil, genannt das Urbuch, *um al-kitab*, teile das Handeln der Menschen ein als erlaubt und verboten. Hier werde Muhammad als Gesandter, *al-rasul*, angesprochen. In vielen Versen würden die Gläubigen aufgefordert, dem „Gesandten zu gehorchen", nirgends werde verlangt, dem „Propheten zu gehorchen". Das größte Lob werde aber dem Propheten zuteil und nicht dem Gesandten. Es steht im Koran: „Siehe, Allah und seine Engel segnen den Propheten. O ihr, die ihr glaubt, segnet ihn und begrüßt ihn mit dem Friedensgruß." (33:56)[41]

Bei der Behandlung des zweiten Teils kommt Charour auf die Sunna zu sprechen. Er schreibt: „Der Hauptgrund für die Sammlung der Hadithe erstens und ihrer Bestätigung zweitens ist rein politisch."[42] Ausgehend von seiner Koranexegese unterscheidet er zwischen der Sunna des Gesandten und der Sunna des Propheten, er widmet ihnen später eine eigene Schrift, die 2012 erschien.[43] Auf der Basis der Angaben der Tradition stellt er folgende Rechnung auf: Die Zahl der Hadithe betrage 840 000, Muhammad habe 8000 Tage gelebt. Wenn man bedenke, dass er täglich zehn Stunden zur Verfügung gehabt habe, dann müsse er stündlich zehn Hadithe gesagt haben. Zusätzlich habe er mindestens acht Jahre lang die Freitagspredigt vor Tausenden von Menschen gehalten (circa 400 Predigten), wovon nichts erhalten geblieben sei. Dagegen hätten uns Hunderttausende von Hadithen mit wenigen Zeugen oder gar keinen erreicht.

Charour übt dieselbe Kritik an der Sunna wie andere Koranisten auch: Sie sei spät gesammelt und vor allem aus politischen Motivationen gefälscht worden, weshalb sie nicht authentisch sei. Charour

---

[41] Ibid., S. 550
[42] Ibid., S. 566
[43] Charour, Muhammad, Die Sunna des Gesandten und die Sunna des Propheten. Eine neue Sicht. Beirut 2012 (*al-sunna al-rasûliya wal-sunna al-nabawiya. Ru'ya djadîda*)

setzt sich aber mit einem weiteren wichtigen Aspekt auseinander, nämlich der Sakralisierung der Sunna. Um ihre Unzulänglichkeit zu decken, hätten die Leute der Sunna, *ahl al-sunna*, die Überlieferungen des Propheten, *al-nabiy*, für sakral erklärt, weil sie auf eine göttliche Inspiration zurückzuführen seien. Damit hätten sie die Inspiration von Muhammad auf den Rang der göttlichen Offenbarung des Korans erhoben. Charour, der das Christentum zum Vergleich heranzieht, schreibt, die Muslime kritisierten, dass die Christen mehrere Evangelien hätten, sie selbst hätten aber mehrere kanonischen Hadith-Kompendien, die eine ähnliche Rolle spielten. Bei den Christen stelle die Person Christi die Bezeugung Gottes dar, nicht die Evangelien. Bei den Muslimen bezeuge der Koran Gott und nicht die Person Muhammads; dank der Sunna jedoch bezeuge nun Muhammad auch neben dem Koran Gott; oft sei er die Hauptreferenz.[44]

Schuld an diesem Zustand sei al-Schafi'i (767–820), der Begründer der islamischen Rechtstheorie, *usûl al-fiqh*. Er sei es gewesen, der neben dem Koran die Sunna als zweite Quelle für die Rechtsprechung eingeführt habe. Wie bereits einige vor ihm gehe al-Schafi'i von der Unfehlbarkeit des Propheten aus, er sei aber der Erste gewesen, der aus dem Koran zwei Offenbarungen abgeleitet habe, die erste sei der Koran selber, die zweite alles, was vom Propheten als Aussage und Tat stamme, das heißt seine Sunna.[45] Die Sunna sehe er in folgenden Versen begründet: „Und gedenkt Allahs Gunst an euch und dessen, was Er von dem Buch und an Weisheit auf euch herabgesandt hat, um euch damit zu ermahnen", (2:231) Weisheit interpretiere al-Schafi'i fälschlicherweise als die Sunna des Propheten. Der zweite Vers lautet: „Und er redet nicht aus eigener Neigung. Es ist nur eine Offenbarung, die eingegeben wird." (53:3-4) Dies beziehe sich aber auf die Offenbarung des Korans und nicht die Aussagen Muhammads. Charour bezichtigt al-Schafi'i der Fälschung; mit seiner tendenziösen Interpretation habe er die Gesandtschaft und

---

[44] Ibid., S. 25–26
[45] Al-Schafi'i, Muhammad Ibn Idris (Ed. Ahmad Muhammad Chaker), *Al-Risâla*. Beirut, S. 73 ff.

das Prophetentum vermischt, mit dem Ergebnis, dass dem Propheten gehorcht werden solle.[46]

Die Auswirkungen seien verheerend gewesen: Anstatt eine Weltreligion zu sein, sei der Islam regionalisiert und auf das Leben Muhammads im Arabien des 7. Jahrhunderts reduziert worden. Arabisch sei zur göttlichen Sprache geworden, die Araber zum auserwählten Volk. Das Vorbild des Propheten habe den *fiqh* bestimmt, das freie Denken im Recht, *ahl al-ra'y*, sei vertrieben worden, es habe nur die Nachahmung gegolten. Der Sieg der *ahl al-sunna* über die Mu'taziliten und ihren Rationalismus habe die Entwicklung einer Theologie als Disziplin, die die Interaktion zwischen der Offenbarung und der Dynamik des Lebens begleitet und harmonisiert, verhindert. Die daraus resultierende Starrheit mit ihren negativen zivilisatorischen Folgen dauerte jahrhundertelang bis zur Nahda in der Moderne.

Der Verzicht auf die Sunna

Ein Traditionalist schreibt: „Den edlen Koran und die wahre Sunna vereint die von Gott herabgesandte Offenbarung. Die prophetische Sunna stellt die Offenbarung Gottes an seinen Propheten dar, wird ihm jedoch zugerechnet, weil er die Offenbarung mit eigenen Worten mitteilt, der Inhalt stammt von Gott."[47] Im Koran seien Inhalt und Form, nämlich die arabische Sprache, göttlichen Ursprungs. Koran und Sunna seien für den Glauben untrennbar. Die Sunna erkläre den Koran, sie habe eine Schutzmauer um die Offenbarung errichtet, die sie vor der Willkür und der Fehldeutung bewahre und verteidige. Und diese Mauer würden die Koranisten abzureißen versuchen. Eine zutreffende Einschätzung.

Die Marschroute hatte sehr früh Muhammad Abu Zaid in seinem Buch „Die Erklärung des Korans mit dem Koran" festgelegt.

---

[46] Ibid., S. 46 ff
[47] Hager, Die Koranisten, S. 321

Der Verzicht auf die Sunna

Er hatte unter anderem festgestellt, dass für manche Fälle über fünfzig Erklärungen vorlägen, die dasselbe wiederholten und auf eine Quelle zurückzuführen seien, die erlogen sei oder gar nichts erkläre. Daher seine Methode, die Koranverse mit anderen Versen zu erklären, eine Methode, die von allen Koranisten gepflegt wird. Doch diese Methode bietet keine umfassende Exegese des Korans, viele Verse stehen allein und müssen anderswie erklärt werden. Mit ihrem Verzicht auf die Sunna verzichten die Koranisten zugleich auf das im Laufe der Jahrhunderte entstandene Monument der Koranexegese und auf die Interpretationsregeln und Prinzipien, die die Gelehrten entwickelt hatten und die im Wesentlichen auf der Nachahmung basieren. Deshalb müssen sie neue Wege gehen.

Die Nachahmung habe zur Starrheit und zum zivilisatorischen Niedergang geführt, meinen alle Koranisten. Man müsse dagegensteuern und die Vernunft wiederbeleben, um mit ihrer Hilfe den Koran neu interpretieren zu können. Aus diesem Grund müsse die freie Interpretation, *ta'wîl*, getätigt werden, ausgehend vom heutigen Wissensstand. Unser Wissen übertreffe in allen Bereichen, Geistes- und Naturwissenschaften, bei Weitem den Kenntnisstand der Gelehrten früherer Jahrhunderte, deshalb könnten wir den heiligen Text besser verstehen als die alten Exegeten. Alle Koranisten beteiligten sich an diesem Vorhaben und haben damit die alte Tradition der Mu'taziliten wiederbelebt, mit dem *ta'wîl* ist die autonome Vernunft wieder am Werk.

In Bezug auf die Glaubenslehre haben die Koranisten alle anthropomorphisierenden Bezeichnungen Gottes wie „Hand" und „Auge" symbolisch, andere wie „Thron" metaphorisch interpretiert. So seien auch die Zahlen und viele Erzählungen zu verstehen. Selbst bei grundlegenden Vorschriften wie den *hudûd*-Versen wurden Interpretationen geliefert, die ihre Absolutheit entschärfen. Die *hudûd* im Koran sind die Verse, die eine Strafe für bestimmte Verhalten vorschreiben; es sind die Unzucht, die Rebellion, Alkoholkonsum, Verleumdung und Diebstahl. Aus der Sunna wurden Apostasie, Unzucht und Homosexualität hinzugefügt. Die *hudûd* gehören zum

Recht Gottes und können von den Menschen nicht geändert werden, das heißt, der Vollzug der Strafe ist unvermeidbar.

Diese Normen waren im Islam immer ein Problem, das man ständig zu umgehen versuchte. Im Osmanischen Reich ignorierte man diese Strafen einfach und ersetzte sie durch Geldstrafen. In der Moderne führten die Scharia-Staaten Saudi-Arabien und Iran diese Strafen wieder ein, Tausende von Menschen verloren ihre Hände oder gar ihr Leben. Charour versucht das Problem mit einer neuen Interpretation zu lösen. Bei dem Vers „Der Dieb und die Diebin: Trennt ihnen ihre Hände ab als Lohn für das, was sie begangen haben, und als warnendes Beispiel von Allah" (5:38) interpretiert Charour, dass nicht eine Einzeltat, sondern eine wiederholte Straftat gemeint sei, die aus der Person einen Dieb mache; ansonsten hätte Gott gesagt: Wer stiehlt, bekommt die Hand abgehackt. Er hätte außerdem nicht von Reue und Sühne gesprochen, denn was nütze die Reue, wenn die Hand schon abgetrennt sei. Charour kommt zu dem Schluss, dass das Handabhacken eine Ausnahme und für Diebstahl das Höchste an Strafe sei, das man aussprechen könne; das sei der Sinn von *hudûd*, sie bedeuteten die höchste Grenze, das heißt, man könne für Diebstahl kein Todesurteil fällen.[48]

Die Koranisten haben in ihren Schriften alle möglichen Aspekte der islamischen Rechtsprechung behandelt und ihre eigenen Interpretationen entgegengesetzt. So konnten sie viele Fragen im modernen Sinn lösen. Sie begründeten die Gleichheit zwischen den Geschlechtern, die Überflüssigkeit der Geschlechtertrennung, die sexuelle Selbstbestimmung, die Gleichheit zwischen Muslimen und Nichtmuslimen, die Legalität des Zinses, die Glaubensfreiheit, die interreligiösen Ehen, die politischen und religiösen Rechte der Frauen, die Menschenrechte; sie plädierten kurz gesagt für einen säkularen Staat, in dem alle Menschen unabhängig von ihrem Glauben mit denselben Rechten und Pflichten leben können.

---

[48] Charour, *Al-kitâb wal qur'ân*, S. 551. Charour, Muhammad, *nahwa usûl djadîda lil fiqh al-islâmi. Fiqh al-mar'a*. Damaskus 2000, S. 96 ff.

Historisch gesehen stellt dieser Angriff auf die Sunna einen Meilenstein auf dem Weg der Modernisierung der islamischen Religion dar. Die Modernisierung der monotheistischen Religionen ist nur durch eine theologische Arbeit möglich – das hat zuerst das Christentum realisiert, Jahrhunderte später zog das Judentum nach. Im Islam scheiterte der Ansatz der Mu'taziliten, eine Theologie als Disziplin zu begründen. Stattdessen übernahm die Sunna diese Funktion und lenkte sie in Richtung des islamischen Rechts, *fiqh*, mit allem, was dies an Abhängigkeit von der Politik bedeutet. Rechtssystem und Politik gehen immer Hand in Hand. Als das politische System ab dem 9. Jahrhundert in einer militärischen Herrschaft erstarrte, galt dasselbe für das Recht, die Nachahmung ersetzte den *ijtihâd*, das wenige freie Denken, das noch existierte, erlöschte allmählich, der Niedergang der islamischen Zivilisation war unvermeidbar.

Was die Koranisten in Gang gesetzt hatten, war vor allem eine Zerstörung der Sunna als zweiter Pfeiler des Glaubens; mit ihrer neuen Interpretation des Korans lieferten sie Ansätze für eine mögliche neue Theologie, deren Grundlinien langsam sichtbar wurden. Mit der neuen Religionskritik nach dem Arabischen Frühling wird sich entscheiden, inwieweit dieser Weg weiterbeschritten wird.

Zusammenfassung

Im 19. Jahrhundert war die islamische Welt mit der Expansion und Dominanz des Westens konfrontiert und musste sich modernisieren, um weiterzubestehen. Die Aneignung westlichen Wissens war unvermeidbar und führte zur Etablierung wissenschaftlichen Denkens und zur vernünftigen Auseinandersetzung mit soziopolitischen und rechtlichen Fragen; davon war die Religion betroffen. Die Nahda wollte den reinen Islam wiederherstellen, praktisch den Islam modernisieren, und sie bediente sich in der Tradition der Mu'taziliten wieder der autonomen Vernunft.

Im Nationalstaat versuchte die Religionskritik, das säkulare politische System zu rechtfertigen. Aus dem Bereich der Koranexegese

5. Die Religionskritik in der Moderne

kamen neue Impulse, die die Religionskritik radikalisierten. Die Sunna wurde infrage gestellt und schließlich von den Koranisten abgelehnt; Ansätze einer Theologie im muʿtazilitischen Sinne zeichneten sich ab.

6. Die Religionskritik unter dem Islamismus

Die Spaltung der Nahda

In seinem Werk „*risâlat al-tawhîd*" hatte Muhammad Abdou wie vor ihm schon die Muʿtaziliten auf die Erschaffung des Korans hingewiesen. Das soll seinen Schüler Rashid Rida derart empört haben, dass er genau diesen Passus in der zweiten Edition des Buches streichen ließ. Erst Muhammad Amara, der 1972 die Gesamtwerke Abdous veröffentlichte, nahm den Passus wieder auf.[1] Schon diese Episode weist auf die Differenzen zwischen Abdou und seinem Schüler Rashid Rida hin. Noch deutlicher traten sie in der Koranexegese Abdous zutage, die von Rida in seiner Zeitschrift „Al-Manar" veröffentlicht wurde. Für seine Exegese bediente sich Abdou mehr der Vernunft und weniger der Sunna, die er zum großen Teil für nicht authentisch hielt. Für viele Angelegenheiten lieferten Koran und Sunna keine eindeutigen oder gar keine Lösungen, weshalb die individuelle rationale Interpretation, *taʾwîl*, unerlässlich sei, lehrte er. Nach seinem Tod setzte Rida die Arbeit an Abdous Exegese fort und änderte deren Methode. Im Vorwort zur Gesamtausgabe der Artikel unter dem Titel „*tafsîr al-manâr*" schreibt er: „Als ich nach seinem [Abdous] Tod die Arbeit allein weiterführte, bin ich von seiner Methode abgewichen und habe die Anwendung der authentischen

---

[1] Amara, Muhammad, *al-aʿmâl al-kamila lil imam Muhammad abdou*. Beirut 1972, Bd. III, S. 377–378

Sunna bezüglich der Erklärung des Koranverses und seiner Bestimmung ausgeweitet."[2] Muhammad Abdou starb 1905.

Trotz der Beibehaltung eines kritischen Umgangs mit der Auswahl der Hadithe näherte sich Rida immer mehr der klassischen Haltung, die die Sunna zur Erklärung des Korans verwendet. Theologisch blieb er ambivalent: Einerseits zögerte er nicht, manche Koranverse im Sinne der Nahda nach den modernen Erfordernissen frei zu interpretieren (*ta'wîl*), andererseits stützte er sich sehr stark auf die Sunna, die er wie die Salafisten übernahm. Die Ereignisse hatten ihn später dazu veranlasst, sich politisch auf die Seite der Salafisten, konkret der Wahhabiten, zu schlagen.

Nachdem sich das Osmanische Reich infolge des Ersten Weltkrieges aufgelöst hatte, stand der Aufbau von Nationalstaaten auf der Tagesordnung, damit eng verbunden war die Frage nach der Form eines solchen Staates. Den Anstoß gab die Türkei; nach dem Sieg der Revolution von Kemal Atatürk hatte die Nationalversammlung im November 1922 das Sultanat abgeschafft und ein religiöses Kalifat ohne politische Macht beibehalten. In der islamischen Welt war das Echo auf diese Entscheidung eher positiv, weil dadurch das Kalifat seine nationale türkische Prägung verlor und damit eine universelle Bedeutung gewann, kommentiert Nasr Hamid Abu Zaid in der Einführung zur zweiten Auflage eines Buches über das Kalifat, das die türkische Regierung veröffentlichen ließ.[3] Abu Zaid bemerkt auch, dass die Einheit der politischen und religiösen Macht in der Person des Kalifen in der Tat schon unter dem abbasidischen Kalifen al-Rashid (786–808) verloren gegangen sei, und er schildert die Entwicklung in den letzten tausend Jahren.[4]

Mit dem Beschluss von 1922 rückte die Frage in den Vordergrund, ob das Amt des Kalifats mit politischen Zuständigkeiten ausgestattet werden solle oder nicht, und beherrschte die öffentlichen

---

[2] Tafsir al-Manar. Kairo 1953, 4. Auflage, Bd. I, S. 16
[3] Sana Bey, Abdel Ghani (Übers.), Das Kalifat und die Macht der Nation. Kairo 1995, 2. Auflage (1. Auflage 1924) (*al-khilâfa wa sultat al-umma*)
[4] Ibid., S. 30 ff.

Die Spaltung der Nahda

Debatten. Schon vor dem Erscheinen der arabischen Übersetzung des Buches „Das Kalifat und die Macht der Nation" 1924 hatte Rashid Rida in seiner Zeitschrift „Al-Manar" eine Serie von sechs Artikeln veröffentlicht, die die Frage des Kalifats behandelten. Darin unterstrich er nach dem klassischen *fiqh*-Verständnis die Notwendigkeit des Kalifats als religiöse und politische Macht und schilderte die Voraussetzungen dafür. Dazu gehöre die Eigenschaft, ein Mitglied des Stammes des Propheten, der Quraisch, zu sein. Wenn allerdings keine entsprechende Person zur Verfügung stehe, könne man einen anderen Araber, und wenn nicht einen Araber, dann einen Fremden ernennen. Politisch unterschied Rida zwischen drei Strömungen in der islamischen Welt außerhalb der Arabischen Halbinsel: „Diejenigen, die den *fiqh*-Büchern folgen, diejenigen, die dem europäische System und seinen Gesetzen folgen, und die Reformer, die ihr selbstständiges Verständnis des *fiqh* und der Scharia-Erfordernisse mit ihrer tiefen Kenntnis der europäischen Zivilisation vereinen. Diese Strömung kann die Umma zusammenbringen und ihr zeigen, was zu tun wäre, um das Amt des Imamat zu beleben."[5] Er selber gehöre zur dritten Strömung.

Die erste Strömung umfasse die Ulema und das Volk, die einen islamischen Staat wollten, den *ijtihâd* aber ablehnten und daher unfähig seien, aus dem klassischen *fiqh* die notwendigen Gesetze für die Organisation eines modernen Staates herauszuarbeiten. Die zweite Strömung der Verwestlichten lehne das Kalifat ab und sei für die Trennung von Staat und Religion und damit praktisch für die Abschaffung der Scharia. Die dritte Strömung sei auf der Suche nach einem Kandidaten, für das Amt prädestiniert wäre Imam Muhammad Abdou, der aber verstorben sei. Rida analysierte die politischen Verhältnisse in den verschiedenen islamischen Regionen und kam zu dem Schluss, dass nirgends die Voraussetzungen für die Errichtung eines Kalifats vorhanden seien. Bald sollte sich die Situation jedoch ändern.

---

[5] Rida, Rashid, Das Kalifat. Kairo 2012, S. 62 (*Al-khilâfa*)

6. Die Religionskritik unter dem Islamismus

Im März 1924 hatte die türkische Nationalversammlung das Kalifat abgeschafft, kurz danach veröffentlichte Scheich Abdelraziq seine Arbeit „Der Islam und die Grundlagen des Regierens". Die Empörung in der islamischen Welt war enorm, die öffentliche Debatte in Ägypten sehr hitzig. Rida, wie Abdelraziq ein Schüler von Muhammad Abdou, positionierte sich gegen Abdelraziq, was die endgültige Spaltung der Nahda bedeutete. Rida forderte die Azhar-Universität auf, den Scheich zu entlassen. Ein Jahr später, am 12. August 1925, wurde Abdelraziq aus den Reihen der Gelehrten ausgeschlossen und aus seinen Ämtern in der Lehre und als Scharia-Richter entlassen.[6] Seitdem stand Rida bis zu seinem Tod 1935 endgültig auf der Seite der Salafisten. Seine Hauptfeinde wurden die Verwestlichten, deshalb war sein Hauptanliegen die Bekämpfung westlicher Einflüsse. „Anfang der Zwanzigerjahre war Rashid Rida verbittert zu entdecken, dass seine Hauptwidersacher nicht die der Tradition verbundenen Ulema von al-Azhar sind, sondern die westlich gebildeten Säkularisten, die bereit waren, seine eigenen utilitaristischen Prinzipien über die Grenzen hinaus, die ihm sein intellektueller Hintergrund auferlegt hat, zu schieben … Die Heftigkeit seiner Angriffe auf Ali Abdelraziq sind teilweise … nicht nur wegen seiner Forderung des Säkularismus, sondern weil er sich in seiner historischen Analyse auf Prämissen stützt, die nicht viel anders sind, als die von ihm selber adoptiert."[7]

1926 gehörte Rida zu denen, die zu einem Kongress aufriefen, mit dem Ziel, einen Kalifen zu wählen. Der Kongress fand in Kairo statt und scheiterte, die Delegierten konnten sich nicht für einen der drei Kandidaten entscheiden. Zwei Jahre später gründete Hassan al-Banna die Bewegung der Muslimbruderschaft. Ihr Hauptziel: die Wiederherstellung des Kalifats. Damit war von Anfang an ein Gegner des sich herausbildenden Nationalstaats entstanden.

---

[6] Im Jahre 1946 wurde er rehabilitiert.
[7] Kerr, Malcolm H., Islamic Reform. The political and legal Theories of Muhammad 'Abduh and Rashid Rida. Los Angeles 1966, S. 205

Die Nahda und die Salafisten

Zwischen der Nahda und dem Salafismus bestehen viele Gemeinsamkeiten. In ihren Bestrebungen, den Islam ihrer Zeit zu reformieren, beziehen sich beide auf die Altvordern, die *salaf*. Diese fundamentalistische Haltung sorgt jedoch für Verwirrung, weil sich hinter der formalen Ähnlichkeit grundlegende inhaltliche Differenzen verbergen. Die aufgeklärten Denker der Nahda wollen die Haltung der ersten Muslime wiederbeleben, bei denen Glaube und Vernunft Hand in Hand gingen, was in der Theologie der Mu'taziliten ihren Höhepunkt fand. Diese Bestrebungen erlitten unter dem Kalifen al-Mutawakkil, der sich für eine Parteinahme für die Traditionalisten, *ahl al-sunna*, entschied, einen harten Schlag. Die Salafisten ihrerseits wollen den Koran und die Praxis der *salaf* und des Propheten, wie sie in der Sunna wiedergegeben sind, in der modernen Zeit wiederherstellen. Sie verleugnen jede historische Kritik, insbesondere die Tatsache der Spätredaktion des islamischen Kulturguts, dessen Inhalt sie als historische Fakten betrachten. Für die Aufklärer ist die Vernunft unerlässlich, um die Religion zu verstehen; für die Wahhabiten ist hingegen die Bekämpfung der Vernunft essenziell, Koran und Sunna werden wörtlich verstanden, die in der Sunna wiedergegebene frühe Praxis muss befolgt werden.

Daher steht der Begriff „wahrer Islam" bei den Aufklärern für einen vernünftigen Islam, der durch die Vernunft aktualisierbar ist und die Anpassung an die Moderne erlaubt. Für die Salafisten bedeutet er die Wiederherstellung des frühen Islam. Beide Strömungen sind sich jedoch darin einig, dass dafür eine Reinigung des Islam notwendig ist. Beide sind deshalb gegen den Volksislam, wie er im Sufismus und im traditionellen Islam verkörpert ist, und um ihre Ziele zu erreichen, sehen beide die Notwendigkeit der Abschaffung der Nachahmung und die Rehabilitierung des *ijtihâd*. Jedoch darf bei den Salafisten diese Betätigung des Geistes auf keinen Fall zur freien Ausübung der Vernunft führen. Sie dient nur der Säuberung der Erneuerungen, *bida'*, um den wahren Islam der *salaf* zu sichern. Das bedeutet das Festhalten an Koran und Sunna sowie die

Praxis der *salaf*; alles, was danach dazugekommen ist – Theologie, Philosophie, die Rechtsschulen und der Sufismus –, muss entfernt werden, ein Großteil der islamischen Geschichte fällt dann aus. Bei den Aufklärern gilt die Anwendung der Vernunft ohne Einschränkung sowie die vorbehaltlose rationale Interpretation, *ta'wîl*; sie ist auch notwendig für die Aufnahme aller Erneuerungen. Ihre Absicht besteht nicht in der Abschaffung der Geschichte, sondern in deren Weiterentwicklung.

Beide Strömungen sind gegen den Westen gerichtet. Die Aufklärer wollen sich dessen Errungenschaften aneignen, um gleichberechtigt an der Moderne teilzunehmen. Die Salafisten lehnen den Westen ab, bekämpfen ihn mit allen Mitteln, wenn nicht mit Waffen, dann durch Abschottung; sie versuchen ihn aus ihrem Leben zu verbannen. Ein Hauptgrund, warum Rashid Rida den saudischen König bei seiner Eroberung des Hedschas unterstützte, war die Verwicklung seines Gegners, des Haschimiten Hussein ibn Ali, mit den Briten, die diesen als König im Hedschas und seine Kinder als Könige im Irak und Jordanien eingesetzt hatten. Hier muss man wieder betonen, dass die Aufklärer die Erstarkung des Islam durch den Aufbau eines modernen Nationalstaates verfolgten, die Salafisten in der Errichtung eines Scharia-Staates nach dem Vorbild des Staates von Muhammad in Medina.

Die Reaktion der ahl al-sunna

Mit den großen Entdeckungen ab dem 15. Jahrhundert begann Europa seine Herrschaft über die Welt auszudehnen. Das Herrschaftsgebiet des Islam wurde immer weiter regionalisiert und verlor in der neuen Weltökonomie allmählich an ökonomischer und politischer Bedeutung. Zur Zeit des Merkantilismus (16.–18. Jahrhundert) wurden Teile Amerikas, Asiens und Afrikas kolonisiert. Nach der Industriellen Revolution setzte die Anbindung der ganzen Welt an Europa im Rahmen eines kapitalistischen Weltmarktes ein, dann folgte die direkte politische Kolonialherrschaft, die westlichen Imperien entstanden. Die Muslime, deren Reiche für Jahrhunderte die größten der Welt waren und die über viele Völker herrschten, standen nun selber unter europäischer Kolonialherrschaft, sie stürzten in eine tiefe Identitätskrise. Deswegen fanden islamische Erweckungsbewegungen, politische wie religiöse, einen regen Zulauf.

Der indische Subkontinent

Mit dem Zerfall der islamischen bzw. dem Zuwachs der britischen Herrschaft auf dem indischen Subkontinent entwickelten sich sogenannte Erneuerungsbewegungen mit ähnlichen Zielen wie die der Wahhabiten Arabiens. Sie beabsichtigten die Stärkung eines religiösen islamischen Lebens einerseits durch die Ausrottung der vom Hinduismus ererbten Bräuche und Rituale und anderseits durch eine klare Darstellung des islamischen Rechts, damit dieses das islamische Leben besser und straffer begleiten konnte. Hauptfigur der Bewegung war Schah Waliullah (1703–1762),[8] ein Zeitgenosse Ibn Abdelwahhabs. Er war der erste Islamreformer, der die Gefahren des westlichen Modernismus für den Islam begriffen hatte, und war Zeuge des Verfalls des Mogulreiches (1526–1858). Er predigte den Dschihad und lehrte, dass die politische und militärische Herrschaft der Muslime um jeden Preis erhalten bleiben müsse. Seine Ideen wurden später von der Bewegung der Mudschahidin (Gotteskrieger) übernommen, die unter der Leitung ihres Führers Sayyid Ahmed Barelvi (1786–1831), eines ausgewiesenen Wahhabiten, sich noch intensiver und deutlicher für die Erhaltung der muslimischen Gemeinschaft in Indien und die Bekämpfung aller hinduistischen Einflüsse im privaten und sozialen Leben der Muslime einsetzte. Er ging so weit, die politische Spaltung von den Hindus zu betreiben, und gründete in der Tat ein theokratisches Fürstentum, das 1831 von den Sikhs überrannt wurde, wobei er sein Leben verlor.

---

[8] Vgl. Brown, Daniel W., Rethinking tradition in modern Islamic thought. Cambridge 1996, S. 21 ff.

6. Die Religionskritik unter dem Islamismus

Mit der Absetzung des letzten Mogul-Kaisers durch die Briten im Jahre 1858 endete auch die formale islamische Herrschaft, die Muslime wurden zu einer Minderheit in einem nichtislamischen Staat. Indien wurde zum Gebiet des Krieges bzw. des Unglaubens, *dâr al-harb*, und ein guter Muslim sollte nach *dâr al-islam* auswandern, also in das Gebiet des Islam. Die wichtigsten muslimischen Bewegungen entschieden sich für die innere Migration, für einen inneren Rückzug in die Festung ihres Glaubens.

Die erste war die 1867 entstandene Deobandi-Bewegung, aus der die heutigen Taliban in Afghanistan stammen. Sie berief sich auf die Tradition von Schah Waliullah und war streng fundamentalistisch ausgerichtet. Sie bezweckte die Wiederbelebung des frühen Islam und seine Reinigung von Fremdeinflüssen als Grundlage für eine starke islamische Identität. Dabei konzentrierte sie sich auf das Studium des Hadith und betrieb eine rege *fiqh*-Aktivität, um alle erdenklichen Lebenssituationen in einem nichtislamischen Staat nach der Sunna zu regeln. Die zweite war die 1904 entstandene Sufi-Bewegung der Barelwi. Sie zielte auf die Stärkung der islamischen Identität bei gewöhnlichen Leuten mithilfe der Propagierung der Scharia durch angesehene Mittler wie die Sufi-Scheichs. Sie hatte einen ähnlich abgrenzenden Effekt wie die Deobandis.

Aus der Deobandi-Bewegung sind zwei Strömungen hervorgegangen, die sich für die völlige Abgrenzung von ihrer Umwelt einsetzten. Die erste war die *djamâ'at al-tablîgh* (1927), die sich ganz auf die eigene Gemeinschaft zurückziehen wollte und deshalb eine totale Abschottung betrieb, ohne den umgebenden Staat ändern zu wollen. Sie verkörperte die vollkommene Form des islamischen Kommunitarismus. Die zweite war die von Abu al-A'la Mawdudi (1903–1979) 1941 gegründete *djamâ'at al-islâmiya*, die sich ähnlich abschottete, aber für die Errichtung des idealen islamischen Staates kämpfte. Mit ihrer *haqimiyat-allah*-Theorie der Herrschaft Gottes traf sie sich mit der oben erwähnten Dschihadi-Strömung. Diese Bewegung spielte eine entscheidende Rolle in der Spaltung Indiens und der Entstehung Pakistans 1947.

Die Reaktion der ahl al-sunna

Alle diese Bewegungen wollten die Sunna als Hauptquelle des Rechts wiederbeleben, um ein schariakonformes Leben zu fördern und sich von der Umwelt abzuschotten. Sie stimmten mit den Wahhabiten weitgehend überein, suchten aber keine Konfrontation mit den Sufis und den Rechtsschulen. Für die *ahl al-hadith* von Nazir Husayn (1805–1902), einem Hadith-Gelehrten, die direkt aus der Tradition Walliullahs stammten, war die Sunna des Propheten die Hauptquelle des Rechts neben dem Koran. Beide sollten wortwörtlich verstanden werden, andere Interpretationen seien unzulässig; deshalb seien die Rechtsschulen überflüssig, gültig sei nur die hanbalitische Rechtsschule in der Auffassung von Ibn Taimiya, weil sie diese Voraussetzungen erfülle. Die Erneuerung und der Aberglaube müssten ebenfalls bekämpft werden. Die Lehre dieser Bewegung war deckungsgleich mit der der Wahhabiten, für beide waren Sufis und Schiiten keine echten Gläubigen. Beide Bewegungen unterhielten enge Beziehungen untereinander, die Wahhabiten fanden oft Zuflucht in Indien bei den *ahl al-hadith*, z. B. nachdem ihre Hauptstadt Riyad 1891 an ihre Feinde verloren ging. Die Inder trafen die Wahhabiten in Mekka auf der Pilgerfahrt.

Der Wahhabismus

Der Wahhabismus ist einerseits eine Reaktion auf die Herrschaft der Stämme in Arabien, die in Wirklichkeit nie richtig islamisiert waren und eher nach ihren Stammesregeln und dem Gewohnheitsrecht lebten, und anderseits auf die Herrschaft der Osmanen, die sich von der Lehre der frommen Altvorderen des Frühislam, *al-salaf al-sâleh*, weit entfernt hatten. Muhammad Ibn Abdelwahhab (1703–1792), der der sunnitischen Rechtsschule der Hanbaliten angehörte, wollte in Arabien den Islam reformieren, daher predigte er die Rückkehr zum wahren Islam der *salaf*. Dies sei der reine Monotheismus (*tawhîd*), der nur die Anbetung Gottes dulde. Er verurteilte deshalb alle anderen Formen der Verehrung von Heiligen, Schreinen und Grabstätten und lehnte die Anwendung der Ratio für die Koranexegese ab. Für

6. Die Religionskritik unter dem Islamismus

ihn galt allein der literalistische Sinn des Textes, insoweit verbaute er den Weg zur Erneuerung des Islam. Der wahre Islam sei in der Praxis der *salaf* zu finden, alles, was später dazugekommen ist wie der Mystizismus, der Asketismus, die Bruderschaften und die Rituale, die nicht im Koran vorgeschrieben sind, betrachtete Ibn Abdelwahhab als verwerfliche Erneuerungen (*bidaʿ*), die beseitigt werden müssen. Er folgte damit seinem Lehrmeister, dem Hanbaliten Ibn Taimiya (1263–1328), der in seiner Zeit auch die Rückkehr zu den *salaf* predigte und die Erneuerungen bekämpfte. Insoweit war der Wahhabismus puritanistisch. Sein Rigorismus war extrem, Muslime waren in seinen Augen nur diejenigen, die seiner Lehre folgten, alle anderen galten als Ungläubige und mussten bekämpft werden. Damit hatte er zwei Kategorien wiederbelebt, die bei den späteren Islamisten verheerende Auswirkungen haben sollten: den *takfir* (Abfall vom Islam) der anderen Muslime und die Pflicht des Dschihad.

Das Bündnis Ibn Abdelwahhabs mit einem Stammesführer, Muhammad Ibn Saud, im Jahre 1744 verlieh der Bewegung der Wahhabiten die notwendige Schlagkraft für die Unterwerfung der Stämme. Die Wahhabiten erklärten ihnen und dem Osmanischen Reich den Heiligen Krieg. 1773 eroberten sie Riad und gründeten einen islamischen Staat, in dem die Menschen ganz nach den Geboten der gereinigten Scharia ein puritanistisches, pietistisches Leben führen konnten. Man ging so weit, Musik und Tabak zu verbieten. Im Auftrag des osmanischen Sultans zerschlugen die Gouverneure von Ägypten die Wahhabiten mehrmals, der letzte Expansionsversuch der Wahhabiten bzw. der Saudi begann 1921 mit der Eroberung der Provinz Nadschd, dann 1925 der Provinz Hedschas mit ihren heiligen Städten Mekka und Medina. 1932 wurde das Königreich Saudi-Arabien nach dem siegreichen Krieg gegen den Jemen gegründet.

Die Frage der Orthodoxie

Nach 1924 bestand die islamische Landschaft aus drei Lagern, die sich bekämpften. Im ersten Lager befand sich der traditionelle Islam. Er war von der asch'aritischen Theologie dominiert und umfasste die vier Rechtsschulen der Hanafiten, Schafiiten, Malekiten und Hanbaliten, die nebeneinander mit eigenen Richtern und unterschiedlicher Rechtsprechung bestanden. Die Menschen folgten der Lehre je einer Schule und hielten sich an ihre Vorschriften, das nennt man Nachahmung, *taqlîd*. Ein Zugang zu den originalen Quellen Koran und Sunna war nicht mehr gegeben, man beschränkte sich auf die Interpretation der Gelehrten der jeweiligen Schulen. Dazu kamen die Sufi-Orden: Die gesamte Gesellschaft war in den Bruderschaften, *tarîqa*, organisiert, selbst der Sultan gehörte einer *tarîqa* an. Ihre Anhänger folgten dem Scheich, und auch hier war eine Beschäftigung mit den Urquellen nicht gegeben. Man hielt sich jedoch wenig an die Scharia, weil man glaubte, die Befolgung des Sufi-Pfads führte zu einer besseren und tieferen Erkenntnis Gottes.

Das wollten die Aufklärer der Nahda ändern. Sie kehrten zu den Urquellen zurück, um sie nach ihrem modernen Verständnis zu interpretieren, damit setzten sie den *taqlîd* aus und aktivierten den *ijtihâd*. Sie waren von der Vereinbarkeit von Vernunft und Glauben im Islam überzeugt, weshalb sie auf die rationale Tradition des frühen Islam fokussierten, die mit den Mu'taziliten ihren Höhepunkt erreicht hatte, um mit Gewalt unterbrochen zu werden. Sie wollten diese Tradition fortsetzen und den Islam der *ahl al-sunna*, der sich seitdem durchgesetzt hatte, umgestalten. Unter Beschuss geriet die zweite Säule des Islam, die Sunna, die al-Schafi'i als zweite Quelle des *fiqh* neben dem Koran eingeführt hatte. Sie wurde von den meisten Aufklärern abgelehnt oder mit großer Vorsicht behandelt. Mit dem Verdrängen der Sunna stellte sich das Problem der Koranexegese, die bislang weitgehend mithilfe der Sunna stattgefunden hatte. Die Aufklärer setzten dagegen auf die rationale Deutung, *ta'wîl*, mithilfe der modernen Wissenschaften. Was die Rechtsschulen betrifft, setzten die Aufklärer auf eine eklektische Haltung, *talfîq*, die Verpflichtung einer einzigen Rechtsschule zu befolgen hoben sie auf, sie bedienten sich bei allen, wenn sie eine rational nachvollziehbare Lösung fanden, wurde sie genommen.

6. Die Religionskritik unter dem Islamismus

Auch die Salafisten stellten den traditionellen Islam infrage. Sie lehnten das gesamte kulturelle Gebäude, das die Tradition im Laufe von Jahrhunderten errichtet hatte, als religionsfremde Erneuerungen ab. Sie wollten zurück zum Koran, hauptsächlich aber zu der Praxis der *salaf*, der Altvorderen, wie sie in der Sunna festgehalten ist. Deshalb lehnten sie den *taqlîd* ab und förderten den *ijtihâd*. Diese geistige Anstrengung sollte allerdings mit dem freien autonomen Denken wenig zu tun haben, sondern diente allein der Reinigung der Religion und der Befolgung der wahren Sunna. Deshalb studierten die Salafisten überall die Sunna und versuchten ihre Lebenspraxis danach zu richten. Sie waren und sind rückwärtsorientiert.

Derjenige, der diese Auffassung vertrat, war Ibn Taimiya, der die Lehre der hanbalitischen Rechtsschule zu einem umfassenden System weiterentwickelt hatte. Seine Haltung war von den mongolischen Invasionen bestimmt, die zu seiner Zeit die Existenz des islamischen Reiches ernsthaft bedrohten. 1258 eroberten die Mongolen den Sitz des Kalifats Bagdad und ermordeten den Kalifen. Ibn Taimiya musste als Kind mit seiner Familie vor ihnen nach Damaskus fliehen. Das islamische Reich lag zerstritten und mutlos am Boden. Durch eine strikte Einhaltung der Sunna, dachte Ibn Taimiya, sei der Zusammenhalt und der Mut der Muslime zu stärken. In seinem enzyklopädischen Werk bekämpfte er die Spuren der Vernunft überall, wo sie zu finden waren, es galt allein die Befolgung der Sunna – eine Militarisierung der geistigen Kultur, der das freie Denken als überflüssiger Luxus galt. Es verwundert nicht, dass Ibn Taimiya, der einen alleinigen Anspruch auf die Wahrheit erhob, die restlichen Rechtsschulen nicht dulden konnte. Zu seinen Lebzeiten bereitete ihm das Schwierigkeiten und behinderte die Verbreitung seiner Lehre, die erst mit Ibn Abdelwahhab im 18. Jahrhundert unter ähnlichen Verhältnissen eine Renaissance erlebte. Diesmal war die islamische Welt vom Westen bedroht. Die negative Haltung Abdelwahhabs den anderen Rechtsschulen gegenüber brachte nach Jahrhunderten der Ruhe die Frage der Orthodoxie wieder auf die Tagesordnung.

Diese Frage war noch offen; was historisch erreicht worden war, war eine Art Mehrheitsislam, der unterschiedliche Rechtsschu-

Die Frage der Orthodoxie

len umfasste und von der Politik unter Kontrolle gehalten wurde. Überall gab es Militärherrschaften, die sich mit Gewalt ablösten. Eine Gruppe besiegte und ersetzte ihre Gegner an der Macht, ohne jedoch die Stabilität des politischen Systems zu gefährden. Die europäische Expansion in der Moderne erschütterte diese Stabilität und schwächte die politischen Kontrollen, es traten die alten Sektenkonflikte wieder auf. Im Mittelalter hatten muslimische Staatstheoretiker wie al-Mawardi (972–1058) die Stabilität der Militärherrschaft legitimiert. Sie erfanden den Begriff der Herrschaft durch Usurpation, *imârat al-istilâ'*: Eine mit Gewalt errungene Macht sei gültig, wenn sie die formelle Bestätigung durch den Kalifen erhalte. Al-Ghazali (1055–1111) ging einen Schritt weiter und postulierte, dass der Kalif jeden Usurpator der Macht bestätigen müsse, um die Anarchie zu vermeiden. Die Bestätigung sei wichtig, um jeden Widerstand legal zu unterdrücken. Selbst wenn er verdorben, ungerecht und gewalttätig wäre, sei dem Kalifen zu gehorchen, solange er dafür sorge, dass die Scharia in der Gesellschaft herrsche. Die Bestrafung der Rebellion gehöre zu den *hudûd* (Recht Gottes) im Koran: „Der Lohn derer, welche Allah und seinen Gesandten befehden und Verderben auf der Erde betreiben, ist nur der, dass sie getötet und gekreuzigt oder an Händen und Füßen wechselseitig verstümmelt oder aus dem Lande vertrieben werden. Das ist ihr Lohn im Diesseits, und im Jenseits wird ihnen eine schmerzliche Strafe zuteil." (5:33) Dieses theoretische Konstrukt hatte lange für Stabilität gesorgt.

Ibn Abdelwahhab zerstörte diese Stabilität, er rebellierte gegen den Kalifen, dem er vorwarf, vom Islam abgefallen zu sein, *takfîr*. In diesem Fall sei es eine Pflicht, ihm den Heiligen Krieg, Dschihad, zu erklären. Der Dschihad richtete sich nicht gegen den Kalifen allein, sondern gegen alle Muslime, die die Lehre Abdelwahhabs nicht befolgten. Wegen der Rückständigkeit und Marginalität seines kulturellen Milieus in der Stammesgesellschaft Arabiens war diese Lehre eine flache und geistlose Übernahme der Lehre Ibn Taimiyas und eine blinde Nachahmung der Praxis des Propheten, wie sie in Tradition zu finden ist; wer etwa nicht mit der rechten Hand aß, wurde als Apostat betrachtet und musste bekämpft werden. Jede Änderung der Praxis der *salaf*, so klein sie auch war, wurde als Beigesellung betrachtet und führte zur Apostasie.[9] Und es bedeutete, dass die Lehre Abdelwahhabs als die einzige orthodoxe galt. Das nahm der Rest der Muslime nicht einfach hin, ein langer Konflikt entstand, der bis heute andauert.

Mit der Gründung der Muslimbruderschaft in Ägypten 1928 bekamen die Salafisten eine bedeutende Verstärkung. Diese Bewegung verkörperte den politischen Islam, der das Kalifat wiederherstellen wollte. Der Wahhabismus hatte sich nicht für das Kalifat eingesetzt, er lehrte, dass nach der Herrschaft der ersten vier rechtgeleiteten Kalifen das Kalifat beendet und von einem Königtum ersetzt worden sei. Das sei eine Erneuerung und eine Verirrung, die wie alle anderen Erneuerungen im traditionellen Islam nicht zur Religion, sondern zur Nachahmung, *taqlîd*, gehörten. Deshalb boten die Wahhabiten keinen Ersatz zum osmanischen Kalifat. Sie wollten nur die Herrschaft des Korans und der Sunna, das heißt einen Scharia-Staat errichten, was auch geschah; Saudi-Arabien ist das Ergebnis eines Bündnisses zwischen Muhammad Ibn Abdelwahhab und Muhammad Ibn Saud im 18. Jahrhundert, die Saudis haben keine religiöse Legitimierung, sie sind nicht einmal aus dem Stamm Quraisch des Propheten. Eine Trennung zwischen politischer und religiöser Macht ist gegeben, wobei die erste das letzte Wort hat.

Der Aufstieg des politischen Islam

Wie bei den Wahhabiten bildet auch bei den Muslimbrüdern Ibn Taimiya den Ausgangspunkt. Sie teilen dieselbe hanbalitische Auffassung, unterscheiden sich jedoch in einem wichtigen Punkt, nämlich dem Umgang mit der Moderne. Die Wahhabiten sind rückwärts orientiert, lehnen die Moderne kategorisch ab. Die Muslimbrüder lehnen die Moderne nicht ab, sie wollen sie aber in die Vergangenheit integrieren. Man kann die Differenz folgendermaßen for-

---

[9] Vgl. Al-Azmeh, Aziz, Muhammad ben Abdel Wahab. Beirut 2000, S. 67

mulieren: Die Wahhabiten lehnen alles ab, was nicht ausdrücklich von den *salaf* erlaubt ist; die Muslimbrüder akzeptieren alles, was von den *salaf* nicht ausdrücklich verboten ist. Diese Verschiebung der Perspektive gewährt den Muslimbrüdern einen weiten Handlungsspielraum und täuscht viele, die glauben, sie seien eine Erneuerungsalternative zu den säkularen Islamreformern. Sie bezeichnen sich selber als Salafireformer, damit unterstreichen sie den Unterschied zu den wahhabitischen Salafisten.

Die Folge dieser Unterscheidung ist der ständige Versuch der Muslimbrüder, die Moderne in den Islam zu integrieren, das heißt zu islamisieren. Der Ägypter Scheich Tantawi Jawhari (1862–1940), der später einige Zeit lang das Zentralorgan der ägyptischen Muslimbrüder leitete, veröffentlichte ab 1922 eine Koranexegese in 25 Bänden. Wie er im Vorwort zu seinem Werk schreibt, wollte er die Muslime dazu bewegen, sich den westlichen Wissenschaften zu öffnen und sie zu übernehmen, damit sie den Westen zivilisatorisch überträfen. Er schreibt auch, dass das islamische Recht auf circa 150 eindeutigen Versen im Koran basiere. Dagegen seien die 750 Verse, die vom Universum (*al-kawniyât*) handelten, bislang ignoriert worden. Sie seien als Anregung zur Bewunderung der Schöpfung, aber nicht als Quelle des wissenschaftlichen Wissens von den traditionellen Exegeten betrachtet worden.[10] Der Ansatz Jawharis war anfangs unter den Muslimen umstritten, von Rashid Rida wurde er sogar abgelehnt.[11] Heute haben die Islamisten diese Art des Umgangs mit dem Koran durchgesetzt. Überall beschäftigen sich muslimische Gremien damit, die Spuren neuer weltlicher Entdeckungen im Koran nachzuweisen.

Ein Zeitgenosse Jawharis war der in der Türkei lebende Said Nursi (1876–1960). Er hatte dasselbe Anliegen, nämlich die Islamisierung der Wissenschaften. Seine Methode beschränkte sich jedoch

---

[10] Jawhari, Tantawi, Die Juwelen in der Exegese des edlen Korans. Kairo, 1931, 2. Auflage, Bd. I, S. 3 (*al-jawâher fi tafsîr al-qur'ân al-karîm*)

[11] Ennaifer, H'mida, Les commentaires coraniques contemporains. Analyse de leur méthodologie, Rom 1998, S. 55

6. Die Religionskritik unter dem Islamismus

nicht auf halsbrecherische geistige Akrobatik. Sie ging einen Schritt weiter und setzte die Naturwissenschaften in Beziehung zu den im Koran erwähnten 99 Namen Gottes, was der Methode eine seriöse theologische Glaubwürdigkeit verleihen sollte. Nursi schreibt: „Genauso hat der urewige Designer diesen Kosmos in einer solchen Weise entworfen und gezeichnet, das alles, was da ist, in vielerlei Hinsicht Seine unendliche Vollkommenheit, Seine Namen und Seine Eigenschaften bekannt gibt und zum Ausdruck bringt, um Seine Vollkommenheit, Seine Schönheit und die Wahrheit Seiner Namen aufzuzeigen."[12] In seiner Koranexegese „Risale-i nur" stützte sich Nursi hauptsächlich auf die Sunna. Sein Schüler Fethullah Gülen folgte demselben Weg, war politisch engagiert und verhalf dem Islamisten Recep Tayyip Erdogan entscheidend zur Ergreifung der Macht.

Trotz dieser Unterschiede haben Salafisten und Salafireformer sehr eng kooperiert, insbesondere nach der Expansion der Muslimbruderschaft außerhalb Ägyptens mit der Etablierung regionaler Organisationen in der arabischen Welt, später durch ihre Präsenz im Westen, wo sie 1964 die Weltorganisation der Muslimbruderschaft in München gründeten.[13] Durch ihre strenge Ideologie war es den Saudis praktisch verboten, außerhalb ihres Landes zu reisen, denn dort herrschte überall der Unglaube; die Muslimbrüder waren ihre Vertreter in der Welt und wurden kräftig von ihnen unterstützt. Im Westen werden sie überall von den Saudis und den Golfstaaten finanziert, und diese undurchsichtige Finanzierung läuft immer unter dem Titel Privatspende.

Dieses Vorgehen hat es dem politischen Islam erlaubt, international ein Netzwerk von Organisationen und Moscheevereinen aufzubauen und zum Hauptansprechpartner der jeweiligen Regierungen zu avancieren. Um seinen friedlichen Charakter im Gegen-

---

[12] Nursi, Said, Worte. Köln 2003, S. 577
[13] Vgl. Meining, Stefan, Eine Moschee in Deutschland. Nazis, Geheimdienste und Aufstieg des politischen Islams im Westen. München 2011; Johnson, Ian, A Mosque in Munich. Nazis, the CIA, and the Rise of the Muslim Brotherhood in the West. New York 2010

satz zum gewaltbereiten Dschihadismus zu unterstreichen, wird er in der Bundesrepublik in den Berichten des Verfassungsschutzes als legalistischer Islamismus gekennzeichnet. Doch diese Unterscheidung täuscht, denn alle dschihadistischen Bewegungen stammen aus der Muslimbruderschaft, nicht zuletzt eine Person wie Al-Bagdadi, der Begründer des „Islamischen Staates" in Syrien und dem Irak (Daesh). Sie alle haben dieselbe religiöse Ideologie, wollen einen islamischen Staat errichten, manche durch den Gang durch die Institutionen, die sogenannten Legalisten, andere sofort und mit Gewalt. Sie halten beide Optionen bereit. Das führt dazu, dass immer wieder eine Gruppe die Geduld verliert und zu den Waffen greift. Die Hunderte, die aus Deutschland nach Syrien gingen, um auf der Seite des „Islamischen Staates" zu kämpfen, wurden in den legalistischen Moscheen radikalisiert.

Der Kampf um den Nationalstaat

Nach dem Scheitern des letzten Kongresses zur Errichtung des Kalifats in Jerusalem 1931 entschieden sich die Muslimbrüder dafür, dieses Ziel zu verschieben. Sie wollten zunächst mit der Islamisierung der muslimischen Gesellschaften beginnen, um später, wenn es so weit war, die Forderung nach dem Kalifat zu stellen. Das war ein scheinbar legalistischer Weg, scheinbar deswegen, weil parallel zur öffentlichen Bewegung eine Geheimorganisation gebildet wurde, die für die späteren Attentate verantwortlich war. Das Doppelgesicht dieser Bewegung besteht bis heute.

Das Problem des Nationalstaats waren nicht die Muslimbrüder, sondern es war die Schwäche der sozialen Gruppen, die den liberalen Staat tragen sollten. Die Kontrolle der nationalen Bourgeoisien über ihre Gesellschaften war eingeschränkt, die religiösen Institutionen waren sehr stark und gewannen jede Schlacht gegen die liberalen Intellektuellen, ob Taha Hussein oder Ali Abdelraziq. Der liberale Nationalstaat war unter dem Schutz und durch die Duldung der Kolonialmächte entstanden. Nach dem Erlangen der Unabhängigkeit Ende des Zweiten Weltkriegs brauchte er nur einen Stoß, um zusammenzufallen.

Dies geschah 1948 mit der Entstehung des Staates Israels und dem Versagen der arabischen Armeen im Kampf gegen diesen Staat. Das Militär, das die Regierungen für die Niederlage verantwortlich machte und die Macht an sich riss, begann mit dem Aufbau von autoritären Regimen. Als Vorbild diente die Sowjetunion, eine Vorliebe hatte man jedoch auch für Titos Jugoslawien, das ein Maß an Selbstständigkeit behielt. Der Gesellschaft wurde ein Säkularismus verordnet, Kopftücher waren nicht mehr zu sehen. Unter dem Banner des Arabismus und Sozialismus sollten die Säkularen den Staat unterstützen und sich in sogenannte nationale Fronten oder Einheitsparteien eingliedern. Wer das ablehnte, landete im Gefängnis, ging ins Exil oder wurde umgebracht. So wurde die demokratische Elite gezähmt und dezimiert. Wer opponieren wollte, war nun auf den politischen Islam angewiesen.

Die demokratischen Kräfte wurden vom Westen nicht unterstützt. Der setzte vielmehr auf die Islamisten, die er als natürliche Verbündete in seiner Konfrontation mit dem Ostblock betrachtete. Der Westen ging sogar aktiv gegen die säkularen autoritären Regime vor. Die USA unterstützten die Gründung der islamischen Weltliga 1962 in Mekka, die gegen Jamal Abdel Nasser gerichtet war. Der Verfasser ihrer Satzung war Said Ramadan, der Chef der internationalen Organisation der Muslimbruderschaft. Das Ziel war die Bekämpfung des Kommunismus und des arabischen Sozialismus.

Nach der erneuten Niederlage der arabischen Armeen gegen Israel 1967 wurde das Versagen der Militärdiktaturen offensichtlich, der Aufstieg des politischen Islam war nicht mehr zu bremsen. Auf dem Gipfel der Arabischen Liga in Khartum 1967 war die Hegemonie der Saudis deutlich. Um den Zulauf der Menschen zu den Islamisten zu halten, begannen die Regime, den Staat zu islamisieren, indem sie z. B. die Scharia als eine Quelle der Gesetzgebung in ihren Verfassungen aufnahmen. So konnten die Islamisten ihr Programm umsetzen, ohne an der Macht beteiligt zu sein. Mit dem Sieg der Islamischen Revolution in Iran 1979 bekam der Islamismus einen kräftigen Schub. Nun war die Rede von der „islamischen Erweckung", *al-sahwa al-islâmiya*. Ein Haupttheoretiker dieses Phänomens ist Scheich Yusuf al-Qaradawi, der Chefideologe der Muslimbruderschaft, der schon 1980 diesen Begriff benutzte. 1984 sammelte er seine Artikel in seinem Buch „Die islamische Erweckung zwischen Zweifel und Extremismus",[14] es folgten mehrere Schriften wie etwa ein Buch von 1988, in dem er unter anderem die Beziehung zwischen Salafismus und Erneuerung erklärt.[15] Der Salafismus war auf dem Siegesweg. In einem Interview sagte Nasr Hamed Abu Zaid: „Die religiöse Institution in Ägypten hat sich in eine wahhabitische Institution umgewandelt, nachdem sie aschʿaritisch war." Ist der Hanbalismus die neue Orthodoxie?

Die liberale Religionskritik

In den Medien und später im Internet steigerte sich die islamistische Propaganda. Unzählige Fernsehsender richteten religiöse Programme ein; die berühmteste war die Sendung von al-Qaradawi im qatarischen Sender al-Jazirah, „Die Scharia und das Leben", in der nicht nur Fragen in den islamischen Ländern, sondern auch zum Leben der Muslime im Westen behandelt wurden. Mit den Fernseh-Muftis fand eine Dezentralisierung der religiösen Zuständigkeit statt; die traditionellen religiösen Autoritäten wie al-Azhar in Ägypten verloren die Kontrolle über ihr Hauptmachtinstrument: die Fatwa. Sie ist ein religiöses Rechtsgutachten, das die Handlungen der Gläubigen leitet. Dafür waren die nationalen *fiqh*-Räte zuständig, die allerdings kein Monopol darauf besitzen; mit der Verbreitung der religiösen Sendungen im Fernsehen gaben die Fernseh-Muftis auch Fatwas heraus. Sie wollten vor allem ihre Feinde dämonisieren,

---

[14] Al-Qaradawi, Yusuf, *Al-sahwa al-islâmiya bayn al-djuhûd wal tatarruf.* Libanon 1984

[15] Al-Qaradawi, Yusuf, Die islamische Erweckung und die Sorgen der arabischen und islamischen Welt. Beirut 2001, 3. Auflage (*al-sahwa al-islâmiya wa humûm al-watan al-ʿarabi wal islâmi*)

6. Die Religionskritik unter dem Islamismus

so breitete sich der Vorwurf der Apostasie, *takfîr*, aus; alle Kritiker des Islamismus wurden davon getroffen.

Diejenigen, die die geistige Konfrontation mit den Islamisten aufnahmen, waren liberale Muslime, die der Linie der sogenannten Linken, bestehend aus arabischen Nationalisten und Sozialisten, nicht folgen wollten. Die Linke setzte in ihrem Widerstand gegen die autoritären Regime irrtümlicherweise auf ein gemeinsames Agieren mit den Islamisten, weshalb sie sich mit ihrer Kritik am Islamismus zurückhielt. Von dieser Kooperation profitierten aber allein die Islamisten, die Linke wurde weiter geschwächt. Selbst traditionell säkulare Parteien wie al-Wafd gingen aus opportunistischen Gründen Bündnisse mit den Muslimbrüdern ein; darauf angesprochen, sagte ihr Vorsitzender: „Was soll ich tun, wenn alle Wahlen der Gewerkschaften und der Studentenvertretungen von den Islamisten gewonnen werden."[16] Auf diese Weise gerieten alle säkularen Bewegungen in die Bedeutungslosigkeit, wie der Arabische Frühling später zeigen wird.

Trotz der Lebensgefahr, der sie infolge von Apostasie-Fatwas ausgesetzt waren und sind, ist die Liste der mutigen Kritiker der Islamisten beachtlich. Dazu gehören neben den oben erwähnten Koranisten noch viele andere wie etwa Sayyed al-Qumni, der in seinem Buch „Danke ... ben Laden!!"[17] das Ausmaß der Einflussnahme der Islamisten in Ägypten im Detail beschreibt. Die Scheichs, die aus der Azhar-Universität kommen, bildeten die Mehrheit in der Organisation der Muslimbrüderschaft, behauptet er, sie beherrschten die Fernsehsendungen, wo sie eine Islamisierung der Gesellschaft betrieben. Ihre Macht sei nach der Änderung der politischen Ausrichtung der Regime infolge der Niederlage im Junikrieg 1967 enorm gewachsen; früher habe al-Azhar sieben Grundschulen und ein Gymnasium besessen, im Jahr 2004 verfüge er über sechstausend Schulen und 280 Hochschulen für religiöse Wissenschaften, die

---

[16] Fuda, Faraj, Dialog über den Säkularismus. Kairo 1986, S. 32 (*hiwâr hawl al-'ilmâniya*)
[17] Al-Qumni, Sayyed, *Schukran ... Ben Laden!!* Kairo 2004

Die liberale Religionskritik

weder unter der Kontrolle des Bildungsministeriums stünden noch dessen Programmen folgten. Nach der Statistik von 1992 betrage die Zahl der Scheichs, Absolventen von al-Azhar, eine halbe Million, verteilt auf 190 000 Moscheen, dazu kämen 120 000 Absolventen, die an der Schulen von al-Azhar lehren.[18]

Typisch für diese Periode ist der Fall von Faraj Fuda (1946–1992), der am 8. Juni 1992 von der Terrororganisation *al-djamâ'a al-islâmiya* in Kairo hingerichtet wurde. Seine politische Bewusstwerdung begann mit der Niederlage der arabischen Armeen im Junikrieg 1967 gegen Israel, er fand, dass es darauf zwei Reaktionen gab: eine westlich orientierte, die den Ausweg aus der desolaten Situation in der Durchsetzung der Demokratie gegenüber den autoritären Herrschaften sah; eine zweite, die den Westen und seine Demokratie ablehnte und die Errichtung eines authentischen islamischen Staates anstrebte. Mit der Erlangung der Macht durch Anwar al-Sadat 1970 konnten die Islamisten einen großen freien Raum für ihre politische Betätigung finden; al-Sadat wollte damit die nationalistische nasseristische und die linke Front schwächen. Am 6. Oktober 1981 brachte ihn die Organisation für den islamischen Dschihad, *munazzamat al-djihâd al-islâmi*, während einer Militärparade um.

Die Schriften von Faraj Fuda reflektieren den Inhalt und vor allem die Intensität der politischen Auseinandersetzung mit den Islamisten, wie sie z. B. in seinem Buch „Dialog über den Säkularismus"[19] geschildert wird. Mit wem Fuda zu tun hatte, analysierte er in seinem Buch „Vor dem Absturz". Hier unterschied er drei Gruppen von Islamisten: zum einen die traditionellen Islamisten, also die Muslimbrüder, aus deren Reihen radikale Gruppen entstehen. Sie können ihr Doppelgesicht nicht ablegen und sich nicht zwischen einer sozialen Bewegung und einer politischen Partei entscheiden. Die zweite Gruppe bildet der revolutionäre Islam, die Dschihadisten, die mit Gewalt die Macht erobern wollen; die dritte Gruppe ist der reiche Islam, er umfasst die Ägypter, die ihr Vermögen in

---

[18] Ibid., S. 62–65
[19] Fuda, Faraj, *hiwâr hawl al-'ilmaniya*. Kairo 1986

6. Die Religionskritik unter dem Islamismus

Saudi-Arabien gebildet haben und den saudischen Schariastaat nach Ägypten importieren wollen.[20]

Die Kritik Fudas blieb nicht nur politisch, sondern befasste sich auch mit dem religiösen Hintergrund der Islamisten, die schließlich das Kalifat und den islamischen Staat wiederherstellen wollten. In Büchern wie „Die Abwesende Wahrheit"[21] und „Die Zeitehe" übte er scharfe Kritik an der islamischen Geschichte und zeigte, wie sehr sie von Horror und Gräueltaten erfüllt gewesen war und daher kaum eine Spur von Religiosität aufweisen konnte. Nach dem Tod des Propheten sei der Islam vollendet gewesen, danach habe die Zeit der Muslime begonnen, die sich mehr oder weniger diesem Islam annäherten. Die Geschichte sei nicht so heilig, dass man sie nicht kritisch behandeln dürfe. Seine Kritik stütze sich auf dieselben Quellen wie die Islamisten, meinte er. Der islamistische Diskurs scheine religiös, er sei aber weltlich; die Islamisten redeten von Glauben und Doktrin, meinten aber die Politik und die Macht.

Die Anfeindungen, denen Faraj Fuda, der wichtigste Islamkritiker dieser Zeit, durch die Islamisten ausgesetzt war, erreichte nach einer Podiumsdiskussion am Rande der Buchmesse 1992 in Kairo ihren Höhepunkt. „Ägypten zwischen dem islamischen und zivilen Staat" lautete das Thema dieser Diskussion, Teilnehmer waren neben Fuda unter anderem Scheich Muhammad al-Ghazali und Ma'mun al-Hudaibi, der Vorsitzende der Muslimbrüder. In Anwesenheit von über 30 000 Zuhörern, die den Slogan der Muslimbruderschaft skandierten: „Gott ist unser Ziel, der Prophet ist unser Vorbild, der Koran ist unsere Verfassung, der Dschihad unser Weg und das Sterben auf dem Weg Gottes unser Wunsch", gab Fuda contra und zog endgültig den Zorn des Publikums auf sich.

Anfang Juni 1992, eine Woche vor Fudas Ermordung, erklärte der Verein der azharitischen Gelehrten, dass Fuda ein Apostat sei und getötet werden müsse. Eine Reihe von Fatwas folgte, die seine Ermordung als Apostat verlangten, am 8. Juni warteten zwei Mitglie-

---

[20] Fuda, Faraj, Vor dem Absturz. Kairo 1985, S. 130–131 (*qabl al-suqût*)
[21] Fuda, Faraj, *al-haqiqa al-ghâ'iba*. Kairo 1984

der von *al-djamâ'a al-islâmiya* vor seinem Büro, die zuvor Scheich Mahmud Mazroua in seinem Büro in al-Azhar aufgesucht und gefragt hatten: Welches Urteil verdient der Apostat? Die Antwort: den Tod. Sie fragten, was geschehe, falls der Staat das Urteil nicht vollziehe. Die Antwort: Dann dürfe jeder Muslim dies tun.

Zusammenfassung

Die Kritik der Nahda am traditionellen Islam beinhaltete Elemente, die auch Elementen der Kritik der Salafisten ähnelten. Deshalb befanden sich unter ihrem Banner Anhänger, die, wie sich später herausstellte, sehr unterschiedliche Vorstellungen von den Reformen hatten. Lange vor der Nahda hatte die europäische Expansion in ihren Kolonien auf dem indischen Subkontinent und in Afrika salafistische Reaktionen bei den Muslimen hervorgerufen, die ihre alte Machtstellung bewahren sollten. Dafür wollten sie die islamische Identität stärken, indem sie das Alltagsleben nach der reinen Scharia der Altvorderen, *al-salaf al-sâleh*, gestalteten.

Nach der Abschaffung des Kalifats spaltete sich die Nahda, ein Teil radikalisierte seinen Liberalismus, der andere wechselte zum Lager der Salafisten; in diesem Lager entstand mit den Muslimbrüdern der politische Islam, der, anders als die Salafisten, das Kalifat wiederherstellen wollte. Die Salafisten wollten eine islamische Gesellschaft, der politische Islam einen islamischen Staat. Beide kämpften gegen die Errichtung eines modernen Nationalstaates. So waren drei Fraktionen aktiv: die Traditionalisten, die Islamisten und die Liberalen, die alle die Vertretung des wahren Islam für sich beanspruchten. Die ungelöste Frage der Orthodoxie wurde wieder aktuell.

Die Liberalen waren in der Bevölkerung nicht fest verankert, sie gründeten ihre Nationalstaaten unter der Obhut der Kolonialmächte. Nach der Entstehung des Staates Israel 1948 wurden sie vom Militär weggefegt und wie alle Demokraten von deren autoritären Regimen verfolgt. Unbemerkt wuchs der politische Islam als Hort der Opposition, nach der Niederlage des Militärs im Junikrieg

6. Die Religionskritik unter dem Islamismus

1967 meldete der politische Islam seine Machtansprüche an und zwang die Staaten, ihre Gesetze zu islamisieren. Damit ging eine Islamisierung der religiösen Institutionen im Sinne des Islamismus hervor; der Ideologe des Salafismus Ibn Taimiya schien immer mehr der Hauptvertreter des Islam zu werden.

Die liberalen muslimischen Denker nahmen den ideologischen Kampf gegen die Islamisten auf. Sie wurden fast alle als Abtrünnige verurteilt und bedroht, manche wie Faraj Fuda, bezahlten mit ihrem Leben.

7. Die neue Religionskritik

Der Arabische Frühling

Der Arabische Frühling 2010 stellt einen Wendepunkt in der modernen arabischen Geschichte dar. Zum ersten Mal demonstrierten die Menschen für ihre Würde und ihr Recht auf ein gutes Leben ohne Unterdrückung und Erniedrigung; die üblichen politischen Parolen gegen den Imperialismus und den Zionismus fehlten überall. Als die Menschen im Januar 2011 in Kairo gegen das Regime Mubarak auf die Straße zogen, waren die Muslimbrüder dagegen. Nach mehreren Tagen sahen sie jedoch ihre Chance gekommen und entschieden sich, an dem Aufstand teilzunehmen. Da sie die einzige gut organisierte Partei in der Opposition waren, konnten sie schnell die Führung übernehmen. Auf dem Platz al-Tahrir zog ihr Hauptideologe Scheich al-Qaradawi auf die Bühne und verrichtete das Freitagsgebet. Die Muslimbrüder gewannen die folgenden Wahlen und stellten den Staatspräsidenten; gemeinsam mit den Salafisten hatten sie eine erdrückende Mehrheit im Parlament, sie konnten machen, was sie wollten; das war eine reale Chance für sie, ihre politischen Vorstellungen umzusetzen. Doch nach einem Jahr waren sie kläglich gescheitert, ihre Absicht, einen Scharia-Staat zu errichten, endete desaströs, sodass die Massen – bis zu 22 Millionen – wieder auf die Straße gingen und sie vertrieben. Sie leisteten in einem Sit-in Widerstand in *Rabia al-adawiya* in Kairo und wurden vom Militär blutig niedergeschlagen, General al-Sissi kam an die Macht.

Das war ein harter Schlag für den politischen Islam. Die Muslimbrüder verloren wegen ihrer politischen Ambitionen am Golf die

7. Die neue Religionskritik

Unterstützung der Golfstaaten, sie wurden sogar auf die Terrorliste gesetzt. In Ägypten entschieden sie sich für den Terror und verloren endgültig die Unterstützung der Massen, die sich von ihrer Zwangsislamisierung befreit fühlten. Die Kritik an den Islamisten wurde schnell zu einer Kritik am Islam; die sozialen Medien, die im Arabischen Frühling eine wichtige Rolle gespielt hatten, halfen ihrer Verbreitung in einem noch nie gekannten Ausmaß. Der Autor und Koranist Rashid Aylal schreibt: „Die islamische Welt erlebt heute eine nie dagewesene Kritik der religiösen Tradition. Alle Erzählungen, die auf den Propheten zurückgehen, werden breit diskutiert und genau untersucht, weil sie viele Widersprüche, viele Märchen, viel Unlogisches und Irrationales, viel Divergierendes von klaren Aussagen im Koran beinhalten. Die Diskussion beschränkt sich nicht mehr auf Intellektuelle und Forscher, sie hat das religiöse Milieu in den religiösen Institutionen erreicht. Gelehrte und Theologen, die dort, wie in al-Azhar, ausgebildet wurden, diskutieren und untersuchen diese Erzählungen; manches übernehmen sie, anderes wird fallen gelassen, sie behandeln diese Texte als historisch ohne sakralen Charakter. Sie benutzen für die Behandlung dieser Texte dieselben wissenschaftlichen und rationalen Methoden wie zur Behandlung historischer Texte."[22]

Wir werden im Folgenden Muster der in dieser Debatte geäußerten Meinungen wiedergeben und dabei sowohl die Repräsentativität als auch die Vielfalt berücksichtigen. Aus Platzgründen können wir viele Themen hier jedoch nicht aufnehmen wie etwa den Islamismus, die Geschichte nach der Zeit des frühen Islam, die Verbreitung der Ergebnisse der westlichen Koranforschung, die Satire oder die Masse derjenigen, die den Islam verlassen haben oder zu anderen Religionen konvertierten. Wir haben uns mehr auf die religiösen Themen konzentriert. Die Zahl der Kritiker ist inzwischen enorm gewachsen, weshalb wir nicht alle erwähnen können. Unsere Intention ist es nicht, eine Anthologie zu erstellen, sie wäre durch die rasante Entwicklung schnell überholt.

---

[22] Aylal, Rashid, Sahîh Al-Buchâri. Das Ende eines Mythos. Rabat 2017, S. 7 (*al-Buchâri. nihâyat ustûra*)

Hätten diese Religionskritiker in Europa gelebt, wären sie alle als Islamophobe und Rassisten beschimpft worden. Die Religionskritik scheint den Europäern abhandengekommen zu sein. Ein flagrantes Beispiel verkörpert Hamed Abdel Samad, der in Europa als islamfeindlich und als Rassist, in der islamischen Welt aber als großer Aufklärer gilt. Sein Programm, *sandûq al-islâm*, Schaukasten des Islam, das im Internet 2015 gestartet wurde, wurde bis jetzt dreißig Millionen Mal angeklickt, nicht dazugezählt ist ihre Ausstrahlung auf anderen Kanälen. Dazu kommen die zahlreichen Auftritte Abdel Samads in anderen Sendungen.

Im Westen beherrschen die Islamisten mit ihren Verbänden und *fiqh*-Räten die Szene und bestimmen, was der Islam ist, jede Abweichung wird als islamfeindlich attackiert. In der islamischen Welt dagegen sind die Menschen des politischen Islam überdrüssig geworden. Sie wollen friedlich und in Würde ihr Menschendasein gestalten. Nur Qatar, die Türkei und Iran unterstützen die Islamisten; die Golfstaaten haben ihre Unterstützung eingestellt und bekämpfen sie sogar als Terroristen. Sie dürfen sich nur im Westen austoben und profitieren dabei von der ideologischen Verwirrung, die die Ideologie des Multikulturalismus angestiftet hat, indem sie die Kulturen, selbst die fragwürdigsten von ihnen, als gleichwertig betrachten.

Was nun folgt, ist eine Sammlung von Videos aus YouTube, sie ist der breiten Öffentlichkeit zugänglich; der Link, der Titel und das Datum der Sendung werden angegeben. Der Inhalt wird manchmal wörtlich, in der Regel inhaltlich nach dem Namen der Redner wiedergegeben, Erklärungen des Autors über die Personen kommen vor den Inhalten und über den Inhalten im Text zwischen Klammern [...].

7. Die neue Religionskritik

1. Die Offenbarung

Die göttliche Eingebung zwischen rationaler und mythischer Vorstellung (muhâdarât Ahmad al-Qubanji: 12.10.2016)[23]
Scheich Ahmad al-Qubanji: Von der Offenbarung herrscht heute nur die mythische Auffassung, zur Zeit der Muʿtaziliten gab es noch mehrere, die aber zugunsten der mythischen geopfert wurden. Wir wollen jedoch eine rationale Auffassung, die die Religion mit der Vernunft versöhnt. Unser Hauptproblem als Muslime ist unsere Entfernung von der Vernunft. Der kritische Geist existiert bei uns nicht, es herrscht der mythische Geist. Wir wollen die rationale Religionskritik beleben, um die Widersprüche in der Religion zu beheben.

Im Christentum ist Jesus die Eingebung, er ist Gott, er ist das Wort Gottes, wie es nicht nur im Evangelium, sondern auch im Koran steht (3:45, 4:171). Die Muslime sagen, Jesus spricht im Evangelium, für die Christen ist es Gott, der spricht. Im Islam erfolgt die Eingebung über den Erzengel Gabriel, der Muhammad erscheint und den Koran, das Wort Gottes, diktiert; Gabriel ist wie ein Postbote. Das ist die herrschende Auffassung heute: Sinn und Wort sind von Gott. Eine andere Auffassung besagte damals, dass der Sinn von Gott, aber die Wörter von Gabriel sind, er hat den Sinn in eigenen Worten formuliert; sie beziehen sich auf den Koran. (69:40: „Das sind wahrlich die Worte eines edlen Gesandten.") Die dritte Auffassung meint, der Sinn ist von Gott, die Formulierung von Muhammad.

Beim rationalen Denken fragt man sich: Wozu die Vermittlung von Gabriel? Nach dem Koran steht Gott dem Menschen näher: „Wir haben ja den Menschen erschaffen und wissen, was (alles ihm) seine Seele einflüstert, und Wir sind ihm doch näher als seine Halsschlagader." (50:16) Es sieht so aus, als ob ein Mensch neben dem König sitzt, und dieser schickt ihm über einen Diener seine Anweisungen.

Muhammad, als er sich als Prophet geoutet hat, behauptete, er bekomme die göttliche Offenbarung von Gabriel, er hat aber kei-

---

[23] V008 https://www.youtube.com/watch?v=f6RVVq0HYCg (11.02.2020)

nen Beweis erbracht, dass er Gabriel gesehen hat. Er hat weiter behauptet, die Offenbarung sei von Gott und die Vermittlung über Gabriel – wieder ohne Beleg. Die Traditionalisten können diese Einwände nicht ausräumen und bleiben bei ihrer Irrationalität. Eine Religion mit solchen Illusionen ist wie auf Sand gebaut und stürzt ab …

Die Einzigartigkeit der literarischen Leistung im Koran soll die Echtheit der Offenbarung beweisen; sie ist aber an vielen Stellen sehr schwach, widersprüchlich und sinnlos; das kann nicht von Gott stammen. Gott soll die Gerechtigkeit sein, im Koran ordnet er das Töten von Unschuldigen an, Razzien und Dschihad sollen gegen Ungläubige geführt werden. Wir glauben nicht, dass diese Stellen von Gott sind.

Der Koran ist nicht das Wort Gottes, sondern eine göttliche Sprache. Nach der Theorie der 'urafâ' [eine schiitische mystische Theorie mit gnostischem Hintergrund] hat sich die Existenz Muhammads durch seine Frömmigkeit und seinen Glauben in eine erleuchtete und daher göttliche Existenz umgewandelt. Er empfängt die Offenbarung in seinem Herzen und spricht sie aus. Wenn er von Religion redet, dann spricht Gott über ihn, und die Sprache ist göttlich, das heißt nicht menschlich und persönlich motiviert. Im Koran steht: „Und er redet nicht aus eigener Neigung. Es ist nur eine Offenbarung, die eingegeben wird." (53:3–4) Aber diese Sprache wird durch die Kultur und das Wissen des Menschen Muhammad geprägt, so wird z. B. aus den Razzien der Stämme der Dschihad der Umma. Alle diese fraglichen Aussagen haben mit der damaligen Kultur zu tun und müssen heute nicht befolgt werden. Damals sah er z. B. die Ungläubigen als Bedrohung für den Islam, heute sind sie es nicht mehr. Das bedeutet, dass die rechtlichen Vorgaben sich mit der Zeit, der Vernunft und der Menschlichkeit ändern.

2. Der Koran

Sayyed al-Qumni:[24] Die Widersprüche im Koran sind das Ergebnis seiner Sammlung. Es wurden keine einfachen wissenschaftlichen Kriterien beachtet, weder im Sortieren der Verse noch in ihrer Einordnung. Nach den einfachen Regeln des Schreibens hätte man die gottesdienstlichen, die rechtlichen, die ethischen, die historischen Verse usw. zusammengetan und die besondere Verbindung der Offenbarung mit den Ereignissen der Zeit, die im Islam ausgeprägter ist als in anderen Religionen, berücksichtigen sollen. Stattdessen hat man die Verse nach ihrer Länge, die langen vorne, die kurzen hinten, eingereiht, wobei die kurzen die ältesten sind und ganz vorne hätten sein sollen.

Es entstand ein Chaos. So stehen Verse und ihre Abrogation verkehrt nebeneinander, rechtliche Normen ohne historische Reihenfolge, Kriegs- und Friedensverse sowie Glaubensfreiheit und Islamzwang durcheinander. In den Suren befinden sich unterschiedliche Geschichten ohne Zusammenhang nebeneinander. Die Verwirrung der Muslime und ihr Missverständnis des Textes sind sehr groß; die Religionsgelehrten haben mit ihren fragwürdigen Bemühungen eine Koranwissenschaft konstruiert, um angeblich Unklarheiten auszuräumen. Der Vers zur Steinigung der sündigen Ehebrecher z. B. wird als verloren betrachtet, gilt aber und wird von dem *fiqh* noch praktiziert. Warum wird dieser Vers nicht im Koran aufgenommen?

Es wäre eine leichte Aufgabe gewesen, anhand der Fülle von Informationen in der Tradition, den Koran in seiner historischen langen Offenbarungszeit einzuordnen, das hätte den Muslimen geholfen zu wissen, was in der Religion gilt oder nicht, und nebenbei die Gelehrten, die sich dieser Aufgabe widmen, überflüssig gemacht.

---

[24] Al-Qumni, Sayyed, Danke ... Ben Laden!! Kairo 2004, S. 160 ff., S. 194 (*Schukran ...Ben Laden!!*)

Der Arabische Frühling

Der Koran ist nicht das Wort Gottes (al-nahda al-fikriya: 29.04.2019)[25]

Siraj Hayani: Gemäß dem Koran haben die Quraischiten von Muhammad verlangt, einen Beweis für seine Prophetie zu erbringen (21:5), dann würden sie an ihn glauben (6:109). Mose habe auf Verlangen der Juden ein Dutzend Quellen gezaubert, er solle eine einzige Quelle entspringen lassen, das würde als Beweis für seine Gesandtschaft reichen (17:90). Er antwortete: Ich bin nur ein Mensch und ein Gesandter (17:93). Ich sage dazu: Das war Mose auch. Man fragt sich, warum Gott dem Wunsch der Juden entsprochen hat und dem der Quraischiten nicht?

Die Wunder, die die Sunna später erwähnt, beruhen auf schwachen Hadithen, die dem Koran widersprechen, weil er die Wunder eindeutig ausschließt. Muhammad war also ohne Wunder, bis er auf die Idee kam, die Quraischiten in ihrer Sprache herauszufordern: „Sag: Wenn sich die Menschen und die Dschinn zusammentäten, um etwas beizubringen, was diesem Koran gleich wäre, sie brächten nicht seinesgleichen bei, auch wenn sie einander Beistand leisten würden." (17:88) Die Antwort der Quraisch im Koran lautet: „Und wenn ihnen unsere Zeichen verlesen werden, sagen sie: Wir haben es bereits gehört. Wenn wir wollten, könnten wir fürwahr etwas Gleichartiges sagen. Das sind nur Fabeln der Früheren." (8:31) Offensichtlich haben sie Muhammad unterstellt, die alten Geschichten zu sammeln und in seiner arabischen Sprache wiederzugeben. Außerdem, wenn der Koran ein Wunder ist, warum waren so wenige davon beeindruckt und sind Muhammad gefolgt?

Dazu kommt, dass sich die muslimischen Gelehrten darüber nicht einig sind, ob der Koran ein Wunder ist oder innerhalb der Grenzen der menschlichen Möglichkeiten liegt. Das Wunder verliert damit an Aussagekraft. Ich habe einige Verse selber komponiert und in der Moschee rezitiert; viele hielten sie für den Koran!

Bis zu seinem endgültigen militärischen Sieg hat Quraisch gegen ihn gekämpft, bei einem Waffenstillstand, der davor stattfand, wollte

---

[25] V001 https://www.youtube.com/watch?v=HIYcx-noI_s (10.01.2020)

Muhammad als Gesandter Gottes unterschreiben, Quraisch lehnte es ab und sagte ihm: Hätten wir an dich geglaubt, hätten wir gegen dich nicht gekämpft. Er unterschrieb nur mit seinem Namen: Muhammad.

Sondertreffen mit dem Scheich Ghaith al-Tamimi (Kafer Maghribi LIVE: 17.08.2017)[26]

Scheich Ghaith al-Tamimi: Die Fälschung des Korans ist ein Diskussionsthema im Studium des Islam; jedoch sind sich alle darin einig, dass das Buch, was wir haben, korrekt ist, mit allerdings unterschiedlichen Lektüren und Interpretationen.

Der von Daesh[27] begangene Genozid an den Jesiden erfolgte im Namen des Islam und hat mich tief erschüttert. Ich konnte mir nicht vorstellen, dass im Namen meiner Religion solche Massaker und sexuelle Übergriffe geschehen. Ich begann die islamischen Texte zu untersuchen, mit der Absicht, sie zu reinigen, bis ich auf die klaren Aussagen im Koran stieß, die diese bestätigen; so betrachtete ich diese Stellen als Fälschungen, sie gehören nicht zum Koran. In allen, aber wirklich allen Grundwerken der islamischen Tradition, sowohl sunnitischen als auch schiitischen, finden wir Berichte, die bestätigen, dass der koranische Text Ergänzungen und Streichungen ausgesetzt war. Dagegen finden wir eine erdrückende Masse von Literatur, in der die Gelehrten beweisen wollen, dass dies nicht stattgefunden hat. Ich bin bereit, mich mit allen Argumenten auseinanderzusetzen. Wichtig ist der Bericht an sich und nicht seine Interpretation, die unterschiedlich ausfallen kann.

Übrigens habe ich die Fälschung im Koran außerhalb dieser Polemik bewiesen. Erstens sind sich alle Muslime einig, dass der Koran nicht das Buch Gottes sei, er wurde als Offenbarung herabgesandt. Gott hat Muhammad kein fertiges Buch in die Hand gedrückt. Zweitens wurde der Koran auch nicht sprachlich vermittelt, sondern als

---

[26] V009 https://www.youtube.com/watch?v=cocvEHcpmQw (13.01.2020)
[27] Entlehnung vom Arabischen als Abkürzung für den „Islamischen Staat" im Irak und Syrien (*al-dawla al-islamiyya fil ʿIrâq wal-Schâm*)

Der Arabische Frühling

Eingebung; Muhammad hat die Eingebung in seiner eigenen Sprache formuliert. Selbst diese Formulierung wurde im Gedächtnis der *sahaba* bewahrt und mündlich weitervermittelt. Schon zu den Lebzeiten des Propheten waren die *sahaba*, die direkt von ihm seine Mitteilung gehört haben, über deren Inhalt uneinig und später zerstritten. Diese Tatsache steht außer Zweifel.

Die Muslime glauben, dass Muhammad den *sahaba* den Koran diktiert hat, das heißt die Redaktion des Textes stammt weder von ihm noch von Gott, sondern von normalen Menschen. Also steht fest: Das Geschriebene stammt von den Menschen, der Inhalt ist von Gott inspiriert, der Inhalt steht aber zur Diskussion. Mit der Sammlung des Korans unter Osman hatten wir dann ein Buch von der göttlichen Offenbarung. Die Muslime behaupten, der Prophet habe eine Kopie des Korans bestätigt. Das wäre eine Lösung des Problems, weil dadurch der Text echt hätte werden können, es war aber nicht der Fall, es gab mehrere Kopien, und wir wissen nicht, welche der Prophet bestätigt hat. Wir wissen, dass sich die *sahaba* zur Zeit des Propheten über eine Version nicht einigen konnten. Abu Bakr, der erste Kalif, hat versucht, einen einheitlichen Koran durchzusetzen, und ist gescheitert. Der zweite Kalif Omar scheiterte auch in diesem Vorhaben, der dritte Kalif Osman bildete eine Kommission für die Sammlung des Korans, ihre Mitglieder stritten untereinander. Das beweist zumindest, dass die angeblich von Muhammad bestätigte Version nicht zur Verfügung stand. Dann geschah das Unvorstellbare: Osman ordnete die Verbrennung aller Korankopien außer der der Kommission an; damit wurden alle Originale vernichtet. Fazit: Der Koran ist nicht das Buch Gottes, sondern die göttliche Offenbarung, niedergeschrieben von Menschen.

Später hat der Koran nach einstimmigen muslimischen Angaben seine Form geändert; er wurde mit diakritischen Punkten und langen Vokalen versehen, vorher musste der Leser sie erraten. Jahrhunderte später wurde mit Imam al-Shatibi (gest. 790h./1388c.) die Reihenfolge der Suren festgelegt. Die Tradition erwähnt, dass die *sahaba* manchmal menschliche Aussagen des Propheten für den Koran hielten und echte Koranverse und sogar Suren gestrichen haben.

Ich glaube nicht, dass der Koran im Gedächtnis der *sahaba* bewahrt war, sonst hätten sie nie über Inhalte gestritten, was sie übrigens als normal betrachteten. Erst als später ein geordnetes Buch entstand, begannen die Muslime den Koran auswendig zu lernen, um die Argumente über seine Entstellung zu entkräften. Seitdem wird jeder, der von der Änderung im Koran spricht, als Apostat verurteilt. Man fragt sich, ob die *sahaba*, die von Änderungen sprachen, wie Omar oder Aischa, auch Apostaten sind. Außerdem glauben alle Schiiten, dass Fatima, die Tochter des Propheten, die wahre Version des Korans besaß, und wenn der erwartete Mahdi zurückkehrt, dann hat er diesen Koran bei sich.

Ich glaube, dass der Koran unter den Omayyaden, insbesondere Abdel Malik ibn Marwan, in dieser Form entstanden ist, weil sie gegenüber den Juden und Christen ein Heiliges Buch brauchten. Sie wollten damit ihre Macht legitimieren. Wenn der Koran von heute nicht so aussieht wie der Koran von früher, lasst uns die Differenzen rational diskutieren, wie zu der Zeit von Abu Hanifa, Jaafar al-Sadiq, Omar und den Mu'taziliten. Wir erleben schwierige Zeiten für den Islam, wenn wir unsere *takfir*-Lektüre behalten und uns gegenseitig Apostasie vorwerfen. Dabei meine ich nicht nur die Wahhabiten, sondern die traditionellen religiösen Institutionen überall in der Welt, die jedes freie Denken unterbinden.

Das wissenschaftliche Wunder im Koran (*Alhurra – qanât al-hurra: 22.07.2018*)[28]

Ibrahim Issa: Früher war die islamische Zivilisation die Heimat der Wissenschaften und sehr fortschrittlich; die Wissenschaft sprach Arabisch. Nicht alle Wissenschaftler waren Muslime, doch wie heute nicht alle Wissenschaftler Bürger westlicher Staaten sind, aber der westlichen Kultur angehören, so war es damals im Islam. Es gab Atheisten, Agnostiker, Christen usw., die alle dem islamischen Kulturraum ange-

---

[28] V021 https://www.youtube.com/watch?v=jcS-rYdZE8g&t=458s (24.01.2020)

hörten. Keiner von ihnen war Salafist oder Hanbalit, sie wurden aber alle ohne Ausnahme von diesen verfolgt und als Atheisten und Apostaten beschimpft. In Europa fand im Mittelalter Ähnliches statt, aber das Ausmaß war im Islam umfangreicher, das Bündnis der Gelehrten der Nachahmung, *taqlîd*, mit der politischen Macht hat niemanden ausgespart. Al-Kindi (800–873) z. B., der Begründer der arabisch-islamischen Philosophie, wurde vom Kalifen al-Mutawakkil vom Hof vertrieben und seine Bücher verbrannt. Ibn Sina [Avicenna] (980–1037), dessen Werk „Der Kanon" fünfhundert Jahre lang das Standardwerk der Medizin auch in Europa bildete, war der meistgehasste unter den Gelehrten, sie beschimpften ihn als Imam der Atheisten. Hassan ibn al-Haitham (965–1040), der Begründer der Optik, wurde des Atheismus bezichtigt, weil er wie alle anderen Wissenschaftler an die Ewigkeit der Welt sowie an die Logik glaubte. Jaber Ibn Hayyan (721–815), der Begründer der Chemie, wurde als Atheist verfolgt. Ibn Taimiya (1263–1328) hat mit einer Fatwa die Chemie verboten, er sagte: Die Chemiker sind die größten Betrüger unter den Menschen, die Chemie ist falsch und *harâm*. Seine Begründung: Kein Prophet, keiner von den *sahaba* und ihren Nachfolgern war Chemiker; er geht so weit, das Verbot der Chemie als erforderlicher als das Zinsverbot zu betrachten.

Jetzt, da die islamische Zivilisation längst zurückgefallen ist und das Wissen des Westens in der Moderne die Welt überschwemmt, versuchen die Gelehrten durch einen Trick, die Überlegenheit des Islam zu retten, indem sie jede Erfindung auf Koran und Sunna zurückführen: Das haben wir schon gehabt, es steht in unseren Texten, wir sind das Original, die anderen die Nachahmer. Für jede neue Entdeckung suchen sie einen Hinweis im Koran, mit dem Koran haben sie allerdings keine einzige neue Entdeckung gemacht; die islamischen Wissenschaftler damals haben übrigens auch ihre Entdeckungen ohne Koran und Sunna gemacht.

Khaled Mountaser: Jede geschlagene und in eine Krise geratene Nation stellt Behauptungen auf, wonach sie die Größten waren und ihnen alles gestohlen wurde, um ihre Ehrverletzungen zu behandeln. Wenn wir nun den wissenschaftlichen Charakter des Korans kriti-

7. Die neue Religionskritik

sieren, greifen wir ihn eigentlich nicht an, sondern verteidigen ihn. Ist der Koran ein Buch der spirituellen Leitung oder ein Biologiebuch? Bestimmt das Erste. Seine Bedeutung liegt in den Prinzipien, die er lehrt, und nicht in den materiellen Detailfragen. Mit dem Koran wurde keine Wissenschaft getrieben.

Wir gehen von falschen Vorstellungen der Wissenschaft aus, nach Karl Popper (1902–1994) kann das Wissen widerlegt und für falsch gehalten werden. Wenn die Religion das Wissen beinhaltet, dann müssen die Frommen akzeptieren, dass die Religion widerlegt wird. Man kann das Wissen, das aus Zweifel und Fragen besteht, mit der Religion, die aus Gewissheit besteht, nicht gleichstellen. Unsere Kultur beruht auf dem Gedächtnis, nicht auf dem kritischen Denken, das Gedächtnis ist die niedrigste Stufe der geistigen Tätigkeit. Deshalb, anstatt uns anzustrengen, Neues zu erschaffen, suchen wir in unserer Tradition nach Indizien, um das, was nicht unser Verdienst ist, uns anzueignen. Der Koran reflektiert den Wissensstand seiner Zeit und beinhaltet keine wissenschaftlichen Rätsel für künftige Entdeckungen.

Ibrahim Issa: Fazit: Der Scheich Muhammad Metwalli al-Scharawi (1911–1998) hat Fatwas erteilt, die empfahlen, den Schwerkranken in Ruhe sterben zu lassen. Als er selber schwer krank wurde, reiste er mit seinem muslimischen Arzt nach Europa, er wurde von einem jüdischen und einem christlichen Arzt behandelt. So haben sich die drei Religionen vereint, um den Scheich zu belehren, dass die Kranken behandelt werden müssen, anstatt mit Fatwas getötet zu werden.

Yusuf al-Siddiq zum ersten Mal on air, Geheimnisse über den Koran (mukhtalaf 'alaih: 31.12.2019)[29]

Yusuf al-Siddiq: In meinem Buch „Haben wir den Koran gelesen oder sind unsere Herzen verriegelt?"[30] behaupte ich, dass wir den

---

[29] V022 https://www.youtube.com/watch?v=8Jr3tIwWRn0 (24.01.2020)
[30] Al-Siddiq, Yusuf, *hal qara'na al-qur'ân? Am 'ala qulûben aqfâluha.* Tunis 2013

Der Arabische Frühling

Koran rezitieren und nicht lesen. Ich verstehe das Lesen im Sinne von Nasr Hamed Abu Zaid, das heißt bei der Lektüre sind wir zwei Parteien, der Leser und Gott. Ich versuche ständig, ihn zu verstehen, ohne jedoch diesen Prozess abschließen zu können. Unsere Exegeten sind gescheitert, weil sie den Text nicht verstanden haben, sie haben seinen kulturellen Hintergrund nicht beachtet. Sie haben Angst vor dem Text. Das Wort *hanân* z. B., das einmal im Koran vorkommt: „O Yahya nimmt die Schrift mit aller Kraft. Und wir gaben ihm schon als Kind die Urteilskraft und Mitgefühl (*hanân*) von uns aus und Lauterkeit." (19:12–13) Alle Exegeten haben es nicht verstanden. Um es zu verstehen, muss man das Evangelium kennen. Im Lexikon *lisân al-'arab* steht: Der Christ Waraqa ibn Nawfal sagte den Mekkanern, die den Muslim Bilal folterten: Wenn ihr ihn tötet, nehme ich ihn als *hanân*. Das Wort bedeutet für die Christen das „Bild" oder „Ikone", vor der sie beten.

Die Muslime sagen, die Christen haben ihre Schriften geändert, wir müssen aber genau wissen, was geändert wurde und was nicht. Im Koran steht doch: „Und wir gaben ihm das Evangelium, in dem Rechtleitung und Licht sind ... und als Rechtleitung und Ermahnung für die Gottesfürchtigen." (5:46) Diese Dimension haben die religiösen Institutionen wie al-Azhar noch nicht realisiert. Sie begreifen nicht, dass die arabische Sprache die letzte in einer Kette ist, die auf die akkadische Sprache zurückführt, die Wörter können nur aus diesem Hintergrund verstanden werden. Die religiösen Wissenschaften stellen nicht einmal die Frage: Wie haben die Araber früher die Wörter verstanden, und wie hat sich ihr Sinn im Laufe der Zeit geändert?

Der Koran kam nicht für die Araber allein, sondern für die Menschheit, er wandte sich an die Völker der gesamten Region. Wir finden im Koran das Wort '*Uzair*: „Die Juden sagen: ,'Uzair ist Allahs Sohn.'" (9:30) Der Exeget Ibn Kathîr [1300–1373] zitiert ein Hadith, in dem Muhammad sagt: „Ich weiß nicht, ob er ein König oder ein Prophet war." Das Hadith ist absolut falsch und beschämend. 'Uzair bedeutet Osiris, die Juden, die aus Ägypten kamen, haben diese Göttin in ihrer Mythologie erwähnt. Alle Exegeten vom ersten Muqatel

7. Die neue Religionskritik

bis Muhammad Abdou und Sayyed Qutb haben den Sinn nicht getroffen. Sie berücksichtigen nicht die anderen Zivilisationen. Alexander der Große wird im Koran als mit den zwei Hörnern erwähnt: „Wir sagten: ‚O *dhul qarnain* [du mit den zwei Hörnern], entweder strafst du sie, oder du behandelst sie mit Güte'" (18:86), das unterstreicht seine Größe; bis heute aber weigern sich die Gelehrten es zu akzeptieren, weil Gott keinen Heiden positiv erwähnen darf.

Ein weiterer Hauptgrund für die falsche Interpretation ist den Kalifen geschuldet, die über die Inhalte bestimmten. Eine freie Interpretation war nicht möglich, bis heute sind die religiösen Institutionen von der politischen Macht abhängig, bis heute ernennt sie die Würdenträger. Es ist für den Islam lebenswichtig, sich daran zu erinnern, dass es im Islam weder Klerus noch Mönchtum gibt, jeder darf seine Meinung äußern. Wenn sie untauglich ist, wird sie halt keine Akzeptanz finden, man braucht sie nicht anzugreifen.

Die moderne Exegese hat bis jetzt nichts Neues gebracht, manche, wie Sayyed Qutb (1906–1966), stellen wegen ihrer ideologischen Prägung sogar einen Rückfall im Vergleich zu den Klassikern dar. Übrigens bleibt es ein Rätsel, warum die Exegese in einem Reich voll Schreibmöglichkeiten so spät geschrieben wurde. Die erste Koranexegese ist von Muqatel ibn Suleiman im Jahre 150h./767c. erschienen. Das Argument, die arabische Kultur sei mündlich gewesen, ist nicht überzeugend, mit den Eroberungen hatten sie viele Zivilisationen, die schreiben konnten.

Ich habe eine Hypothese. Die Omayyaden, die mit Mu'awiya an die Macht kamen, wollten sich an den Muslimen rächen, weil Muhammad ihren Handel und ihre Macht untergraben hat. Sie behielten den Koran, der schon verfasst war, und verhinderten den Rest bis zu ihrem Abgang 750. Sie förderten das Hadith auf Kosten des Korans und unterstützten Abu Huraira; 68 Prozent der *Hadithe* bei Muslim und 62 Prozent bei al-Buchâri sind von Abu Huraira, der auf Anordnung von Mu'awiya Hadithe erfunden hat und den Propheten nur zwei Jahre begleitete.

Es ist keine Schande für unseren Islam, wenn wir wieder von null anfangen.

Der Arabische Frühling

Ist der Koran das Wort Gottes? Eine Debatte zwischen Scheich Tariq und Bruder Rachid (Brother Rachid TV: 11.03.2015)[31]

Bruder Rachid: Die Argumente von Scheich Tariq sind nicht überzeugend. Dass Muhammad Analphabet war, ist umstritten, dass er Gesetze gebracht hat – das hat Hammurabi lange vorher gemacht, die poetische Sprache finden wir bei den Arabern auch sowie viele Gesetze wie das Hände-Abhacken und Erbrecht. Was hat der Koran Neues gebracht, das bei den anderen nicht vorhanden war? Seine gut gesinnte Erzählung der Prophetengeschichte? Das kann ich auch schreiben. Sollen wir jedem glauben, der mit einem Buch kommt und behauptet, es wäre das Wort Gottes? Nein! Das ist die Aufgabe der Muslime, es zu beweisen.

Es gibt unzählige Gründe, an den Koran als Wort Gottes nicht zu glauben, wissenschaftliche, kulturelle und religiöse. Zuerst seine wissenschaftlichen Kenntnisse: Nehmen wir die Meteoriten, sie werden im Koran merkwürdig beschrieben: „Und wir haben den untersten Himmel mit Lampen geschmückt und haben sie zu Wurfgeschossen gegen die Satane gemacht." (67:5) Wenn ein Teufel sich dem Himmel nähert, um zu lauschen, was die Engel erzählen, bewirft ihn Gott mit einer Sternschnuppe, dann flieht er. Trotz dieses Schutzsystems ist ein Durchbruch möglich: „außer jemandem, der rasch etwas aufschnappt und den dann ein durchbohrend heller Leuchtkörper verfolgt." (37:10) Offensichtlich sind die Security-Firmen heute besser als das Werk Gottes.

Zweitens, diese Geschichten konnten die Araber damals beeindrucken, heute mit unserem Wissensstand können wir darüber nur lachen, so etwas kann unmöglich von Gott stammen. Das reflektiert im besten Fall den Wissensstand Arabiens vor 1400 Jahren.

Schließlich predigt der Koran Hass und Gewalt: „Denn Allah leitet nicht die Ungerechten" (2:258), „Und Allah leitet nicht das ungläubige Volk" (2:264), „Und Allah leitet nicht die Frevler" (5:108), „Allah leitet nicht den, der da ist ein Lügner, ein Ungläubiger"

---

[31] V051 https://www.youtube.com/watch?v=fjI89XOg07A (26.01.2020)

(39:3), „Allah liebt nicht die Übertreter" (2:190), „Allah liebt keinen Ungläubigen und Sünder" (2:276), „Und Allah liebt nicht die Ungerechten" (3:57), „Allah liebt nicht den Hochmütigen, den Prahler" (4:36), „Allah liebt nicht einen Betrüger und Sünder" (4:107), „Allah liebt nicht die Verräter" (8:58), „Allah liebt nicht die Hochmütigen" (16:23), „Allah liebt nicht die Ungläubigen" (30.45). Wir haben es hier mit einem Gott zu tun, der sieben Milliarden Menschen erschafft, um 90 Prozent von ihnen zu hassen.

„Al-nasekh wal mansukh", das größte Verbrechen in der Geschichte des Islam (mukhtalaf ʿalaih: 07.01.2020)[32]
[Nach den muslimischen Gelehrten wurden 225 Verse im Koran getilgt. Diese Zahl ist unter ihnen umstritten, für manche sind es fünfhundert Verse.]

Tawfiq Hamid: Mit der Abrogation wurde ein Verbrechen begangen, weil sie damit eine neue Religion erfunden haben. Der ursprüngliche Islam und seine Prinzipien sind klar. Der Koran sagt: „Dann darf es kein feindseliges Vorgehen geben außer gegen die Ungerechten." (2:193) Und: „Übertretet nicht! Allah liebt nicht die Übertreter." (5:87) Daraus haben sie eine Religion gemacht, die den Menschen den Krieg erklärt, bis sie sich entweder bekehren, Kopfsteuer zahlen oder sterben. Der Vers „Es gibt keinen Zwang in der Religion. Der Weg der Besonnenheit ist nunmehr klar unterschieden, von dem der Verirrung" (2:256) wurde abrogiert, das heißt ersetzt durch das Gebot, die Menschen zum Beten und Fasten zu zwingen. Die Religion sagt: „Wer nun will, der soll glauben, und wer will, der soll ungläubig sein." (18:29) Dies wurde mit dem Apostasieverbot getilgt, es heißt nun, wer vom Islam abfällt, wird getötet. Der Koran sagt: „Und wir entsandten dich nur als eine Barmherzigkeit für alle Welt." (21:107) Er sagt auch: „So vergib (o Muhammad) in schöner Vergebung." (15:85) Wir lesen aber in den Hadithen, dass der Prophet eine Dichterin, die ihn kritisiert hat, mit den Beinen an zwei

---

[32] V026 https://www.youtube.com/watch?v=VnVwSA-emWo (28.01.2020)

Pferde binden ließ, die sie zweiteilten. Das ist barbarisch. Das ist einfach eine andere Religion; sie haben das Bild Gottes, Muhammads und des Korans entstellt. Das Tilgen der friedlichen zugunsten der kämpferischen Verse hat unzählige Menschen im Laufe der islamischen Geschichten das Leben gekostet und Elend und Leid für viele andere verursacht.

Was besagt der Vers der Tilgung im Koran: „Was wir an Versen aufheben [*nansakha*] oder in Vergessenheit geraten lassen – Wir bringen bessere oder gleichwertige dafür. Weißt du nicht, dass Allah zu allem die Macht hat?" (2:106) Sie haben das Wort „*naskh*" nur im Sinne von Tilgung verstanden. Das Wort hat aber zwei Bedeutungen, eine heißt tilgen: „Aber Allah hebt auf [*yansakhu*], was der Satan dazwischenwirft. Hierauf legt Allah seine Zeichen eindeutig fest." (22:52) Die andere bedeutet redigieren, niederschreiben. Am Jüngsten Tag sagt Gott: „Dies ist unser Buch, das mit der Wahrheit gegen euch spricht. Wir ließen alles niederschreiben [*nastansikhu*], was ihr zu tun pflegtet." (45:29)

Das Wort *âyah* haben sie auch nur in einem Sinn verstanden, nämlich Vers, es kommt aber oft im Koran im Sinne von Wunder vor. Der Tilgungsvers will eigentlich sagen: Wenn wir ein Wunder vermerken oder in Vergessenheit geraten lassen, dann kann Gott etwas Besseres bringen. Die Mekkaner verlangten von Muhammad ein Wunder, das heißt etwas zu tun, das die Gesetzmäßigkeit der Natur durchbricht, damit sie ihm glauben: „Und sie sagen: ‚Wir werden dir nicht glauben, bis du uns aus der Erde eine Quelle hervorströmen lässt.'" (17:90) Dann zeigte Gott, worin seine Wunder bestehen: „Allah weiß, womit jedes weibliche Wesen schwanger ist und wie der Mutterleib abnimmt und wie er zunimmt. Und alles hat bei ihm ein Maß. Er ist der Kenner des Verborgenen und des Offenbaren, der Große und hoch Erhabene." (13:8–9) Das Wunder Gottes liegt in der Erschaffung der Welt und in ihrer Gesetzmäßigkeit und nicht nur im Brechen dieser Gesetzmäßigkeit.

Es stellt sich die Frage: Warum haben die Gelehrten nur den ersten Sinn berücksichtigt und die friedlichen Verse getilgt? Die Antwort ist politisch: Sie wollten die Menschen regieren und beherrschen. Der

7. Die neue Religionskritik

Koran spricht von Religionsfreiheit, das entspricht ihrer Agenda der Beherrschung der Menschen nicht. Deshalb haben sie die kämpferischen Verse hervorgehoben und ihnen eine absolute Gültigkeit verliehen, sie lehnen entschieden ihre Singularität und ihre kontextuelle Gebundenheit ab. Wenn jemand die friedlichen Verse erwähnt, ist die Antwort knapp: Sie sind ungültig. Das ist der einfachere Weg zur Rechtfertigung ihrer Kriege und Expansion. Das wird auch dadurch bestätigt, dass sie nur die friedlichen Verse getilgt haben.

Die zwei Religionen kohabitieren in unseren Programmen; wir lehren die Tötung der Apostaten und gleichzeitig die Religionsfreiheit im Islam. Wir lehren die Steinigung und gleichzeig die Barmherzigkeit, die Kopfsteuer und die Tötung der Ungläubigen parallel zur Friedfertigkeit des Islam. Wir müssen es schaffen, die positiven Inhalte auf Kosten der negativen zur Geltung zu bringen, sonst wird der Hass auf den Islam weiter zunehmen.

Wenn ich immer von „sie" spreche, dann meine ich alle Gelehrten im Laufe der Geschichte, die das Denken der Muʿtaziliten und aller freien Denker erwürgt haben. Diese Salafisten haben ihr Verständnis durchgesetzt, und die Generationen sehen den Islam durch ihre Augen. Ihretwegen hat sich die Aufklärung so lange verzögert, wer aufgeklärt ist, wird sofort verfolgt.

Adnan al-Rifâʿi: Was ist, wenn ich Omar erzählen würde, die Erde sei rund und drehe sich um die Sonne? (farqad al-miʿmâr: 12.10.2014)[33]

Adnan al-Rifâʿi: Der Koran ist nicht mehr präsent. Unsere Tradition hat den Sinninhalt des Korans geschmälert, sie hat aus dem Verständnis der ersten Generation die Messlatte für das Verständnis des Korans gesetzt; wir sind bei der ersten Generation stehen geblieben, obwohl wir im 21. Jahrhundert leben.

Der koranische Text beinhaltet Hinweise für jede Generation: „Wir werden ihnen Unsere Zeichen am Gesichtskreis und in ihnen selbst zeigen, bis es ihnen klar wird, dass es die Wahrheit ist." (41:53)

---

[33] V044 https://www.youtube.com/watch?v=Cnyj2nVg2H8 (15.02.2020)

Das Verständnis des Korans ist fortschreitend und nicht regressiv. Was sie verstanden haben, liegt hinter mir, ich verfüge heute aber über zivilisatorische Mittel, von denen die Ersten nie gehört haben. Wenn ich Omar oder Ali erzählen würde, die Erde ist rund und dreht sich um die Sonne, was würden sie tun? Wird Omar mich zum Apostaten erklären oder Ali mich auspeitschen lassen?

Sie wollen aus dem Koran ein Geschichtsbuch machen, er ist aber größer als die Geschichte, größer als die Generationen, die *sahaba*, die Sunniten, die Schiiten, Muhammad und seine *ahl al-beit*.

Ist der Koran gefälscht? Mit Dr. Nabil Fayad (hiwarât hishâm: 15.12.2018)[34]

Nabil Fayad: Der Anlass für mein Interesse an dem Thema lieferte die Lektüre des Buches von Arthur Jeffery „Materials for the History of the Text of the Qur'an. The old Codices", in dem er zwischen primären und sekundären Texten unterscheidet. Zu den Primären gehören die Koranexemplare von Abdallah ibn Mas'oud, Ubay ibn Ka'b, Omar ibn al-Khattab, Abdallah ibn Abbas, Ali ibn Abitaleb, Salem, Aischa, Hafsa, Abu Mussa al-Asch'ari und die sekundären gehören zu ihren Schülern.

Ich fand viele Mängel in Jefferys Buch, oft fehlen die Quellen, die von den unterschiedlichen Lektüren sprechen oder von Streichung und Hinzufügung von Koranversen. Bei den Schiiten finden wir eine große Menge an Berichten über Änderungen im Koran. Jeder, der etwas Ahnung von der Koranforschung hat, weiß es. Nehmen wir al-Buchâri, er hat Unmengen von Informationen diesbezüglich, nach ihm war z. B. die Sure *al-ahzâb* größer als die Sure *al-baqara*, bevor Osman das änderte. Der sehr berühmte *tafsîr al-qurtubi* beinhaltet sehr umfassende Berichte darüber, genauso wie die Werke von al-Muttaqi al-Hindi (1480–1567) oder al-Suyuti.

Wir haben noch keine Textkritik der Heiligen Schrift wie im Christentum, was ich tue, ist nur Material sammeln, das eventuell

---

[34] V045 https://www.youtube.com/watch?v=6_7w2zHJ8uM (17.02.2020)

für spätere Textkritik nützlich sein kann. Das wird sehr lange dauern. Heutzutage ist fast überall in der Welt die Religionskritik erlaubt, solange man seine Meinung begründen kann, dann wird sie diskutiert. Im Islam, wenn ein unbedeutender Scheich kritisiert wird, gibt es sofort einen riesigen Aufstand, man wird als Apostat gebrandmarkt. Ich glaube, sie benutzen die Waffe der Apostasie, *takfīr*, die einer Morddrohung gleicht, um die zerfallene Tradition zu verteidigen, das ist verrückt. Wenn du mein Buch „Der Koran von Ali" liest, findest du ständig die Aussage und ihr Gegenteil nebeneinander; es ist unmöglich zu erfahren, wann die Wahrheit beginnt und wann das Lügen endet.

Eine deutsche Orientalistin sagte mir, die Beschäftigung mit der islamischen Tradition sei verlorene Zeit, alles sei gelogen. ʿUbay ibn Kaʿb z. B. war ursprünglich Jude aus dem Stamm al-Najjar, die vor ihrer Konversion auch Juden waren, zu diesem gehören die Onkel Muhammads mütterlicherseits. ʿUbay hatte später einen Konflikt mit dem Kalifen Omar, gerade wegen seines Koranexemplars. Ich habe keinen Bericht über seinen Tod gefunden, ich wollte wissen, ob er getötet wurde oder natürlich starb. Alles ist gelogen, wir müssen uns mit diesen Lügen auseinandersetzen, weil andere daran glauben. Ich persönlich glaube an kein Wort dieser Tradition.

Ich bin sicher, dass der erste Vers in Sure *al-isrāʾ* – „Preis sei dem, Der seinen Diener bei Nacht von der geschützten Gebetsstätte zur fernsten Gebetsstätte, deren Umgebung Wir gesegnet haben, reisen ließ, damit Wir ihm etwas von Unseren Zeichen zeigen" (17:1) – später von Abdel Malik ibn Marwan hinzugefügt wurde. Er war im Krieg mit Ibn al-Zubair, der sich in Mekka verschanzt hatte und über Arabien herrschte; der war ein Verwandter des Propheten und sehr eloquent und konnte die Pilger damit für seine Seite gewinnen. Um dies zu verhindern, hat Abdel Malik ein vorhandenes Heiligtum in Jerusalem, den Felsen auf dem Tempelberg, sich zu eigen gemacht und den Felsendom gebaut, wohin unter seiner Herrschaft die Muslime pilgerten. Um seine Position noch mehr zu legitimieren, hat er die Nachtreise des Propheten von Mekka nach Jerusalem hinzugefügt.

Außerdem bin ich fast sicher, weder Muʿawiya, der so viele Muslime getötet hat, geschweige sein Sohn Yazid, waren Muslime. Der Vers im Koran: „Die Almosen sind nur für die Armen, die Bedürftigen … diejenigen, deren Herzen vertraut gemacht werden sollen" (9:60) war ein Fehler. Wie kann man in der Religion sich die Unterstützung von Ungläubigen erkaufen? Das Ergebnis war, dass die Omayyaden, die bis zuletzt gegen den Islam waren, die Macht übernommen haben und sich an den Muslimen rächten.

Die aramäische Bedeutung der Buchstaben (ألم, ألر, طه, كهيعص) (Loay Alshareef: 2016)[35]
[Es sind 14 einzelne oder mehrere aneinandergereihte Konsonanten am Anfang von Sure 29, die auf Arabisch keinen Sinn ergeben.]

Loay Alshareef: Ich liebe die alten Sprachen, wenn ich mit dem Aramäischen fertig bin, werde ich mit dem Himyaritischen anfangen. Was ich hier mit Gottes Buch tue, ist eine wissenschaftliche, sprachliche Analyse, weder *fiqh* noch Exegese. Die koranische Sprache ist voll mit Wörtern und Sätzen, die einen aramäischen Ursprung haben. Um meine Analyse zu beurteilen, wenden Sie sich bitte an Sprachwissenschaftler an der Uni und nicht an Gelehrte.

Die gebrochenen Buchstaben am Anfang mancher Sure haben die Gelehrten nie erklären können. Sie sahen in ihnen einen Beweis des Koranwunders, das nur Gott kennt. Wir sagen einerseits, dass Gott den Koran in einer klaren arabischen Sprache herabgesandt hat, andererseits soll der Sinn dieser Buchstaben geheim bleiben! Es mag manche von euch schockieren, ich werde doch diese Buchstaben mit dem Aramäischen erklären [nach langen philologischen Analysen]: ألم, (A.L.M.) bedeutet „Ruhe", „Schweigen", das ist die Bitte, um zuzuhören. ألر, (A.L.R.) bedeutet „nachdenken", „sinnieren". طه (T.H.) bedeutet „O Mensch!" Das ist ein Aufruf und auf kei-

---

[35] V052 https://www.youtube.com/watch?v=v_HtiVOJlow&t=287s (27.02.2020)

nen Fall „Taha", ein Name des Propheten, wie manche behaupten. كهيعص (K.H.I.A.Z.) bedeutet „so predigt er", gemeint ist Gott.

Der Koran ist zwar auf Arabisch, sein lückenloses Verständnis ist aber ohne das Aramäische nicht möglich. Sie sagen fünf Mal am Tag Amen, das hat auf Arabisch keinen Sinn, auf Aramäisch und ebenfalls auf Hebräisch bedeutet es: Lass sein, lass geschehen.

3. Das Paradies

Das Paradies Gottes ist trivial, als wäre es ein Schafstall (beit al wajdan al-thaqafi: 01.10.2018)[36]

Scheich Ahmad al-Qubanji: Das bekannte Paradies kennzeichne ich als Schafstall. Es gibt nur Essen, Trinken, Verehelichen und Weintrinken. Keine Wahrzeichen der Humanität sind vorhanden: Emotionalität, Kreativität, Arbeit, auch nicht Mutterschaft ... Wir sitzen untätig, essen und trinken; das sind animalische Instinkte. Mit diesen Instinkten waren die wilden Araber der *djâhiliya* zufrieden. Wenn Gott uns ins Paradies reinlassen will, bin ich der Erste, der es ablehnt. Noch mehr: Ich bevorzuge es, in die Hölle zu gehen, weil dort menschliche Gefühle vorhanden sind, es gibt Trost für die Leidenden.

Die Beschreibung des Paradieses im Koran ... ehrlich, ich stelle mir Imam Ali so aufgemacht mit Halsketten, Ohrringen und Armbändern aus Silber vor, der Imam Ali soll mit Armbändern herumlaufen ... Für die Frauen gibt es keine Huri. Die arme Frau, die rechtschaffene, wartet auf ihren Mann, er hat tausend Huris, das kann eine Million Jahre dauern, bis sie dran ist. Die Frauen sollten eigentlich die Ersten sein, die gegen das Paradies protestieren.

Damals haben die Männer die ganze Last getragen. Die Eroberungen und der Dschihad waren nur Männersache. Gott und der Prophet wollten ihre Begierde mit dem Paradies erwecken, deshalb

---

[36] V003 https://www.youtube.com/watch?v=u5Qb7oQevfo (11.01.2020)

musste es Huri dort geben. Die Araber sind besessen von den Huris, von den Frauen überhaupt. Die Frauen selber zählen überhaupt nicht.

Das Paradies, die Hölle, die Belohnung und die Bestrafung (Alhurra – qanât al-hurra: 14.07.2019)[37]

Ibrahim Issa: Die Salafisten nutzen den Frust der Muslime, um ihnen das Paradies zu versprechen. Sie setzen auf Sex; die sexuelle Frustration der Männer im Diesseits wird in Jenseits kompensiert, dort warten die Huris auf sie. Ibn al-Qaiyem al-Juziyah, der Schüler von Ibn Taimiya, beschreibt das Paradies in seinem Buch „Der Führer der Seelen ins Land der Glückseligkeit".[38] Seine Vorstellungskraft ist grenzenlos, so soll Gott z. B. eigenhändig das Paradies erschaffen haben, er öffnet es täglich fünf Mal wie ein Pförtner. Die Frauen im Paradies sind weder jung noch alt, die Lust des Mannes endet nicht mit der Ejakulation, er steht immer zum Sex bereit. Ähnlich geht es den Frauen, sie werden nie satt. Die Gelehrten haben im Detail alles im Paradies beschrieben, sogar die Folter im Grab vor dem Jüngsten Tag.

Die Salafisten allerdings betrachten sich selber als die einzigen wahren Vertreter des Islam, sie sind die errettete Sekte, *al-firqa al-nâdjiya*, von der das Hadith spricht. Alle andere Muslime und Nichtmuslime enden in der Hölle. Es geht nicht um Meinungsverschiedenheit über die Beschreibung des Paradieses, es geht darum, dass sie anstelle Gottes darüber entscheiden wollen, wer in den Himmel kommt.

Ezzeddin Allam: Die Dualität von Gut und Böse, Strafe und Belohnung, die der Dualität von Paradies und Hölle zugrunde liegt, existiert in allen Religionen. Im Koran finden wir eine materielle

---

[37] V028 https://www.youtube.com/watch?v=ubjyeTRoYHM&t=2224s (29.01.2020)
[38] Al-Juziyah, Ibn Al-Qayyem, *hâdi al-arwâh ila bilâd al-afrâh*. Mekka 2007

fantastische Beschreibung des Paradieses; die Frage ist, wie man sie interpretiert. Die herrschende Vorstellung des Paradieses ist materiell und sinnlich. Wer dort ankommt, braucht sich nicht mehr vor Gott zu beugen, das Gottesdienstliche ist beendet, es ist die Zeit der Freude und des Genusses, im Mittelpunkt stehen natürlich die Huris. Erstaunlich ist ihre große Zahl, wenn der Mann mit einer von ihnen fertig ist, wird er von der nächsten gerufen; das hat kein Ende.

Die Beschreibung des Paradieses und der Hölle beruht auf Anreiz und Drohung. Es ist die Zeit, auf diese Methoden zu verzichten wegen ihres negativen Einflusses auf die ethischen Sitten und die junge Generation. Es ist die Zeit, einer zivilen Ethik zu folgen. Das Stehlen ist nicht verboten wegen der Hölle, sondern weil es das Recht anderer verletzt. Der Mensch ist das Kriterium, er wird an sich wegen seiner Würde respektiert.

Hajer Khanfir: Die Beschreibung des Paradieses im Koran ist einheitlich, bei den Sekten ist sie verschieden und dient an erster Stelle dem Werben für die Sekte selbst. Wer z. B. ins Paradies kommt, sind die Mitglieder der erretteten Sekte, *al-firqa al-nâdjiya*, nach dem Hadith, das besagt: Meine Umma wird sich in 73 Sekten spalten, errettet wird nur eine. Jede Sekte sieht sich daher als diese errettete Sekte. Das Hadith ist erfunden, wird aber von allen akzeptiert. Er widerspricht dem Koran, der die Hölle nur für die Ungläubigen vorsieht, nun sind viele Muslime davon betroffen. Für die Sunniten z. B. gehören die Schiiten dahin und umgekehrt.

Inhaltlich hat es viele Differenzen gegeben: Ist die Auferstehung für die Körper oder die Seelen allein? Ist die Folter seelisch oder physisch? Die Folter gibt es nicht nur in der Hölle, sie beginnt im Grab. Über die Art der Befragung der Leichen ist man sich nicht einig. Keine Einigkeit besteht über die Definition der Seele und über die Verweildauer in der Hölle.

Ich finde diese Meinungsverschiedenheit positiv, weil sie uns in der Moderne erlaubt, neue Interpretationen hinzuzufügen, die absolute Wahrheit haben wir nicht erreicht. Die Frage der Erneuerung des religiösen Diskurses ist heute in der islamischen Welt sehr verbreitet. Ich habe das Buch von Ibn al-Qaiyem analysiert und festgestellt, dass die Anwesenheit des Weibes – ich sage nicht Frau, weil die himmlischen Huris dazugehören – passiv negativ ist; er spricht nicht von der Frau, die mit dem Paradies belohnt wird, sondern von der Frau, die als Belohnung für den Mann im Paradies ist. Die Frau darf nicht fremdgehen oder sich scheiden lassen, die Vormundschaft der Männer über ihre Frauen geht im Jenseits weiter.

Der Hauptgrund für das Frauenbild bei den Muslimen liegt weniger in der Frustration, sie dürfen ja vier Frauen heiraten, sie liegt vielmehr in der Angst der Männer, sexuell zu versagen, ihre Männlichkeit nicht zu beweisen. Im Paradies, das sinnlich par excellence ist, wird das Versagen kompensiert, die Angst verfliegt, und die Lust ist ununterbrochen. Sie hat einen mythischen Charakter, man hat sogar dem Propheten solche mythischen Kräfte unterstellt; er soll nach dem Hadith die Potenz von siebzig Männern besitzen. Es geht im Grunde genommen um utopische Vorstellungen von Männlichkeit und Macht. Die Passivität der Frau finden wir auch im Koran, das war historisch bedingt, man konnte den Arabern damals nicht erzählen, eine Frau darf vier Männer haben. Das hat sich aber bis heute in den *fiqh* festgesetzt.

Im Paradies wirst du den Juden und den Christen neben dem Muslim finden (tarîq al-salâm: 03.12.2015)[39]

Scheich Hassan Ferhan al-Maleki: Im Paradies wirst du neben den Muslimen den Christen, den Juden, den Buddhisten vielleicht auch den Heiden finden, weil Gott die Situation der Anbeter kennt. Auf der anderen Seite wirst du auch den Christen, den Juden, den Buddhisten, den Atheisten und den Muslim finden. Warum? Weil die Rechenschaft Gottes nicht wie ein Mathetest ist, wie viele richtige und wie viele falsche Antworten zählten. Er kennt die Menschen, und ob die Religion sie erreicht hat oder nicht, seine Religion und nicht die Religion, die von den Gelehrten und den Herrschenden

---

[39] V040 https://www.youtube.com/watch?v=ePvfO569WLY (13.02.2020)

entstellt wurde. Gott hat seine Ziele. Im Koran lesen wir: „Vielleicht fürchtet ihr Ihn" (2:21), „Vielleicht werdet ihr dankbar" (2:52). Diese Ziele sind uns unbekannt, wir kennen sie nur durch die Definitionen der Sekten, die Definitionen des Korans sind jedoch ganz anders.

Nehmen wir das Beispiel der Anbetung: „Und die Dschinn und die Menschen habe ich nur dazu erschaffen, dass sie mich anbeten." (51:56) Das Anbeten, 'ibâda, im Koran ist ein Mittel, um einen Zweck zu erreichen, nämlich die Frömmigkeit, taqwa, dies wird auch erwähnt: „O ihr Menschen! Dient eurem Herrn, Der euch und diejenigen vor euch erschaffen hat, auf dass ihr gottesfürchtig werden möget." (2:21) Gottesfürchtig oder fromm bedeutet das Stoppen der Aggression. Wer ist gottesfürchtiger in diesem Sinn: die Muslime oder die anderen Nationen? Alle Propheten predigen die Gottesfürchtigkeit, sie ist das göttliche Ziel. Das Anbeten ist das Mittel, die Gottesfürchtigkeit ist das Ziel. Was ist nun mit denjenigen, die das Ziel verwirklichen ohne das Mittel; der Japaner, der Australier, der Argentinier, der Brasilianer – sie unterdrücken und greifen niemand an, sie lügen nicht, sie realisieren die universalen Werte. Die Rechenschaft Gottes richtet sich nach diesen Zielen, die sie aufgrund des in ihrer Natur verwurzelten Glaubens erreichen und nicht anhand einer Streichliste.

Glaubt ihr, der Muslim wäre der einzige Gläubige? Nein, ich glaube, dass alle, nicht nur die Muslime, einen Zugang zum Paradies haben und dass nicht alle Muslime ins Paradies gelangen, nur die Gottesfürchtigen. Gott sagt: „O ihr Menschen, Wir haben euch ja von einem männlichen und einem weiblichen Wesen erschaffen, und wir haben euch zu Völkern und Stämmen gemacht, damit ihr einander kennenlernt. Gewiss, der Geehrteste von euch bei Allah ist der Gottesfürchtigste von euch." (49:13) Hier wendet sich Gott an alle Menschen, er will uns sagen, dass es verboten ist, die anderen anzugreifen und ihnen Schaden beizubringen. Die Gottesfürchtigen sind diejenigen, die am meisten friedlich sind. Die Antwort auf die oben gestellte Frage lautet: Die Nichtmuslime sind die Gottesfürchtigsten. Wenn wir uns umsehen, die Muslime bekriegen sich ständig und dies seit der Entstehung des Islam.

4. Muhammad

Al-sira al-nabawiya (Alhurra – qanât al-hurra: 08.02.2018)[40]

Najia al-Warimi: Die späte Redaktion betrifft die Sira wie alle anderen Wissenschaften. Die arabische Kultur war mündlich, das Redigieren begann erst im 2. Jahrhundert der Hidschra. Die Sira unterscheidet sich jedoch von allen anderen Wissenschaften speziell von *al-hadith*, weil die Kriterien für die Auswahl der Geschichten locker waren, was die Sammler der Hadithe gleich kritisierten. Der Grund ihrer Kritik war, finde ich, weniger formalistisch und mehr tiefgründig. Die ersten Sira-Schreiber wie Ibn Ishâq und al-Wâqidi neigten dazu, die historischen Fakten wiederzugeben, sie zeigten den Propheten eher wie einen normalen Menschen, sie brachten kompromittierende Geschichten über ihn und weniger Märchen und Wundertaten. Die Gelehrten der Hadithe und die Exegeten, die auch im Schoß des Hadith entstanden, neigten dazu, den Propheten als aufrichtig darzustellen. Al-Tabari (839–923) ging so weit, Ibn Ishâq als Apostaten zu kritisieren wegen des Hadith von *al-isrâ'* [die Nacht, in der der Prophet nach Jerusalem ging, im siebten Himmel Gott traf und nach Mekka zurückkehrte]. Das geschah für Ibn Ishâq im Traum, für die Hadith-Gelehrten war es ein Wunder, das wirklich geschah.

Ich mache darauf aufmerksam, dass die Redaktion der Sira begann, nachdem die Sekten entstanden sind, das hinterließ natürlich Spuren; vor allem wenn man bedenkt, dass jede Sekte Grundlagen für ihre Rechtsprechung in der Gründungsphase suchte, insbesondere im Leben des Propheten und seiner Gefährten. Das Verständnis der historischen Ereignisse bei den Sunniten war z. B. ein anderes als bei den Schiiten oder 'Ibaditen. Hier ist eine klare Durchmischung von Religion und Politik, wir können Ersterer ohne das Zweite nicht verstehen.

---

[40] V025 https://www.youtube.com/watch?v=mPxt8ehyPfg&t=1518s (26.02.2020)

7. Die neue Religionskritik

In meinem Buch „Das Verbreitete und das Marginalisierte in der Sira" behandle ich das verbreitete Bild des Propheten als erhaben, übermenschlich, unfehlbar, das von allen offiziellen Quellen übernommen wurde; und das menschliche Bild eines Propheten, das übrigens keinen Grund zur Abwertung gibt; im Koran wird betont, dass Muhammad ein Mensch ist. Wenn wir unsere Quellen vernünftig und kritisch überprüfen und das Marginalisierte wieder in unsere Geschichtsvorstellungen integrieren, dann erfolgt eine Versöhnung mit unserer Geschichte; dann ist es möglich, das Ideologische, das vorübergehenden Charakter hat, vom Wissen, das dauerhaft ist, zu trennen und an Letzterem anzuknüpfen. Ich bin der Meinung, ein Hauptgrund der heutigen Misere islamischer Gesellschaften liegt in ihrer chaotischen Annäherung an ihre Vergangenheit. Sie vergegenwärtigt sie mit aller ihrer Rückständigkeit, ohne sie rational zu untersuchen.

Samir Darwiche: Die Gefährlichkeit der Sira besteht darin, dass sie das Publikum nicht überzeugen kann. Bei ihr geht es um Fantasievorstellungen, trotzdem halten die Religionsgelehrten aller Couleur sie für richtig und verurteilen alle, die daran zweifeln. Die Reinigung der Sira von allen Übertreibungen und Märchen, die die Religion unter einem anderen Licht erscheinen lässt, ist eine dringende Aufgabe für die Rettung der islamischen Botschaft.

Dazu kommt, dass selbst die normalen Erzählungen Anlass zum Nachdenken geben. Wir lesen, dass bei der Trauung Muhammads mit Khadidja deren Cousin Waraqa ibn Nawfal zögerte, die Ehe abzuschließen, wobei er derjenige war, der die Prophetie Muhammads bestätigte. Wie kann er in ihm einen Propheten sehen und zugleich seine Tauglichkeit zur Ehe mit Khadidja bezweifeln? Solche Widersprüche lassen einen die Wahrheit aller Geschichten infrage stellen. Wenn man behauptet, die Kritik eines Teils der Sira führe zur Zerstörung der gesamten Sira und in ihrer Folge der Religion, muss man daran erinnern, wie die Sira entstand.

Der Kalif al-Mansur (754–775) bat den Gelehrten Ibn Ishâq, eine Sira zu schreiben. So reiste dieser herum und hat die Geschichte gesammelt und geschrieben, ohne sie zu filtern. Er kam mit einem großen Werk zu al-Mansur, und der Kalif sagte, es sei zu groß und müsse gekürzt werden; Ibn Ishâq tat es, die Version wurde abgelehnt und nie öffentlich bekannt. Ein Schüler Ibn Ishâqs bearbeitete die alte Version, und später bearbeitete Ibn Hischâm diese spätere Version und ließ vieles streichen, wie er in seiner Einführung schreibt. Die Sira wurde nicht als Heiliges Buch behandelt, sondern als Sammlung von Geschichten. Die Sakralisierung erfolgte in den letzten sechzig bis siebzig Jahren. In der Tradition sind sie immer davon ausgegangen, dass Menschen am Werk sind, daher die Vielfalt der Interpretationen trotz des Konsenses der Schulen. Man war nicht verpflichtet, die Interpretation von al-Tabari zu übernehmen. Er hatte früher nicht die Bedeutung, die er heute hat. Die Entscheidung für eine Interpretation auf Kosten der anderen ist eine moderne Erscheinung.

Die Revolution von 1919 in Ägypten brachte eine Reihe von Denkern hervor, die der Vernunft verpflichtet waren, wie Taha Hussein, Scheich Ali Abdelraziq, Lutfi al-Sayyed, Maarouf al-Risafi; mit der Vernunft gingen sie an die Tradition heran. Auf der anderen Seite standen die Gegner der Aufklärung, die Azhariten und die Salafisten, und verfolgten sie. Keiner konnte ihnen entkommen. Eine kritische Lektüre wurde zwar im Laufe der gesamten islamischen Geschichte unterdrückt, die Stärkung der Unfehlbarkeit der Texte steigerte sich aber enorm infolge dieser Auseinandersetzung im letzten Jahrhundert.

Ausflug in Religionen und Mythen mit Fares al-Sawwah, Teil 1 (Al-hurra – qanât al-hurra: 03.03.2019)[41]

Fares al-Sawwah: Der Prophet hatte keinen Plan für die Eroberung außerhalb Arabiens, er hatte kein imperiales Projekt. Die Behauptung, seine Mission sei für die Menschheit und die gesamte Welt, ist nicht begründet, der Koran spricht von einem arabischen Propheten

---

[41] V038 https://www.youtube.com/watch?v=a0EzsKqOINM (12.02.2020)

7. Die neue Religionskritik

der Arabisch spricht und sich an die Mekkaner wendet: „Und dieses Buch, das wir hinabsandten, ist gesegnet; es bestätigt das Frühere, und verwarnen sollst du mit ihm die Mutter der Städte [Mekka] und wer rings um sie wohnt." (6:92) Viele Verse im Koran bestätigen, dass seine Mission für die Araber gedacht war.

Die rechtgeleiteten Kalifen [die ersten vier Kalifen] dagegen hatten so ein Projekt. Es begann gleich mit Abu Bakr und Omar, später mit den Omayyaden. Diese wurden nach der Eroberung Mekkas durch den Propheten Muslime, und zwar zwei Jahre vor dessen Tod; sie waren dazu gezwungen. Mit ihrer Unterwerfung unter Muhammad verloren sie die Herrschaft in Mekka, was sie den Muslimen nie verziehen. Der Kalif Yazid, Sohn von Mu'awiya, erklärte öffentlich, es gebe keine Offenbarung und keine Prophetie, und er beschoss den Koran mit Pfeilen.

Die Sira ist zu 90 Prozent erfunden und schadet dem Propheten. Warum er darin negativ dargestellt wird, ist mir unbekannt. Das entspricht nicht dem, was wir vom Koran über ihn wissen. Die Hadithe sind noch schlimmer als die Sira. Die Reise nach Jerusalem und der Aufstieg zum siebten Himmel zu Gott z. B. ist ein Märchen, das war einfach im Traum; alle Propheten erhielten die Offenbarung im Traum.

Wir sind nicht einmal verpflichtet, dem Propheten zu folgen, weil er nur ein Mensch war, der Fehler machte. Allein bei der Offenbarung gibt es keine Fehler, Muhammads Größe bestand in seiner Rolle als Vermittler der Offenbarung. Im Koran wird wiederholt daran erinnert, dass er ein Mensch ist, der z. B. keine Wunder vollbringen kann. Der Prophet ist nicht unfehlbar, Gott erinnert ihn daran, dass er gesündigt hat und weiter sündigen wird: „Damit dir Allah das von deinen Sünden vergebe, was vorher war und was später sein wird." (48:2) Wenn der Prophet nicht unfehlbar ist, dann sind es die Imame, die *sahaba* und alle anderen auch nicht.

Wir brauchen eine kulturelle Renaissance, die es uns erlaubt, die ganze Tradition und die Geschichte kritisch zu revidieren. Außer dem Koran ist alles an Sira und Hadith zweifelhaft und taugt nicht als Basis für die Scharia; das islamische Recht, das auf dem Hadith beruht, ist ungültig.

Ausflug in Religionen und Mythen mit Fares al-Sawwah, Teil 2 (Al-hurra – qanât al-hurra: 10.03.2019)[42]

Fares al-Sawwah: In Arabien lebten die *nasâra*, das sind die orientalischen Christen, die Jesus als Mensch betrachten. Es ist möglich, dass Muhammad Khadidja christlich geheiratet hat, ihr Cousin Waraqa ibn Nawfal war sicherlich ein Christ. Man darf nicht vergessen, dass diese Ehe vor der Offenbarung abgeschlossen wurde.

Muhammad war kein Analphabet, er war sehr kultiviert. Der Begriff im Koran betrifft alle Araber. Die Aussage, sie seien Analphabeten, bedeutet, sie haben kein Heiliges Buch, aber nicht, dass sie nicht lesen und schreiben können. Kulturen können auch mündlich sein, in Persien war es sogar verboten, die heilige Botschaft niederzuschreiben, damit sie nicht unrein wird, die Priester haben sie mündlich weitergegeben.

Das islamische Recht beruht auf dem Hadith, der zweifelhaft ist, daher betrachte ich es als menschliches Recht und kein göttliches. Im Koran sind auch normative Aussagen enthalten, sie gehen aber nicht ins Detail, das wurde den Menschen überlassen. Die Scharia wurde am Beispiel der Juden entwickelt, man kann ohne Scharia leben wie z. B. im Christentum, man kann auch als Muslim ohne die Scharia leben. Für mein Verhältnis zu Gott und den Gottesdienst brauche ich die Scharia nicht. Die religiöse Institution im Westen wurde entmachtet, im Islam hätte sie nicht existieren sollen, die ist jetzt überflüssig.

Revision der Regierung des Propheten (beit al-wajdan al-thaqafi: 30.07.2019)[43]

Scheich Ahmad al-Qubanji: Das Urteil zur Hinrichtung der Gefangenen von Banu quraisa [jüdischer Stamm in Medina] – 700 Men-

---

[42] V039 https://www.youtube.com/watch?v=fjGjQAKqHxc (12.02.2020)
[43] V005 https://www.youtube.com/watch?v=h65KwcVd8gk&t=690s (10.01.2020)

schen wurden umgebracht – ist kein göttliches Urteil, sondern ein Staatsurteil. Der Prophet hat als Gouverneur Gefangene getötet. Dazu gehört auch das Foltern von Gefangenen. Nach al-Tabari hat der Prophet befohlen, einige gefangene Juden zu foltern. Damit hat er Ammar beauftragt, um an den versteckten Schatz zu gelangen. Und manchmal hat der Prophet Mordaufträge gegeben, Attentate. Die Wahhabiten, wie sind sie zu Wahhabiten geworden? Sie sehen, was ihr Prophet getan hat. Das ist wahr, er hat es aber als Gouverneur getan.

Ist es heutzutage nachvollziehbar, Gefangene zu töten? Gefangene zu foltern? Damals war es üblich, deshalb hat niemand gegen den Propheten protestiert. Niemand hat den Propheten gefragt, warum er Gefangene tötet, das war üblich, das gehörte zur Kultur der damaligen Zeit. Genau die Versklavung ihrer Frauen und Töchter und ihr Verkauf auf dem Sklavenmarkt.

Hat Muhammad existiert? (BBC News عربي: 31.07.2019[44])

Hala al-Wardi: Ist Muhammad ein realer Mensch oder ein Mythos, hat er existiert? Was ist sein wirklicher Name, wo ist er geboren? Ist er in Medina verstorben? Die Biografie des Propheten wurde anderthalb Jahrhunderte nach seinem Tod geschrieben. Es gibt aber byzantinische, koptische und griechische zeitgenössische Literatur wie etwa den Brief eines Kaufmanns aus Gaza an seinen Bruder in Karthago, in dem er über einen Muhammad berichtet, der behauptet, Prophet zu sein, und der Jerusalem erobern will. Der Bericht ist vom Jahre 634, das heißt entgegen der islamischen Erzählung, wonach sein Tod im Jahre 632 stattfand, hat Muhammad gelebt und in Gaza Krieg geführt? [Sie spricht von der Doctrina Jacobi, S. 45.]

---

[44] V029 https://www.youtube.com/watch?v=E8DP1kz3E8o (30.01.2020)

5. Die Sahaba

Die tunesische Autorin Hala al-Wardi zweifelt an der Existenz des Propheten und wirft der sahaba Opportunismus vor (Erem Multimedia: 30.07.2019)[45]

Hala al-Wardi: Die politischen Ambitionen der *sahaba* führten sie zum Opportunismus und Machiavellismus. Sie haben den Propheten auf seinem Krankenbett gehindert, sein Testament aufzusetzen. Sie haben seine Leiche liegen lassen und trafen sich im Ort *saqifa bani sâ'ida*, um seine politische Nachfolge zu regeln. Sie haben das Märchen des Konsenses über die Wahl von Abu Bakr als Kalif erfunden. Fatima, die Tochter des Propheten, hat Abu Bakr verdammt, weil er sie um ihre Erbschaft gebracht hat.

Die rechtgeleiteten Kalifen im Schatten der Schwerter (FRANCE 24 Arabic: 04.02.2020)[46]

Hala al-Wardi: Ich habe mein Buch „Die verdammten Kalifen" mit dem Untertitel „Im Schatten der Schwerter" versehen, weil das Hadith „Das Paradies ist im Schatten der Schwerter" die herrschende Atmosphäre zur Zeit der ersten *sahaba* am besten wiedergibt. In den islamischen Quellen haben die Kalifen dieses Hadith sehr oft als Ansporn für ihre Soldaten verwendet.

Insbesondere unter dem ersten Kalifen Abu Bakr diente er für die Mobilisierung der Muslime in dessen furchtbaren Kriegen gegen die angeblichen arabischen Apostaten. Nach dem Tod Muhammads waren viele Stämme vom Islam abgefallen. Abu Bakr wollte sie wieder unterwerfen. Es wird oft von der Politisierung des Islam als Missbrauch der Religion gesprochen, ich meine dagegen, dass es sich um eine Islamisierung der Politik handelt. Viele *sahaba* waren, wie Omar, gegen den Krieg; um sie zu überzeugen, benutzte Abu

---

[45] V030 https://www.youtube.com/watch?v=VQ6k5r1ZA1I (04.03.2020)
[46] V031 https://www.youtube.com/watch?v=is1Pdrq7WI8 (01.02.2020)

Bakr das Argument der Religion: Der Islam ist in Gefahr. Damit bekämpfte er nicht nur die Apostaten, sondern auch diejenigen, die Muslime geblieben sind, aber keine Almosensteuer zahlen wollten, sowie die Araber, die nie Muslime und daher keine Apostaten waren, um am Ende alle zu unterwerfen.

Was mich bewegt hat, diese Phase zu untersuchen, ist die islamische Gewalt heute; ich wollte wissen, ob sie in der Vergangenheit wurzelt. Das tat sie; sie wirkt aber heute noch, weil diese historische triumphale Phase sakralisiert wurde, was den geschlagenen Muslimen von heute erlaubt, Kraft und Mut daraus zu schöpfen.

Über die Wurzel der Gewalt bei den sahaba (mukhtalaf 'alaih: 04.01.2020)[47]

Smail: Die Frage der Gerechtigkeit der *sahaba* ist von den damaligen politischen Ereignissen nicht zu trennen, es herrschte Gewalt, und viele Massaker fanden statt. Unter den Gefährten des Propheten, den *sahaba*, befanden sich viele Heuchler. Der Koran sagt: „Allah bezeugt, dass die Heuchler wahrlich lügen." (63:1) Ein anderer Vers besagt: „Unter den Wüstenarabern in eurer Umgebung gibt es Heuchler und auch unter den Bewohnern von Medina, die in der Heuchelei geübt sind. Du kennst sie nicht, aber Wir kennen sie." (9:101) Das heißt, Muhammad kennt sie nicht, und bis heute sind sie unbekannt.

Zweitens, 60 Prozent der Muslime verließen nach dem Tod Muhammads den Islam, nicht individuell, sondern als Stämme, manche wandten sich anderen Propheten dieser Zeit wie Musailama zu. Das waren alle *sahaba*, al-Buchâri spricht von hunderttausend Menschen. Die *sahaba* waren nicht nur die etwa hundert Personen, die Mekka verlassen haben, deren Namen nur zur Hälfte bekannt sind. Nach Scheich Shaltut, der damalige Scheich al-Azhar, sind in den sechs kanonischen Hadith-Sammlungen alle Hadithe *âhâd* [über eine einzige Überlieferungskette, die man leicht erfinden kann],

---

[47] V046 https://www.youtube.com/watch?v=1APQcdJtQxA (18.02.2020)

ein einziges Hadith ist wahr und stammt aus vielen Quellen, *mutawâter*: „Wer mich absichtlich belügt, hat seinen Platz in der Hölle gesichert." Die sicheren Überlieferungen wurden durch die Praxis weitervermittelt und sind nicht geschrieben, sie betreffen den Gottesdienst, *'ibâdât*, so finden wir im Buch von al-Buchâri keine Beschreibung des Gebets.

Al-Buchâri soll aus 700 000 Hadithen circa fünftausend für akzeptabel gehalten haben. Das allein zeigt das Ausmaß der Fälschungen. Wir können aus diesen Sammlungen kaum etwas über die *sahaba* erfahren, geschweige denn über ihre Namen. Abu Bakr, der 23 Jahre mit dem Propheten verbrachte, hat in beiden Büchern von al-Buchâri und Muslim 18 *Hadithe*, Ali nur vier. Wir finden aber viele Erzählungen, in denen die *sahaba* sich gegenseitig Ungerechtigkeit vorwerfen.

Unterdrückte Wahrheiten (6): Wer sind die Gefährten des Propheten, die ihn in Tabbuk töten wollten? (dhu al-fiqâr al-maghribi: 30.12.2019)[48]

Dhu al-Fiqâr al-Maghribi: Eine Gruppe von 14 Gefährten wollte den Propheten bei der Razzia in Tabbuk [Nordwest-Saudi-Arabien an der Grenze zu Jordanien] ermorden. Sie wurden bekannt, der Prophet ließ sie straffrei. Die Quellen begründen diese merkwürdige Entscheidung mit der Aussage: „Ich will nicht, dass die Menschen sagen, der Prophet hat seine Gefährten getötet." Der Prophet hat über das Komplott von Ubaida ibn Abi Salul, einen Hauptverschwörer, erfahren. Ibn Kathîr (1300–1373) jedoch schreibt, dass Ubaida an der Razzia nicht teilgenommen hat. Das bedeutet, dass die Verschwörer andere sind und dem Propheten sehr nahestanden, er kannte sie und ließ sie in Ruhe und nahm in Kauf, dass seine ganze Armee unter Verdacht stand.

Die Wahrheit wurde trotzdem bekannt, hauptsächlich über al-Walid ibn Abdallah ibn Jumei', der vor allem in der Hadith-Samm-

---

[48] V050 https://www.youtube.com/watch?v=Q-R6W2U50jI (23.02.2020)

lung *sahîh Muslim* als vertrauenswürdiger Überlieferer betrachtet und in fünf der sechs kanonischen Hadith-Sammlungen zitiert wird. Ibn Hazm al-Andalusi (994–1064) kann trotzdem die Wahrheit nicht ertragen und erklärt das Hadith ohne Begründung für falsch. Das Hadith erzählt, dass Abu Bakr, Omar, Osman, Talha und Saad ibn Abi Waqqas den Propheten töten wollten, das ist die engste Riege der Gefährten um den Propheten. Jetzt verstehen wir, warum der Prophet sie am Leben ließ und vor allem ihre Namen verschwieg.

Die Haltung Ibn Hazms setzte sich in die Tradition durch, bei al-Hafez al-Dhahabi (1274–1348) lesen wir: „Es wurde entschieden, die Fülle der Hadithe, die über die Streitigkeiten und Kämpfe unter den *sahaba* berichten, beiseitezulassen ... Sie müssen abgeschlossen und versteckt werden, noch mehr, sie müssen vernichtet werden, damit die Seelen rein werden und sich der Liebe der *sahaba* widmen können, sie müssen der Öffentlichkeit vorenthalten bleiben, nur neutrale und gerechte Gelehrte haben den Zugang zu ihnen."[49]

Die Historizität von Abu Bakr und Omar. Rashid Aylal (hiwârât Hischâm: 30.06 2019)[50]

Rashid Aylal: Bei meinen Recherchen über die Hadith-Sammlung *sahîh al-Buchâri* habe ich kein Dokument gefunden, weder in der islamischen noch in der nichtislamischen Literatur, das die Existenz von Omar ibn al-Khattab erwähnt, trotz der Tatsache, dass er als Eroberer Verträge mit anderen Völkern abgeschlossen hat. Wir sagen immer: Wir vertrauen nur Dokumenten, und auch der Koran wirkt in diesem Sinn: „O die ihr glaubt, wenn ihr auf eine festgesetzte Frist, einer von anderen, eine Geldschuld aufnehmt, dann schreibt es auf." (2:282) Es ist unverständlich, dass Abu Bakr und Omar, die

---

[49] Al-Dhahabi, Muhammad, *Siyar aʻlâm al-nubalâʼ*. Beirut 1992, Bd. 10, S. 2181
[50] V047 https://www.youtube.com/watch?v=TOsej3XrtY8&t=78s (18.02.2020)

Der Arabische Frühling

ein Reich gegründet haben und Anweisungen an die Verwaltung und Verträge abgeschlossen haben, nirgendwo erwähnt sind.

Auf den Einwand, dass ihre Geschichte durch die massive mündliche Überlieferung, *tawâtur*, geliefert wurde, kann man antworten, dass selbst bei den Hadith-Fachleuten nur vier oder fünf Hadithe erwähnt werden, die diese Bedingungen erfüllen. Wie kann man in unserem Fall von *tawâtur* sprechen? Die Überlieferung über die Eltern hat der Koran sogar verworfen, er regt zu ihrer Überprüfung an: „Schon vor euch sind Gesetzmäßigkeiten ergangen. So reist doch auf der Erde umher und schaut, wie das Ende der Leugner war." (3:137) Der Koran fordert uns dazu auf, die Wahrheit selbst zu suchen, und nicht, uns auf das Überlieferte zu verlassen.

Du fragst einen Amerikaner, ob er Omar kennt, vergebens, aber die Märchenfigur Ali Baba kennt jeder. Das Überlieferte an sich stellt keine Garantie der Wahrheit dar. Die islamische Geschichte ist eine Erfindung der Abbasiden. Sie begann mit dem Werk von Ibn Ishâq um 133h./750c., wurde aber hundert Jahre später durch Ibn Hischâm bekannt und entstellt. Die Abbasiden haben die Figur von Omar als Vorbild für ihre eigenen Taten erfunden. Das trifft auch für die Figur von Abu Bakr zu, wobei sich die Muslime über seinen Namen nicht einigen konnten; manchmal heißt er 'Atîq oder Abdelrahman oder Abdullah oder noch Abdu Mekka.

Der Einwand, dass alle Gegner der Abbasiden die Existenz dieser Personen bezeugen, ist falsch, weil nicht dokumentiert. Wir wissen, dass die Omayyaden und Abbasiden ihre Gegner systematisch vernichtet haben. Unser Hauptproblem besteht darin, dass die ersten zwei Jahrhunderte des Islam nicht dokumentiert sind. Die Dokumente, die wir kennen, sind der Koran im 1. Jahrhundert der Hidschra, das Grammatikbuch von Sibawaih (gest. 793) im 2. Jahrhundert, ein Buch über historische Ereignisse Ende des 3. Jahrhunderts; ab dem 4. und besonders im 5. Jahrhundert haben wir eine Fülle von Werken. Je ferner die Ereignisse, umso vollständiger die Geschichte, sie erreicht ihren Höhepunkt im 9. Jahrhundert. Erstaunlicherweise haben die Muslime geherrscht, ohne ihre Herrschaft zu dokumentieren, ihre Untertanen wie die Christen haben weiter viel geschrieben, und liefern die wenigen Informationen über den Islam, die wir kennen.

6. Die Sunna

Debatte zwischen dem Scheich Muhammad Abdullah Nasr, Scheich Sabri Abada und Dr. Abdullah al-Najjar über die Hadith-Sammlung Sahîh al-Buchâri (Monawaat tube: 31.07.2016)[51]

Scheich Nasr wird vorgeworfen, gesagt zu haben, dass Sahîh al-Buchâri lächerlich und peinlich sei, dass die Folter im Grab nicht zur Grundlage der Religion gehört, dass die Programme von al-Azhar zur Gewalt und religiösem Hass anstiften, dass Khaled ibn al-Walid Unzucht begangen und der Kalif Yayzid ibn Mu'awiya Trunkenheit und Hurerei getrieben hat.

Scheich Muhammad Abdullah Nasr: Ich habe nicht gesagt, das Buch von al-Buchâri sei lächerlich, sondern manche Hadithe in ihm. Zweitens: Al-Buchâri, den ich als Gelehrten schätze, ist ein Mensch, er ist nicht unfehlbar und heilig, sein Buch ist nicht eine Offenbarung wie das Buch Gottes. Man behauptet, das Buch ist das zweite wahre Buch nach dem Koran, aber das ist ungerecht und eine Beleidigung Gottes. Al-Buchâri ist ein Mensch und kann irren, er hat im Alter von 16 begonnen, Hadithe zu sammeln, und war mit 38 Jahren fertig. Er war kein Araber und hat recht und unrecht gehabt, wir dürfen ihn nicht wie einen Heiligen behandeln, dies hat nur einer verdient, das ist der Prophet.

Wenn ich bei al-Buchâri lese, dass Lubaid ibn al-A'sam den Propheten verzaubert hat, sodass er halluzinierte und dachte, Dinge gemacht zu haben, die er nicht tat, und dass er, wie Aischa berichtet, glaubte mit seinen Frauen verkehrt zu haben, ohne es getan zu haben – wenn ich als Muslim dieses Hadith akzeptiere, dann gebe ich den Atheisten und den Nichtmuslimen einen Anlass, die Echtheit

---

[51] V014 https://www.youtube.com/watch?v=ltKgjIq3UK4 (18.01.2020)

der Offenbarung zu bezweifeln. Der Prophet ist aber tadellos und unfehlbar. Das Hadith widerspricht dieser Tatsache, im Koran steht: „Und die Ungerechten sagen: ‚Ihr folgt ja nur einem Mann, der einem Zauber verfallen ist.'" (25:8) Wer so etwas behauptet, beleidigt den Propheten und Gott.

Wenn ich im 21. Jahrhundert in al-Buchâri lese, dass zwei Affen Unzucht getrieben haben und von den Affen gesteinigt wurden, dann frage ich mich: Werden die Ehen bei den Affen registriert, gibt es überhaupt Unzucht bei ihnen? Weiter das Hadith über das Stillen der erwachsenen Männer, damit sie mit den Frauen allein sein dürfen. Diese Hadithe machen uns lächerlich. Sie sind das Werk von Menschen, warum sieben wir unsere Bücher nicht, um sie von diesen Hadithen zu bereinigen? Al-Buchâri schreibt über den Beginn der Offenbarung, dass sie eine Zeit lang unterbrochen wurde und der Prophet mehrmals beabsichtigte, Selbstmord zu begehen, Gabriel hielt ihn jedoch zurück. Wäre dies geschehen, welche Strafe hätte er dafür verdient?

Im ganzen Nahen Osten herrscht Terror, manche behaupten, es handelt sich um eine Verschwörung gegen den Islam, die Amerikaner würden dahinterstehen. Das stimmt nicht, Schuld daran ist die religiöse Tradition. Yazid ibn Mu'awiya hat al-Hussein geköpft, seinen Kopf aufgespießt und die Frauen der Angehörigen des Propheten entführt. Al-Walid ibn Abdel Malik hat die Kaaba mit Steinen bombardiert und verbrannt. Er hat die Leiche von Ibn al-Zubair drei Tage lang in al-Kaaba aufgehängt. Am Tag der *al-harra*, als Medina von Yazid ibn Mu'awiya und auch die Moschee des Propheten verbrannt wurde und die Frauen in den Straßen vergewaltigt wurden, geschah all das im Namen des sogenannten islamischen Kalifats.

Schließlich haben al-Buchâri und seinesgleichen ihre Werke zwei Jahrhunderte nach den Ereignissen gesammelt. Man hält dagegen: Wenn wir diese Werke bezweifeln, dann werden das Beten, das Fasten, die Zaqat usw. auch davon betroffen. Haben die Muslime zwei Jahrhunderte auf den Imam al-Buchâri gewartet, um dies zu erfahren? Nein. All das wurde von Anfang an massenweise praktiziert, das nennt man die praktische Sunna, deren Vermittlung durch die

7. Die neue Religionskritik

Praxis der Gemeinschaft weitergegeben wird. Der Prophet ertappte einmal Gefährten beim Schreiben, er fragte, was sie schreiben, sie antworteten: seine Aussagen. Er befahl, die Schriftstücke zu verbrennen, und verbot, seine Sunna zu schreiben. Die Muslime sollen nur das Buch Gottes, den Koran, beherzigen.

Man behauptet, es gebe einen Konsens unter den Muslimen darüber, dass al-Buchâris Werk das wahrste nach dem Koran sei. Ein Konsens von wem? Von den Gelehrten; er ist jedoch im Islam umstritten. Was Daesh tut, finden wir bei al-Buchâri. Im Kapitel „Der Gefangene" im Buch des Dschihad steht eine Erklärung des Verses: „Ihr seid die beste Gemeinschaft, die für die Menschen hervorgebracht worden ist." (3:110) Sie lautet: Sie werden an ihren Hälsen angekettet, bis sie glauben. Steht nicht im Koran: „Sag: O Menschen! Zu euch ist nun die Wahrheit von eurem Herrn gekommen. Wer sich rechtleiten lässt, der ist nun zu seinem eigenen Vorteil rechtgeleitet. Und wer irregeht, der geht nur zu seinem Nachteil irre. Und ich bin nicht euer Sachwalter." (10:108) Das Hadith, das dem Koran widerspricht, ist verwerflich. Im Koran steht: „So ermahne: Du bist nur ein Ermahner. Du übst nicht die Oberherrschaft über sie aus." (88:21–22) Es steht auch: „So obliegt dir nur die Übermittlung [der Botschaft], und Uns obliegt die Abrechnung." (13:40) Al-Buchâri legt dagegen folgendes Hadith in den Mund des Propheten: Mir wurde befohlen, die Menschen zu bekämpfen, bis sie bezeugen: Es gibt keinen Gott außer Allah. Das ist Zwang. Weiter soll Muhammad gesagt haben: Ich kam zu euch, um zu schächten. Dagegen steht im Koran: „Und wir haben dich nur als Barmherzigkeit für die Weltenbewohner gesandt." (21:107) Das Kind bei Daesh, das mit dem abgeschnittenen Kopf in der Hand zuletzt in den Medien gezeigt wurde, begründete seine Haltung mit folgendem Propheten-Hadith: Mein Lebensunterhalt steht im Schatten meiner Lanze. Das heißt der Prophet lebte von Krieg, Razzien und Beute. Die Widersacher des Islam werfen ihm vor, sich mit Gewalt verbreitet zu haben; ich will den Islam von all diesen Märchen und Aberglauben reinigen, damit keiner vom Islam abfällt.

Der Arabische Frühling

Rashid Aylal stößt das Idol al-Buchâri ab, on air (mukhtalaf 'alaih: 07.01.2020)[52]

Der Autor hat ein Buch mit dem Titel „Sahîh al-Buchâri – das Ende eines Mythos" veröffentlicht.[53]

Rashid Aylal: Ich bin nicht gegen al-Buchâri als Person, es geht um sein Buch. Wir haben beim Stillen gelernt, dass die gesamte Umma der Muslime übereinstimmt, *sahîh al-Buchâri*, sei das wahrste Buch im Islam nach dem Koran. Ein kurzer historischer Rückblick zeigt, dass es nirgendwo und niemals so einen Konsens gegeben hat, wir haben diesen Mythos einfach übernommen.

In der Tat wurde das Buch al-Buchâris schon bei seiner Erscheinung kritisiert, angefangen von seinen Lehrern bis Ibn Taimiya, dem Scheich und Imam der Salafisten, der manche Hadithe als falsch zurückwies. Der Scheich von al-Buchâri, al-Zuhri, beschuldigte ihn, an die Erschaffung des Korans zu glauben, verbat ihm zu lehren und vertrieb ihn aus seiner Stadt Nisapur. Al-Madini, ein anderer Scheich von al-Buchâri, der gehört hatte, dieser würde erzählen, nur bei seinem Scheich al-Madini fühle er sich bescheiden und klein, sonst bei niemandem, kommentierte: Al-Buchâri sieht nur sich, er ist egoistisch und eingebildet. Es gibt weder einen Konsens über die Person noch über ihr Buch.

Dieser Mythos stammt von denjenigen, die politische, wirtschaftliche und soziale Interessen hatten. Wir finden im Buch eine Reihe von Hadithen, die den Menschen verpflichten, dem Herrscher zu gehorchen und nicht zu opponieren. Wir finden Hadithe, die die Kamele und sogar ihren Urin preisen; wir wissen, dass die Araber auf der Arabischen Halbinsel von Kamelen lebten, bis heute werden sie für hohe Preise exportiert. Wir finden, dass die Imame aus dem Stamm Quraisch abstammen müssen, trotz der klaren Aussage im Koran: „Ihre Angelegenheiten durch Beratung untereinander regeln." (42:38) Das heißt die Menschen wählen aus, wer sie regiert.

---

[52] V018 https://www.youtube.com/watch?v=oAjtPti4Weg (21.01.2020)
[53] Aylal, Rashid, *Sahîh al-buchâri. nihâyat ustûra*. Rabatt 2017

7. Die neue Religionskritik

Der Erste, der von den wahren Hadithen in *sahîh al-Buchâri* und dem Konsens darüber sprach, war Ibn Salah (gest. 1245), dann ahmte ihn al-Nawawi (gest. 1277) nach, ohne zu prüfen. Die Gelehrten ahmten al-Nawawi nach, und das verbreitete sich wie ein Gerücht; mit der Zeit wurde es zu einer Wahrheit. Scheich al-Albani (1914–1999) ist in der Einführung seines Buches über die Ehe dieser Behauptung nachgegangen und kommt zu dem Schluss: Wer diese Behauptung glaubt, irrt. Es hat nie einen Konsens in der Umma darüber gegeben.

Ich erinnere in diesem Zusammenhang an die Aussage von Imam Ibn Hanbal: Wer von Konsens spricht, lügt. Historisch gesehen, haben die Scheichs von al-Buchâri gleich vier seiner Hadithe abgelehnt. Al-Daraqutni (918–995) hat 190 Hadithe abgelehnt. Komischerweise hat Muslim (822–875), der Schüler von al-Buchâri, der angeblich die zweite Sammlung von wahren Hadithen geschrieben hat, keinen einzigen Hadith von al-Buchâri erwähnt. Viele Hadith-Überlieferer, die von al-Buchâri als vertrauenswürdig oder nicht klassifiziert wurden, hat Muslim umgekehrt eingeschätzt. Es geht eigentlich um *ijtihâd*, daher ist der Inhalt relativ, weil dieser von der Kultur, Neigungen und vor allem der religiösen konfessionellen Ausrichtung abhängt.

Zwischen al-Buchâri und dem Buch, das wir haben, besteht keine Verbindung. Wir haben kein Manuskript mit der Schrift von al-Buchâri, auch nicht von seinen Schülern, deren Schülern und deren Schülern; zwischen dem Tod al-Buchâris und dem ersten entdeckten Manuskript von Alphonse Mingana (1878–1937) liegen 239 Jahre. Im 9. Jahrhundert der Hidschra hat Abu Hajar al-Askalani (1371–1449) einen Kommentar zum Buch al-Buchâris geschrieben mit dem Titel *fath al-bâri*. In der Einführung steht, dass er 13 unterschiedliche Manuskripte gefunden hat. Die Unterschiede betrafen die Listen der Überlieferer für etwa hundert Hadithe, auch die Zahlen. Ein Manuskript beinhaltet 250 Hadithe mehr als ein anderes Manuskript, trotz ihres Bezugs auf zwei Schüler von al-Buchâri.

Der reale Verfasser von *sahîh al-Buchâri* ist letztendlich Ibn Hajar, er hat aus den 13 Manuskripten ein Werk zusammengestellt, das die Entwicklung der vorigen sechshundert Jahre seit dem Tod al-Buchâris beinhaltet. Das sagt er selber, es ist nicht von mir; wir Forscher untersuchen das vorhandene Material der Tradition und zeigen der Öffentlichkeit, was die Gelehrten schon kennen, aber geheim halten. Das Buch, das wir besitzen, ist nicht von al-Buchâri. Einer seiner Schüler der zweiten Generation berichtet, dass er das Originalmanuskript kopieren wollte, er fand es unvollständig wie einen Entwurf, wir fanden Hadithe ohne Überlieferer und umgekehrt, wir haben sie zusammengesetzt. Dass bedeutet, dass die Schüler sich in die Redaktion eingemischt haben. Diese Wahrheiten werden von den Gelehrten verschwiegen, weil ihre Autorität als Klerus auf diesem Werk beruht. Irgendwann werden wir vielleicht hören, dass der Koran das zweite Buch nach al-Buchâri ist. Zuletzt hörten wir von einem angesehenen Gelehrten, dass die Sunna 75 Prozent des Islam repräsentiert, das heißt der Koran nur zu 25 Prozent an der Religion beteiligt ist.

Sie behaupten schon lange, dass die Sunna den Koran überragt und abrogiert, sie ist die Hauptquelle für die Scharia. Dann haben sie die Praxis der Altvorderen, *al-salaf al-sâleh*, die die Religion erklärt, hinzugefügt. Es ist uns nicht mehr erlaubt zu denken, weil nach ihren Regeln das Alte das Gute ist, und alles Neue ist schlecht. Man fragt sich, warum im Laufe der Jahrhunderte niemand die Widersprüche zwischen Koran und Sunna gesehen hat. Es hat genug Freidenker gegeben, sie wurden von der politischen Macht ausgeschaltet, sekundiert von den Gelehrten und umgekehrt. Das Buch von al-Buchâri wurde zu einer Art Verfassung, die politische Herrschaft nutzte es, um ihre Macht zu begründen, ihre koloniale Politik, genannt islamische Eroberungen, zu fördern, Minderheiten zu unterdrücken, kurz: um politische, wirtschaftliche und sozialdiskriminierende Zwecke zu erfüllen.

7. Die neue Religionskritik

Islam Buhairi entlarvt Ibn Taimiya on the air (mukhtalaf'alaih: 23.12.2019)[54]

Islam Buhairi: Meine Antwort auf die Frage, ob der Inhalt des Hadith mit seiner Überlieferungskette, *isnâd*, und deren Sakralisierung verantwortlich für den Terror und die Radikalisierung heute sind, lautet: ja. Zur Zeit Mâlik ibn Anas (711–795) [der erste Hadith-Sammler] entstand die Überlieferungskette, weil er von den *sahaba* ohne Referenzen sprach und ständig nach der Quelle seines Wissens gefragt wurde. Seitdem versuchte man, Referenzen für die Hadithe zu erstellen. Hundert Jahre später, infolge al-Buchâris, hatten die Referenzen einen heiligen Charakter gewonnen und standen über jeder Kritik, auch wenn sie inhaltlich dem Koran widersprachen. Auf diese Weise fanden viele Hadithe, die nichts mit dem Islam zu tun haben, ihren Weg in die Sammlungen. Selbst das Bild Muhammads wurde ganz anders als im Koran dargestellt, oft sehr negativ. Nicht nur koranische Inhalte wurden entstellt, sondern die Historizität wurde negiert und die Vernunft zugunsten der Überlieferungskette ausgeschaltet. Ein anerkannter Exeget, al-Qurtubi (1214–1272), versichert, dass der Koran mehr die Sunna braucht als umgekehrt, und dass die Sunna den Koran abrogiert.

Islam Buhairi: Verbrennt die Bücher von al-Buchâri, Muslim und al-Schafi'i (mufakkarat al-islam: 10.01.2015)[55]

Islam Buhairi: Sie haben uns seit 1400 Jahren in den Brunnen fallen lassen und verbieten uns zu reden; sie geben vor, die Stütze der Religion und ihres Klerus zu sein. Streicht sie weg aus eurem Leben, auch ihre Bücher und die ihrer Nachfolger. Es gibt keinen blutdurstigen Gott, der befielt, zu töten und Blut zu vergießen, um ein gläubiger Muslim zu sein und ins Paradies zu kommen, wo die Huri auf ihn warten. Der wirkliche Islam ist das alles nicht. Verbrennt diese Bücher, entfernt sie aus eurem Leben, glaubt nicht denjenigen, die so was zur Religion erklären. Wir werden ihre Hadithe eins nach dem anderen auseinandernehmen.

---

[54] V019 https://www.youtube.com/watch?v=baIkybuFb28 (23.01.2020)
[55] V037 https://www.youtube.com/watch?time_continue=58&v=HlP4oeJmDtM&feature=emb_title (12.02.2020)

7. Die Orthodoxie

Al-Qumni: Weil es unmöglich war, die *firqa al-nâdjiya*, die errettete Sekte, die den wahren Islam vertritt, zu bestimmen, haben diejenigen, die es geschafft haben, Verbündete des Sultans zu werden, die anderen mit Gewalt und Repression ausgeschlossen, um sich als *firqa al-nâdjiya* zu behaupten. Deshalb sind die Verbündeten des Sultans die *firqa al-nâdjiya*, die den wahren Islam kennen.[56]

Es gibt keine Ehe im islamischen Recht (fiqh) (Ghaith Altamimi: 06.12.2017)[57]

Scheich Ghaith Al-Tamimi: Jeder, der behauptet, es gebe feste Grundlagen im Islam, ist prätentiös und ein Lügner. Der Islam ist die einzige Religion in der Welt, in der nichts feststeht, die einzige Religion, die das Eine und sein Gegenteil akzeptiert. Jede Lehrmeinung im Islam basiert auf festen Grundlagen, aber nicht der Islam. Der Schiismus z. B. beruht auf dem Imamat von Ali und seiner Unfehlbarkeit, selbst dies ist unter Schiiten umstritten.

8. Die Institutionen

Al-Azhar

Der Scheich von al-Azhar Muhammad Abdullah Nasr: Der Inhalt von sahîh al-Buchâri ist lächerlich (Teil2) (fahed Al mousleh: 15.08.2014)[58]

Dem Scheich Nasr wird vorgeworfen, die Lehrprogramme von al-Azhar als Anstifter für Gewalt, religiöse Konflikte und Rückständigkeit zu verurteilen.

---

[56] Al-Qumni, Sayed, Danke ... Ben Laden!! Kairo 2004, S. 160 (*Schukran ... Ben Laden!!*)
[57] V012 https://www.youtube.com/watch?v=KYTnV5nOfVI (14.01.2020)
[58] V015 https://www.youtube.com/watch?v=yvSYzq6MMT4&t=307s (19.01.2020)

7. Die neue Religionskritik

Scheich Muhammad Abdullah Nasr begründet: Es ist zuerst wichtig zu wissen, dass al-Azhar in den letzten vierzig Jahren von Muslimbrüdern, Salafisten und Wahhabiten unterwandert wurde. Ich erzähle, was ich in meinem Studium erlebt habe. In der Fakultät der Grundlagen der Religion, in der Abteilung für Mission und islamische Kultur, im Fach objektive Exegese, *al-tafsîr al-mawdû'i*, lernten wir in einem Buch mit dem Titel *al-djihâd* seine Methoden und Mittel, von Doktor Abdul Rahman 'Uweis, der übrigens bei dem Sitzstreik der Muslimbrüder von *rabi'a al-'adawiya* [ein Viertel in Kairo] in Kairo umgekommen ist sowie weitere dreißig Azhariten. Das Buch unterscheidet zwischen innerem und äußerem Dschihad; der innere Dschihad richtet sich gegen die ungläubigen Regierungen der Muslime, ausgehend von der Theorie der *hâkimiyat* – Herrschaft Gottes – von Sayyed Qutb, die die Regierung, die Armee, die Polizei, die Justiz und die gesamte Gesellschaft als vom Islam abgefallen verurteilt. Dazu kommt eine Reihe von Professoren, die die Apostasie predigten, wie Tal'at 'Afifi, der Exminister für religiöse Stiftungen und Dekan der Fakultät, und Doktor Omar ben Abdelaziz und viele andere Muslimbrüder, die den Dschihad gegen die ägyptische Armee als religiöse Pflicht lehrten, weil sie die Scharia nicht befolgt.

Al-Azhar und seine Rolle in der Verhinderung der Reform des Islam in Ägypten – Salon der Säkularisten ('almanyon: 07.03.2015)[59]

Scheich Muhammad Abdullah Nasr: Vor vier Tagen hat al-Azhar eine Erklärung mit dem Titel abgegeben: „Wer dem Imam al-Buchâri misstraut, ist ein Gottloser, *fâsiq*, und sein Zeugnis ist ungültig!" Im Koran bezieht sich der Begriff *fâsiq* auf den Teufel *iblîs*, der nach der Religion für die Ewigkeit in der Hölle weilt. Zweitens hat die Erklärung eine konfessionelle Konnotation, weil zusätzlich zu den zweifelnden Muslimen auch das Zeugnis der Christen, Juden, Bahai und Atheisten vor den Gerichten abgelehnt wird; diese tun mehr, als an al-Buchâri zu zweifeln, sie glauben gar nicht an ihn.

---

[59] V016 https://www.youtube.com/watch?v=eISgwWH42NQ (20.01.20)

Die Institution von al-Azhar ist vom Kopf her unterwandert, das Problem ist nicht an der Basis. Scheich Yusuf al-Qardawi war bis zu seinem freiwilligen Rücktritt vor Kurzem Mitglied der Organisation der großen Ulema von al-Azhar. Er hat vorgestern erklärt, dass der Erzengel Gabriel, der für die Offenbarung bürgt, Erdogan unterstützt. Natürlich darf man die Fatwa al-Qaradawis nicht kritisieren, weil er zu den Gelehrten und Experten, *ahl al-ikhtisâs*, gehört, und wir haben von al-Azhar gelernt, dass diese Gelehrten den perfekten Intellekt besitzen sowie die Ablassbriefe und die Beichtstühle mit versiegelten göttlichen Dokumenten für ihren Auftrag.

Auch verwaltungsmäßig hat die Institution eine labile Struktur. Für die Ausstellung der Fatwas haben wir zwei Organe: das ägyptische Dâr al-Fatwa und das Fatwa-Komitee in al-Azhar, sie sind einen Kilometer voneinander entfernt. So kann man für ein und denselben Sachverhalt eine Fatwa erhalten, die ihn verbietet, *harâm*; läuft man einen Kilometer, bekommt man eine Fatwa, die ihn erlaubt, *halâl*. Neben diesen beiden Gremien haben wir die Leitung vom Scheich al-Azhar und dem Minister für religiöse Stiftungen.

Al-Azhar allein erhält acht Milliarden ägyptische Pfund vom Steuerzahler, unabhängig davon, ob dieser ein muslimischer Gläubiger ist oder nicht. Al-Azhar mit seinen Programmen lebt nicht in der Gegenwart, sondern im 7.h./14.c. Jahrhundert. Sein Bildungsauftrag besteht darin, die damaligen Inhalte weiterzuvermitteln, ohne von den Texten abzuweichen.

Ich möchte hier zwischen Religion und religiösem Denken unterscheiden. Für uns im Nahen Osten allgemein ist die Religion sehr wichtig, in dieser Gegend sind die drei himmlischen Religionen entstanden. Nach 14 Jahrhunderten hat der Islam eine Stufe erreicht, in der die Meinung der Gelehrten gleich der Religion ist. Die Religion ist aber die Offenbarung, die im Koran festgehalten ist. Zweihundert Jahre nach dem Ableben des Propheten begannen Schriften zu erscheinen, die die Religion und ihre Handhabung erklärten. Sie klebten am Islam, und so wurde die ursprüngliche Quelle, der Koran, verdrängt; eine Konfusion zwischen Religion und religiösem Denken war die Konsequenz. Mein eigenes sowie alle anderen Verständnisse der Quelle sind menschlich und haben keinen sakralen Charakter.

Es kursiert das Märchen des gemäßigten Islam von al-Azhar. Im Islam gibt es keine Strömung, die gemäßigt heißt; es gibt nur eine Strömung, die zwischen dem 3. und dem 7. Jahrhunderten der Hidschra entstand, nachdem die zweite Strömung der Vernunft der Muʿtaziliten von den al-Aschʿariten besiegt wurde. Sie existiert seitdem allein. Ibn Ruschd verlor den Kampf gegen al-Ghazali, seine Ideen breiteten sich in Westeuropa aus; bei uns dagegen hat die Verbreitung der Ideen al-Ghazalis den Beginn der Rückständigkeit und des Aberglaubens eingeleitet; sie haben die Nachahmung und das Auswendiglernen anstatt der Vernunft gefördert.

Die herrschende Strömung ist die der Nachahmung und des wortwörtlichen Verständnisses der Texte ohne Betätigung der Vernunft. Es gibt heute nur eine Strömung mit zwei Aspekten: gemäßigt und radikal; vom Diskurs her sind sie ähnlich, sie unterscheiden sich nicht im Inhalt, sondern nur in der Erscheinung.

Das Märchen der Mäßigung von al-Azhar bezweckt, eine Sakralität zu erzeugen, um die Massen besser zu kontrollieren. Lass es uns näher untersuchen. Wenn man mit al-Azhar redet, haben sie gleich mehrere Schwerter zur Abwehr bereit; das erste ist der Konsens der Gelehrten. Es gibt aber keinen Konsens als Quelle des Rechts. Im Koran steht: „Wenn du den meisten von denen, die auf der Erde sind, gehorchst, werden sie dich von Allahs Weg ab in die Irre führen. Sie folgen nur Mutmaßungen, und sie stellen nur Schätzungen an." (6:116) Die Idee der Befolgung einer einzigen Idee widerspricht der Vielfalt der Existenz, diese Behauptung dient dazu, die Autorität der Gelehrten als Klerus und den religiösen Despotismus zu bewahren. Wenn man anders denken will, wird dieses Schwert gezogen.

Das zweite Schwert bilden die Altvorderen und ihre Tradition. Wenn man etwas sagt, wird man von den Scharen der klugen Gelehrten in der Tradition erdrückt, weil sie schon vorher alles interpretiert haben. Die Trennung zwischen Religion und ihrem Verständnis wurde aufgehoben und die Distanz abgeschafft. Das Verständnis ist keine Religion, selbst das Verständnis der *sahaba* und das des Propheten sind nicht heilig. Maßstab ist die Anwendbarkeit des Textes lange Zeit später durch eine neue Interpretation, dies aber ist verboten. Die Texte der Exegeten, der Biografen, der Hadith-Sammlungen wurden sakralisiert. Mehrere Götter gesellten sich zum Einzigen Gott der Offenbarung, so haben wir mehrere Wahrheiten von al-Buchâri, von Abu Hanifa, von Mâlik, von Ibn Ishâq usw.; das ist *schirk*, Beigesellung. Das erleben wir täglich, z. B. wenn im Fernsehen ein Scheich gefragt wird, was die Religion zu diesem und jenem meint, als ob er die Religion verkörpern würde.

Das dritte Schwert ist ihre Rolle als Referenz für Aktivitäten im Leben, die mit der Religion nichts zu tun haben. Wenn ein Mediziner Schönheitsoperationen durchführen oder ein Regisseur einen Film produzieren will, müssen sie al-Azhar fragen. Was haben die Gelehrten in Wissenschaft und Kunst zu suchen? Wenn man trotzdem eigenwillig handeln will, wird die Herrschaft Gottes, *hakimiyat allah*, hinzugezogen: Nur Gott darf Gesetze erlassen und die Welt gestalten, wer sich Freiheiten erlaubt, ist ein *kâfir*, ein Ugläubiger, und hat den Islam verlassen.

Bei ihrem Bezug auf die Autorität der Altvorderen verbieten sie den Muslimen, frei zu denken, sie dürfen nur nachahmen; das gilt allerdings auch für sie selber. Wenn man ihnen eine Frage stellt, antworten sie immer mit Zitaten der alten Gelehrten: Mâlik, Ibn Hanifa, Ibn Taimiya haben gesagt usw. Eine eigene Meinung haben sie nicht. Man gibt jährlich acht Milliarden für al-Azhar aus – für nichts. Mit dem Computer ist man besser bedient und erhält noch mehr von solchen Antworten. Er hat eine bessere Hardware als die Gelehrten.

Bei diesem Verfahren wird man in die Labyrinthe der Traditionsliteratur getrieben, der Koran verschwindet völlig. Im Koran finden wir keine Verse, die den Verbleib im Islam erzwingen. Es gibt trotzdem zwei Hadithe bei al-Buchâri, die die Religionsfreiheit einschränken. Darunter das Hadith der Apostasie: Wer den Islam verlässt, tötet ihn. Am Beispiel dieses Hadith kann man sehen, dass die Gemäßigtheit ein Märchen ist und alle sogenannten Strömungen gleich sind: Das Apostasiegesetz gilt bei Daesh, bei den Muslimbrüdern, bei den Salafisten und auch in al-Azhar. Wo liegt dann der Unterschied zwischen ihnen? Einige tragen eine Maske, die anderen nicht.

Die Sekundärtexte haben das Original ersetzt. Im Koran steht: „So obliegt dir nur die Übermittlung der Botschaft und uns obliegt die Abrechnung." (13:40) Ein Hadith bei al-Buchâri besagt: Mein Unterhalt ist im Schatten meiner Lanze. Ein anderes Hadith: Mir ist befohlen worden, die Menschen zu bekämpfen, bis sie sagen: „Es gibt keinen Gott außer Allah." In al-Azhar wird ein Buch gelehrt mit dem Titel *kitab al-ikhtiyâr li taʿlîl al-mukhtâr*, darin steht, dass es dem Imam erlaubt ist, die Gefangenen zu töten, ihre Frauen zu entführen. Was macht Daesh heute? Vor ein paar Tagen haben sie die jesidischen Frauen für 150 Dollar pro Person verkauft. Sie haben nichts anderes getan, als nach der Tradition zu handeln. Weiter heißt es in dem Buch, dass die Gefangenen zu Fuß vor den Imam geführt werden, wer von den Alten nicht laufen kann, wird getötet. Die Frauen und Kinder werden in einer öden Gegend zurückgelassen, damit sie verenden.

Fünftens, das Schwert der Geschichte, es bestimmt bis heute unser Schicksal, rund herum werden konfessionelle Kriege geführt, deren Wurzeln 14 Jahrhunderte zurückliegen. Unsere Gelehrten beschäftigen sich mit Okkultismus und Jenseits; die Folter im Grab und die Jungfrauen im Paradies interessieren sie mehr als die Gegenwart, in der sie gar nicht leben. Sie sprechen von der Vergangenheit und dem Leben nach dem Tod. Wo sind die Gegenwart und die Zukunft, in den Lehrprogrammen von al-Azhar finden wir sie nicht.

Haben die Lehrpläne al-Azhar in eine Werkstätte für die Bildung der Terroristen verwandelt? (Mehwar TV Channel: 07.03.2016)[60]

Vier Studenten von al-Azhar waren in das Attentat gegen den Generalstaatsanwalt Ägyptens am 29.01.2015 verwickelt.
Ahmad Abdou Maher: Der 2010 verstorbene Scheich al-Azhar Muhammad Sayyid Tantawi hat tatsächlich mit der Reform der Lehr-

---

[60] V034 https://www.youtube.com/watch?v=6an2Hm7wAB8 (05.02.2020)

pläne angefangen, er hat für die Sekundarstufe das Buch von *al-fiqh al-muyassar* – der vereinfachte *fiqh* – anstelle der Bücher der vier Rechtsschulen eingeführt. Es gibt aber Strömungen in al-Azhar, die dagegen sind. Der *fiqh* der vier Rechtsschulen beinhaltet Gewalt, Sexismus und Aberglauben. Wir besitzen kein von Abu Hanifa oder al-Schafi'i persönlich geschriebenes Manuskript, das belegen könnte, dass wir heute im Besitz ihres *fiqh* sind. Sie sind aber für viele Symbolfiguren geworden. Der Prophet hat die Götzenbilder in der Kaaba zerstört, sie aber haben mit den Götzen al-Buchâri, Abu Hanifa, al-Schafi'i ihr Hirn umzäunt und den Koran ganz verlassen. Deshalb reden sie nicht mehr von „Rufe zum Weg deines Herrn mit Weisheit und schöner Ermahnung und streite mit ihnen in bester Weise" (16:125), sondern vom Hadith: Mir wurde befohlen, die Ungläubigen zu bekämpfen, bis sie sagen, es gibt keinem Gott außer Allah. Nicht mehr von „Und sag: Es ist die Wahrheit von eurem Herrn. Wer nun will, der soll glauben, und wer will, der soll ungläubig sein" (18:29), sondern vom Hadith: Tötet den Apostaten. Alles im Koran, was von Friedfertigkeit und Seelenruhe spricht, haben sie beiseitegeschoben zugunsten von kämpfen, töten, rauben, die Minderjährigen schon in der Wiege verehelichen, vergewaltigen und so weiter und so fort.

Auf Anregung des Präsidenten al-Sissi im Januar 2015, der zur Korrektur falscher religiöser Vorstellungen aufgerufen hat, wurde dies an den Azhar-Schulen umgesetzt, blieb aber an der Azhar-Universität erhalten. Diejenigen, die jetzt den Generalstaatsanwalt getötet haben, hassen das Leben und lieben das Jenseits. Das ist, was sie den Dschihad auf dem Weg Gottes nennen, sie geben ihre Untat mit Stolz zu und sehen sich als Helden und erwarten, dass sie zum Tod verurteilt werden. Das ist das Denken, das das Leben hasst und das Jenseits liebt, als ob Gott uns das Leben geschenkt hätte, damit wir uns den Tod wünschen, uns gegenseitig hassen und töten. Wir begrüßen den Christen nicht und versperren ihm den Gehweg, wir begrüßen die Gottlosen nicht und töten sie. So lange wir den *fiqh* der vier Rechtsschulen an der Universität lehren, so lange wird der

7. Die neue Religionskritik

Terrorismus in Ägypten weitergehen. Hauptverantwortlich dafür sind nicht die terroristischen Organisationen, sondern wir.

Scheich Ibrahim Rida: Als Erstes muss man zwischen den heiligen Texten und dem religiösen Denken unterscheiden. Wir reden vom Zweiten. Ich stimme Herrn Maher zu, dass die Reform von Scheich Tantawi rückgängig gemacht worden ist. Der Prophet sagte uns: In jedem Jahrhundert kommt ein Erneuerer der Religion. Wir glauben aber nicht daran. Der Aufruf zur Erneuerung des religiösen Diskurses war diffus, unklar und hat keine Methode hervorgebracht; man hat die Erneuerer gleich angegriffen. Nach der Revolution vom 30. August [Sturz der Herrschaft der Muslimbrüder 2013] sahen die Verantwortlichen in al-Azhar und dem Ministerium für religiöse Stiftungen endlich ein, dass der religiöse Diskurs nicht in Ordnung ist.

Ich habe 1994 mein Studium in al-Azhar an der Fakultät der Grundlagen der Religion absolviert, sieben, acht Jahre habe ich den *fiqh* der Sklaven gelernt, nicht aus historischen Gründen, sondern als existierendes Phänomen, damit ich bei Gelegenheit eine Fatwa ausstellen kann. Wir haben diesen Gedanken sakralisiert. Die Erneuerung besteht nicht darin, die alten Imame wie al-Buchâri zu beschimpfen. Sie standen in ihrer Zeit für Erneuerung und haben uns nicht darum gebeten, ihre Gedanken als Leitung für unser heutiges Leben zu nehmen. Wir können nicht unser Scheitern heute als islamischer Staat und Gesellschaft, als zerrissene islamische Welt darauf zurückführen, dass al-Buchâri vor tausend Jahren dies und jenes gesagt hat. Wir müssen die Menschen lehren, dass allein der heilige Text sakral ist, der Rest sind menschliche Gedanken und soll der Vernunft unterstellt sein. Die Anwendung der Vernunft wird jedoch als schlechte Erneuerung, *bid'a*, verdammt. Das Gefährliche bei den Attentätern ist ihre Qualität als Azhar-Studenten aus der Fakultät für Mission, das sind die künftigen Prediger in den Moscheen.

Ahmad Abdou Maher: Die Aufgabe jeder Erziehung besteht in der Entwicklung der geistigen Fähigkeiten für selbstständiges Denken. Unsere Programme erzeugen jedoch Kriminelle. Ein Beispiel dafür ist das Lehrbuch über den schafiitischen *fiqh* in al-Azhar „*al-iqnâʿ fi hall alfâz abi shudjâʿ*".[61] Um eine künftige Gefahr vonseiten der Gefangenen zu vermeiden, ist es erlaubt, ihnen die Augen auszustechen und ihre Hände und Füße abzuhacken. Weiter, wenn ein Muslim Hunger hat, darf er die Leiche eines Nichtmuslims essen, ein Nichtmuslim darf auf keinen Fall die Leiche eines Muslims essen. Die Leiche darf weder gekocht noch gebraten werden, sie wird roh gegessen. Er darf einen Apostaten töten und essen, auch Menschen aus dem Gebiet des Krieges, selbst wenn sie Kinder sind. Dasselbe gilt für die Ehebrecher und die Muslime, die nicht beten, sie dürfen getötet werden, auch wenn der Imam es nicht erlaubt, weil ihre Tötung gerecht ist.

Scheich Ibrahim Rida: Der Prophet ist anders mit den Gefangenen umgegangen, er hat ihnen befohlen, jeder von ihnen solle zehn Kindern der Muslime das Lesen und Schreiben beibringen. Er hat sie bekleidet und ernährt. Im Koran steht: „Und die mit Speise, aus Liebe zu Ihm, den Armen und die Waise und den Gefangenen speisen." (76:8) Ich frage mich, ob wir ein geistiges Problem haben, das uns hindert, neue Lehrbücher zu schreiben. Die richtige Erneuerung des religiösen Denkens, die den Staat unterstützen soll, beginnt mit der Abfassung von Programmen, die unseren aktuellen Lebensalltag behandeln. Es war sehr positiv, dass sie den *fiqh* der Sklaven an den Schulen gestrichen haben. Warum wir kein einheitliches *fiqh*-Buch erstellt haben wie *al-fiqh al-muyassar,* ist unklar. Wer sich spezialisieren will, kann dann die anderen divergenten Meinungen immer noch studieren.

Ahmad Abdou Maher: Der Sexismus wird von vielen Professoren in al-Azhar angeheizt. Etwa von dem Abteilungsleiter der Hadith-Sektion an der Fakultät der Grundlagen der Religion (*kulliyat usûl al-dîn*). Er schreibt in seinem letzten Buch, es sei der Frau erlaubt,

---

[61] Al-Sharbini, Shamseddin, Das Überzeugen bei der Erklärung der Aussagen von Abu Schudjâʿ. Beirut 2004, 3. Auflage

ihren männlichen Kollegen zu stillen, er solle die Milch unvermittelt saugen, das wird nicht als Verletzung der Intimität betrachtet, weil es notwendig ist. Ich frage mich, warum diesen Leuten nicht der Prozess gemacht wird, warum man ihnen nicht sagt, dass es mit der Religion nichts zu tun hat. [Durch das Stillen gehört der Mann zu den Angehörigen, mit denen der Sex verboten ist.]

Al-Hawza

Al-kitâb al-nâtiq – Folge 132 – Die amputierten Progamme in der schiitischen Realität (alqamar tv: 13.09.2016)[62]

Scheich Abdel Halim al-Ghazzi: „Lassen sie uns auf das Muster der Hawza-Realität eingehen. Die Hawza ist die offizielle schiitische Lehrstätte. Ahmad al-Qubanji! Warum gibt es keine ähnliche Kampagne gegen ihn wie gegen Ahmad al-Kateb, der wegen seiner Kritik der Religion und der religiösen Institution als Agent des Auslands attackiert wurde? Wie al-Kateb steht er auch auf der Linie von Abdelkerim Suruj [ein moderner liberaler persischer Philosoph], übertrifft ihn aber mit seiner Unverschämtheit, seiner Vulgarität und seinem Übermut, davon hatte Ahmad al-Kateb [ein irakischer schiitischer Scheich] nicht einmal 1 Prozent. Er läuft in Nadschaf mit seinem Turban herum, hat eine Anhängerschaft in bestimmten Milieus. Als er in Iran verhaftet wurde, gab es überall Proteste. Ich frage mich, warum niemand ihm im Wege steht, obwohl er sogar die Existenz des Imams al-Hussein negiert hat.

Al-Qubanji stammt aus Nadschaf, trägt einen Turban, ist Haschemit aus den bekannten Familien in Nadschaf, er ist der Sohn des bekannten nadschafitischen Predigers al-Sayyed Hassan al-Qubanji, Gott erbarme sich seiner, und er ist der Bruder des Freitagsimams von Nadschaf al-Sayyed Sadreddin al-Qubanji. Sein Vater ist ein bekannter Prediger, al-Sayyed Hassan al-Qubanji, und seine Mutter ist die Tochter einer der großen *marâdji'* [Singular *mardja'* ist ein lizen-

---

[62] V055 https://www.alqamar.tv/arb/alketab-alnatteq-132/ (05.03.2020)

zierter schiitischer Gelehrter, dessen Fatwas befolgt werden dürfen], sein Großvater mütterlicherseits ist der große *mardja'* al-Sayyed Jawad al-Tabrizi, auch der Bruder seines Großvaters gehört zu den großen *mardja'*, al-Sayyed Ali al-Tabrizi. Al-Qubandji stammt aus dem Milieu der großen *marâdji'*, aus dem Milieu der Gelehrten aus dem Milieu der Hawza. Er lebt in Nadschaf, sein Freund ist al-Sayyed Hussein der Sohn von al-Sayyed Mustafa, der Sohn von al-Sayyed al-Khomeini. In diesem Milieu lebte er, er hielt den Kontakt zu ihm, als er Iran besuchte, in diesem Milieu lebte er. Er verbrachte sein Leben zwischen Ghom und Nadschaf, im Milieu der Gelehrten, in den Häusern der *mardja'iyât*. Das ist al-Qubanji.

Warum hat er sich geändert? Weil er vom Denken von Abdelkerim Suruj, seinem Kollegen, und seinen Schülern durchdrungen wurde. Sie haben ein Denken mit etwas Tiefe angeboten. Ich glaube, dass viele der Turbanträger der Hawza, wenn sie die Bücher von Suruj lesen würden, sein Denken übernehmen werden. Warum? Nicht weil das Denken von Suruj richtig ist, sondern weil das Denken der Hawza sehr mangelhaft, sehr ausgezehrt ist. Es ist eine Lüge, in der Hawza gebe es Wissen und Denken, es ist eine Lüge, mit der die Schiiten veräppelt wurden. Das ist die Realität. Das ist der Grund, der al-Qubanji und andere veranlasste, dieser Richtung zu folgen. Wegen dieser Auszehrung, Oberflächlichkeit und Trivialität des kulturellen Niveaus unserer religiösen Referenzen (*marâdji'*), Gelehrten und Turbanträger. Das kulturelle Niveau ist flach, sogar oft nicht vorhanden. Weder al-Kateb noch al-Qubanji sind Agenten, wenn wir ihre Motivation untersuchen. Diese Menschen haben sich verirrt. Dieser Mann al-Kateb hat sich wegen der Methode (der Hawza) verirrt. Das ist die Methode, die zur Verirrung führt. Dieser Mann hat den neuen Ansatz von Suruj und seinen Anhängern mit den alten flachen Methoden verglichen. Warum sind diese flach? Weil diese Methoden nasibitische Methoden sind, die nasibitischen Methoden sind beduinische Methoden und flach, sie bleiben auf dem beduinischen Niveau des Denkens und der gewöhnlichen Anwendung der Sprache; es fehlt die Tiefe und die Wahrnehmung der Wahrheiten, von denen die Leute des Hauses Muhammad sprachen.

7. Die neue Religionskritik

Die religiöse Institution hat die Wahrheiten des Korans, die über *ahl al-beit* [die Familie des Propheten] geliefert wurden, negiert; sie hat die Bedeutung der Bittgebete und der Besuche der Schreine mit ihren tiefen Zeichen und ihrem tiefen Sinn geschwächt. Sie hat die Überlieferungen über die Erkenntnis ausgeblendet und an den Reinheitstraditionen festgehalten. Selbst die Traditionen zur Glaubenslehre haben das niedrige Niveau, sie wurden mit der beduinischen Mentalität und Logik oberflächlich rezipiert. Mehr gab es nicht. Sie haben die Philosophie abgelehnt. Ich will nicht sagen, dass die Anhänger von Muhammad sich die Philosophie wünschen, sie haben die Philosophie abgelehnt, weil sie sie nicht kannten und wegen ihres oberflächlichen Denkens. Sie haben die Erkenntnislehre und den Sufismus abgelehnt. Ich will nicht sagen, dass die Anhänger von Muhammad sich die Erkenntnislehre und den Sufismus wünschen, sie haben sie wegen ihrer Oberflächlichkeit abgelehnt und weil sie die Tiefe in diesen Anliegen nicht erkannt haben. Sie hielten an einer lächerlichen Theologie fest und an ähnlich oberflächlichen Anliegen.

Der Universitätsprofessor Abdelkerim Suruj kam mit einer neuen Mischung: zwischen modernen Wissenschaften der tiefen Erkenntnis in manchen Anliegen und dem mystischen Verständnis der Koranverse. Er kam mit einer Mischung – wenn wir sie mit der Oberflächlichkeit der Hawza und der Lächerlichkeit ihrer Anliegen vergleichen, dann wird klar, dass diejenigen, die den Mut und die Entschlossenheit haben, diesem neuen Ansatz folgen werden. Viele haben diesen Wandel durchgemacht, machen es aber nicht publik; ich weiß darüber Bescheid, seitdem ich in den Neunzigerjahren in Iran war, diese Sachen geschahen im Geheimen. Viele haben offen mit mir darüber gesprochen und waren davon überzeugt, sie machten es aber nicht öffentlich.

Dieser al-Qubanji hat deutlich und öffentlich die Existenz des Imam *al-hujja* [der erwartete Mahdi] geleugnet. Warum bezieht niemand Position gegen ihn, wie im Fall al-Kateb; weil er von ihren Kindern ist, er ist von ihnen. Er läuft mit erhobenem Haupt in Nadschaf. Ich will nicht gegen ihn agitieren, ich habe weder mit ihm noch mit al-Kateb noch mit anderen Personen zu tun. Ich habe mit niemandem ein Problem. Mein Problem hat mit dem Denken und der Glaubenslehre zu tun und ist nicht persönlicher Natur.

Die Religionsgelehrten

Al-Qumni: Die ungeordnete Sammlung des Korans, die die Gläubigen verwirrte, weil es unklar war, welche Normen gelten, rief die Religionsgelehrten auf den Plan. Diese Berufsgruppe, die im Islam keine Existenzberechtigung hat, schob sich zwischen den Gläubigen und Gott, um sein Wort den Menschen zu erklären. Ihre Erklärungen und ihr Verständnis verwandelten sich in einen neuen sakralen Text. Sie haben neue Wissenschaften, Begriffe und Regeln erfunden, die einem gewöhnlichen Muslim nicht zugänglich sind. Sie wurden die Talismane der Ulema für die Entzauberung der Texte, das Wort Gottes wurde rätselhaft und geheimnisvoll, es wurde für die Gläubigen unbegreifbar, war nicht mehr einfach und deutlich.[63]

Islam Buhairi entlarvt Ibn Taimiya on the air (mukhtalaf 'alaih: 23.12.2019)[64]

Islam Buhairi: Ibn Taimiya hat selbst die Toten als Apostaten verurteilt. Ich habe mich intensiv mit al-Buchâri und Ibn Taimiya beschäftigt, weil sie zwei Etappen in der Geschichte des Islam darstellen, wobei die Wende mit Ibn Taimiya die schlimmste ist. Der Islam nach ihm ist anders als vor ihm. Wer die Gewalt vor ihm verursacht hat, ob die Religion oder die Politik, war unklar. Er aber hat die blutdürstige Gewalt mit seinen Fatwas legalisiert und für alle Zeiten für gültig erklärt. Er lehrte, dass seine Fatwas nicht allein für den Einzelfall gelten, sie sind allgemeingültig; seine übliche Formulierung

---

[63] Al-Qumni, Sayyed, Danke ... Ben Laden!!, Kairo 2004, S. 162 (*Schukran ...Ben Laden!!*)
[64] V019 https://www.youtube.com/watch?v=baIkybuFb28 (23.01.2020)

lautete: Wer dies und jenes sagt oder tut, ist ein Apostat, *kâfir*. Bis heute haben wir es nicht geschafft, uns von ihm zu befreien.

9. Die Menschenrechte

Keine Menschenrechte im Islam (beit al-wajdan al-thaqafi: 12.11.2018)[65]

Scheich Ahmad al-Qubanji: Das säkulare Denken, die säkularen Rechte sind göttlicher Natur, und die islamischen Rechte, die aus dem Koran und der Sunna abgeleitet sind, sind nicht göttlich, sondern nur menschlicher Natur.

Warum? Weil die Menschenrechte, die von der UNO formuliert sind, auf den Rechten beruhen, die von Gott in das Gewissen der Menschen erschaffen wurden, in das Wesen des Menschen. Das Recht auf Freiheit, das Recht auf Leben, die Würde, die Gleichheit, diese vier bilden die Grundlage der Menschenrechte in der UNO. Diese sind göttlich, warum? Weil Gott sie in die Menschen eingebaut hat. Wer hat dir die Freiheit gegeben? Gott. Das bedeutet, dass jedes Gesetz, das der Freiheit widerspricht, nicht göttlich ist; und jedes Gesetz, das die Freiheit unterstützt, ein göttliches Gesetz ist.

Im Westen haben sie weder Paradies noch Hölle, trotzdem lügen sie nicht. Warum? Weil sie sagen: Wenn ich lüge, werde ich mich schämen, das Lügen ist nicht mein Ding, als Mensch habe ich eine Würde. So werden die Menschen erzogen. Bei uns werden wir mit Verboten erzogen: *harâm*, Allah schickt dich in die Hölle, wenn du lügst, landest du in der Hölle. Alle Muslime glauben an Hölle und Paradies, sie lügen trotzdem, haben mehr Laster und sind amoralischer als alle anderen Völker. Die Kinder werden nicht gut erzogen, wir sagen ihnen nicht, sie seien Menschen und sie sollten sich für das Lügen schämen.

---

[65] V007 https://www.youtube.com/watch?v=qLbWvxQ5TcA&t=557s (10.01.2020)

Der Arabische Frühling

10. Ijtihâd und ta'wîl

Al-Qumni: Nach dem Tod des Propheten und der Ausdehnung der Eroberungen waren seine Gefährten mit neuen Situationen konfrontiert und mussten neue Lösungen finden. Sie bedienten sich ihres Verstandes und gingen so weit, klare Aussagen im Koran nicht einzuhalten.[66] So hat der zweite Kalif Omar es verboten, dass Fatima, die Tochter des Propheten, ihren ererbten Anspruch auf ein Fünftel der Beute einfordern konnte. Er hat weiter die Gaben für die Sympathisanten mit dem Islam – auch eine koranische Vorschrift – gestoppt. Er hat die Zeitehe, speziell während der Pilgerfahrt, verboten. Während einer Dürre hat er für ein Jahr das Handabhacken für Diebe ausgesetzt (5:38). Er hat die Verteilung der eroberten Gebiete unter den Kriegern als Kriegsbeute abgeschafft (59:6–10).

Omar und die *sahaba* haben sich nach den Interessen der Menschen gerichtet und entsprechend gehandelt. So hat sich auch der Begründer der ersten Rechtsschule der Hanafiten, Abu Hanifa al-Nu'mân (699–767), verhalten; er gehörte zu den Leuten der Meinung, *ahl al-ra'yi*, die die Entwicklung des Lebens begleiteten. Von ihm stammt der Spruch: „Hätte der Gesandte Gottes meine Zeit erreicht, hätte er vieles von meinen Aussagen übernommen ... Ist die Religion was anders als die gute Meinung."[67] Abu Hanifa soll mehr als vierhundert prophetischen Überlieferungen widersprochen haben, er hat in seinen Interpretationen und Fatwas das Hadith wenig beachtet, es manchmal als Aberglaube abgekanzelt oder lächerlich gemacht wie z. B. das Hadith: „Die rituelle Waschung ist die Hälfte der Religion." Er sagte: „Dann waschen wir uns zweimal, und unsere Religion wird vollkommen."[68]

Abu Hanifa kritisierte auch die Praxis des Propheten, per Los die Ehefrau zu seiner Begleitung bei seinen Reisen auszuwählen, weil

---

[66] Al-Qumni, Sayed, Danke ... Ben Laden!! Kairo 2004, S. 266 ff (*Schukran ...Ben Laden!!*)
[67] Zitiert ibid., S. 268
[68] Zitiert ibid., S. 269

das auch zu den Glücksspielen, die der Koran verbietet (5:90), gehört. Das Hadith, wonach ein Pferd doppelt so viel von der Beute erhält wie ein Fußsoldat, hat er einfach verurteilt: „Ich werde nicht einem Tier mehr Anteile geben als einem Gläubigen."[69]

Dann entstand die Kaste der Kleriker, die dem Islam eigentlich unbekannt ist. Sie haben sich aber durchgesetzt, Hadithe fabriziert, wurden zu Gelehrten und haben propagiert, dass die Gelehrten die Erben der Propheten sind. Sie monopolisierten das Verständnis der Religion, nicht um sie zu verteidigen, Gott sorgt schon dafür, sondern um ihre eigenen Interessen und die des Sultans zu verteidigen. Sie erfanden die Norm: Kein *ijtihâd*, wenn ein Text vorhanden ist. Da fragt man sich, warum soll man überhaupt *ijtihâd* betreiben mit all den Schranken, die errichtet wurden, um die freie, autonome Vernunft zu verhindern: „Sie haben die Vernunft in ein Gefängnis gesperrt mit einem schönen Namen und eisernem Gitter ... er heißt: *al-ijtihâd*."[70]

Ausflug in Religionen und Mythen mit Fares al-Sawwah, Teil 2 (Alhurra – qanât al-hurra: 10.03.2019)[71]

Fares al-Sawwah: Vor den heiligen Büchern der Monotheisten herrschte der Mythos. Seine oft irrationalen Geschichten dienten der Vermittlung einer Botschaft. Im Koran erfüllen die Geschichten dieselbe Funktion, man kann sie nicht als historische Fakten betrachten, der Koran ist kein Geschichtsbuch, die Geschichten sollen interpretiert werden.

---

[69] Ibid.
[70] Ibid., S. 270
[71] V038 https://www.youtube.com/watch?v=fjGjQAKqHxc (12.02.2020)

11. Die Reform

Das Fazit mit al-Sayyed Ahmad al-Qubanji (Kanal ahmed k: 20.03.2013)[72]

Scheich Ahmad al-Qubanji: Man muss die Religion mit der Vernunft angehen – nicht die ganze Religion. Es gibt übersinnliche Dinge, woran man glaubt, wie die Existenz von Gott und seinen Eigenschaften, den Engeln, dem Jenseits, der Schöpfung. Sie widersprechen der Vernunft nicht. Die Religionsgelehrten haben aus der Religion ein Sammelbecken für Okkultismus und Aberglaube gemacht. Sie erzählen, wer den Schrein vom Imam al-Hussein oder al-Rida besucht, kommt ins Paradies, oder wer sich in die Luft sprengt, wird im Paradies mit dem Propheten speisen. Das Fehlen der Vernunft hat zu dieser Situation geführt.

Wichtige Aussage von Ghaith al-Tamimi (shuruhat sayyed Saad: 05.12.2019)[73]

Scheich Gaith al-Tamimi: Ich werde nach meinem Ziel gefragt; ich sage: Ich möchte drei Unfehlbarkeiten aufheben. Zuerst muss die Unfehlbarkeit des Korans aufgehoben werden, nicht um eine Modernisierung zu ermöglichen, sondern weil der Koran von Menschen geschrieben wurde, die ihn auch manipulierten, sodass er viele dem Menschen geschuldete Probleme enthält. Er kann nicht unfehlbar sein. Das ist auch die Meinung vieler Gelehrter seit dem 2. Jahrhundert der Hidschra. Zweitens soll die Unfehlbarkeit des Propheten aufgehoben werden.

---

[72] V004 https://www.youtube.com/watch?v=HUVns8w5NWg (10.01.2020)
[73] V011 https://www.youtube.com/watch?v=ynEsf4YjPIw (14.01.2020)

7. Die neue Religionskritik

Es gibt keine Ehe im islamischen Recht (Ghaith al-Tamimi: 06.12.2017)[74]

Scheich Gaith al-Tamimi: Das Argument, das besagt, dass das Leben nach dem eigenen Glauben und den eigenen Vorstellungen zu einer Zersplitterung der Gesellschaft führt, überzeugt mich nicht. Ich bin liberal und betrachte die Uniformität als Beginn des Todes, die Vielfalt dagegen hält die Gesellschaft frei und lebendig, man kann frei atmen. Die einzige Bedingung ist die Einhaltung der UN-Menschenrechte und der Respekt vor der Verfassung. Ich bin auch dafür, dass das Zusammenwohnen ohne Eheschein von Gleichgeschlechtlichen legalisiert wird. Wir müssen unsere orientalische Mentalität ablegen, nicht um die Gesellschaft weiterzuentwickeln, sondern um der schon geschehenen Entwicklung zu folgen. Fazit: Ein schiitischer Staat führt zur Spaltung der Gesellschaft und nicht die Vielfalt, die auf den Menschenrechten und der Verfassung basiert.

Auf eigene Verantwortung mit Ahmad Mousa (Sada Elbalad: 08.01.2015)[75]

Scheich Muhammad Abdullah Nasr: Wenn wir den Extremismus und den Terror sowie den Atheismus bekämpfen wollen, müssen wir einen neuen religiösen Diskurs befolgen. Um einen universellen und zivilisierten Islam zu schaffen, müssen wir unsere Tradition reinigen, durchsieben und Kritik üben. Kann es wahr sein, dass der Prophet mit dem Schwert gekommen ist, wie al-Buchâri und Muslim es behaupten? Aber wenn jemand Kritik ausübt, dann wird er angegriffen, weil er die Grundlagen der Umma bezweifelt. Soll ich den Leuten glauben, die behaupten, dem Propheten wurde befohlen, gegen die Menschen zu kämpfen, bis sie bezeugen: Es gibt keinen Gott außer Allah, während im Koran steht: „Es gibt keinen Zwang im Glauben"? (2:256) Oder auch: „Es ist die Wahrheit von eurem

---

[74] V012 https://www.youtube.com/watch?v=KYTnV5nOfVI (14.01.2020)
[75] V017 https://www.youtube.com/watch?v=6cZVV1Bhaq4 (20.01.2020)

Herrn. Wer nun will, der soll glauben, und wer will, soll ungläubig sein." (18:29)

Das Reinigen der Tradition bedeutet, z. B. die Tötung der Apostaten als unislamisch zu verbieten, im Koran steht: „Gewiss, diejenigen, die gläubig sind, hierauf ungläubig werden, hierauf [wieder] gläubig werden, hierauf [wieder] ungläubig werden und dann an Unglauben zunehmen, es ist nicht Allahs [Wille], ihnen zu vergeben, noch sie einen rechten Weg zu leiten." (4:137) Gott ordnet nicht ihre Tötung an, sie werden im Jenseits zur Rechenschaft gezogen. Die Apostasiestrafe existiert nicht im Koran.

Islam Buhairi entlarvt Ibn Taimiya on the air (mukhtalaf 'alaih: 23.12.2019)[76]

Islam Buhairi: Der Koran wurde nicht erklärt. Wenn wir die Bücher der Exegeten lesen, finden wir keine Erklärung. Die Verse können noch viele Interpretationen ertragen; die Exegeten sind oberflächlich und gehen den Sachen nicht auf den Grund. Der *ijtihâd*, der uns helfen kann, die geistige Herausforderung von heute zu meistern, besteht darin, eine Religionskritik zu üben, konkreter unsere religiöse Tradition zu reinigen, um an die geopferte geistige Tradition des frühen Islam anzuknüpfen, damit öffnen wir das Tor für einen anderen Islam.

Gespräch mit Dr. Mustafa Rashed, Mufti von Australien und Neuseeland (AlHayah TV Network: 07.02.2018)[77]

Scheich Mustafa Rashed: Für die Bekämpfung des Terrorismus, der inzwischen ein großes Problem für die ganze Welt darstellt, ist es notwendig, den religiösen Diskurs zu korrigieren: Ich sage korrigieren anstatt erneuern, weil dies eine Verschönerung des Alten mit einem Make-up bedeutet. Diese Korrektur ist unerlässlich und wird weltweit verlangt. Ich sprach vor einem Dutzend Parlamenten im

---

[76] V019 https://www.youtube.com/watch?v=baIkybuFb28 (23.01.2020)
[77] V043 https://www.youtube.com/watch?v=cByIh9tP_xE (06.03.2020)

7. Die neue Religionskritik

Westen und wurde immer mit einer Frage konfrontiert: Wann werdet ihr als Azhariten etwas gegen den Terrorismus unternehmen? Sie wissen ganz genau, dass al-Azhar als die größte und wichtigste islamische Institution allein in der Lage ist, den religiösen Diskurs zu korrigieren und die islamische Tradition zu reinigen, um den Terror zu bekämpfen.

Das bedeutet konkret Folgendes: Wir haben 600 000 Hadithe, etwa zweitausend davon können vom Propheten herstammen. Leider arbeiten die meisten Gelehrten mit circa siebentausend Hadithen, die die Basis ihrer Fatwas darstellen, das heißt auch mit fünftausend falschen Hadithen, die die Ursache unserer Probleme sind. Daesh, die Muslimbrüder, die Salafisten und alle Ignoranten benutzen gerade dieses Hadith. Die Korrektur und Reinigung sind leicht zu realisieren. Muhammad ben Salman [der Kronprinz in Saudi-Arabien] hat es vorgemacht, er hat ein Komitee einberufen, um die Tradition zu reinigen; das können wir auch in Ägypten machen. Wenn der Wille vorhanden ist, wird die Arbeit innerhalb von sechs Monaten erledigt. Das Kriterium für die Korrektur ist der Koran. Alle Hadithe, die dem Koran widersprechen oder nicht authentisch sind, müssen entsorgt werden.

Die Konfrontation mit dem Terrorismus ist geistig und militärisch; mit den Waffen können wir ihn nur vorübergehend besiegen. Der Sumpf bleibt bestehen. Wenn man ihm aber den geistigen Boden entzieht, dann wird der Sumpf ausgetrocknet. So können Generationen mit einem friedlichen und wahren Verständnis des Islam als Barmherzigkeit entstehen. Deshalb habe ich mehrmals Präsident al-Sissi aufgefordert, einen Beschluss zur Gründung dieses Komitees zu fassen. Es soll unter der Leitung von Scheich al-Azhar sein unter Beteiligung des Muftis der Republik, des Ministers für religiöse Stiftungen und Fachleuten und Intellektuellen.

Der Arabische Frühling

Eine Dreierdebatte: Kann man den Islam reformieren? (hiwârât Hischâm: 29.08.2017)[78]

Der Moderator Hischam: Es hat in der Vergangenheit wenige Versuche gegeben, den Islam zu reformieren. Heute wird das Thema sehr breit diskutiert und mit viel Offenheit. Woher kommt dieser Tsunami?

Wafa Sultan: Das liegt daran, dass sich der Islam vor den Augen der Welt entlarvt hat. Er hat ein Stadium erreicht, in dem ein Zusammenleben mit ihm unmöglich geworden ist. Es gibt zwei Möglichkeiten: Entweder wird er mit einem Knock-out erledigt, oder wir zwingen seine Verantwortlichen, ihn zu reformieren. Reformieren heißt verändern, dafür braucht man die Meinungsfreiheit, die Frage, die sich stellt, ist: Erlaubt der Islam diese Freiheit? Wer die Geschichte des Islam und seine Scharia kennt, antwortet mit nein. Man muss erst Fragen stellen dürfen, das ist nicht erlaubt, weil es als Infragestellung der Religion betrachtet wird. Der Koran ist in dieser Hinsicht ganz klar: „O die ihr glaubt, fragt nicht nach Dingen, die, wenn sie euch offengelegt werden, euch leidtun." (5:101) Warum wird das Fragen verboten? Ohne Fragen gibt es kein Wissen, und das Wissen tut keinem leid, es ist notwendig für die Verbesserung unserer Lage. Es gibt keine göttliche Scharia, die heilig, in Felsen eingeschlagen und unantastbar ist und die im Laufe der Zeit immer akzeptiert bleibt. So eine Scharia kann nicht die Entwicklung des Menschen zum Besseren fördern. Im Islam haben wir ein Beispiel dafür. Was mit dem Schwert erzwungen wird, kann unter dem Schwert nicht verbessert werden. Heute aber mit dem Internet finden Leute wie wir in dieser Debatte Schutz vor diesem Schwert. Wer trägt das Schwert? Die Gelehrten. Sie agieren im Schutz der politischen Macht, die sie für ihre Machterhaltung braucht. Die Muslime sind in diese Zange gepresst und haben keine Chance, etwas zu ändern.

---

[78] V036 https://www.youtube.com/watch?v=lfS5cW82UYg (10.02.2020)

7. Die neue Religionskritik

Das ist nur von außen möglich, durch Druck aus dem Westen, dieser ist aber daran nicht interessiert, die Verdummung der Völker in dieser Region durch die Religion zu verhindern. Deshalb sehe ich keine Möglichkeit, die jetzige Situation zu ändern. Das Spekulieren auf eine Änderung von innen ist irreal, weil die ethische Grundlage fehlt; bei Juden und Christen war es möglich, weil sie die Zehn Gebote als ethische Basis besitzen, die ihnen erlaubt, neue Ideen zu entwickeln.

Hamed Abdel Samad: Ich stimme zu, dass der Islam sich entlarvt hat. Das ist ein Monster, das die Welt erschreckt, und niemand kann es aufhalten. Deshalb akzeptieren manche Muslime die Idee der Reform. Die Muslime allgemein glauben, das wäre der Islam: Die Meinungsverschiedenheiten sind gering, sie betreffen Details im *fiqh*. Sie stimmten alle seit 1400 Jahren über Grundideen wie den Dschihad, die Tötung des Apostaten, die Kopfsteuer, die Verbannung der Ungläubigen überein.

Politik und Religion gehen Hand in Hand, die Unterstützung des Terrorismus war kein Problem, solange dieser sich nach außen richtete; mit seiner Wendung gegen die Regierungen änderte sich die Lage, man begann von Islamreform zu reden. Vor zwanzig Jahren war das kein Thema. Ich glaube nicht, dass es gelingt, man kann das Monster nicht zähmen; was man jetzt macht, ist, ihm Beruhigungsmittel zu reichen. Es ist unklar, wer den Mut, die Macht und die Berechtigung hat, diese Reformaufgabe zu erfüllen. Wenn wir jemanden kritisieren, heißt es sofort, er vertrete den Islam nicht, weder Daesh noch Saudi-Arabien noch al-Assad oder al-Sissi. Ich habe einmal verlangt: Sagen Sie uns endlich, wer den Islam vertritt, geben Sie uns seine Adresse.

Wen wir erreichen können, das ist der Verstand des einzelnen Muslims, man kann ihm anstatt der religiösen Vorschriften die humanen Werte vermitteln. Ich sehe zwei Möglichkeiten: Entweder führt uns der Islam zur totalen Zerstörung, oder das Monster wird betäubt und zur Folklore. Ich sehe, dass der Islam auf einer Seite immer monströser wird, auf der anderen Seite verliert er immer mehr an Einfluss auf den Geist der Muslime, das Internet und die öffentlichen Debatten. So sind Wafa und Rashid das beste Beispiel, sie waren Pioniere in ihrer Islamkritik, heute gibt es Tausende von Kritikern, die mit Namen und Gesicht öffentlich auftreten. Der Betrug mit der Reform des religiösen Diskurses wirkt nicht mehr. Daesh ist eine ernste Warnung für alle, er zeigt, was mit dem Monster passiert, das seit 1400 Jahren gezüchtet wird und dessen Kritik verboten ist, wenn wir keine entsprechenden Maßnahmen treffen.

Bruder Rashid: Die Anwesenheit von uns allen vieren in dieser Debatte sowie Tausende von Zuschauern sind schon ein Hinweis auf die Krise des Islam. Wie man bei uns in Marokko sagt: Die Katze verlässt nicht die Feierlichkeiten einer Hochzeit, weil es viel zu fressen gibt. Die Europäer flüchten nicht in den Nahen Osten und riskieren ihr Leben in Booten; das Gegenteil geschieht. Die Flucht der Menschen aus einer Region mit einer bestimmten Kultur ist ein Hinweis darauf, dass dort eine Krise herrscht. Der Islam als kulturelles System erlebt eine nie gesehene Krise in seiner Geschichte. Daher ist die Reform unerlässlich.

Was ist aber Reform? Sie versuchen zu tricksen und sprechen von der Reform des religiösen Diskurses, notwendig aber ist eine Reform des Islam. Man will den Islam nach dem Vorbild des Christentums reformieren, diese historischen Erfahrungen sind nicht übertragbar, nicht zuletzt wegen des Inhalts. Der Buddhismus z. B. ist wie der Islam eine Religion, er ist aber friedlich, der Islam gewalttätig. Nehmen wir die Offenbarung: Im Christentum stehen das Göttliche und das Menschliche in einer flexiblen Beziehung, es gibt dazwischen genug Raum für die Interpretation und Adaptation des Textes, was die Theologie übrigens gemacht hat. Der koranische Text ist steif, er wurde von der im Himmel aufbewahrten Tafel herabgesandt. Deshalb sagen die Gelehrten: Keine Interpretation neben dem Text. Wie soll dann die Reform aussehen? Wenn der Text sagt: Das Erbe der Frau ist halb so viel wie das Erbe des Mannes, dann ist eine Änderung unmöglich. Im Christentum spielt die Kultur des Schreibers der Offenbarung eine Rolle, sodass sie eine andere Interpretation erlaubt. Muhammad hatte eine religiöse und eine politische Funktion, deren Trennung bis heute unmöglich ist. Das Christentum dagegen

7. Die neue Religionskritik

hat die Entstehung des Säkularismus, dessen Theoretiker, John Locke, Christ war, ermöglicht. Christus hat beide Funktionen in seiner Person nicht vereint.

Der Islam hat auch Schranken gebaut wie das Hadith: Jede Erneuerung ist eine Ketzerei, jede Ketzerei ist ein Irrtum, und jeder Irrtum führt in die Hölle. Sie verhindern jede Reform. Kleinigkeiten sind möglich, aber das meiste nicht, z. B. wenn es ums Hände-Abhacken und Steinigen geht. Der Koran ist für alle Zeiten gültig. Was soll man, was kann man reformieren? Nichts. Wer soll reformieren? Persönlichkeiten wie Luther und Calvin sind nicht in Sicht. Außerdem würden die islamischen Völker bei einem Plebiszit zugunsten der Scharia abstimmen. Das alles zeigt, dass der Islam nicht reformfähig ist.

Alle heutigen Islamreformer werden von den Massen in den islamischen Ländern nicht unterstützt, wie z. B. Martin Luther zu seiner Zeit, der über eine bedeutende Gefolgschaft verfügte. Die Islamreformer haben viele Ideen, aber kein Programm wie die 95 Thesen von Luther. Deshalb kann der Islam nicht reformiert werden. Wenn die Islamreformer sich mit der Substanz des Islam auseinandersetzen würden, dann müssten sie eine neue Religion erfinden. Ich sehe nur eine Möglichkeit, nämlich das Außerkraftsetzen, *taʿtîl*, der Ideen von Scharia und Kalifat sowie der Idee der Vermischung von Staat und Religion, das Gottesdienstliche bleibt erhalten. Das kann nur zwangsweise geschehen, und das haben wir schon. Die meisten islamischen Länder, die der Scharia nicht folgen, tun das nicht aus Überzeugung, sondern weil sie dazu gezwungen sind. Würde man sie nach ihrem Wunsch fragen, würde die erdrückende Mehrheit sich für die Scharia entscheiden.

Der Moderator Hisham: Dr. Wafa Sultan, Sie leben im Westen und Sie wissen, wie schwer es ist, den Islam dort zu kritisieren, wer sich traut, wird als islamfeindlich und als Rassist beschimpft.

Wafa Sultan: Das Hauptproblem im Westen ist der Liberalismus, von dem die Muslime profitieren. Es ist ausgeschlossen, einen Liberalen davon zu überzeugen, dass der Islam anders ist als das Christentum und das Judentum und dass die Chancen seiner Reform anders aussehen. Wir Islamkritiker im Westen leiden mehr als die Islamreformer in den arabischen Ländern. Die Chancen, dass sich dort etwas bewegt, ist größer als im Westen. Ich teile die Meinung von Bruder Rashid nicht ganz. Millionen verfolgen die Debatten in den sozialen Medien, ich war verblüfft zu erfahren, dass sich die höchste Rate von Atheisten weltweit im Irak befindet, die zweithöchste Rate in Ägypten. Es gibt eine Massenbewegung, weil die Menschen einfach die Nase voll haben, tiefer können sie nicht fallen. Deshalb bin ich optimistisch, und wir sollten weitermachen.

Hamed Abdel Samad: Wenn wir von Lösungen reden, dann glaube ich nicht, dass eine Reform des Islam von innen stattfinden kann, alle Versuche sind bislang gescheitert. Die Nahda von Abdou und Afghani mündete in den Salafismus. Der Islam ist ein Gesamtkonzept, man kann nicht einen Teil außer Kraft setzen und den Rest lassen. Der Koran ist das Wort Gottes. Sollen wir das Wort Gottes teilen und das, was uns nicht passt, ausschalten? Solange der Koran seinen göttlichen und heiligen Charakter behält, kann der Islam nicht reformiert werden. Wenn man dies abschafft und den Koran als eine Dokumentation der Erfahrung einer Gemeinde in Arabien während 23 Jahren betrachtet, die sich rudimentäre Gesetze gegeben hat, die sehr stark an sie gebunden sind und niemals allgemeine Geltung haben können, dann ist eine Reform möglich. Es ist ausgeschlossen, dass jemand, der 13 Frauen geheiratet hat und eine Unzahl von Sklavinnen besaß, ein Vorbild für uns heute sein kann.

Das Positive an dieser Kritik der Reformer liegt darin, dass sie die Menschen anregen, zu denken und ihre Vernunft zu benutzen; das ist eine wichtige Voraussetzung für jede Entwicklung. Ich sehe die Zukunft nicht sehr negativ, die Muslime verlassen massenweise den Islam, das Ausschalten der Religion mit Zwang hilft nicht und führt zu Gegenreaktionen. Meine Hoffnung ist die Liebe zum Leben bei den Völkern, sie werden schon den richtigen Weg finden.

Bruder Rashid: Martin Luther hat die Bibel in die Umgangssprache der Menschen übersetzt, die neu erfundene Drucktechnik hat seine Ideen verbreitet. Heute haben wir die sozialen Medien, die diese Rolle übernehmen. Sie brechen das Monopol der Gelehrten auf die Interpretation und Vermittlung der Religion. Jeder kann im Internet die Informationen über die Taten und Untaten des Propheten googeln. Ich sehe die Zukunft folgendermaßen: Weiter werden Massen den Islam verlassen, viele werden das salafistische Verständnis behalten, die Islamreformer werden zwischen allen Stühlen stehen.

Wir haben alle unter dem Islam gelitten, es besteht jedoch eine Hoffnung. Als ich im Jahre 2007 mit meiner Sendung: „Mutige Frage", *su'âl djarî'*, begann, haben 95 Prozent der Anrufer mich beschimpft, jetzt bedankt sich die überwiegende Mehrheit der Anrufer und Kommentatoren dafür, dass wir sie aus der Gefangenschaft befreit haben. Gott segne diejenigen, die diese Technologien erfunden haben. Salman Rushdie hatte ein einziges Buch geschrieben und musste sich für lange Zeit verstecken, heute finden wir eine ungeheure Menge an Satiren über den Islam und seine zerstörerischen Ansichten auch in den Fernsehserien. Es ist eine Frage der Zeit und eine Frage der Hartnäckigkeit und Standhaftigkeit. Menschen wie wir und viele andere sind die Hoffnung künftiger Generationen auf ihre Befreiung von den Händen dieses Monsters, das nicht nur die Muslime, sondern auch die Menschheit zerstört.

Der Streit zwischen al-Khuscht und al-Tayyeb und die unmögliche Erneuerung; mit Ahmad Saad Zayed (Ahmad Zayed: 04.02.2020)[79]

Ahmad Zayed: Zuletzt hat es einen Streit über die Idee der Reform zwischen Dr. Ahmad al-Tayyeb, dem Präsidenten der Azhar-Universität, der religiösen Universität, und Dr. al-Khuscht, dem Präsidenten der staatlichen Kairo-Universität, gegeben. Was bedeutet die Reform? Das Haus abreißen und neu bauen, wie al-Khuscht gesagt hat, oder einfach renovieren, wie al-Tayyeb meinte. Ich denke, man muss die Vergangenheit und die Tradition überwinden und in die Zukunft blicken. Das heißt nicht, die Vergangenheit vergessen,

---

[79] V042 https://www.youtube.com/watch?v=bS47xSBJsxU (15.02.2020)

sondern verstehen, wie ich z. B. die alte ägyptische oder sumerische Geschichte verstehe, an die ich nicht als absolute Wahrheit glaube. Die Tradition ist sehr umfassend, wir müssen sie überwinden und in die Zukunft blicken. Insoweit unterscheide ich mich mit meiner Meinung von den beiden Doktoren.

Dr. al-Tayyeb hat einen Fehler gemacht, als er Dr. al-Khuscht sagte: Entweder glaubst du an das Buch oder du bezweifelst es. Das ist ein Irrtum, selbst al-Schafi'i gibt zu, dass er irren kann. Vielleicht war al-Tayyeb aufgeregt, auf jeden Fall gibt es keine absoluten Wahrheiten in unserer Welt. Al-Tayyeb stimme ich zu, wie er glaube ich nicht an die Erneuerung, aber auch nicht an die Reform, sondern an die Überwindung der Tradition. Wenn wir unbedingt von Erneuerung reden wollen, dann im Sinne von Wiederbeleben des Gestorbenen in unserer Tradition, wie Avicenna und Averroes, al-Biruni und al-Khawarizmi. Diese Schriften sollen das Herz der arabisch-islamischen Kultur bilden. Wenn wir erneuern wollen, dann indem wir die leuchtenden Momente unserer Tradition wiederbeleben, verstehen und auswählen. So sehe ich die Erneuerung. Es schadet aber auch nicht, wenn wir die Tradition ganz hinter uns lassen wie die pharaonische Kultur, sie hat ihre Zeit und Gültigkeit gehabt, jetzt ist es vorbei.

Eine Reform über die religiöse Institution, wie es al-Tayyeb vorschwebt, bringt nichts. Wir brauchen eine fruchtbare Debattenkultur, die mit unserem dualen Bildungssystem nicht gewährleistet ist, wie der Streit zwischen al-Tayyeb und al-Khuscht gezeigt hat. Ich habe nichts dagegen, dass al-Azhar eine Theologische Universität wird, aber nicht ein paralleles Bildungssystem mit Grund- und Sekundarschulen. Das trägt zur Spaltung der Persönlichkeit und des Verstandes der Ägypter bei. Wir brauchen dafür nichts Neues erfinden, es gibt eine Reihe von Ländern, die es geschafft haben, ein rationales und erfolgreiches Bildungssystem zu errichten, wie Südkorea und Japan.

7. Die neue Religionskritik

Der Islam und die Mafia, Teil I (Hamed.TV: 09.06.2015)[80]

Hamed Abdel Samad: Zurzeit haben wir eine neue Mode in den arabischen Ländern, insbesondere in Ägypten. Sie heißt: die Reform des Islam und die Erneuerung des religiösen Diskurses. Leute wie Islam Buhairi, Muhammad Charour, Adnan Ibrahim und andere sagen, dass der Islam zur Zeit des Propheten sehr schön war, tolerant und barmherzig, danach kamen die Omayyaden und die Abbasiden, sie haben den Islam entstellt und falsch interpretiert. In dieser Form hat er 1400 Jahre überlebt, deformiert, missverstanden und missbraucht; er wartete auf die Menschen von heute, die ihn endlich verstehen und sagen, er sei eine Religion des Friedens und der Barmherzigkeit.

Ich habe eine andere Sicht des Islam. Ich sehe, dass der Islam als barbarische Religion begann, das ist seine Natur. Mekka und Medina in Arabien kannten keine Zivilisation und keine Kultur. Es waren Stämme, die zusammenkamen, um Arabien zu erobern, dann die Welt. Mit der Ankunft der Omayyaden und Abbasiden begann die Kultivierung dieser Bestie und ihre Zivilisierung; sie haben eine Biografie des Propheten erfunden, um ihn in ein kulturelles Ambiente zu stellen. Sie haben die Hadith- und *fiqh*-Wissenschaften entwickelt, um diesen Rahmen zu erweitern.

Die Haltung der Reformer ist dramatisch, sie bestehen darauf, Prophet und Koran von der islamischen Geschichte zu trennen. Das ist inakzeptabel, weil alles, was in der Geschichte geschah, auf den Grundlagen des 1. Jahrhunderts und dem Leben des Propheten beruht. Als der Prophet friedlich missionierte, sind ihm sehr wenige gefolgt. Er konnte für sie keinen Staat aufbauen. Der Staatsaufbau begann mit der Bildung einer Armee, die Razzien gegen Karawanen durchführte. So wurde eine islamische Wirtschaft geschaffen, die auf der Idee der Razzien beruht.

Ich habe recherchiert und wollte wissen, welchen Berufen der Prophet und seine Gefährten nachgingen, fand aber nichts. Sie ha-

---

[80] V048 https://www.youtube.com/watch?v=ionLMojC_x4 (20.02.2020)

ben nicht gearbeitet, sie machten ihre Razzien und verteilten die Beute unter sich, deshalb erlebten sie einen Zulauf. Früher hatte die friedliche Mission nichts gebracht. Jetzt, da Geld und Macht im Spiel waren, erzielte sie einen Erfolg. Wenn ich im Koran lese, dass ein Fünftel der Beute an Gott und seinen Propheten gehen soll, frage ich mich, was diese merkwürdige Aussage mit der Religion zu tun hat.

Die Ähnlichkeit zwischen der Entstehung des Islam und der Mafia ist frappant. Schnelle Entwicklung, Eroberung und Erfolg; diese Elemente, die zur Größe des Islam beigetragen haben, sind die Elemente, die seine Niederlage heute erklären. Er kann sich von dieser aggressiven Einstellung nicht befreien. Das nenne ich den Geburtsfehler des Islam.

Es ist lobenswert,[81] dass Leute wie Islam Buhairi, den ich schätze, den Islam reinigen und die Probleme mit dem Hadith und der Sira lösen wollen. Sein Problem ist aber, dass er zwischen Hadith, Tradition und Sira und Koran trennt. Ein anderes Problem ist sein Übermut. Wir haben mit dicken Wänden aus Zement zu tun, und wir bohren mit unseren Nägeln. Es hilft nicht, diesen starren Institutionen auf folgende Art zu drohen: Mit zwei Wörtern werde ich die Hadith-Wissenschaften zerstören. Das Problem ist viel größer, nicht nur die Institutionen, sondern die ganze Umma und ihr Gedächtnis sind verrostet. Wir brauchen viel Geduld und viel Ehrlichkeit in unserer Auseinandersetzung mit der Tradition: Die Tradition kann man nicht vom Propheten und dem Koran trennen. Wenn ein Haus zerfällt, kann man es nicht neu streichen und behaupten, das sei die Reform. Man muss es abreißen und auf einer neuen Basis wiederaufbauen. Dafür muss man die Fehlgeburt erkennen.

---

[81] V049 https://www.youtube.com/watch?v=F9oou11aDPM&t=256s (21.02.2020)

7. Die neue Religionskritik

12. Die Nichtmuslime

Ein Rat für die Muslime (BRIDGES.TV: 03.02.2018)[82]

Scheich Gaith al-Tamimi: Die Meinung eines Zuschauers hat mich verletzt: Wir brauchen die Christen nicht, sie sind Frevler. Ganz ehrlich wünsche ich mir und allen Muslimen, dass sie die Christen nicht brauchen müssen. Doch leider: Facebook, Internet, Laptop, Handy – das sind alles Produkte der Juden und Christen. Sowie die Medien, die Druckerei, das Bildungs- und das politische System, der Rundfunk, die Busse, das Kopftuch, das deine Frau trägt, der Turban der Scheichs in den Moscheen, die Elektrizität, alles ist das Produkt der Juden und Christen, selbst das Make-up für unsere Frauen ist ihr Produkt.

Es ist nicht möglich, andere zu verachten, wenn wir selber nichts anzubieten haben. Dein Essen, dein Trinken, deine Kleidung, deine Bildung, deine Gesundheit und die Medikamente, das Bildungssystem, das Gesundheitswesen, sind alle Produkte der Juden und Christen. Was hast du zu bieten? Die Iraker haben eine alte Zivilisation, du bist aber ein Muslim, was hat der Islam außer Schwert und Sex (*nikâh*) gebracht? Du sagst, der Islam ist neu. Was hat er gebracht außer Sex, Entführungen und Vergewaltigung? Folgt man der Tradition, dann wurde Muhammad getötet. Die Schiiten behaupten, eine seiner Frauen habe ihn vergiftet. Abu Bakr, Omar, Osman wurden getötet, al-Hussein geköpft und sein Kopf auf eine Lanze gespießt. Was ist das für eine Religion? Der Krieg herrschte innerhalb der Familie des Propheten. Ali wohnte neben Muhammads Haus, sein Zimmer war nicht weit weg vom Zimmer Aischas. Nach dem Tod Muhammads wurde die Feindschaft zwischen den Zimmern zu einem furchtbaren Krieg. Das ist der Islam: Worauf bist du stolz, auf das Schlachten von al-Hussein oder die Tötung von Osman? Worauf bist du stolz? Auf die Apostasiekriege von Abu Bakr, bei denen die Hälfte der Araber umkamen?

---

[82] V010 https://www.youtube.com/watch?v=8y2p5Ll6hew (14.01.2020)

Du hast nichts, worauf du stolz sein kannst, so begreife, was du bist und sei respektvoll. Sie haben dir Strom, sauberes Wasser, Medikamente und Impfungen für die Bekämpfung der Seuchen geliefert, du solltest dich bedanken. Wer sich bei dem Menschen bedankt, bedankt sich bei dem Schöpfer, sagt der Prophet. Schwestern und Brüder benehmt euch, seid höflich und lieb. Ich weiß, viele Zuschauer werden mich kritisieren. Sollen sie machen. Ich verlange nur, dass bei tausend Schimpfwörtern zehn sachlichen Wörter, die auf Recherchen in den islamischen Büchern basieren, auch vorkommen.

Auf eigene Verantwortung (Sada Elbalad : 08.01.2015)[83]

Scheich Muhammad Abdullah Nasr: Wir lesen in „*sahîh muslim*" [der zweiten wichtigen Hadith-Sammlung] das Hadith 4971: Muhammad: „sagte: Am jüngsten Tag werden Muslime kommen mit Lasten so groß wie die Berge, Gott wird es ihnen vergeben und die Juden und Christen damit belasten." Das heißt, Gott hat die Juden und die Christen erschaffen, damit sie die Lasten der Muslime tragen und an ihrer Stelle in die Hölle gehen. Das widerspricht jedoch dem Koran: „Jede Seele erwirbt nur gegen sich selbst. Und keine Lasttragende [Seele] nimmt die Last einer anderen auf sich." (6:164) Gott sagt auch: „Dies geschieht wegen dessen, was eure Hände vorausgeschickt haben, und deshalb, weil Allah keiner ist, der den Menschen Unrecht zufügt." (3:182) Er sagt es den Menschen und nicht den Muslimen. Dieses Hadith schadet dem Propheten und dem Islam überhaupt; es veranlasst den Menschen, den Islam massenweise zu verlassen.

Merkwürdigerweise erwähnt das Hadith keine Buddhisten, Hinduisten oder Magier, nur die Juden und Christen, als ob er die Spaltung der Leute des Buches intendiert, damit sie ständig im Kriegszustand bleiben. Das Hadith 4969 besagt: „Der Gesandte Gottes sagte: Am Jüngsten Tag wird Gott jedem Muslim einen Juden oder Christen geben und ihm sagen, er wird dich von der Hölle erlösen." Das heißt, er tritt an seiner Stelle in das Feuer.

---

[83] V017 https://www.youtube.com/watch?v=6cZVV1Bhaq4 (20.01.2020)

7. Die neue Religionskritik

13. Die Geschlechter

Es gibt keine Ehe im islamischen Recht (Scheich Ghaith Al-Tamimi: 06.12.2017)[84]

Scheich Ghaith al-Tamimi: In der Religion Islam ist die Ehe, *zawâj*, vorhanden, im *fiqh* finden wir sie nicht. Alle Rechtsschulen sprechen nicht von Ehe, *zawâj*, sondern von Beischlaf, *nikâh*. Es handelt sich um einen Vertrag, in dem der Mann sein Recht auf den Beischlaf erkauft. Das ist der alleinige Zweck des Vertrags. Es geht nicht um Kinderzeugung und die Gründung einer Familie, es geht nur um Sex, genauer um bezahlten Sex. Beim Abschluss des Vertrags muss die Morgengabe festgelegt werden und einem materiellen Preis entsprechen.

Die Verfassung [im Irak] verpflichtet den Staat, die Familie und vor allem die Kinder zu beschützen. Wo ist der Schutz, wenn die Mädchen mit neun Jahren heiraten und schwanger werden, was bleibt von ihrer Kindheit? Nehmen wir an, wir akzeptieren es, dann muss es ausdrücklich im Gesetz stehen; nach dem Gesetzesentwurf kann ein Mann ein Mädchen, das einen Tag, sogar einen Monat alt ist, heiraten und für seine sexuelle Lust nutzen, ohne es allerdings zu penetrieren, dies ist erst im Alter von neun Jahren erlaubt. Das Gesetz verweist bei strittigen Fragen der Ehe auf die Fatwas der obersten schiitischen Referenzen in Nadschaf. Ich werde nicht die Fatwa von Khomeini hier erwähnen, sondern nur die zwei irakischen Referenzen. Als Erste die des Imam al-Sistani im Werk *„minhâj al-sâlihîn"* – *Der Weg der Tugendhaften* –, Band 3, Kapitel 1, Frage Nr. 8: Es ist verboten, mit der Ehefrau vor der Vollendung ihres neunten Lebensjahrs zu schlafen, das heißt, man kann sie heiraten ohne Sex mit voller Penetration. Andere sexuelle Praktiken sind erlaubt; auch eine Penetration ohne Entjungferung ist erlaubt. Die zweite Referenz ist der Imam Muhammad Sadeq al-Sadr in *„manhaj al-sâlihîn"* – *Die Methode der Tugendhaften* –, Band 4, das Buch des Beischlafs, *al-ni-*

---

[84] V012 https://www.youtube.com/watch?v=KYTnV5nOfVI (14.01.2020)

kâh. Der Beischlaf mit Penetration ist vor dem neunten Lebensjahr der Ehegattin verboten; alle anderen sexuellen Praktiken, auch die Penetration ohne Entjungferung, sind erlaubt.

Wie wir sehen, können die Iraker mit dem neuen Gesetz legal Kinder sexuell missbrauchen ohne Bedenken.

Nachdem er als vogelfrei erklärt wurde, der Scheich Muhammad Abdullah Nasr sagt: Der Tod befürchtet mich (al-qahira wal nâs: 19.11.2014)[85]

Scheich Muhammad Abdullah Nasr: Der Tod hat Angst vor mir, mein Vater war ein Soldat, und ich bin ein Soldat; der Soldat tötet den Terroristen, ich töte die Idee des Terrorismus. Ich werde die Bücher der Tradition sieben. Ich verbiete die Unzucht in allen ihren Formen. Al-Azhar, die religiöse Institution, und die Salafisten erlauben die Unzucht. Sie verbinden die Unzucht nur mit der Penetration. Heißt dies, dass, wenn ein Mann und eine Frau stundenlang nackt im Bett zusammen verbringen und alles tun außer der Penetration, dann sollen sie geehrt werden?

An der Spitze der anstößigen Untaten steht im Koran die Unzucht. Ihre Strafe: 100 Peitschenhiebe und keine Steinigung. Sie behaupten, so einen Vers hat es im Koran gegeben, er wurde abrogiert, ist aber im *fiqh* immer noch gültig; wir finden ihn in der Sunna, er besagt: „Den Greis und die Greisin, wenn sie Unzucht treiben, steinigt sie." Ich glaube, es gibt keine Abrogation im Koran. Der Abrogationsvers „Was wir an Versen aufheben oder in Vergessenheit geraten lassen. Wir bringen bessere oder gleichwertige dafür" (2:106) ist im Zusammenhang mit dem vorigen Vers zu verstehen: „Weder diejenigen unter den Leuten der Schrift, die ungläubig sind, noch die Götzendiener möchten, dass euch etwas Gutes von eurem Herrn offenbart wird." (2:105) Die Abrogation bezieht sich auf alte Normen bei Christen und Juden. Was in diesem Fall abrogiert wurde, ist

---

[85] V013 https://www.youtube.com/watch?v=aufribkPsF0&t=289s (17.01.2020)

nicht ein Vers im Koran, sondern die Steinigung, die in der Tora der Juden vorkommt; deshalb wird die Steinigung im Koran gar nicht erwähnt.

Außerdem hat der Prophet niemanden gesteinigt. Das Hadith bei al-Buchâri, dass eine sündige Frau namens al-Ghamidiya ihre Unzucht tief bereute und den Propheten darum bat, sie zu steinigen, ist nicht vom Propheten. Den Beweis liefert das Hadith selber. Darin steht: „Sie bereute so sehr, dass wenn ein Zöllner, *sâheb maks*, es getan hätte, seine Reue akzeptiert wäre." Der Begriff *maks* für Zoll existierte zur Zeit des Propheten nicht, er wurde unter den Omayyaden nach der Herrschaft Muʿawiyas angewandt.

Noch ein Argument gegen die Steinigung. Im Koran steht: „O Frauen des Propheten, wer von euch etwas klar Abscheuliches begeht, derjenigen wird die Strafe verzweifacht." (33:30) Nehmen wir an, eine der Frauen des Propheten begeht Unzucht, wird sie zwei Mal gesteinigt? Weiter: Wenn ein Muslim eine Sklavin heiratet, sagt der Koran: „Und wenn sie [durch Heirat] ehrbare Frauen geworden sind und dann eine Abscheulichkeit begehen, soll ihnen [nur] die Hälfte der Strafe zukommen, die ehrbaren Frauen zukommt." (4:25) Wie soll man diese Frauen bei Unzucht halb steinigen?

Die Frau im fiqh unter islamischer Herrschaft (Alhura – qanât alhurra: 30.07.2018)[86]

Zuhaiya Juero: In den modernen Zeiten wird die islamische Frau symbolisch lebendig begraben (*waʾd*). Das geschieht auf verschiedenen Ebenen. Zuerst die Marginalisierung, sie darf keine höheren Posten besetzen und wird von jeder Form der Machtausübung ferngehalten. Sie wird weiter als Minderjährige im Alter von zehn Jahren verheiratet, das ist auch ein Begraben von Lebendigen. Sie hat kein Recht auf Bildung und keine Freizügigkeit. Sie ist keine volle Bürgerin; in der vorislamischen Zeit hatte der *waʾd* eine einzige Form: lebendig begra-

---

[86] V032 https://www.youtube.com/watch?v=hMuBhJXJ5e0&t=909s (04.02.2020)

ben, heute hat er viele Formen, die auch lebensbedrohlich sind, wie der Ehrenmord oder der Zugang zu Medikamenten und ärztlicher Behandlung nur mit der Zustimmung des Vormundes.

Drei Faktoren tragen zu diesem Phänomen bei: der religiöse Faktor, der durch den kulturellen Faktor der Männlichkeit und den sozialen Faktor des Patriarchats gesteuert wird, um der Frau alle Rechte vorzuenthalten. Wenn ich von der Religion spreche, unterscheide ich zwischen der Scharia und dem *fiqh*. *Fiqh*, Männlichkeit und Patriarchat tragen gemeinsam dazu bei, die Frau zu entrechten und leiden zu lassen.

Im Laufe der Geschichte wurde die Religion aus einer Männersicht interpretiert und der *fiqh* von Männern entwickelt, deshalb wird die Religion benutzt, um die Frau zu unterdrücken. Der Muslim muss sich heute fragen: Was ist das für eine Religion, die die ungerechte Behandlung der Frauen erlaubt? Der heutige Muslim muss diese Vorgehensweise, nämlich die Nutzung der Religion als Mittel zur Unterdrückung der Frau, genau wie in der Politik zur Rechtfertigung der Despotie revidieren.

Die meisten Frauen akzeptieren diese Situation und denken, sie werde von der Religion vorgeschrieben und diene ihrem Schutz. Sie haben diese Männersicht verinnerlicht und verteidigen sie manchmal mehr als die Männer selber. Das ist auf das fehlende Bewusstsein zurückzuführen, aber auch auf das Fehlen einer religiösen Bildung, die es ihnen erlauben würde, die religiösen Texte selber zu lesen und zu interpretieren und damit den Unterschied zwischen der Interpretation der *fiqh*-Institutionen und ihrer eigenen festzustellen. Viele Frauen haben keine Meinung zur Religion und auch nicht die Bereitschaft, sich damit zu beschäftigen. Das ist das Ergebnis des Bildungs- und Rechtssystems, das die Frauen diskriminiert. Insoweit ist die Frau Opfer. Aber so lange sie ihre Lage nicht infrage stellt, ist sie für ihre Lage auch mitverantwortlich.

Die drei abrahamitischen Religionen zeichnen ein ähnliches Bild von der Frau. Manche Aspekte können als diskriminierend für die Frau verstanden werden. Was aber diese Diskriminierung weit über die Absicht der Religionen hinaus vertieft und verfestigt hat, ist das

7. Die neue Religionskritik

menschliche Verständnis dieser Religionen. Im Laufe der Geschichte haben manche von ihnen ihre Positionen hinterfragt und revidiert, sie haben neue Interpretationen und Ansichten ausgearbeitet, die ein Mindestmaß an Anpassung ihrer fundamentalen Texte an die Fortentwicklung der Gesellschaften realisiert. Das haben das Christentum und das Judentum getan.

Im Islam startete ein ähnlicher Versuch mit den Islamreformern der Nahda. Das Problem liegt darin, dass es bis heute nicht gelungen ist, diese Anpassung zwischen den religiösen Texten und der Organisation der Gesellschaft herzustellen. Unser Hauptproblem ist jedoch, zu glauben, dass die Organisation der Gesellschaft vollkommen von den religiösen Autoritäten abhängt. Wir vergessen dabei, dass der Koran zwar Rechtsvorschriften beinhaltet, aber kein Gesetz, kein Rechtssystem ist. Die Zahl der gesetzlichen Verse im Koran ist sehr gering, wir finden in ihm allgemeine Prinzipien. Die Organisation der Gesellschaft erfordert ein komplexes Rechtssystem, das die Menschen ausarbeiten müssen.

Die religiöse Institution hat ihre traditionelle Denkweise nicht geändert. Sie behandelt die Frau wie ein Kind, unmündig und schutzbedürftig; sie braucht ständig einen Vormund, der ihr den richtigen Weg zeigt. Diese Vormundschaft wird affektiv verhüllt und als Güte des Mannes verkauft, die reale Leistung der Frau in der Gesellschaft einschließlich der Ernährung der Familie wird nicht einmal wahrgenommen.

Ibrahim Issa: Die ganze Zeit ist der muslimische Mann erregt. Das ist das Problem des *fiqh* der Salafisten, der wahhabitischen Beduinen. Sein wirkliches Problem ist, dass er den muslimischen Mann als einen erregten Mann darstellt. Wenn der Schatten einer Frau an ihm vorbeigeht, dann ist er startbereit wie ein Stier. Die Studien bestätigen diese Männlichkeit nicht, der Muslim glaubt aber daran, er glaubt, dass er ein Stier ist. Der Muslim im *fiqh* der Salafisten ist sexuell erregt. Unser aller Aufgabe, der Gelehrten, der Wissenschaftler, der Experten und aller Welt, besteht darin, ihn zu bändigen. Wir verbieten ihm, dieser Bestie, die Frauen anzuschauen; das ist beschämend.

Der Arabische Frühling

Muhammad Fayyad: Was das Gebet ungültig macht, sind die Frau, der schwarze Hund und der Esel, lehrt ein Hadith. Das ist eine Einführung zum minderwertigen Bild der Frau in der islamischen Geschichte. Die Frau stand unter der Herrschaft des Stammes, sie wechselte unter die Herrschaft der männlichen *fiqh*-Vorstellungen im Islam, dann folgten die Fatwas der Niedergangszeit und später der Salafisten und der islamistischen Bewegungen.

Die Geschichte der Frau in der islamischen Tradition beginnt in ihrer Kindheit. Nach ihrer Geburt wird für das Mädchen ein Tier geopfert, für den Jungen zwei. Sein Urin ist weniger unrein als der Urin des Mädchens. Zur Mamlukenzeit brach einmal die Pest aus, man bat die Gelehrten um eine Lösung; nachdem sie überlegt hatten, fanden sie eine: Die Frauen in der Öffentlichkeit waren das Problem. Der Sultan verbat den Frauen sofort, ihre Wohnung zu verlassen. Das ist eine späte Geschichte, sie reflektiert jedoch die Mentalität, die sich im Laufe der Zeit entwickelt hat.

Die Gelehrten wollen sich des Körpers der Frau bemächtigen, haben aber Angst vor ihr, sie versuchen sie mit ihren Fatwas unter Kontrolle zu bringen, sie gefangen zu halten. Der Ursprung ihrer Fatwas bildet ein Hadith, das besagt: Kein Volk wird erfolgreich sein, wenn es seine Führung einer Frau anvertraut. Seitdem kann die Frau kein öffentliches Amt mehr besetzen, ihre Aufgabe besteht nach al-Ghazali in der Befriedigung der Lust des Mannes und im Haushalt, damit der Mann von seinen religiösen Verpflichtungen nicht abgelenkt wird. Bei Ibn Taimiya, der keine Frau kannte und ledig blieb, ist die Frau weniger als eine Dienerin, sie ist eine Sklavin, die gemeinsam mit anderen Sklaven ihrem Herrn zur Verfügung steht.

Ibrahim Issa: Die offizielle Erzählung berichtet, dass Khadidja vierzig Jahre alt war, als sie den jungen Muhammad (25 Jahre) geheiratet hat, und Aisha sich im Alter von neun Jahren mit dem vierzigjährigen Muhammad vermählt hat. Andere Erzählungen sprechen von 28 Jahren für Khadidja und 16 bis 18 Jahren für Aischa. Warum haben sich die Gelehrten für diese erste Version entschieden?

7. Die neue Religionskritik

Sendung über das Kopftuch (Alhurra-qanât al-hurra: 07.10.2019)[87]

Al-Yusufi Ali: Das Kopftuch existierte lange vor dem Islam. Bei den Assyrern im 12. Jahrhundert vor Christus mussten die Frauen Kopftuch tragen, das heißt ihre Haare bedecken. Den Huren war es verboten, sie mussten sogar ihre Haare rot färben. Die Haare galten auch bei den Römern als Mittel der Verführung, die verheirateten Frauen haben ihre Haare bedeckt, die Sklavinnen nicht. In Persien haben die Frauen der gehobenen Klassen ihre Haare bedeckt, die anderen nicht. Bei den Griechen war es auch sozial-politisch bedingt, die Bedeckung der Haare der Frauen entsprach ihrem Status als unvollkommene Bürgerin, Vollbürger waren nur die Männer.

Bei den monotheistischen Religionen haben die Christinnen im 1. Jahrhundert ihre Haare nur im Gottesdienst bedeckt, im 2. Jahrhundert überall, damit sie nicht wie die Männer aussahen. Die Männer waren das Abbild Gottes und liefen ohne Kopfbedeckung herum, die Frau stammte vom Mann ab, sie durfte ihm nicht ähneln und trug Gott in ihrem Herzen. Im 5. Jahrhundert kam die Begründung mit der Verführung nicht nur der Männer, sondern auch der Engel. Im Judentum war die Haarbedeckung bis zur Verlobung freiwillig, sie sollte den neuen Status signalisieren.

Im Islam hat es eine Entwicklung gegeben, die sozial und nicht religiös bedingt war. Es ging darum, die Privatsphäre des Propheten und seiner Frauen zu beschützen: Die vorislamischen sexuellen Verhältnisse waren ziemlich locker, auch die Anmache war verbreitet. So kam der Vers (33:53), der den Besuch im Haus des Propheten regelt, später die Aufforderung an alle Musliminnen (24:31), ihre Brüste zu bedecken – und nicht ihre Haare –, damit sie sich von den Sklavinnen auf dem Markt unterscheiden und bei der Vorrichtung ihrer Notdurft abseits der Siedlung nicht belästigt werden (33:59).

Diese Verse bezwecken, die muslimischen Frauen von den Sklavinnen zu unterscheiden, insbesondere nach den Eroberungen und der Schar von verschleppten Sklavinnen. Das Kopftuch als Haarbe-

---

[87] V052 https://www.youtube.com/watch?v=wwrDL5FoM_Q (26.02.2020)

deckung setzte sich im 3. Jahrhundert der Hidschra mit dem Hadith durch. Man wundert sich, dass Gott, der seine Offenbarung auf Arabisch vollzog, das Wort Haar nicht benutzt: Man muss deshalb ein paar Jahrhunderte auf die Gelehrten warten, bis sie uns damit den Koran ergänzen, als ob der Koran mangelhaft wäre und Gott unwissend.

Islam Mustafa: Ich habe neben dem Koran die 180 Grundwerke der islamischen Tradition gründlich untersucht; es gibt im Koran keinen Text, der das Kopftuch rechtfertigt, und kein Wort, das diese Bedeutung hat. Alles wurde sehr spät von den Gelehrten erfunden, alle Hadithe, die angeblich vom Propheten stammen, werden als sehr schwach eingestuft, das heißt unglaubhaft. Manche Begriffe, die das Kopftuch im Koran begründen, haben sie bis heute nicht verstanden, wie das Wort *djilbâb*. Über die Bedeutung von anderen, wie *zîna*, streiten bis heute zwei Lager: Die einen meinen Schmuck, die anderen Gesicht und Hände!

Scheich Yaaqub: Die Frau wurde für die Befriedigung des Mannes und den Beischlaf erschaffen / Das Gericht des Gewissens (al-qahira wal nâs: 02.11.2015)[88]

Ibrahim Issa: Was Scheich Yaaqub sagt, ist dement; dies Verständnis der Religion ist nicht einmal beduinisch, es ist einfach rückständig. Er sagt, die Frau ist für die Befriedigung der sexuellen Bedürfnisse des Mannes da, er sagt auch, dass der Mann der Herr ist, weil er den Haushalt finanziert. Wenn die Frau mitfinanziert, dann verliert der Mann entsprechend prozentual an Männlichkeit, bei 50 Prozent Mitfinanzierung der Frau sind sie gleich. Das heißt, der Mann muss mehr bezahlen, um mehr Männlichkeit zu bekommen. Diese Ideen sind abartig, haben gar nichts mit der Religion zu tun. Der Scheich Yaaqub spielt sich als Vertreter Gottes auf und erniedrigt die Frau. 34 Prozent der ägyptischen Familien werden von Frauen allein un-

---

[88] V056 https://www.youtube.com/watch?v=B_Ti4qIApIw&t=281s (07.03.2020)

terhalten, die Zahl der Beteiligten an den Haushaltskosten ist noch viel größer.

Das ist ein Muster für den dummen Gedanken, den seit vierzig Jahren die Gelehrten verbreiten. Dies wird auch vom Staat gefördert. Dieser *fiqh* des Hasses wird vom Staat beschützt. Wenn ein Intellektueller oder ein Forscher eine divergierende Meinung äußert, dann wird er mit dem Blasphemiegesetz belangt.

14. Politik

Die sahaba ließen den verstorbenen Propheten ohne Beerdigung und gingen zu saqifa bani sâ'ida wegen des Kalifats (mukhtalaf 'alaih: 09.01.2020)[89]

Zakaria Oson: Der Prophet starb, ohne einen Nachfolger ernannt zu haben. Die Sunniten berufen sich auf ein späteres Hadith, das indirekt ihren Anspruch untermauert, der kranke Muhammad habe Abu Bakr beauftragt, das Gebet an seiner Stelle zu leiten, was gar nichts bedeutet. Das Schreckliche aber ist das Verhalten der wichtigsten *sahaba*, die nach dem Ableben des Propheten zu dem Treffen von *saqifa bani sâ'ida* eilten, wo die Frage der Nachfolge, des Kalifats, geregelt werden sollte. Es blieben nur zwei *sahaba* übrig, Ali und Ibn Abbas, die dann Muhammad beerdigten.

Nach dem Tod des Religionsstifters ging es nicht mehr um Religion, sondern nur um das Regieren. Das Ergebnis war, folgt man der Aussage eines Hauptakteurs, Omar ibn al-Khattab, ein Zufall. Bei dem Treffen kam es zu einem Streit, auch zu einer Schlägerei mit dem Anführer der *ansâr* [die Anhänger des Islam in Medina], Saad ibn 'Ubada, und den Quraischiten [die Anhänger des Islam in Mekka], weil eben der Prophet keinen Nachfolger ernannt hatte. Der Streit wurde beigelegt, als der Cousin und Rivale von Saad die

---

[89] V023 https://www.youtube.com/watch?v=jyp2eDDnzHs (25.01.2020)

Hand von Abu Bakr hielt und ihm huldigte, es folgten Omar, dann die anderen. Das Kalifat entstand per Zufall, das meinte Omar.

Dann wurde gesagt, das Kalifat gehöre in den Stamm von Quraisch. Sie waren wie später die prätorianische oder die republikanische Garde. Das geschah, obwohl die *ansâr* sich für die Entstehung der ersten islamischen Herrschaft in ihrer Stadt entschieden und viel für den Sieg des Islam geopfert haben. Was mit ihnen geschehen ist, stellt die größte Ungerechtigkeit in der Geschichte dar.

Dieser Streit um die Macht wurde mit der Religion legitimiert, deshalb behaupte ich, es gibt keine religiösen Sekten im Islam, alle scheinbar religiösen Streitigkeiten wie die zwischen Sunniten und Schiiten sind rein politisch. Deshalb müssen wir irgendwann damit aufhören, wir müssen uns lieben im Namen der Menschlichkeit. Die Menschlichkeit bietet einen Platz für jeden.

Die Salafisten behaupten, die Religion sei eine Lösung für alle unsere Probleme und der islamische Staat eine Garantie für die Gerechtigkeit. Ich meine, jede Religion, die den Staat regiert, ist rassistisch, egal welche Religion, weil z. B. im Islam an erster Stelle die Muslime kommen, die anderen sind Bürger zweiter und dritter Klasse. Als Kind hörte ich ständig in der Moschee Gebete, die zur Vernichtung der Ungläubigen und aller Nichtmuslime gehalten wurden. Das hat sich bis heute nicht geändert, heute versucht man etwas diskreter zu sein. Bei unserem täglichen Gebet rezitieren wir die Sure *al-fâtiha*, in der steht: „Leite uns den geraden Weg, den Weg derjenigen, denen Du Gunst erwiesen hast, nicht derjenigen, die Deinen Zorn erregt haben, und nicht der Irregehenden!" (1:6–7) Alle Exegeten erklären, dass mit „Deinen Zorn erregt haben" die Juden gemeint sind und „die Irregehenden" die Christen sind. Soll mein Gebet aus Beschimpfung und Erniedrigung der anderen bestehen?

7. Die neue Religionskritik

Die Notwendigkeit Staat und Religion zu trennen (ayadjamaladdin: 26.9.2015)[90]

Scheich Ayad Jamaladdin: Es gibt eine religiöse und eine humane Notwendigkeit für die Trennung von Staat und Religion. Es muss eine Distanz zwischen den beiden geben, für den Schutz der Religion, damit sie nicht infolge des Drucks des ideologischen religiösen Systems als Spielzeug in den Händen der Politiker missbraucht wird. Das Humane ist auch notwendig, damit wir ausgeglichene Menschen erzeugen. Die Religion ist für den Menschen da, der Staat kann keine Religion haben, der Staat ist eine rechtliche Institution, ohne Geschmack und Geruch; sie muss neutral sein und soll allen Bürgern Frieden und Dienste anbieten. Sie liefert Wasser für die Kirche, die Moschee und die Gaststätte.

Die Herrschaft Muhammads in Medina hat etwas erzeugt, was die Araber bislang nicht kannten: die Heuchelei. In *al-djâhiliya* [Zeit der Unwissenheit] kannten die Araber die Heuchelei überhaupt nicht, sie waren frei, noch freier als die Falken. Muhammad lebte 13 Jahre in Mekka als Prophet, Prediger und Warner, er hatte weder Polizei, Armee noch Vermögen. In Medina lebte er zehn Jahre, er war Prophet, Warner, besaß ein Schwert, Macht und Leitung. In Medina erschien die Partei der Heuchler, eine Sure im Koran trägt ihren Namen. In Mekka gab es keinen einzigen Heuchler. Das ist das Ergebnis der ideologischen Herrschaft, selbst wenn sie in den Händen des Propheten liegt. Die Heuchelei ist nicht gegen die Religion, sondern gegen den ideologischen Staat.

Es war nicht die Aufgabe des Propheten, einen Staat zu errichten, das wollte er auch nicht, er wollte den Menschen aufbauen. Den Staat kann man auf zwei Elemente reduzieren: ein Budget und ein Waffenlager. Ein Waffenlager gab es nicht, die Kämpfer waren Freiwillige, sie kamen mit eigenen Waffen. Es gab auch kein Budget, nur die Almosensteuer. Wenn eine Herrschaft sich etablieren will, dann nutzt sie die Religion, um die Muslime zu erschrecken und zu kon-

---

[90] V041 https://www.youtube.com/watch?v=eoANlj24rB8 (14.02.2020)

trollieren. Alle Propheten kamen, um den Menschen aufzubauen, nicht den Staat. Die Macht muss säkular sein.

Ich bin gegen die staatliche Anwendung der Scharia, sie ist eine individuelle Verpflichtung, ob du ein Christ, ein Jude oder ein Muslim bist, das ist deine private Angelegenheit. Der Staat muss neutral sein und das zivile Recht anwenden, das die Menschen geschrieben haben und nicht Gott. Gott lehrt uns, anständig zu sein und nicht in seinem Namen zu herrschen.

Der Begriff vom Staatsbürger ist rein westlich und hat mit dem Islam gar nichts zu tun; selbst das Hadith „Die Liebe zur Heimat gehört zum Glauben" hat mit dem Begriff Staatsbürger nichts zu tun, weil dieser auf der Gleichheit vor dem Gesetz beruht, während unter der Herrschaft des Islam keine Gleichheit zwischen den Menschen besteht. Der Muslim ist anders als der Schutzbefohlene, der *dhimmi*, der Begriff allein beinhaltet Verachtung und Erniedrigung, er bedeutet, dass der Christ unter dem Schutz des Muslims steht. Staatsbürgerschaft bedeutet Gleichheit der Rechte und der Pflichten, unter der Herrschaft des Islam gibt es keine Gleichheit zwischen dem Muslim und dem Nichtmuslim. Wir haben zur Zeit eine klare islamische sunnitische Herrschaft der Taliban in Afghanistan, wir haben eine klare islamische schiitische Herrschaft in Iran, den *wilâyat al-faqîh* [Herrschaft des Gelehrten], der behauptet, er stehe an der Stelle des Propheten, er sei der Schatten Gottes auf Erden. Wer einen Scharia-Staat haben möchte, soll nach Afghanistan oder Iran gehen. Als Alternative kann er das westliche Modell der Kreuzritter und Ungläubigen wählen, das Neuseeland, Kanada, die Freiheit, die Menschrechte, die im Islam gar nicht existieren, erschaffen hat.

Der Koran mit dem Schwert bildet eine Gefahr, die noch größer ist als die nukleare Technologie. Jetzt findet die Vertreibung aufgrund der Religion statt: Die Christen, die Sabäer, die Jesiden, alle friedlichen Leute wurden vertrieben. Heute wird einem Menschen im Namen der einen Religion die Kehle durchgeschnitten, die Menschen werden aus ihren Häusern im Namen der Religion gejagt. Das ist kein Ereignis allein unserer Gegenwart, in der islamischen Geschichte hat es so etwas immer gegeben, z. B. hat ein omayyadischer

Herrscher in Nordafrika 1 Million Knaben und 300 000 Tausend Mädchen von ihren Eltern getrennt und nach Damaskus gebracht, um sie als Sklaven zu verkaufen. Wurde Muhammad dafür gesandt? Wir brauchen den zivilen Staat, der die Gleichheit der Bürger garantiert.

15. Die Religion

Neue Vorstellung der Säulen der Religion (Alhurra – qanât al-hura: 20.01.2019)[91]

Zakaria Oson: Ein Hadith bei al-Buchâri erzählt, wie das Gebet im Islam geregelt wurde: Als Muhammad in der Nacht von *al-isrâ' wal mi'râj* von Mekka nach Jerusalem befördert wurde, um im siebten Himmel Gott zu treffen, sagte ihm Gott, seine Anhänger sollen fünfzig Mal am Tag beten. Auf dem Rückweg traf er Moses, dem er dies erzählte; Moses meinte, deine Umma kann es nicht verkraften, geh zu Gott zurück, was er auch tat, Gott reduzierte die Zahl. Das wiederholte sich, am Ende teilte er Moses mit, dass sie sich auf fünf Mal geeinigt haben. Trotzdem sollte er es noch mal versuchen, Muhammad sagte, er würde sich schämen und ging mit Gabriel weiter.

Dieses Hadith ist eine Beleidigung für Gott, er fordert etwas, was der Mensch nicht kann: Das erläutert Moses, der so Gott korrigiert. Wie kann man akzeptieren, dass Gott so unwissend dargestellt wird. Das Hadith ist falsch. Im Koran wird das Gebet nicht beschrieben, man stand hinter dem Propheten und hat ihn nachgeahmt. So wurde es von Generation zu Generation übertragen. Das ist die praktische Sunna. Dann kamen die Gelehrten und erfanden Geschichten und Regeln, sie haben sogar Formeln festgelegt. Al-Schafi'i sagt, wer sein Gebet ohne *al-fâtiha* verrichtet, dessen Gebet sei ungültig. *Al-fâtiha* ist aber umstritten, sie gehört nicht zum Koran, so ein Ausmaß an Selbstlob kann die Offenbarung nicht beinhalten. Das Gebet be-

---

[91] V024 https://www.youtube.com/watch?v=idMopSGjrlE (25.01.2020)

zweckt nicht die Verherrlichung Gottes, das braucht er nicht, mit dem Gebet kommuniziert der Mensch mit Gott und teilt ihm seine Sorgen und Bitten sowie seinen Dank mit.

Wie die Säule des Betens umgeformt wurde, so auch die Säule des Fastens. Wie heute gefastet wird, entspricht nicht dem Koran. Dort steht: „(183) O ihr, die ihr glaubt, vorgeschrieben ist euch das Fasten, wie es den Früheren vorgeschrieben war; vielleicht werdet ihr gottesfürchtig. (184) Gezählte Tage! Wenn aber einer unter euch krank ist oder auf Reisen, der faste die gleiche Anzahl von anderen Tagen; und sie, die es vermöchten und nicht fasten, sollen zur Sühne einen Armen speisen. Und wer aus freien Stücken Gutes tut, dem soll Gutes werden; und dass ihr fastet, ist euch gut, wenn ihr es begreift. (185) Der Monat Ramadan, in welchem der Koran herabgesandt wurde als eine Leitung für die Menschen und als Zeugnis der Leitung und Unterscheidung – wer von euch den Monat sieht, soll in ihm fasten." (2:183,184,185)

In den ersten Versen 183, 184, sollen die Muslime wie andere vor ihnen einige Tage fasten, wer krank oder auf Reise ist, wird befreit, wer nicht will, kauft sich frei, indem er einen Armen ernährt. Hier ist eine totale Freiwilligkeit bemerkbar. In Vers 185 sehen die Gelehrten wie al-Schafi'i eine Abrogation der Vorigen. Ist es vorstellbar, dass Gott seine Aussage gleich im nächsten Satz negiert? Das ist wie ein Arbeitgeber, der in einer Erklärung seinen Arbeitern mitteilt – Punkt 1: Sie bekommen drei Tage mehr Urlaub, Punkt 2: Punkt 1 ist ungültig. Ich glaube, es gibt keine Abrogation, es sind Möglichkeiten, die angeboten werden, und der Gläubige entscheidet sich freiwillig für eine der Optionen.

Wegen der falschen Interpretation eines Koranverses haben die Muslime 1400 Jahre falsch gefastet (mukhtalaf ʿalaih: 20.12.2019)[92]

Wissam Eddin Ishâq: Alle lebendigen Wesen passen sich an Klima und Jahreszeiten an, nur im Islam nicht; der Fastenmonat Ramadan

---

[92] V027 https://www.youtube.com/watch?v=r1_rIEmzHQ4 (29.01.2020)

fällt manchmal in den Frühling, manchmal in den Sommer. Der islamische Kalender ist nicht an die Jahreszeiten gebunden. Wir wollten wissen, was genau im Koran steht, so haben wir eine alte Ausgabe des Korans aus Istanbul in Kalifornien vier Jahre lang untersucht. Wir haben es geschafft, den involvierten Koranvers zu lesen wie in alten Zeiten. Der Vers besagt: „Das Verschieben eines Monats ist eine Mehrung des Unglaubens. Die Ungläubigen sind hierdurch irregeführt. Sie erlauben es in einem Jahr und verwehren es in einem anderen Jahr, damit sie die Anzahl der von Allah geheiligten Monaten ausgleichen und so erlauben, was Allah verwehrt hat."

Bekanntlich sind offiziell sieben Lesungen des Korans anerkannt [wegen der fehlenden Vokale und diakritischen Punkte kann ein Wort unterschiedlich gelesen werden], in fünf von sieben Lektüren wird das Verb „irregeführt" mit einem [nicht geschriebenen Vokal] „i" *yudillu* anstatt „a" *yudallu*, wie bislang angenommen, gelesen. Dann heißt es in dem Vers: Die Ungläubigen führen in die Irre, wenn sie behaupten, der Schaltmonat ist eine Ergänzung. Und nicht wie bis jetzt: Die Ergänzung mit einem Schaltmonat führt die Ungläubigen in die Irre.

Den Beweis dafür liefert der Prophet. Hätte er den Vers so verstanden, hätte er sofort den Schaltmonat abgeschafft. Das ist aber sieben Jahre nach seinem Tod unter der Herrschaft Omars und mit Einverständnis der *sahaba* geschehen. Warum sie es getan haben, bleibt ein Rätsel. Die Araber haben einen Mondkalender, sie haben das Schalten im Kalender im Jahre 512 von den Juden gelernt. Monate und Jahreszeiten passten zueinander. Die im Koran erwähnten zwei Karawanen vom Sommer und vom Winter nach Damaskus fanden tatsächlich im Sommer bzw. im Winter statt. Der Monat Ramadan kam immer im Oktober. Es ist nicht nachvollziehbar, warum Gott den Schaltmonat verbietet und damit das Leben der Muslime erschwert.

Wafa Sultan sagt ihre Meinung zum Islam (Human: 14.12.2017)[93]

Wafa Sultan: Für mich ist der Islam keine Religion, sondern eine politische Doktrin, die sich mit Gewalt durchsetzt. Jede Doktrin auf Erden, die von ihren Anhängern verlangt, Andersdenkende zu töten, ist keine Religion. Wenn wir uns an die Biografie Muhammads halten, dann landen wir bei Bin Laden und seinesgleichen. Wir finden in der Sira Berichte über seine Razzien, seine Frauen und von manchen Hadith bekommt man Gänsehaut, wenn er z. B. sagt, das Paradies für die Frau ist unter den Füßen ihres Mannes.

16. Zivilisation

Islam und Moderne mit Ahmad 'Asîd (Sky news arabic: 06.10.2017)[94]

Ahmad 'Asid: Das wissenschaftliche Wunder des Korans ist eine moderne Erfindung der Muslimbrüder. Sie reflektiert eine tiefe zivilisatorische Krise der Muslime heute. Wenn sie mit einer Schwierigkeit konfrontiert sind, kehren sie, anstatt sie zu überwinden, zurück in die Vergangenheit und suchen nach Lösungen. Die hervorragenden wissenschaftlichen Entdeckungen dienen nicht als Anreiz zum Einsatz der Vernunft, um in der Tradition von Averroes die Welt zu verstehen, sondern als Anlass, um in den religiösen Schriften etwas zu suchen, das eventuell darauf hinweist. Anstatt die existenzielle Krise mit dem Wissen zu lösen, wird das Wissen durch den Aberglauben ersetzt. Die Muslime suchen einfach Stellen im Koran, die sie fern von jeder Vernunft entsprechend interpretieren, mit dem Ergebnis, dass es unmöglich ist, die Grundlagen für ein wissenschaftliches Denken zu etablieren.

Das ist eine Förderung der Religion auf Kosten der Wissenschaft, getrieben von den Religiösen, die festgestellt haben, dass mit dem

---

[93] V031 https://www.youtube.com/watch?v=6nrStbJ_YCU (01.02.2020)
[94] V027 https://www.youtube.com/watch?v=21K8Omm44W0 (27.01.2020)

7. Die neue Religionskritik

modernen Staat der Zug abgefahren ist und ihr religiöser Staat keine Chance mehr hat. Sie versuchen diesen Rückfall wettzumachen, indem sie die Errungenschaften der Moderne für sich beanspruchen. Was sie betreiben, ist eine Propaganda für die Religion und kein Beitrag zur Wissenschaft. Das Forschungsbudget bei allen Staaten des Nahen Ostens liegt unter 1 Prozent, und das zeigt, dass sich der Anschluss an die moderne Welt immer weiter entfernt.

Das wissenschaftliche Wunder des Korans ist ein erfundenes Märchen. Der Koran ist ein religiöses Buch und kein wissenschaftliches. Ihn mit dieser Last zu beladen verrät eigentlich unsere Armut und Unfähigkeit. Die modernen Entdeckungen sind nicht nur allein das Ergebnis des Denkens, sie beeinflussen auch die Denkstrukturen. Diese fehlen uns, wenn wir ständig auf die Vergangenheit fokussieren. Wenn wir uns die Nobelpreisträger anschauen, finden wir keinen einzigen muslimischen Wissenschaftler.

Mir wird vorgeworfen, ich sei in meinem Säkularismus radikal, wie die Religiösen radikal in ihrem Islamismus sind. Das stimmt aber nicht, weil ich nicht gegen die Religion bin. Wie alle anderen in Marokko bin ich in einer religiösen Familie aufgewachsen. Der Islam, den ich kenne, war tolerant, friedfertig, dann kamen die Islamisten. Sie sind nicht bei uns entstanden, nicht aus unserer Tradition und wollten uns zeigen, wie man als Muslim lebt. Deshalb findet unsere Konfrontation mit den Islamisten und nicht mit dem Islam statt.

Das Hauptproblem bei unseren Gelehrten in der islamischen Geschichte ist die Umkehrung der Prioritäten, sie gehen immer davon aus, dass der Mensch im Dienst der Religion stehen soll und nicht umgekehrt. Davon profitieren die Radikalen, die die Menschen im Dienst des Islam mobilisieren und zur Entwürdigung der Menschen – seien es Frauen, Kinder oder Ungläubige – im Namen der heiligen Texte verleiten. Wir müssen berücksichtigen, dass heutzutage der Mensch zuerst kommt, daher müssen wir unsere heiligen Bücher in diesem Sinne neu interpretieren.

Die Gräueltaten von Daesh, den Taliban und ihresgleichen sollen nach den Gelehrten mit dem Islam nichts zu tun haben. Sie berufen sich aber auf dieselben religiösen Texte, und die Gelehrten sollen uns erklären, welche Aussage diese Texte wirklich beinhalten; sie tun es aber nicht. Sie wollen vermeiden, die Historizität der Aussagen zuzugeben, und bestehen darauf, dass der eine Sinn für alle Zeiten und Orte gültig ist. Sie glauben, damit den Islam zu stärken, erreichen jedoch das Gegenteil: Immer mehr Leute verlassen den Islam, die Zahl der Atheisten wächst ständig. Wir müssen den Mut aufbringen, bestimmte Stellen im Koran endgültig außer Kraft zu setzen, weil sie zeitgebunden waren.

Die Beziehung der Religion zur Rückständigkeit (Adnan Ibrahim: 18.10.2019)[95]

Scheich Adnan Ibrahim: Auf die Frage, ob der Islam der Grund unserer Rückständigkeit ist, lautet die Antwort: ja und nein. Was meinen wir mit Fortschritt und Rückschritt, über welchen Islam reden wir? Die Behauptung, der Islam sei für unsere technische und materielle Rückständigkeit verantwortlich, ist falsch. Es gibt Leute, die die Kühe anbeten oder Atheisten sind, sie verfügen über enormen materiellen Fortschritt. Es gibt diktatorische Regime, die ihre Völker unterdrücken, sie sind trotzdem materiell fortgeschritten. Die Ideologie spielt hierbei keine Rolle, sie kann totalitär und abscheulich sein, verhindert aber trotzdem den materiellen Fortschritt nicht.

Welchen Islam meinen wir? Die *djâhiliya* in Arabien hatte ihrer Umgebung nichts anzubieten, weder Wissen noch Industrie noch Künste und Philosophie. Die arabische Nation der *djâhiliya* kann nicht mit der griechischen Nation verglichen werden, die war heidnisch, aber kulturell fantastisch. Gott hat seinen Gesandten nicht zu einer Hochkultur, sondern zu den Arabern in Mekka mitten in der Wüste geschickt. Zweihundert Jahre später hatten wir eine wundervolle Zivilisation, die die Gesamtentwicklung in Europa beeinflusst hat. Ihre Spuren finden wir überall bei Thomas von Aquin, Leonardo Vinci, Francis Bacon, Shakespeare, ihre Kultur wurde auf unserer errichtet.

---

[95] V035 https://www.youtube.com/watch?v=VZ11IwWWjOg (10.02.2020)

7. Die neue Religionskritik

Der Islam hat aus dem Nichts alles gemacht. Im Namen dieser Religion bringen wir uns heute gegenseitig um. Im Namen dieser Religion sprechen viele Gelehrte, die, milde gesagt, Persönlichkeitsstörungen haben – sie sind mehr Bestien als Menschen. Ein kleines muslimisches Kind in diesem Milieu würde folgendes Gebet ausstoßen: „Mein Gott mach, dass die Gläubigen gute Menschen werden und die guten Menschen gläubig." Viele Menschen sind gut, aber Atheisten. Sie glauben an den Menschen, seine Freiheit, seine Würde und seine Heiligkeit mehr als die Gläubigen, die sich auf Gott und seine Propheten beziehen. Sie töten, erklären die Menschen zu Apostaten, verachten die Wahrheit, hören den anderen nicht zu. Bei diesen ist die Geschlossenheit des Verstandes weit fortgeschritten, sie sind taub und können nicht hören. Sie lesen auch nicht, und wenn doch, dann ohne kritischen Blick, sie sehen nur, was sie wollen: Apostasie, Obszönität, Bedrohung, Verschwörung, Freimaurer, Zionismus, Kreuzzüge. Wenn wir den Koran mit diesem Blick lesen würden und die Widersprüche suchen, werden wir Hunderte finden. Wenn wir aber mit Bescheidenheit und Unbefangenheit den Koran sehen wollen, wie er ist, dann haben wir ein ganz anderes Bild.

Das gilt auch für das, was die Menschen schreiben. Man wird staunend finden, dass sie viel besser sind, als man meint. Aber mit dieser merkwürdigen, kranken Methode wird man alles Schlechte in ihm finden, es folgt der nächste Schritt: Apostasie, Tötung, vogelfrei, Aggression im Namen des Heiligen, im Namen von Gott und Allah. Seit Jahrzehnten leben wir im Namen der Religion in Verdammung. Deshalb lautet die Antwort auf die Frage, welcher Islam für unser Elend verantwortlich ist: dieser Islam.

17. Die Gewalt

Der Blutdurst der islamischen Geschichte (mukhtalaf 'alaih: 26.10.2019[96])

Ahmad Bân: Die Behauptung, die Gewalt habe mit dem Islam nichts zu tun, sie sei auf eine falsche Interpretation der Religion zurückzuführen, stimmt nicht. Sie hat eher mit dem arabisch-islamischen Verstand zu tun. Wir haben ein Problem mit dem Text, wenn die Muslime die Gewaltverse im Koran lesen, interpretieren manche den Text nach politischen Interessen, wie die Muslimbrüder, die Salafisten oder die Dschihadisten. Andere schalten die historischen Dimensionen aus und betrachten die Verse als absolute Wahrheiten. Andere wiederum vertagen ihre Umsetzung auf die Zukunft, bis sie die Mittel dafür besitzen.

Ständig werden die Menschen mit den Gewalttaten der *sahaba* und ihrer Nachfolger konfrontiert und denken, das ist der Islam. Ähnlich war es bei Hitler, er hat die islamische Geschichte auch so gelesen und dachte, der Islam sakralisiere die Gewalt und respektiere das Schwert. Bekannt sind seine Pläne mit Scheich Amin Al-Husseini und seine wohlwollende Haltung den Muslimen gegenüber. Weniger bekannt ist das Bild von „Muhammad Hitler", das unter den Muslimbrüdern zirkulierte. Sie haben behauptet, er sei insgeheim zum Islam übergetreten und sei der erwartete Mahdi. Sie haben dabei übersehen, dass der Mahdi aus Quraisch abstammen muss.

Der islamische Verstand hat es nicht geschafft, zwischen der Erfahrung Muhammads als Mensch und Gründer eines islamischen Staates in Medina und seiner Prophetie zu trennen. Muhammad als Staatsgründer trat in den Vordergrund; kaum war er tot, stritt man um seine politische Nachfolgerschaft. Er hatte aber keinen Nachfolger ernannt. Über die fünf Säulen des Islam hat es immer einen Konsens gegeben, gestritten wurde hingegen immer wegen der Politik, so sind die Sekten entstanden.

---

[96] V033 https://www.youtube.com/watch?v=6-GKMZIieec (02.02.2020)

7. Die neue Religionskritik

18. Vom Zweifel zur Apostasie

Sondertreffen mit dem Scheich Ghaith al-Tamimi (Kafer Maghribi LIVE: 18.08.2017)[97]

Scheich Ghaith al-Tamimi: Nach der Entführung der jesidischen Frauen durch Daesh im Namen des Islam hatte ich ein moralisches Problem. Ich kenne das Volk als friedlich, anständig und umgänglich. Das sind meine Schwestern und die Töchter meines Landes. Ich begann im Koran und in den islamischen Büchern zu recherchieren, um zu erfahren, was der Islam dazu sagt. Ich war entsetzt zu entdecken, dass sowohl die schiitischen als auch die sunnitischen *fiqh*-Bücher sowie die Exegesen und die Hadith-Bücher voll mit Berichten sind, die die ersten Muslime einschließlich des Propheten und der ersten rechtgeleiteten Kalifen glorifizieren, weil sie die Ungläubigen bekämpften, ihre Männer töteten und ihre Frauen und Kinder versklavten. Das alles kannte ich schon durch mein Studium in der Hawza, das war irgendwie abstrakt und hat mich nicht berührt. Aber jetzt, als dieser Horror mit den Jesiden nicht weit weg von mir in meinem Land und auf bestialische Art geschah, konnte ich es nicht ertragen, diese Frauen sind wie meine Schwester. Meine moralische Krise war sehr groß, ich konnte nicht verstehen, wie der Gott einer himmlischen Religion befiehlt, die Männer zu töten, ihre Frauen zu entführen und zu vergewaltigen, und dies als Triumph für die Religion betrachtet. Ich schwöre, meine moralische Krise war so groß, dass ich nächtelang nicht schlafen konnte; ich beschloss: Falls Gott mich in die Hölle werfen will, weil ich mich weigere, Frauen meines Landes, die Jesiden, sowie alle Frauen, die ungläubig, Christin oder Jüdin sind, zu entführen, dann gehe ich in die Hölle. Ich verteidige die Ehre der Frauen und lehne ihre Vergewaltigung ab, genau wie ich die Vergewaltigung meiner Töchter ablehne.

---

[97] V009 https://www.youtube.com/watch?v=cocvEHcpmQw (13.01.2020)

Auf einer Solidaritätsveranstaltung mit den Jesiden in Arbil 2013 trat ich mit meinem Turban auf und erklärte, dass ich alle islamischen Bücher des *fiqh*, Hadith und der Exegese ablehne sowie jeden Vers im Koran, der ausdrücklich oder andeutungsweise solche Taten billigt. Ich bekam Applaus von den Nichtmuslimen, die Muslime waren eher unzufrieden, da begannen meine Probleme. Ich fragte alle möglichen Gelehrten in vielen islamischen Ländern, wie Gott solche Untaten befehlen kann: Ungläubige töten und ihre Frauen entführen und vergewaltigen? Am Ende stand ich vor den Versen im Koran, da ich nicht glauben kann, dass Gott so was tut, betrachte ich diese Verse als entstellt. Der Koran wurde umgeschrieben. Meine Intention besteht darin, den Islam zu reinigen.

Islam Buhairi mit Ibrahim Issa (Alhurra – qanât al-hurra: 04.06.2018)[98]

Islam Buhairi: Meinen ersten Zweifel an der religiösen Erzählung hatte ich im Alter von elf Jahren, damals war ich in einer Gruppe zum Auswendiglernen des Korans. Wir lernten Sure 79. Als ich zum Rezitieren dran war, wollte ich wissen, was der Titel der Sure *al-nâzi'ât*, bedeutet. Der Lehrer sagte mir, ich solle nach der Sitzung zu ihm kommen. Als wir allein waren, sagte er, er wisse es nicht. Das hat mich beschäftigt und viele Fragezeichen erzeugt, die mit weiteren Lektüren nicht geringer wurden. So wählte ich später für das Studium Jura, um die Scharia zu studieren. Bei der ersten Vorlesung, gehalten von einem Salafisten, ging es um das Erbrecht. Ich meldete mich und sagte, es sei falsch, was er darstelle. Er antwortete empört zurück: Was ich sage, ist falsch? Ich entgegnete, er sei gar nicht gemeint, sondern die vier Imame, die er zitiere, lägen falsch. Er forderte mich auf, den Raum zu verlassen und mich bei ihm die nächsten vier Jahre nicht blicken zu lassen.

---

[98] V020 https://www.youtube.com/watch?v=otO9nNPqmDg&t=165s (23.01.2020)

7. Die neue Religionskritik

Was die Tradition betrifft, ist sie für mich eine parallele Religion. Der erste wahre Islam hörte wahrscheinlich mit den ersten rechtgeleiteten vier Kalifen auf, nicht weil sie etwas Besonderes waren, sondern weil alles, was später kam, nicht existierte. Es ergibt keinen Sinn, sie z. B. nach der Authentizität eines Hadith zu fragen. Sie haben das Geschehen selber miterlebt. Die Tradition ist eine andere Religion, die das Original verdeckt und sehr negativ geprägt hat.

Anders als die Koranisten lehne ich die Sunna nicht ganz ab. Ich sehe aber das Problem ihrer Authentizität, das ist bis jetzt eine nicht geklärte Frage. Es ist klar, dass wir unsere Religion durch Menschen überliefert bekamen, es ist daher wichtig, ihren Beitrag als Verständnishilfe zu berücksichtigen, um ein eigenes Verständnis der Texte zu entwickeln. Das Problem beginnt, wenn diese Menschen ihren Beitrag für heilig erklären und die ersten drei Jahrhunderte sakralisieren, dann wird ihre Leistung zur Religion. Sie ist nicht mehr eine menschliche Auffassung unter anderen.

Die religiösen Wissenschaften sind keine Wissenschaften, weil sie Informationen vermitteln und keine Fragen erzeugen. Die *ahl al-hadîth* betrachten sich als die höchsten Gelehrten, deshalb schauen sie auf die Exegeten und *fuqaha* [Rechtsgelehrten] herab. Sie haben zur Sakralisierung der Sunna entscheidend beigetragen. Wenn man ein Hadith bei al-Buchâri kritisiert, wird einem vorgeworfen, den Propheten zu beleidigen. Dass zwischen ihm und al-Buchâri acht, neun Überlieferer stehen, deren Glaubwürdigkeit bewiesen werden muss, stört sie nicht. Die Hadith-Gelehrten betrachten ihre Wissenschaft von der Überlieferungskette als die sicherste. Sie vergessen dabei, dass diese Kette wegen der vielen Lügner entstanden ist, um den Text zu beschützen, sie ist aber sakraler als der Text geworden.

Dialog mit Saraj Hayani, dem Besitzer des Kanals „al-nahda al-fikriya" (Bridges.TV: Live übertragen am 28.05.2019)[99]

Siraj Hayani: Ich bin ein syrischer Muslim, habe 2018 meinen Kanal *„al-Nahda al-fikriya"* gegründet. Ich bin in einer frommen salafistischen Familie erzogen worden, predigte sehr früh in den Moscheen. Der Zweifel keimte in mir, und im Alter von 17 Jahren wurde er offensichtlich. Mir fiel auf, wie groß die Unterschiede zwischen den Rechtsschulen sind. Ich begann, mit der Vernunft zu recherchieren, nicht als Gläubiger. Dabei fand ich, dass die Salafisten dem Islam am nächsten stehen, weil sie nahe zum Text sind. Sie akzeptieren die Fülle von anthropomorphistischen Versen im Koran und behaupten, dass diese etwas anderes bedeuten als das Menschliche, ohne zu erklären, was. Die anderen Muslime schämen sich für diese Verse und versuchen, jeder auf seine Art, sie zu erklären.

Dazu kommt das Bild Gottes im Koran. Ich glaube, dass Muhammad mit seinen kulturellen Möglichkeiten es auch so wollte. Das ist ein Gott, der liebt und hasst, der hinterlistig und ein Betrüger ist und viele andere negative Eigenschaften hat, die bei einem Gott nicht hätten sein dürfen. So ein Gott ist mir zuwider, ich kann ihn nicht akzeptieren.

Gegen Muhammad hege ich keine Hassgefühle, er war ein Mensch seiner Zeit. Als Prophet war sein Verhalten aber amoralisch, ich kann seine Razzien, seine Tötung und Versklavung anderer Menschen nicht billigen. Außerdem hat er seine Religion mit Gewalt verbreitet. Die Stämme in Arabien haben ihm nichts getan, er wollte sie trotzdem unterwerfen und die Almosensteuer zahlen lassen. Für mich kann jemand, der ein Schwert trägt, kein Prophet sein.

---

[99] V002 https://www.youtube.com/watch?v=bkRzCyqKOTo (10.01.2020)

7. Die neue Religionskritik

Das Phänomen des Abfalls vom Islam, wie und warum? (Brother Rachid TV qanât al-akh rachid: 17.12.2015)[100]

Ahmad Haraqan: Zwei Gründe haben mich bewegt, den Islam zu verlassen. Zunächst der Koran, das ist ein Buch voll von Kriminalität und Hass, es trennt die Menschen und droht ihnen mit Leid und Hölle. Wenn wir den Koran von diesen Dingen reinigen, dann bleibt nichts übrig. Alle, die dem Islam nicht beitreten, werden gehasst, verteufelt und verdammt. Den zweiten Grund bildet die Persönlichkeit Muhammads. Diejenigen, die Muhammad kritisieren, meinen nicht die historische Person, deren Existenz noch nicht genau geklärt ist, sondern deren Beschreibung in den späteren Biografien, an die Millionen von Menschen glauben. Seine Sprüche und Taten wurden als Vorbild für die Muslime sakralisiert, einschließlich Terror und Gewalt, dafür muss man ihn hassen. Ich kritisiere das Muhammad-Bild der Muslime.

Ich war ein Salafist und sehr religiös, trotzdem habe ich diese Persönlichkeit nicht gemocht, mein Gewissen konnte sie nicht akzeptieren. Ich hatte deswegen starke Schuldgefühle. Ich wusste nicht genau, warum ich ihn hasste. Ich las den Koran ständig und ausführlich, ich hatte immer den Eindruck, ich habe es mit jemandem zu tun, der mich auslacht und irreführt, mit einem Narzissten und Gewissenslosen, der die Adoption in der Religion abgeschafft hat, um die Frau seines Adoptivsohnes zu heiraten; er tat es auch auf eine provokative und beleidigende Weise für uns. Im Koran steht: „Und als Zaid die Sache mit ihr erledigt hatte, verheirateten Wir dich mit ihr, damit es für die Gläubigen keine Sünde sei, die Gattinnen ihrer Adoptivsöhne zu heiraten, wenn sie die Sache mit ihnen erledigt haben. Und Allahs Befehl ist zu tun." (33:37). Die Sure *al-ahzâb* ist voll mit Versen, die den Umgang des Propheten mit seiner Umgebung und umgekehrt regeln, die eigentlich seine hervorragende Position und seine Vorrechte schildern, das lässt er alles durch Gott festlegen.

---

[100] V053 https://www.youtube.com/watch?v=Dhpy9sLvtVA (28.02.2020)

Ich lebte mit inneren Zweifeln, fürchtete aber, den Rahmen zu sprengen, um nicht in die Hölle zu gelangen und aus Angst meine Umgebung zu verlieren. Mein Horizont war sehr eingeschränkt, ich wusste nicht einmal, dass es Atheisten in unserer Gesellschaft gab; das Internet besuchte ich selten, um salafistische Predigten zu hören. Ich beschloss zu denken, in der Hoffnung, auf diese Weise Gott näherzukommen. So ließ ich alles, was ich über den Islam wusste, Revue passieren und kam zur Wahrheit. Ich fand eine von Menschen und nicht von Gott gemachte Religion, mit verächtlichen und reaktionären Werten, von denen man sich befreien soll. Ich habe weiter ohne Überzeugung praktiziert. Nach einigen Tagen und mitten im Gebet sagte ich mir: Jetzt ist Schluss! Ich stand auf und verließ die Moschee. Das war trotz der vielen Nachteile die beste Entscheidung in meinem Leben, ich war 27 Jahre alt.

Ich hatte das Bedürfnis, mit den Muslimen zu diskutieren, um mich überzeugen zu lassen oder umgekehrt. So geriet ich in die Medien, die die Auseinandersetzungen dokumentieren. Ich dachte am Anfang, ich wäre mit meinem Atheismus ganz allein. Deshalb ging ich auf die Website der arabischen Atheisten und fand viele Gleichgesinnte. Dann begann ich, sie zu treffen, und war total überrascht von der Zahl der Atheisten, vor allem von den vielen, die Salafisten, Muslimbrüder und in Terrorgruppen gewesen waren. Nachdem ich einen bestimmten Bekanntschaftsgrad erreicht habe, werde ich von Dutzenden täglich kontaktiert, die den Islam verlassen. Ich kann den meisten nicht antworten, aber es ist klar, dass viele Angst haben. Ich habe mit vielen diskutiert und die Notwendigkeit, sich zu outen, jeder nach seinen Möglichkeiten, betont. Das ist der beste Weg, eine gesellschaftliche Änderung herbeizuführen.

Die Gründe für diese Massenbewegungen sind zuerst natürlich das Wissen, das verbreiteter ist als früher. Zweitens bietet das Internet unbegrenzte Möglichkeiten für die Kontakte zwischen den Menschen. Atheisten finden wir en masse in Saudi-Arabien, Irak, Tunesien, Marokko, Ägypten und anderen Ländern. Scheich Ali Joumaa, der Exmufti der Republik in Ägypten, hat eine Untersuchung unter sechstausend Personen durchführen lassen, die zeigte, dass 12,5 Prozent Atheisten waren, auf Landesebene wären das 10 Millionen!

Die Reise eines Salafisten vom Glauben zum Zweifel zum Abfall vom Islam (Hamed.TV: 02.09.2018)[101]

Said Benjibli: Jeden Sommer habe ich mich zurückgezogen, um mit mir selber zu sein und in Ruhe weit weg vom Druck der *djamâ'a al-'adl wal ihsân* [eine salafistische Gruppe in Marokko], deren Mitglied ich war, zu reflektieren.

Ich studierte die Religionswissenschaften, um den Islam weltweit zur Geltung zu bringen, musste mich daher wie alle Muslime mit den Widersprüchen zwischen Koran und Sunna beschäftigen. Der Islam beruht auf drei Fundamenten: Gott, Muhammad und dem Koran. Gott können wir nicht sehen, wir wissen nicht, wer den Koran geschrieben hat, und Muhammad kennen wir über zwei Wege: den Koran und die Sunna, die angeblich widersprüchlich sind. Ihre Versöhnung ist die Hauptaufgabe der Gelehrten. Der Versuch der Reformer, manches bei al-Buchâri im Namen der Vernunft zu widerlegen, ist sinnlos, weil dasselbe im Koran vorhanden ist, wie z. B. die Tiere, die reden. Wenn man den Glauben verlässt, wird der Widerspruch aufgehoben, alles ist klar. Als ich den Betrug merkte, fiel die Brille des Glaubens ab, innerhalb von dreißig Sekunden verwandelte ich mich von einem Gläubigen in einen Atheisten.

Muhammad hat uns betrogen, er hat von irgendwoher ein Buch bekommen, vielleicht hat Waraqa ibn Nawfal den ersten Teil in Mekka geschrieben; nach dem Exil, *hudjra*, haben vielleicht Omar, Ali und Salman al-Farisi den Rest in Medina geschrieben. Am Stil merkt man schon den Unterschied zwischen beiden Teilen, auch inhaltlich ist der erste Teil von Christen, der zweite Teil von Muhammads Gefährten geschrieben. Mit seinen Geschichten über den Erzengel Gabriel z. B. hat Muhammad uns betrogen; es kann sein, dass er selber an seine Geschichten glaubte.

---

[101] V054 https://www.youtube.com/watch?v=dbIT-FwyKV8 (28.02.2020)

8. Eine Religion ohne Politik

Paradigmenwechsel

Die Erfahrung, die sie in den letzten fünfzig Jahren mit der islamischen Gewalt machen mussten, hat viele Muslime gründlich erschüttert. Ihre Religion war kein Anker mehr für ein friedliches Leben und nicht heilsversprechend für das Jenseits. Das Versprechen eines Paradieses war an so viele Einschränkungen des alltäglichen Lebens und einfacher Freiheiten gebunden, dass sich die Muslime fragten, ob es sich denn lohnt, diesen brutalen Weg zu gehen. Diese Stimmung ist weitverbreitet und beschränkt sich nicht mehr wie früher auf wenige Intellektuelle, die wegen ihrer kritischen Haltung um ihr Leben fürchten mussten und Zuflucht im Westen gefunden haben. Nein, heute geht es um eine ganze Schar von Intellektuellen und eine bedeutende Zahl an Religionsgelehrten, die ihre Religion hinterfragen. Dieses Hinterfragen bildet den Kern der jetzigen Religionskritik. Eine Haltung, die ein Echo unter den Menschen findet, die eine neugierige Bereitschaft zeigen, mehr über die tabuisierten Themen ihrer Religion und Geschichte zu erfahren. Das erlaubt es den Kritikern, öffentlich in ihren Ländern aufzutreten und in den Talkshows mit den traditionellen und salafistischen Gelehrten zu debattieren, manchmal mit heftigen Beschimpfungen und Handgreiflichkeiten konfrontiert.

Seitdem die Muslimbrüder 2013 von der Macht vertrieben wurden, findet in Ägypten eine schleichende Säkularisierung statt, sichtbar unter anderem am Kopftuch; viele Fernsehansagerinnen und Künstlerinnen, die damals ostentativ das Kopftuch getragen haben, scheinen nun keinen großen Wert mehr auf diese religiöse Demonstration zu legen und haben ihre Kopfbedeckung abgelegt. Seit dem Arabischen Frühling interessieren sich die Menschen immer mehr für ihr menschliches Dasein als für das Jenseits. Das hat das Paradigma der Modernität umgestaltet. Die Problematik der Bedrohung der Identität durch die Moderne und die Bewahrung dieser durch das Festhalten an der Tradition steht nicht mehr im Vordergrund. Seit 2013 erleben wir überall in den arabischen Ländern eine neue Konfrontation zwischen zwei Weltsichten: nicht wie früher zwischen dem Islam und dem Westen, sondern zwischen den muslimischen Salafisten und Traditionalisten auf der einer Seite und den muslimischen Humanisten auf der anderen; in dieser Konfrontation spielt der Westen kaum eine Rolle.

Es geht nicht mehr um Islam und Menschenrechte, Islam und Demokratie oder Islam und Säkularisierung. Diese Fragestellungen werden zwar im Westen nach wie vor diskutiert, in der arabischen Welt nach 2013 verorten sich die Kritiker dagegen ganz selbstverständlich und ohne Rechtfertigung auf dem Boden dieser westlichen Werte, die sie als universal betrachten. Sie dienen als Grundlage für ihren Humanismus, von dem aus sie die eigene Tradition kritisieren, manchmal heftig angreifen oder verurteilen und verlassen. Über die eigene Identität und die eigene Kultur hinaus plädieren sie für eine humanistische Identität.

Diese neue Konfrontation geschieht vor aller Augen und wird von einer breiten Öffentlichkeit verfolgt; trotz ihrer Härte verläuft sie ziemlich friedlich. Ein gutes Beispiel dafür liefert die „Al-Azhar internationale Konferenz" von Januar 2020 in Kairo über die Erneuerung des religiösen Diskurses.[1] Muhammad al-Schacht, Rektor der staalichen Kairo-Universität, sprach in seinem Beitrag von der Notwendigkeit der Überwindung der Tradition, der Scheich der Al-Azhar-Universität reagierte scharf darauf, er meinte, dass die Tradition den Islam groß gemacht habe, ihre Überwindung würde das Ende des Islam bedeuten. Erneuerung bedeutet für ihn eher

---

[1] V058 https://www.youtube.com/watch?v=o-gnBeJb0BE (04.04.2020)

Paradigmenwechsel

Wiederbelebung. Al-Schacht antwortete, er meine nicht die völlige Abschaffung der Tradition, sondern ihr Fortsetzen und Neudenken, um das Überholte aufzuheben. Es reiche nicht aus, dem zerfallenen Gebäude einen neuen Anstrich zu verpassen, es müsse renoviert und kaputte Teile sogar abgerissen werden. Seine Argumentation stützte sich auf die Annahme, dass die *sahaba* und die Gelehrten normale Menschen gewesen seien, die irren konnten und nicht, wie in der Tradition dargestellt, unfehlbar waren; konkret ging es um die Lehre al-Schafi'is. Was al-Schacht machte, war die Desakralisierung der Tradition, um ihre Kritik zu ermöglichen. Dieser Schritt stellt den allgemeinen Rahmen für die jetzige Religionskritik.

Die muslimischen Religionskritiker sind mit einer religiösen Tradition konfrontiert, die über 14 Jahrhunderte hinweg entstanden ist. Sie wird von den Gelehrten verteidigt und von der Politik mit Blasphemiegesetzen geschützt. Diese Tradition hat versucht, alle Bestandteile der Kultur zu sakralisieren, um sie der Kritik zu entziehen und damit politische Herrschaften zu bewahren und unantastbar zu machen. Im religiösen Bereich waren die Rechtsschulen ebenso davon betroffen wie der Koran, die entstandene Sunna und deren Akteure: der Prophet, die *sahaba* und die Gelehrten. Im politischen Bereich waren es das Kalifat und die von ihm legitimierten Herrschaften. In der Ethik war es der Dschihad, der Kampf auf dem Weg Gottes, auch mit Gewalt in der Form des Heiligen Krieges. Zum Dschihad gehört auch die wiederholte Aufforderung an die Gläubigen, das Rechte zu gebieten und das Verwerfliche zu verbieten (3:104,110, 9:71). Sie wird in einem verbreiteten Hadith verdeutlicht: „Wer von euch etwas Verwerfliches sieht, soll es mit der Hand ändern, wenn er nicht kann, dann mit der Zunge, wenn auch nicht, dann mit dem Herzen, und das ist die schwächste Form des Glaubens."[2] Zur Pietät eines Muslims gehört die Einschränkung der Freiheit anderer, wie der Apostaten, der Schutzbefohlenen und der Ungläubigen, auch mit Gewalt.

---

[2] Ibn Rajab, *Jâmi' al-'ulûm wal hikam*. Beirut 2008, S. 698 ff. (Kompendium der Wissenschaften und der Weisheit)

8. Eine Religion ohne Politik

Das Dilemma der Tradition

Wie in den ersten Kapiteln dargestellt, erschien in den Wirren des byzantinisch-sassanidischen Krieges im erstem Drittel des 7. Jahrhunderts eine eschatologische politisch-religiöse Bewegung der Gläubigen, die das politische Vakuum füllte und den Nahen Osten schnell eroberte. Außer ihrem antitrinitarischen Charakter hatte sie keine klare religiöse Identität. Wegen der riesigen Beute stritten die Gläubigen untereinander, es siegten die Omayyaden, die sich noch als Erben des antiken Christentums betrachteten und hartnäckig Konstantinopel zu erobern versuchten. Nach ihrem Scheitern begann Kalif Abdel Malik (685–705) eine neue Religion zu fördern – mit eigener Sprache, eigener Währung, eigenem heiligen Buch, eigenem Klerus und eigener Gerichtsbarkeit. Diese Bemühungen wurden unter den Abbasiden ab 750 fortgesetzt, mit dem Kalifen al-Ma'mun (813–833) wurde der Islam zur Staatsreligion erklärt. Er förderte die Aktivitäten der Mu'taziliten, die sich bemühten, eine rationale Theologie zu begründen, um sich von anderen Religionen, insbesondere dem Judentum und dem Christentum, abzugrenzen. Diese rationale Strömung unterlag jedoch der Strömung der Traditionalisten, *ahl al-sunna*, die jede autonome Betätigung der Vernunft als Einschränkung der Macht Gottes betrachteten. Für sie galt nur das Überlieferte.

Hier begann das Problem. Weil inzwischen zwei Jahrhunderte vergangen waren, war es unmöglich, bei der mündlichen Überlieferung das Wahre vom Falschen zu unterscheiden, abgesehen davon, dass vieles an Informationen fehlte, weil diese Informationen wahrscheinlich nie existierten. Anstatt der Theologie der Mu'taziliten setzte sich die Tradition des Propheten durch, die Sunna, die zum großen Teil erfunden wurde. Da die Menge der Überlieferungen, das Hadith, ungeheure Dimensionen erreichte, hatten die Gelehrten eine Auswahl getroffen, die drei Jahrhunderte nach den Ereignissen niedergeschrieben wurde, um ein bis zwei Jahrhunderte später eine Endfassung zu finden. Diese Auswahl war stark von der Politik bestimmt, deren Macht sie absichern sollte. Im Hochmittelalter

Das Dilemma der Tradition

dienten die Hadithe zur Ausarbeitung politischer Theorien für die Machterhaltung.

Das Dilemma der Gelehrten bestand darin, ihre Auswahl als allgemein anerkannt bzw. als kanonisch durchzusetzen. In der Theologie kann man sich auf eine rationale Argumentation stützen, um dieses Ziel zu erreichen, bei der Sunna war dies unmöglich. Man verließ sich auf die Überlieferungskette, die noch problematischer war als der eigentliche Inhalt des Überlieferten. Es half nur die Gewalt. Unterstützt von der politischen Macht wurden bestimmte religiöse Auffassungen gestärkt und von den Gelehrten sakralisiert. Dafür war es notwendig, die gesamte Überlieferungskette zu sakralisieren, angefangen vom Koran über die *sahaba*, die Überlieferer, bis hin zu den Rechtsschulen. Diese, über ein Dutzend, wurden im 10. Jahrhundert alle unter der Bedingung anerkannt, dass keine neue entstehen und die ausgestorbenen nicht wiederbelebt werden durften. So hat sich deren Zahl bei den Sunniten im Laufe der Zeit auf vier reduziert. Es bildete sich eine religiöse Geschichte heraus. Wer sie kritisierte, beging ein Sakrileg, er wurde zum Apostaten erklärt und verfolgt.

Weil aber vieles an Wissen in Büchern festgehalten war, genügte dies nicht. Zwar wurden etliche Werke vernichtet, doch nicht wenige haben überlebt. So versuchte man, den Zugang zu ihnen zu versperren, indem man die Gefolgschaft der Rechtsschulen förderte. Jeder musste einer von ihnen folgen und sich an deren Lehre halten. Es galt das Prinzip der Nachahmung: Die Gelehrten ahmten ihre Vorgänger nach, ihre Gefolgschaft ahmte sie nach. Selbst der Zugang zum Koran wurde versperrt, man durfte ihn auswendig lernen und rezitieren, sein Verständnis aber lag bei den Gelehrten. Mit der Sakralisierung und der Nachahmung wurde der freie Geist vertrieben, der Niedergang der islamischen Zivilisation war unvermeidlich.

In der Moderne wurde die Misere der islamischen Welt offenkundig. Manche Muslime versuchten, an eine längst verlorene Glorie anzuknüpfen, das waren die Salafisten; andere wollten die Tradition überwinden und in die Moderne voll einsteigen, das waren die Verwestlichten. Andere wiederum meinten, in ihrer Tradition ausreichend positive Elemente zu finden, um die Moderne zu meistern, das waren die Islamreformer der Nahda. Grundbedingung dafür war die Wiederbelebung der autonomen Vernunft. Damit wurde ein Prozess in Gang gesetzt, der in die radikale Religionskritik von heute mündete.

Die neue Religionskritik

Was wollen die Islamkritiker von heute? Professor Yusuf al-Siddiq formuliert es knapp: „Es ist keine Schande für den Islam, wenn wir wieder von null anfangen!"³ Die Kritiker wollen einen neuen Anfang, sie wollen zurück zu der frühen Phase des Islam, und sie wollen die Tradition der Muʿtaziliten, die abgebrochen wurde, fortsetzen. Das bedeutet im Grunde genommen, dass sie den Islam ablehnen, der auf dem Weg der *ahl al-sunna* historisch entstanden ist. Sie wollen den Islam neu erfinden. Um ihr Ziel zu erreichen, haben sie die zwei Säulen der Tradition zerstört. Die erste, die Nachahmung, wurde durch die Aktivierung der Vernunft ad acta gelegt, anstatt *taqlîd* gilt nun der *ijtihâd*. Die Aussetzung der zweiten Säule, der Sakralisierung, erwies sich als schwierig, weil dies zu einer direkten Konfrontation mit der politischen Macht und einer Bedrohung des eigenen Lebens durch die Islamisten führte. Die Desakralisierung bedeutet die Anwendung der historisch-kritischen Methode zur Erkundung der Wahrheit, anstatt der religiösen Geschichte zu vertrauen. Nach dem Niedergang der Islamisten 2013 ist die Gefährdung der Liberalen geringer geworden. Was bleibt, ist die Gefährdung durch den Staat. Da er sich jedoch gegen die Islamisten positioniert hat, ist die von ihm ausgehende Unterdrückung spürbar gedrosselt worden. Im Gegenteil, im Rahmen der Bekämpfung des islamischen Terrorismus passt es in sein Konzept, dass ein moderater Islam entsteht.

Der Sinneswandel der Politik dem Islamismus gegenüber wirft ein Licht auf die Beziehung zwischen Religion und Politik. Muham-

---

[3] Siehe S. 202

mad ben Salman, der Thronerbe in Saudi-Arabien, will sein Land modernisieren, um im regionalen Konkurrenzkampf insbesondere mit Iran mithalten zu können. Er hat dem radikalen Islam den Kampf angesagt und den politischen Islam der Muslimbruderschaft auf die Terrorliste gesetzt. Die religiöse Institution ist ihm gefolgt und hat schnell vergessen, dass sie jahrzehntelang mit ihrer Lehre und ihren Fatwas zur Radikalisierung und Förderung des Terrorismus beigetragen hat. Beispielhaft für diese Kehrtwende ist die Haltung des Scheichs ʿÂid al-Qarni, einer Galionsfigur der islamischen Erweckung, *al-sahwa al-islâmiya*. In seiner Selbstkritik nennt er drei Hauptfehler der Bewegung: Erstens hat sie die Konfrontation mit dem Staat gesucht, zweitens hat sie die wichtigen anerkannten Gelehrten marginalisiert und deren Lehren vernachlässigt, und drittens hat sie intensiv die Verschärfung der Scharia für den Alltag mit ihrer Einschränkung der individuellen Freiheiten betrieben. Er hat sich 2019 öffentlich im Fernsehen entschuldigt und die Saudis um Verzeihung gebeten.[4] Diese neue Einsicht wurde natürlich von manchen als opportunistisch kritisiert, sie illustriert aber, wie in der islamischen Geschichte die religiöse Institution der autoritären politischen Macht unterworfen war.

In Ägypten bekämpft Präsident al-Sissi ebenfalls die Islamisten und wirbt für einen moderaten Islam, stößt jedoch auf den Widerstand der mächtigen religiösen Institution von al-Azhar, wie das Beispiel der Auseinandersetzung zwischen dem Rektor von al-Azhar und dem Rektor der Kairo-Universität oben zeigt. Diese Konferenzen sind übrigens auf Druck der Regierung entstanden. Manche Islamkritiker begnügen sich nicht damit, die Abschaffung der Blasphemiegesetze im Namen der Religionsfreiheit zu fordern, sie verlangen vom Staat, dass er al-Azhar zur Änderung seiner Programme zwingt, wie früher üblich, was ziemlich inkonsequent erscheint. Viel vernünftiger ist die Forderung, das parallele Bildungssystem der religiösen Institution abzuschaffen, das übrigens nicht unter staatlicher Kontrolle steht.

---

[4] V057 https://www.youtube.com/watch?v=oleP9QTuRvM (02.04.2020)

8. Eine Religion ohne Politik

Die Religionskritik hat die gesamte Tradition desakralisiert, es gibt keine Tabuthemen mehr, alles darf infrage gestellt werden. Zuerst wurde der Koran als Text desakralisiert: Die Offenbarung sei göttlich, der koranische Text jedoch menschlich, das heißt, Irrtümer und Änderungen seien möglich, sogar Fälschungen, wie z. B. Scheich Gaith al-Tamimi behauptet, um damit die Gewaltverse, konkret die Dschihad-Verse, im Koran abzulehnen; sie könnten nicht von Gott herkommen. Die meisten Kritiker aber teilen diese Haltung nicht, sie betrachten allerdings diese Dschihad-Verse als historisch durch den Kampf gegen die Mekkaner bedingt; das bedeutet eine Historisierung der problematischen Abschnitte der Offenbarung, womit deren allgemeine Gültigkeit für alle Orte und Zeiten abgeschafft wird. Sie gelten heute nicht mehr und dürfen das Verhalten der Muslime nicht beeinflussen.

Wenn man die Gewaltverse aussortiert, sieht der Koran ganz friedlich aus. Die Gewalt wird aber auch in den Prophetenbiografien, Sira, verherrlicht und bildet den Kern der islamischen Geschichtsschreibung. Diese Art von Literatur spricht von den Razzien des Propheten, *al-maghâzi*, wobei es sich um Eroberungszüge handelt, die Dschihad genannt werden, Kriege, die auch als Hintergrund und Material für die Sunna und das islamische Recht, den *fiqh*, dienen. Es verwundert nicht, dass die Islamkritiker diese Tradition angreifen, genau wie die Berichte über die Eroberungen der *sahaba*. Anders als der Prophet verlieren seine Gefährten komplett ihren Heiligenschein und werden als politisch handelnde Menschen dargestellt, die ihre eigenen weltlichen Machtinteressen verfolgten. Das Anliegen der Verbreitung der Religion scheint in ihren Eroberungszügen zweitrangig gewesen zu sein.

Die Werke der Sira werden zwar mit Skepsis betrachtet, sie liefern trotzdem viel Material, das nicht nur die Sicht der Gelehrten, sondern auch die ihrer Gegner bestätigt. Die Sira von Ibn Ishâq wurde mehrmals gekürzt. Ibn Hischâm (gest. 834) kannte die gekürzte Version, kürzte sie weiter und nahm sie in sein Werk auf. All diese Kürzungen sind nicht komplett verschwunden, Teile davon tauchen später in anderen Werken wieder auf. Man darf auch

Die neue Religionskritik

nicht vergessen, dass wegen der dunklen Anfänge der Religion viele Erzählungen der Geschichtenerzähler, *qussas*, in Umlauf waren. Bei deren Sammlung hat man aus Unsicherheit und Unwissenheit viel Widersprüchliches und Märchenhaftes beibehalten.

Das Material wird von der neuen Orientalistik neu ausgewertet. Auf ihre Art tun das die Islamkritiker auch. Sie sind über diese Forschung mehr oder weniger informiert, viele von ihnen wurden im Westen ausgebildet, außerdem widmen sich bei YouTube manche Kanäle wie etwa der Kanal Youssef Tiktak[5] speziell der Vermittlung wissenschaftlicher Ergebnisse. Das Wissen ist nun weitverbreitet und steht der Öffentlichkeit zur Verfügung. In seiner Kritik an den Gelehrten wirft Scheich Nasr ihnen vor, sie betätigten bei der Erstellung der Fatwas ihren Geist nicht, sondern sammelten lediglich Fälle in der Tradition; heute aber könne jeder im Internet viel mehr Ergebnisse googlen, man brauche die Gelehrten nicht mehr. Auch die historischen Gelehrten, die die Rechtsschulen und die Glaubenslehre entwickelt haben, sind nicht mehr heilig. Ihnen wird vorgeworfen, sehr stark im Dienst der Politik gestanden zu haben und von dem Islam des Korans abgewichen zu sein, sodass sie den Koran weitgehend ersetzt haben.

Das gilt insbesondere für die Sunna, die von den Rechtsschulen zur zweiten Quelle des Glaubens neben dem Koran erhoben wurde. Gegen sie wendet sich die Kritik am massivsten. Das ist das Hauptmerkmal der heutigen Islamkritik. Schon mit der Nahda ging Muhammad Abdou auf Distanz zur Sunna, sein Schüler Rashid Rida nicht. Es folgte die Spaltung der Nahda, eine scharfe Trennlinie zwischen Traditionalisten/Salafisten und den Islamreformern wurde gezogen, die aus der Haltung zur Sunna bestand. Eine radikale Gruppe von Islamreformern ging so weit, die Sunna ganz abzulehnen, das waren die Koranisten. In der neuen Islamkritik findet diese radikale Haltung heute eine breite Zustimmung, sie rückt in den Vordergrund und führt die ganze Misere des Islam auf die Sunna zurück. Sie habe sich vom Koran entfernt und überrage ihn. Mit ihren

---

[5] V059 https://www.youtube.com/watch?v=OzEywWD2cqs (04.04.2020)

8. Eine Religion ohne Politik

Wundern und Märchen mochte sie die Menschen damals vielleicht beeindruckt haben, heute aber seien diese Erzählungen nur lächerlich. Noch schlimmer, mit fragwürdigen Geschichten habe sie den Propheten diskreditiert und dadurch der Religion geschadet; viele verließen deswegen den Islam.

In einer populären Talkshow debattierte der Psychologe Ahmad Amara mit zwei Scheichs von al-Azhar über das Phänomen des Atheismus in Ägypten.[6] Er erzählte, dass viele wegen der Widersprüche in der Sunna Atheisten geworden seien. Sie würden von ihren Eltern zu ihm geschickt, weil diese sie als psychisch krank betrachteten, was sie nicht seien; manche allerdings bekämen doch wegen der Verwirrung psychische Probleme. Als Beispiel nannte er zwei Hadithe bei al-Buchâri, die mit der Folter im Grab zu tun haben.

Nach einem Hadith von Omar soll der Prophet gesagt haben, dass der Tote im Grab gefoltert wird, wenn seine Angehörigen ihn beweinen. Jedoch verneint Aysha, die Frau des Propheten, in einem anderen Hadith, das neben dem erstgenannten steht, dass der Prophet dies jemals gesagt habe, sie betont, dass der Tote nur für seine eigenen Sünden und nicht für das Heulen seiner Angehörigen gefoltert werde. Dabei stützt sie sich auf einen Koranvers: „Keine lasttragende Seele nimmt die Last einer anderen auf sich." (35:18) Ahmad Amara sagte, dass eins der beiden Hadithe logischerweise falsch sein müsse; wenn man trotzdem darauf bestehe, dass alle Hadithe im Werk al-Buchâri wahr sind, dann sei die Verwirrung unvermeidlich. Nach zwei Stunden Diskussion blieben die Gelehrten uneinsichtig. Dabei bedachten sie wahrscheinlich nicht, dass ihre Sturheit und Argumentlosigkeit von Millionen von Fernsehzuschauern verfolgt wurden, von denen viele ihr autoritäres Auftreten nicht mehr akzeptieren. In einem emotionalen Appell wandte sich eine Professorin bei der Telefonschalte für Zuschauer an die Gelehrten mit der Bitte, endlich das sture Festhalten an der Sunna aufzugeben, um die Religion zu retten.

---

[6] V060 https://www.youtube.com/watch?v=akfLfRLBopk (04.04.2020)

Eine neue Theologie

Was die Islamkritiker verlangen, ist enorm. Wie wir gesehen haben, spielt die Sunna im Islam dieselbe Rolle wie die Theologie im Christentum, ihre Rolle ist sogar noch größer, weil sie die Hauptgrundlage für den *fiqh* bildet, das islamische Recht, das den Alltag der Muslime minutiös regelt. Das bedeutet viel für eine Gesetzesreligion wie den Islam. Die Sunna ist neben dem Koran die zweite Quelle des Glaubens, die neue Kritik will sie letzendlich abschaffen, ausgenommen natürlich die praktische Sunna, die das Gottesdienstliche betrifft. Zumindest aber will die neue Kritik die Sunna gründlich reinigen, genauer sieben. Die Reichweite dieser Haltung ist unvorhersehbar, sicher ist, dass sie die Religion verändern wird. Um die Sunna zu ersetzen, wollen die Kritiker an die Zeit der Muʿtaziliten anknüpfen und ihre Bemühungen fortsetzen; mit anderen Worten wollen sie den begonnenen Aufbau einer systematischen Theologie vollenden. Sie erhoffen sich, damit die Horrorgeschichten im Koran, in der Sunna, in der Sira und im *fiqh* entsorgen zu können. Weiter setzen sie darauf, dass, ausgehend von den Grundlagen des Glaubens, wie sie im Koran stehen, eine Ethik für den Alltag entwickelt wird, die es ihnen erlaubt, mit sich selber und der Welt in Frieden zu leben. Die Auseinandersetzung mit den historischen Ereignissen würde dann aus einer rein religiösen Motivation und Logik geschehen, unabhängig von der Politik. Auf diese Weise wandelt sich der Islam von einer politischen Religion in eine Religion ohne Politik um.

Welche Erfolgschancen hat dieser Ansatz? Nabil Fayad erkennt seine Rolle zunächst in der Sammlung von Material für die Textkritik. Und so sehen auch die meisten Islamkritiker ihre Aufgabe. Mehr als punktuelle Vorschläge oder allgemeine Aussagen haben sie nicht anzubieten. Den meisten ist nicht bewusst, dass ihr Ansatz einer Desakralisierung und Historisierung der Tradition die Entstehung einer Theologie provoziert. Manche wie Scheich Nasr denken, dass mit dem Sieben und Reinigen der Tradition oder mit dem Verzicht auf die Sunna, wie es die Koranisten forderten, das Ziel erreicht wäre. Das Fehlen der Sunna wird aber eine Leere hinterlassen, und

8. Eine Religion ohne Politik

die Religion wird auf einem Bein nicht weiterlaufen können. Eine neue Theologie ist unvermeidlich.

Es gibt Intellektuelle außerhalb des Kreises der hier behandelten YouTube-Autoren, die bereits eine theologische Arbeit geleistet haben. Der wichtigste war Muhammad Abdou mit seinem Buch „*Risâlat al-tawhîd*" (1897), dem ersten neuen theologischen Buch seit dem 11. Jahrhundert. Bis zur Neuzeit beschränkte sich die theologische Arbeit in der islamischen Welt auf die Erklärung und Zusammenfassung alter Werke. Im Buch Abdous, das für die spätere Religionskritik wegweisend gewesen ist, ist der rationale Einfluss der Muʿtaziliten spürbar. Allerdings beschäftigte sich Abdou hauptsächlich mit der Verteidigung des Islam gegen den Westen. Das war auch die Motivation von zwei anderen zeitgenössischen Erneuerern der Theologie, dem Inder Muhammad Iqbal und dem Osmanen Said Nursi. Ihre Hauptleistung bestand jedoch in der Einführung des Mystizismus in der Theologie. Die Intention war politisch, sie wollten die fehlenden materiellen Mittel mit der spirituellen Überlegenheit des Islam kompensieren. Dieser politisch-theologische Ansatz hat zur Politisierung des Sufismus geführt und, im Falle Iqbals, zur Abspaltung Pakistans von Indien.

Der indische Gelehrte Chebli al-Naamani al-Hindi (1857–1914) veröffentlichte 1904 ein Werk mit dem Titel „*Der neue ʿilm al-kalâm*", die neue Theologie, die er wie folgt beschreibt: „Die alte Theologie konzentrierte sich auf die islamische Glaubenslehre, weil die Nichtmuslime damals dem widersprachen. Heute aber werden historische, zivilisatorische und ethische Aspekte der Religion diskutiert. Die Europäer widersprechen einer Glaubenslehre erst, wenn sie juristische und ethische Fragen tangiert. Sie meinen, dass das Vorhandensein von Polygamie, Scheidung, Sklaverei und Dschihad in einer Religion ein ausreichendes Argument für ihre Untauglichkeit sei. Deshalb werden wir in der neuen Theologie diese Fragen untersuchen."[7] Der Autor verteidigt die islamische Glaubenslehre

---

[7] Al-Naamani al-Hindi, Chebli, *ʿilm al-kalâm al-djadîd*. Kairo 2012, S. 181–182

Eine neue Theologie

und versucht zu zeigen, dass der Islam schon alles beinhaltet. Insoweit unterscheidet er sich nicht von den anderen „Modernisierern" seiner Generation. Wenn man ihn verorten will, dann auf der Seite von Rashid Rida und nicht der von Muhammad Abdou. Die Themen, die er behandelt, sei es Islam und Fortschritt oder Islam und Demokratie usw., beherrschten ein Jahrhundert lang bis zum letzten Paradigmenwechsel den Islamdiskurs. Das war kein neuer theologischer Ansatz, er endete bei der Haltung der Traditionalisten und Islamisten, den Islam mit dem *fiqh* zu modernisieren, womit man bekanntlich gescheitert ist.[8]

Ein neuer theologischer Ansatz ist an anderer Stelle zu suchen, nämlich in Iran bei Abdelkerim Suruj (geb. 1945), der die sozialen und epistemologischen Rahmenbedingungen für die Religiosität an die neuen zivilisatorischen Gegebenheiten wie Rationalität, Individualismus, kulturelle Öffnung und kritisches Denken anpassen will. Ausgehend von der offensichtlichen Rolle des Menschen in der Erzeugung seiner religiösen und spirituellen Werte „versucht die neue Theologie das traditionelle religiöse Denken im Islam zu humanisieren und seine Abteilungen zu erneuern, um den Menschen zurückzugewinnen und das sündige Denken der Sekten zu überwinden: den Menschen vergessen zu haben, was maßgebend den zivilisatorischen Engpass in der islamischen Welt erklärt."[9] In seinem Buch „*al-qabd wal bast fil scharia*", „Das Behalten und das Freigeben in der Scharia" (1990), unterscheidet Suruj zwischen der ewigen Wahrheit der Religion und ihrem menschlichen Verständnis, das sich ständig ändert. Zur selben Zeit veröffentlichte Nasr Hamid Abu Zaid sein Buch „*Naqd al-khitâb al-dînî*", „Kritik des religiösen Diskurses" (1990), in dem er dieselbe Position verteidigt. Die Hermeneutik beider Autoren hat einen direkten inspirierenden Einfluss auf die neuen Islamkritiker, von denen im vorliegenden Buch die Rede ist.

---

[8] Ghadban, Ralph, Kann der Islam mit Hilfe des „Fiqh" modernisiert werden? In: Hünseler, Peter, Im Dienst der Versöhnung. Für einen authentischen Dialog zwischen Christen und Muslimen. Regensburg 2008

[9] Saadi, Rashid, Die neue Theologie in Iran. Für eine islamische politische Theologie, Suruj als Modell. Rabat 2018, S. 4

8. Eine Religion ohne Politik

Der Abschied

Viele Muslime, die die Kritik der Reformer teilen, sehen allerdings keine Perspektive mehr im Islam. Sie erwarten nicht, dass die religiösen Institutionen in absehbarer Zeit ihre Ansichten ändern und sich effektiv für einen humanen Islam einsetzen. Die Macht der religiösen Institutionen ist ungebrochen, mit allen Mitteln wehren sie sich gegen die Kritik und werden dabei von der Politik noch weitgehend unterstützt: entweder direkt mit der Gesetzgebung oder indirekt durch die Verweigerung der Religionsfreiheit. Zu der Gesetzgebung gehören die Aufnahme der Scharia in die Verfassungen, die alleinige Anerkennung des religiösen Ehe- und Erbrechts und die Blasphemiegesetze. Die Religionsfreiheit wird in manchen Ländern gelockert, wie im Golf, wo der Bau von Kirchen jüngst erlaubt wurde. Die Apostasiegesetze gelten aber überall nach wie vor mehr oder weniger scharf; in Saudi-Arabien und in Iran verliert der Apostat seinen Kopf, in Malaysia wird eine Konvertitin zum Christentum nicht getötet, darf aber keinen Christen heiraten; ihre Konversion wird nicht anerkannt nach dem Motto „Einmal Muslim, immer Muslim".

Ein wichtiger Grund für die Perspektivlosigkeit ist sicherlich im Fehlen einer Alternative zu suchen. Die Kritik ist bislang hauptsächlich zerstörerisch, theologische Ansätze wie bei Suruj und Abu Zaid sind noch nicht gereift, sie haben das nächste wichtige Stadium der Bewährung in der Praxis noch nicht erreicht. Das Ergebnis ist die Entfernung von der Religion, deren Rolle im Leben wegen der unter ihrem Namen ausgeübten Gewalt abgelehnt wird. Da noch keine Alternative existiert, entsteht eine Leere. Tatsächlich nimmt die Zahl dieser Personen rasant zu. Manche glauben noch an Gott, lehnen die Religionen aber ab, andere glauben an irgendeine Supermacht, die sie am Ursprung des Universums verorten, andere, die Atheisten, glauben an gar nichts, die auch die Mehrheit bilden. Eine Angleichung an die Situation im Westen findet langsam statt.

Das Arab Barometers der BBC, angesiedelt an der Princeton Universität in den USA, hat in den Jahren 2018/19 mit 25 407 Personen aus zehn arabischen Ländern plus den palästinensischen Gebieten Interviews geführt. Die Ergebnisse zeigen, dass der Anteil der Nichtreligiösen in der Bevölkerung von 8 Prozent im Jahr 2013 auf 13 Prozent gestiegen war, bei dem Alter zwischen 18 und 30 Jahren sogar auf 18 Prozent.[10] In einem einzigen Land, dem Jemen, ist der Anteil von 12 Prozent 2013 auf 5 Prozent 2019 zurückgegangen; in allen anderen Ländern ist er gewachsen: in Tunesien von 15 auf 32 Prozent, in Libyen von 10 auf 25 Prozent, in Marokko von 4 auf 13 Prozent, in Ägypten von 3 auf 10 Prozent; bei einer Bevölkerung von hundert Millionen bedeutet dies für Ägypten 13 Millionen Areligiöse! Parallel dazu ist das Vertrauen in die Islamisten massiv eingebrochen und liegt inzwischen bei 20 Prozent, in Ägypten sogar bei nur 4 Prozent; vor dem Arabischen Frühling stand die überwiegende Mehrheit der Araber hinter ihnen.

Viele verzweifelte Muslime finden dennoch eine Alternative und wechseln zu anderen Religionen, im Wesentlichen zum Christentum. Die Hauptmotivation, die immer wieder in den Statements der Konvertiten, die sich al-ʿâbirûn,[11] die Überschreitenden, nennen, ist die Liebe. Der Gott der Liebe, der alle Menschen ohne Unterschied liebt, der Gott als Vater, der alle Menschen als seine Kinder umsorgt, der Gott des Friedens, der die Menschen dazu auffordert, ihre Feinde zu lieben – diese Gottesbilder sind die zentralen Elemente für die Entscheidung der Konvertierten. Das ist nach der Gewalterfahrung der letzten fünfzig Jahre irgendwie verständlich. Trotz aller Repression und vielen Gesetzen, die das Missionieren unter Strafe setzen, wächst die Zahl der ʿâbirûn ständig; selbst in den Golfstaaten, insbesondere in Saudi-Arabien, sind sie zu finden. Hätte in der islamischen Welt die Religionsfreiheit geherrscht, würden sich noch mehr Leute trauen, diese Grenze zu überschreiten.

---

[10] https://www.bbc.com/news/world-middle-east-48703377 (10.04.2020) https://web.archive.org/web/20190629210104/ https://thearabweekly.com/poll-describes-arabs-moving-away-religion-islamism (10.04.2020)
[11] Kanal al-ʿâbirûn: https://www.youtube.com/watch?v=BMgTEiCYR0g (10.04.2020)

8. Eine Religion ohne Politik

Die mehr oder weniger säkularen Staaten, die von den Kolonialmächten errichtet wurden, stürzten in sich zusammen. Die Eliten, die diese Staaten in die Unabhängigkeit geführt hatten, konnten die Masse der Bevölkerung nicht gewinnen und keine stabile Basis für die Demokratie bilden. Sie wurden von autoritären Regimen abgelöst, die auf militärische Gewalt setzten. Mit der Folge, dass die Bevölkerung ihr Heil bei den Islamisten zu finden hoffte. Als 2011 der Arabische Frühling anbrach, gab er ausgerechnet den Islamisten eine Chance. Sie mussten scheitern, weil sie genau das waren, was die Bevölkerung nicht wollte. Nicht einen islamischen, sondern einen demokratischen säkularen Staat, basierend auf den universellen Menschenrechten, hatte man im Sinn; das wurde in zwei Forderungen zusammengefasst: Menschenwürde und Mitspracherecht.

Diese Säkularisierungswelle kam von unten und ist tief im Gefühl und Bewusstsein der Menschen verwurzelt; sie ist kein westlicher Import, weshalb sie keiner diskreditieren und stoppen kann. Sie wurde fortgesetzt in den friedlichen Aufstandsbewegungen in Algerien, im Sudan, dem Libanon und dem Irak; nur im Sudan hatte sie bis jetzt Erfolg, die ausgebrochene Corona-Pandemie hat diese Aufstände eingefroren, aber nicht beendet. Diese Säkularisierungswelle profitiert unerwartet von der Pandemie. Zum ersten Mal sind Kultstätten geschlossen, für das Heil im Diesseits sorgt nicht die religiöse Institution, sondern der Staat. Wenn er vernünftig handelt, wird er seine rationale neutrale Position stärken. Überhaupt wird die Rationalität auf Kosten des Glaubens punkten, die Menschen erwarten für die Bekämpfung des Virus einen Impfstoff und kein Wunder.

Anhang

Bibliografie

Abdelraziq, Ali, Der Islam und die Grundlagen des Regierens. Beirut 2000 (*Al-islâm wa usûl al-hukm*)
Abdou, Muhammad, Der Islam und das Christentum. Die Wissenschaft und die Zivilisation. Beirut 1988 (*Al-islam wal nasrâniya ma' al-'ilm wal madaniya*)
Abu Raya, Mahmud, Die Erhellung der muhammedanischen Biographie. Kairo 1994 (*Adwâ' 'ala al-sira al-muhammadiya*)
Abu Raya, Mahmud, Die Erhellung der muhammedanischen Sunna. Kairo 1958 (*Adwâ' 'ala al-sunna al-muhammadiya*)
Abu Raya, Mahmud, Scheich der *madîra*-Speise. *Abu Huraira*. Beirut 1993 (*Scheich al-madîra*)
Abu Zahra, Muhammad, Al-Schafi'i. Sein Leben, seine Zeit, seine Ideen und *fiqh*. Kairo 1978 (*al-schafi'i. hayâtuhu, 'asruhu, ârâ'uhu wa fiqhuhu*)
Abu Zaid, Muhammad, Die Leitung und die Erkenntnis in der Deutung des Korans mit dem Koran. Kairo 1931 (*Al-hidâya wal 'irfan fi tafsîr al-qur'ân bil qur'ân*)
Adham, Ismail, Aus den Quellen der islamischen Geschichte. Kairo 1936 (*Min masâder al-târikh al-islâmi*)
Al-Andalusi, Ibn Hazm, Die Mitteilung in der geschmückten Tradition. Beirut 2002, Bd. XII (*al-îsâl fil muhalla bil âthâr*)
Al-Aschqar, Omar, Die wahren prophetischen Erzählungen. Amman 2007 (*Sahîh al-qisas al-nabawi*)
Al-Azmeh, Aziz, Muhammad ben Abdel Wahab. Beirut 2000 (*Muhammad ben abdel wahâb*)
Al-Banna, Jamal, Zu einem neuem *fiqh*. 2: Die Sunna und ihre Rolle im neuen *fiqh*. Kairo 1997 (*Nahwa fiqhen djadîd. 2: al-sunna wa dawruha fil fiqh al-djadîd*)
Al-Barbahari, Abu Muhammad al-Hassan ben Ali ben al-Khalaf, Die Deutung der Sunna. Medina 1993 (*Sharh al-Sunna*)

Anhang

Al-Buchâri, Abu Abdullah Muhamad Ismail, Das Kompendium von al-Buchâri. Nr. 2652 *(Sahîh al-Buchâri)*

Al-Dhahabi, Muhammad, Die Biographien der führenden Adligen. Beirut 1413, Bd. 10 *(Siyar a'lâm al-nubalâ')*

Al-Juziyah, Ibn al-Qaiyem, Der Führer der Seelen ins Land der Glückseeligkeit. Mekka 2007 *(Hâdi al-arwâh ila bilâd al-afrâh)*

Al-Khatib, Muhammad Kamel, Orient und Okzident 1870–1932. Damaskus 1991 *(Al-sharq wal Gharb 1870–1932)*

Al-Munajjed, Salaheddin, Studien in der arabischen Schrift von den Anfängen bis zum Ende der omayyadischen Zeit. Beirut 1972 *(dirasât fil-khatt al-'arabi mundhu bidayatuhu ila âkher al-'asr al-umawi)*

Al-Naamani al-Hindi, Chebli, Die neue Theologie. Kairo 2012 *('ilm al-kalâm al-djadîd)*

Al-Naisaburi, Abu al-Hussein Muslim ben al-Hajjaj al-Qushairi, Das Kompendium von Muslim. Nr. 2533 *(Sahîh Muslim)*

Al-Qaradawi, Yusuf, Die islamische Erweckung und die Sorgen der arabischen und islamischen Welt. Beirut 2001, 3. Auflage *(al-sahwa al-islâmiya wa humûm al-watan al-'arabi wal islâmi)*

Al-Qaradawi, Yusuf, Die islamische Erweckung zwischen Zweifel und Radikalisierung. Libanon 1984 *(Al-sahwa al-islâmiya bayn al-juhûd wal tatarruf)*

Al-Qumni, Sayed, Danke ... Ben Laden!! Kairo 2004 *(Schukran ... Ben Laden!!)*

Al-Rifai, Abdel Jabbar, Die neue Theologie. Bagdad 2016 *('Ilm al-kalâm al-djadîd)*. Text mit Kommentar in: Zeitschrift der Universität Um al-Qurah für Theologie und arabische Sprachen. Mekka Dez. 2006, Jahr 39, Bd. 18, S. 225–278

Al-Sadjistani, Ibn Abi Daoud, Das Buch der Koranexemplare. Ed. Mouhib eddin abdel-sajjan wa'iz. Beirut 2002 *(Kitâb al-Masâhif)*

Al-Salumi, Abdel Aziz, Al-Wâqidi und sein Buch al-maghâzi. Seine Methode und seine Quellen. Medina 2004, Bd. I *(Al-wâqidi wa kitâbuhu al-maghâzi. Manhajuhu wa masâdiruhu)*

Al-San'âni, Muhammed ben Ismail al-amir, Das Hadith über die Spaltung der Umma in mehr als siebzig Sekten. Riad 1994 *(hadith iftirâq al-umma ila nayyef wa sab'în firqa)*

Al-Sayyed, Redwan, Die Umma, die Gemeinschaft und die Macht. Beiträge zum arabisch-islamischen politischen Denken. Beirut 1986 *(al-umma wal-djamâ'a wal-sulta. Dirâsat fil-fikr al-siyâsi al-'arabi al-islâmi)*

Al-Schafi'i, Muhammad Ibn Idris, (Ed. Ahmad Muhammad Chaker), Das Sendschreiben. Beirut *(Al-Risâla)*

Al-Schatibi, Ishaq Ibrahim, Das Buch der Wahrung, Bd. II *(Kitâb al-i'tisâm)*

Al-Sharbini, Shamseddin, Das Überzeugen bei der Erklärung der Aussagen von Abu Schudjâ'. Beirut 2004 *(al-iqnâ' fi hall alfâz abi shudjâ')*

Bibliografie

Al-Sibai, Mustafa, Die Sunna und ihre Position im islamischen Recht. Beirut 1978 (al-sunna wa makânatuha fil schar' al-islâmi)

Al-Siddiq, Yusuf, Haben wir den Koran gelesen? Oder sind unsere Herzen verschlossen? Tunis 2013 (hal qara'na al-qur'ân? Am 'ala qulûben aqfâluha)

Al-Tabari, Abi Jaafar Muhammad bin Jarir, Die Geschichte der Propheten und Könige. Kairo, Bd. IV (târîkh al-umam wal-mulûk)

Al-Tahtawi, Rifâ'a Râfi' Die Freude der einsichtigen Ägypter über die zeitgenössischen Methoden. Kairo 1912 (Mabâhej al-albâb al-misriya fi manâhej al-âdâb al-'asriya)

Al-Turtuschi, Muhammad bin al-Walid, Das Buch der Ereignisse und Erneuerungen. Al-Dammam 1990 (Kitâb al-hawâdith wal bida')

Aland, Kurt, Kaiser und Kirche von Konstantin bis Byzanz. In: Ruhbach, Gerhard (Hg.), Die Kirche angesichts der konstantinischen Wende. Darmstadt 1976

Amara, Muhammad, Die Gesamtwerke des Imams Muhammad Abdou. Beirut 1972, Bd. III (al-a'mâl al-kâmila lil imâm Muhammad abdou)

Amin, Ahmad, Der Mittag des Islam. Beirut 2004, Bd. IV (Dhohru al-islâm)

Amin, Ahmad, Der Vormittag des Islam. Kairo 1998, Bd. II (Duha al-Islâm)

Bakhesch, Khadem Hussein Ilahi, Die Koranisten und ihr Verdacht um die Sunna. Taif 2000 (Al-qur'âniyûn wa schubuhâtuhum hawl al-sunna)

Beck, Daniel A., Anti-Sassanian Apocalypse And The Early Qur'ân: Why Muhammad Begann His Career As A Prophet Who Genuinely Prophesied. https://yaleisp.academia.edu/DanielBeck

Berger, Klaus, Nord, Christiane (Übers.), Das Neue Testament und frühchristliche Schriften. Vollständige Sammlung aller ältesten Schriften des Urchristentums. Frankfurt a. M. 1999

Bonner, Michael, Commerce and Migration in Arabia before Islam: A Brief History of a Long Literary Tradition. In: Aghaei, Behrad (Hg.), Iranian Languages and Culture. Costa Mesa 2012

Briquel Chatonnet, Françoise, L'expansion du Christianisme en Arabie: l'apport des sources syriaques. Semitica et Classica 3, 2010

Brown, Daniel W., Rethinking tradition in modern Islamic thought. Cambridge 1996

Bürgel, Johann Christoph, Allmacht und Mächtigkeit. Religion und Welt im Islam. München 1991

Cahen, Claude, Der Islam I. Vom Ursprung bis zu den Anfängen des Osmanischen Reiches. Frankfurt a. M. 1968

Caspar, Robert, Traité de Théologie musulmane. Tome I, Histoire de la pensée religieuse musulmane. Rom 1996

Charour, Muhammad, Das Buch und der Koran. Eine zeitgenössische Lektüre. Kairo 1992 (Al-kitâb wal qur'ân. qirâât mu'âsira)

Charour, Muhammad, Die Sunna des Gesandten und die Sunna des Propheten. Eine neue Sicht. Beirut 2012 (*al-sunna al-rasûliya wal-sunna al-nabawiya. Ru'ya djadîda*)

Charour, Muhammad, Zu neuen Grundlagen des *fiqh*. Der *fiqh* der Frau. Damaskus 2000 (*nahwa usûl djadîda lil-fiqh al-islâmi. Fiqh al-mar'a*)

Châtelet, François, Geschichte der Philosophie, Bd. I: Die heidnische Philosophie. Frankfurt a. M. 1973

Cheffczyk, Leo, Tendenzen und Brennpunkte der neueren Problematik um die Hellenisierung des Christentums. München 1982

Coulson, Noel, A History of Islamic Law. Edinburgh 1964

Crone, Patricia, Hinds, Martin, God's Caliph. Religious Authority in the First Centuries of Islam. Cambridge 1986

Crone, Patricia, Cook, Michael, Hagarism. The Making of the Islamic World. London 1977

Crone, Patricia, Jewish Christianity and the Qur'ân (Part One). In: Journal of Near Eastern Studies (JNES) 74 no. 2 (2015) und (Part Two) JNES 75 no. 1 (2016)

Crone, Patricia, Meccan Trade and the Rise of Islam. Princeton 1987

Crone, Patricia, What do we actually know about Muhammed? https://www.opendemocracy.net/en/mohammed_3866jsp/

Dagron, Gilbert, Juifs et Chrétiens dans l'Orient du VII. siècle. Entre histoire et apocalypse. In: Dagron, Gilbert u. Déroche, Vincent (Hg.), Juifs et Chrétiens en Orient byzantin. Paris 2010

Dagron, Gilbert, Déroche, Vincent, Juifs et chrétiens en Orient byzantin, Paris 2010

De Prémaire, Alfred-Louis, Les fondations de l'Islam. Entre écriture et histoire. Paris 2002

Debié Muriel, Les controverses Miaphysites en Arabie et le Coran. Princeton 2017

Der edle Qur'ân, übersetzt von Scheich Abdullah as-Sâmit und Frank Bubenheim

Der Koran, übersetzt von Max Henning

Déroche, François, Qur'âns of the Umayyads. A First Overview. Leiden 2014

Déroche, Vincent, Polémique antijudaique et Émergence de l'Islam (VII.–VIII. siècles) in: Dagron, Gilbert, Déroche, Vincent (Hg.), Juifs et Chrétiens en Orient byzantin. Paris 2010

Deus, A. J., The Umayyad Dynsaty's Conversion to Islam. Putting Muslim Tradition into the Historical Context. From the Low Point Until ca. 692 AD. 2013

Die Lutherbibel

Donner, Fred M., Muhammad and the Believers. At the Origins of Islam. Cambridge 2010

Bibliografie

Ennaifer, H'mida, Les commentaires coraniques contemporains. Analyse de leur méthodologie. Rom 1998

Fiedrowicz, Michael, Theologie der Kirchenväter. Grundlage frühchristlicher Glaubensreflexion. Freiburg 2007

Fuda, Faraj, Dialog über den Säkularismus. Kairo 1986 (*hiwâr hawl al-'ilmâniya*)

Fuda, Faraj, Die verborgene Wahrheit. Kairo 1984 *(al-haqiqa al-ghâ'iba)*

Fuda, Faraj, Vor dem Absturz. Kairo 1985 (*qabl al-suqût*)

Gedaan, Fehmi, Die Grundlagen des Fortschritts bei den muslimischen Denkern in der modernen arabischen Welt. Beirut 1979 (*'Usus al-taqaddum 'inda mufakkiri al-islâm fil-'âlam al-'arabi al-hadith*)

Ghadban, Ralph, Kann der Islam mit Hilfe des „*fiqh*" modernisiert werden? In: Hünseler, Peter, Im Dienst der Versöhnung. Für einen authentischen Dialog zwischen Christen und Muslimen. Regensburg 2008

Gibson, Dan, Early Islamic Qiblas. A survey of mosques built between 1 A.h./622 C.E. and 263 A.H./876 C.E. Vancouver 2017

Gilliot, Claude, Origines et fixation du texte coranique. In: Études nr. 4096. Paris 2008

Goldziher, Ignaz, Stellung der alten islamischen Orthodoxie zu den antiken Wissenschaften. Berlin 1916

Guillaume, A., The Life of Muhammad. A Translation of Ishâq's Sirat Rasul Allah. Pakistan 1967

Guyot, Peter, Klein, Richard (Hg.), Das frühe Christentum bis zum Ende der Verfolgungen. Eine Dokumentation. Darmstadt 2006

Hager, Jamal bin Muhammad bin Ahmad, Die Koranisten und ihre Haltung zur Exegese. Kritische Studie. Jadda 2015 (*Al-qur'âniyûn wa mawqifuhum min al-tafsîr. Dirâsat naqdiya*)

Hegel, G. W. F., Vorlesungen über die Theorie der Geschichte, Frankfurt a. M. 1970

Heidegger, Martin, Identität und Differenz, Gesamtausgabe Bd. 11, Frankfurt a. M. 2006

Hourani, Albert, Arabic Thought in the Liberal Age 1798–1939. Oxford 1970

Hoyland, Robert D., Seeing Islam as others saw it: a survey and evaluation of Christian, Jewish, and Zoroastrian writings on early Islam. Princeton 2001

Hussein, Taha, Die vorislamische Dichtung. Tunis 1997 (*fil schi'ir al-djâhili*)

Ibn Abidin, Ala' al-din, *Hâschiyat qurrat 'uyûn al-akhyâr takmilat rad al-muhtâr 'ala al-durr al mukhtâr fi fiqh madhhab al-imâm abi Hanifa al-nou'mân*. Beirut 1995, Bd. I

Ibn Hischâm, Die Prophetenbiographie. Beirut 1996, Bd. I und Bd. IV (*al-sîra al-nabawiya*)

Ibn Madja, Kompendium von Ibn Madja. Nr. 3992 (*Sinan ibn Madja*)

Ibn Rajab, Kompendium der Wissenschaften und der Weisheiten. Beirut 2008 (*Jâmi' al-'ulûm wal hikam*)

Jawhari, Tantawi, Die Juwelen in der Exegese des edlen Korans. Kairo 1931, 2. Auflage (*al-jawâher fi tafsîr al-qur'ân al-karîm*)

Johansen, Baber, Contingency in a Sacred Law. Legal and Ethical Norms in the Muslim Fiqh. Leiden 1999

Johnson, Ian, A Mosque in Munich. Nazis, the CIA, and the Rise of the Muslim Brotherhood in the West. New York 2010

Juynboll, G. H. A., Syriac Views of Emergent Islam. In: Syriac Perspectives of Late Antiquity. Burlington 2001

Kerr, Malcolm H., Islamic Reform. The political and legal Theories of Muhammad 'Abduh and Rashid Rida. Los Angeles 1966

Klijn, Albertus F. J., Jewish-Christian Gospel Tradition. Leiden 1992

Lüdemann, Gerd, Janßen, Martina (Übers.), Bibel der Häretiker. Die gnostischen Schriften aus Nag Hammadi. Stuttgart 1997

Luxenberg, Christoph, Die syro-aramäische Lesart des Koran. Ein Beitrag zur Entschlüsselung der Koransprache. Erlangen 1993

Mansour, Ahmad Subhi, Der Koran reicht aus als Quelle für die Gesetzgebung. http://www.ahewar.org/debat/show.art.asp?aid=29467 (*al-qur'ân wa kafa masdaran lil taschri' al-islâmi*)

Markschies, Christoph, Hellenisierung des Christentums? Die ersten Konzilien. In: Graf, Friedrich Wilhelm, Wiegandt, Klaus (Hg.), Die Anfänge des Christentums. Frankfurt a. M. 2009

Marx, Karl, Engels, Friedrich, Werke, Berlin/DDR, Bd. 1. 1976

Meining, Stefan, Eine Moschee in Deutschland. Nazis, Geheimdienste und Aufstieg des politischen Islam im Westen. München 2011

Motzki, Harald, Die Anfänge der islamischen Jurisprudenz. Ihre Entwicklung in Mekka bis zur Mitte des 2./8. Jahrhunderts. Stuttgart 1991

Nader, Albert N., Le système philosophique des Mu'tazila. Premiers penseurs de l'islam. Beirut 1986

Nagel, Tilman, Geschichte der islamischen Theologie. Von Muhammed bis zur Gegenwart. München 1994

Nevo, Jehuda D., Koren, Judith, Crossroads to Islam. The Origins of the Arab Religion and the Arab State. New York 2003

Nöldeke, Theodor, bearbeitet von Friedrich Schwally, Geschichte des Qorans, Bd. I, Teil 1. Leipzig 1909

Nursi, Said, Worte. Köln 2003

Ohlig, Karl-Heinz, Das syrische und arabische Christentum und der Koran. In: Ohlig, Karl-Heinz, Puin, Gerd-Rüdiger (Hg.), Die dunklen Anfänge. Neue Forschungen zur Entstehung und frühen Geschichte des Islam. Berlin 2005

Perrone, Lorenzo, Von Nicaea (325) nach Chalcedon (451). In: Alberigo, Giuseppe (Hg.), Geschichte der Konzilien. Von Nicaenum bis zum Vaticanum II. Wiesbaden 1998

Pines, Shlomo, Notes on Islam and on Arabic Christianity and on Judaeo-Christianity. In JSAI 4 (1984)

Pohlmann, Karl-Friedrich, Die Entstehung des Korans. Neue Erkenntnisse aus Sicht der historisch-kritischen Bibelwissenschaft. Darmstadt 2012

Popp, Volker, Die frühe Islamgeschichte nach inschriftlichen und numismatischen Zeugnissen. In.: Ohlig, Karl-Heinz, Puin, Gerd-Rüdiger (Hg.), Die dunklen Anfänge. Neue Forschungen zur Entstehung und frühen Geschichte des Islam. Berlin 2005

Popp, Volker, Von Ugarit nach Samara. In: Ohlig, Karl-Heinz (Hg.), Der frühe Islam. Eine historisch-kritische Rekonstruktion anhand zeitgenössischer Quellen. Berlin 2007

Prémaire, Alfred-Louis de, 'Abd al-Malik b. Marwân et le processus de constitution du Coran. In: Ohlig, Karl-Heinz, Puin, Gerd-Rüdiger (Hg.), Die dunklen Anfänge. Neue Forschungen zur Entstehung und frühen Geschichte des Islam. Berlin 2005

Prokosch, Erich (Übers.), Molla und Diplomat. Der Bericht des Ebû Sehil Nu'mân Efendi über die österreichisch-osmanische Grenzziehung nach dem Belgrader Frieden 1740/41. Wien 1972

Qasmi, A. H., International encyclopedia of Islam. Isha Books 2006

Renan, Ernest, L'islamisme et la science. Paris 1883

Rida, Rashid, Das Kalifat. Kairo 2012 (*Al-khilâfa*)

Rida, Rashid, Tafsir al-Manar. Kairo 1953, 4. Auflage

Robin, Christian, Tayran, Sâlim, Note d'information. Soixante dix ans avant l'islam: L'Arabie toute entière dominée par un roi chrétien. In: CRAI 2012, I (janvier-mars) S. 525–553. Paris 2012

Rothstein, Gustav, Die Dynastie der Lahmiden in al-Hîra. Ein Versuch zur arabisch-persischen Geschichte zur Zeit der Sassaniden. Berlin 1899

Saadi, Rashid, Die neue Theologie in Iran. Für eine islamische politische Theologie, Suruj als Modell. Rabat 2018 (*'ilm al-kalâm al-djadîd fi iran: min adjli lâhût siyâsi islâmi djadîd, Suruj namûdhadjan*)

Sana Bey, Abdel Ghani (Übers.), Das Kalifat und die Macht der Nation. Kairo 1995, 2. Auflage (1. Auflage 1924) (*al-khilâfa wa sultat al-umma*)

Schäbler, Birgit: Religion, Rasse und Wissenschaft. Ernest Renan im Disput mit Jamal al-Din al-Afghani. In: Themenportal Europäische Geschichte, http://www.europa.clio-online.de/2007/Article=274.

Schacht, Joseph, An Introduction to Islamic Law. Oxford 1982

Schacht, Joseph, The Origins of Muhammadan Jurisprudence. Oxford 1979

Schnädelbach, Herbert, Aufklärung und Religionskritik, in DZPhil, Berlin 54 (2006)

Schulze, Reinhard, Geschichte der islamischen Welt im 20. Jahrhundert, München 1994

Sellin, Ernst, Die Theologie des Alten Testaments. Leipzig 1936

Shoemaker, Stephen J., Muhammad and the Qur'ān. In: Johnson, Scott Fitzgerald (Hg.), The Oxford Handbook of Late Antiquity. Oxford 2015

Tamcke, Martin, Der Patriarch und seine arabischen Christen. In: Kreikenbom, Detlev (Hg.), Arabische Christen – Christen in Arabien. Wiesbaden 2007

Tarabischi, Georges, Kritik der Kritik des arabischen Denkens. London 1998 (*Naqd naqd al-fikr al-'arabi*)

Theißen, Gerd, Die Religion der ersten Christen. Eine Theorie der ersten Christen. Gütersloh 2003

Van Ess, Josef, Theologie und Gesellschaft im 2. und 3. Jahrhundert Hidschra. Berlin 1991, Bd. I

Van Ess, Josef, Zwischen Hadith und Theologie. Studien zum Entstehen prädestinatianischer Überlieferung. Berlin 1975

Verghese, Paul, Koptisches Christentum. Die orthodoxen Kirchen Ägyptens und Äthiopiens. Stuttgart 1973

Walter, Michael, Probleme und Möglichkeiten einer Theologie des Neuen Testaments. In: Rieuwerd Buitenwerf, Harm W. Hollander, Johannes Tromp (Hg.), Jesus, Paul and Early Christianity. Studies in Honour of Henk Jan de Jonge. Leiden 2008

Wansbrough, John, Quranic Studies. Sources and Methods of Scriptural Interpretation. London 1977

Wansbrough, John, The Sectarian Milieu. Content and Composition of Islamic Salvation History. Oxford 1978

Watt, Montgomery, Muhammad in Medina. Oxford 1956

Watt, Montgomery, Muhammad in Mekka. Oxford 1953

Weger, Karl-Heinz, Religionskritik von der Aufklärung bis zur Gegenwart. Autoren-Lexikon von Adorno bis Wittgenstein. Freiburg i. B. 1979

Zirker, Hans, Religionskritik, Düsseldorf 1995

Videografie

V001 https://www.youtube.com/watch?v=HIYcx-noI_s
V002 https://www.youtube.com/watch?v=bkRzCyqKOTo
V003 https://www.youtube.com/watch?v=u5Qb7oQevfo
V004 https://www.youtube.com/watch?v=HUVns8w5NWg
V005 https://www.youtube.com/watch?v=h65KwcVd8gk&t=690s
V006 https://www.youtube.com/watch?v=1nyH9EKlDI8
V007 https://www.youtube.com/watch?v=qLbWvxQ5TcA&t=557s
V009 https://www.youtube.com/watch?v=cocvEHcpmQw
V010 https://www.youtube.com/watch?v=8y2p5Ll6hew
V011 https://www.youtube.com/watch?v=ynEsf4YjPIw

Videografie

V013 https://www.youtube.com/watch?v=aufribkPsF0&t=289s
V013 https://www.youtube.com/watch?v=B5Yh3Mo1ZTw
V014 https://www.youtube.com/watch?v=ltKgjIq3UK4
V016 https://www.youtube.com/watch?v=eISgwWH42NQ
V017 https://www.youtube.com/watch?v=6cZVV1Bhaq4
V018 https://www.youtube.com/watch?v=oAjtPti4Weg
V019 https://www.youtube.com/watch?v=baIkybuFb28
V020 https://www.youtube.com/watch?v=otO9nNPqmDg&t=165s
V021 https://www.youtube.com/watch?v=jcS-rYdZE8g&t=458s
V022 https://www.youtube.com/watch?v=8Jr3tIwWRn0
V023 https://www.youtube.com/watch?v=jyp2eDDnzHs
V024 https://www.youtube.com/watch?v=idMopSGjrlE
V025 https://www.youtube.com/watch?v=mPxt8ehyPfg&t=1518s
V026 https://www.youtube.com/watch?v=VnVwSA-emWo
V027 https://www.youtube.com/watch?v=r1_rIEmzHQ4
V028 https://www.youtube.com/watch?v=ubjyeTRoYHM&t=2224s
V029 https://www.youtube.com/watch?v=E8DP1kz3E8o
V030 https://www.youtube.com/watch?v=VQ6k5r1ZA1I
V031 https://www.youtube.com/watch?v=is1Pdrq7WI8
V032 https://www.youtube.com/watch?v=hMuBhJXJ5e0&t=909s
V033 https://www.youtube.com/watch?v=6-GKMZIieec
V034 https://www.youtube.com/watch?v=6an2Hm7wAB8
V035 https://www.youtube.com/watch?v=VZ11IwWWjOg
V036 https://www.youtube.com/watch?v=lfS5cW82UYg
V037 https://www.youtube.com/watch?time_continue=58&v=HlP4oeJmDtM&feature=emb_title
V038 https://www.youtube.com/watch?v=a0EzsKqOINM
V039 https://www.youtube.com/watch?v=fjGjQAKqHxc
V040 https://www.youtube.com/watch?v=ePvfO569WLY
V041 https://www.youtube.com/watch?v=eoANlj24rB8
V042 https://www.youtube.com/watch?v=bS47xSBJsxU
V043 https://www.youtube.com/watch?v=cByIh9tP_xE
V044 https://www.youtube.com/watch?v=Cnyj2nVg2H8
V045 https://www.youtube.com/watch?v=6_7w2zHJ8uM
V046 https://www.youtube.com/watch?v=1APQcdJtQxA
V047 https://www.youtube.com/watch?v=TOsej3XrtY8&t=78s
V048 https://www.youtube.com/watch?v=ionLMojC_x4
V049 https://www.youtube.com/watch?v=F9oou11aDPM&t=256s
V050 https://www.youtube.com/watch?v=Q-R6W2U50jI
V051 https://www.youtube.com/watch?v=fjI89XOg07A
V052 https://www.youtube.com/watch?v=v_HtiVOJlow&t=287s
V053 https://www.youtube.com/watch?v=Dhpy9sLvtVA
V054 https://www.youtube.com/watch?v=dbIT-FwyKV8

Anhang

V055 https://www.alqamar.tv/arb/alketab-alnatteq-132/
V056 https://www.youtube.com/watch?v=B_Ti4qIApIw&t=281s
V057 https://www.youtube.com/watch?v=oleP9QTuRvM
V058 https://www.youtube.com/watch?v=o-gnBeJb0BE
V059 https://www.youtube.com/watch?v=OzEywWD2cqs
V060 https://www.youtube.com/watch?v=akfLfRLBopk

YouTube-Autoren

Al-Allam, Dr. Ezzeddin: Marokkaner, Professor für Politologie

Al-Ghazzi, Scheich Abdel Halim: Iraker, schiitischer Religionsgelehrter, studierte in Qomm. Er war bei *hizb-al-da'wa* (Islamisten), dann folgte er dem Sufismus. Er gründete den YouTube-Kanal „*al-mawadda*".

Al-Maliki, Scheich Hassan Ferhan: Saudiaraber. Ein Religionsgelehrter aus der Universität in Riad, ist in der Bildung und Forschung tätig. Wegen seiner religiösen Debatten und liberalen Ansichten kam er ins Gefängnis.

Al-Qubanji, Scheich Ahmad: Iraker, schiitischer Religionsgelehrter aus *al-hawza al-'lmiya* in *al-nadjaf* im Irak. Sein Ziel ist die Bildung eines säkularen Islam. Er betreibt die YouTube-Kanäle: „*beit al-wejdân al-thaqâfi*" und „*muhâdarât ahmad al-qubanji*".

Al-Qumni, Sayed: Ägypter, er studierte Philosophie, nach der arabischen Niederlage im Junikrieg 1967 gegen Israel suchte er den Grund in der Zivilisation und nicht beim Militär. Er forschte über den Islam und wurde zum Hauptfeind der Islamisten. Er betrachtet den Islam als politische Religion.

Al-Rifâ'i, Adnan: Syrer, Ingenieur. Er hat einen modernen rationalen Ansatz und lehnt viel Überliefertes im Islam ab, wie die Abrogation und Sklaverei.

Al-Sawwah, Fares: Syrer, studierte Wirtschaft. Forscher über die Mythologien und Religionen des Nahen Ostens. Er betrachtet alle Religionen als gleichwertig und ihre Vielfältigkeit als notwendig.

Al-Siddiq, Dr. Yusuf: Tunesier, Anthropologe und Philosoph mit dem Schwerpunkt Anthropologie des Korans.

Al-Wardi, Dr. Hala: Tunesierin, Professorin für Romanistik an der Uni Tunis, Autorin und Forscherin in der islamischen Kultur. Ihr berühmter Spruch: Die rechtgeleiteten Kalifen haben die Politik islamisiert und nicht den Islam politisiert.

Al-Warimi, Dr. Najia: Tunesierin, Professorin für die islamische Zivilisation an der Uni Tunis. Mitbegründerin von Gläubigen ohne Grenzen.

Al-Yusufi, Dr. Ali: Marokkaner, Forscher über die Geschichte der Religionen.
Asîd, Dr. Ahmad: Marokkaner, Autor und Philosoph, studierte Philosophie in Rabat, beschäftigt sich mit der islamischen Kultur.
Aylal, Rashid: Marokkaner, Autor und Forscher über die islamische Geschichte.
Bân, Ahmad: Ägypter, Forscher über den Islamismus. Er war ein Anführer der Muslimbrüder in Ägypten, nach 22 Jahren Mitgliedschaft hat er sich von ihnen getrennt, weil sie sich weigerten, an dem Aufstand vom 25. Januar 2011 teilzunehmen (Arabischer Frühling)
Benjibli, Said: Marokkaner, studierte Islamwissenschaft. Er war sehr früh Mitglied einer salafistischen Bewegung. Nach dem Studium anderer Religionen fand er, dass sie ein Betrug seien, und verlor den Glauben.
Bruder Rachid: Marokkaner, Wirtschaftsstudium und Informatik, konvertierte mit 19 nach eigenem vergleichenden Studium zum Christentum und musste aus Marokko fliehen. Er ist der Meinung, wenn die Muslime den Islam richtig kennen, werden sie ihn verlassen. In diesem Sinn wirken seine YouTube-Kanäle mit viel Erfolg.
Buhairi, Islam: Ägypter, er hat Jura und Religionswissenschaft studiert. Er zweifelte an dem Wahrheitsgehalt der Sunna und machte Ibn Taimiya für die Gewalt gegen die Nichtmuslime und die konfessionellen Kriege unter den Muslimen verantwortlich. Er attackierte die religiösen Institutionen und warb für einen modernen aufgeklärten Islam. Er bekam 2015 eine fünfjährige Haftstrafe wegen Blasphemie und saß ein Jahr im Gefängnis. Nach seiner Entlassung machte er dort weiter, wo er aufgehört hatte.
Darwiche, Samir: Ägypter, Dichter und Chefredakteur der Zeitschrift „*al-thaqafa al-djadîda*" („Die neue Kultur").
Dhu Al-Fiqâr Al-Maghribi (Pseudonym): Marokkaner, konvertierte zum Schiismus. Er übt eine fundierte Kritik an der Sunna aus einem konfessionellen Standpunkt heraus.
Fayad, Dr. Nabil: Syrer, Apotheker. Er beschäftigt sich kritisch mit den Religionen und der islamischen Geschichte.
Fayyad, Dr. Muhammad: Ägypter, Professor für islamische Geschichte an der Uni von Tanta.
Abdel Samad, Hamed: Ägypter, Politologe und Publizist. Er übt eine radikale Kritik am Islam, wurde oft bedroht und steht unter permanentem Polizeischutz. Sein YouTube-Kanal „Hamed.TV" hat ein Millionenpublikum.
Hamid, Dr. Tawfiq: Ägypter, er ist Psychologe und war Mitglied der terroristischen Gruppe *al-djamâ'a al-islâmiya*, jetzt setzt er sich für einen Islam ein, der die Menschenrechte beachtet. Er ist Vorsitzender der Organisation „Islam für den Frieden".

Haraqan, Ahmad: Ägypter, er war ein Salafist und Prediger, bevor er Atheist wurde. Er ist eine Hauptfigur des Atheismus in Ägypten, tritt oft in Talkshows auf. Er ist ein YouTube-Aktivist und betreibt zwei Kanäle.

Hischam: Marokkaner, ein Atheist mit dem Pseudonym Hischam Nostik. Er hat verschiedene YouTube-Kanäle gegründet, zuletzt „hiwarât hischâm".

Ibrahim, Issa: Ägypter, er hat Publizistik studiert und arbeitet als Journalist und Autor. Ein Hauptkritiker der islamischen Kultur und Religion, auch des Staates, mit dem er ständig in Konflikt ist.

Ibrahim, Scheich Adnan: Palästinenser, Prediger der al-Schura-Moschee in Wien. Er gilt als Islamreformer.

Ishâq, Wissam Eddin: Syrer, studierte Islamwissenschaft und forschte über den islamischen Kalender.

Jamaladdin, Scheich Ayad: Iraker, er ist Religionsgelehrter, setzt sich für einen friedlichen Islam und einen säkularen, auf die Menschenrechte basierenden Staat ein.

Khanfir, Dr. Hajer: Tunesierin, Professorin für Kulturwissenschaft an der Uni Tunis, Mitbegründerin von Gläubigen ohne Grenzen.

Loay Al-Sharif: Saudi-Araber, er hat Informatik in den USA studiert und entwickelt Sprachprogramme für das Internet. Er lernte alte Sprachen und zeigte die Bedeutung des Aramäischen für das Verständnis des Korans auf.

Maher, Ahmad Abdou: Ägypter, Jurist beim Verfassungsgericht. Islamischer Denker und Kritiker von al-Azhar.

Mountaser, Dr. Khaled: Ägypter, er ist Arzt und Islamkritiker vor allem der Sexualität und Wissenschaftsvorstellungen. Sein berühmter Spruch: Ich versichere, dass das Handgeben keine Entjungferung verursacht.

Mustafa, Islam: Ägypter, Autor und Forscher über die islamische Zivilisation.

Nasr, Scheich Muhammad Abdullah: Ägypter, Religionsgelehrter, studierte an al-Azhar in Kairo. Er engagierte sich im Arabischen Frühling und war ein Prediger am Platz *al-tahrîr*. Er engagiert sich für einen humanen gereinigten Islam, musste auch mal ins Gefängnis. Er war Koordinator der Bewegung „Azhariten für einen säkularen Staat" und verlangte die Abschaffung der Ämter der Muftis.

Oson, Zakaria: Syrer, Ingenieur, beschäftigt sich mit der islamischen Geschichte und Religion.

Rashed, Scheich Mustafa: Ägypter, Absolvent von al-Azhar, Mufti von Australien und Neuseeland, Vorsitzender der internationalen Ulema-Union für den Frieden. Er ist Mitglied mehrerer Menschenrechtsorganisationen.

Rida, Scheich Ibrahim: Ägypter, Gelehrter aus al-Azhar.

Al-Tamimi, Scheich Gaith: Iraker, Religionsgelehrter aus der *huza al-'ilmiya* in *al-nadjaf al-aschraf*. Er war ein Anführer in der proiranischen Bewegung von al-Sadr und kämpfte gegen die Amerikaner. Sie verhafteten ihn vier Jahre bis zu ihrem Abzug 2010. Danach wandte er sich gegen die Islamisten und setzte sich für einen reformierten Islam und einen säkularen Staat ein.

Siraj Hayani: Syrer, mit 18 Jahren durfte er die Freitagspredigt in seinem Wohnort halten. Er begann, den Koran mit den Augen der Vernunft zu lesen, und entfernte sich vom Glauben. Er hat den Kanal „*al-nahda al-fikriya*" („Die geistige Renaissance") gegründet.

Smail: Ägypter, Forscher über den Islam.

Sultan, Dr. Wafa: Syrerin, während ihres Medizinstudiums in Aleppo erlebte sie, wie die Muslimbrüder ihren Professor 1979 umbrachten (die Muslimbrüder hatten 1979 in Syrien einen Aufstand veranstaltet), das löste ein Umdenken und eine Entfernung vom Islam in ihr aus, den sie als politische Ideologie betrachtet.

Zayed, Ahmad Saad: Ägypter, er studierte Wirtschaft, Politik und die Scharia. Er war Mitglied der Muslimbruderschaft, verließ sie, als er Humanist wurde. Seitdem engagiert er sich für den Menschen und forscht über den Islam.

Zuhaiya Juero: Tunesierin, Professorin für islamische Zivilisation an der Uni in Tunis. Mitbegründerin von Gläubige ohne Grenzen.

Glossar

'ibâda: Anbetung
'ibâdât: gottesdienstliche Handlungen
Ulema: die islamischen Religionsgelehrten
ahl al-'adl wal-tawhîd: die Bezeichnung der Mu'taziliten nach ihren Grundprinzipien Gerechtigkeit und Einsheit Gottes
ahl al-beit: die Nachkommenschaft Muhammads
ahl al-hadith: die Traditionisten
ahl al-ikhtisâs: die Experten
ahl al-kitâb: die Leute der Bibel, Juden und Christen
ahl al-ra'y: die ersten Juristen, die sich auf ihrer freien Meinung anstatt der Sunna stützten
ahl al-sunna: die Anhänger der Tradition des Propheten
akhbâr: alle erdenklichen Nachrichten
al-djamâ'a: die Gemeinschaft der Muslime
al-djihâd fi sabil allah: der Kampf auf dem Weg Gottes
al-fâtiha: die Eröffnende, die erste Sure im Koran
al-firqa al-nâdjiya: die errettete Sekte, die wahren Muslime

Anhang

al-kawniyât: die Koranverse, die vom Universum sprechen
al-mihna: der Streit um die Erschaffung des Korans (833–861)
al-nabiy: der Prophet
al-qiyâs al-'akli: rationale Interpretation
al-sahwa al-islâmiya: die islamische Erweckung, gemeint sind die Islamisten
al-salaf al-sâleh: die Altvorderen, das sind die Muslime der ersten drei Generationen
al-tub al-nabawi: die prophetische Medizin
amîr al-mu'minîn: der Anführer der Gläubigen
ansâr: die Anhänger Muhammads in Medina
beit al-hikma: Haus der Weisheit, das Institut für die Übersetzung fremder Werke; wurde vom Klaifen al-Ma'mûn 825 gegründet
bid'a, Pl. bida': eine Erneuerung, die nicht schariamäßig ist
dâr al-harb: das Gebiet des Krieges oder der Ungläubigen
dhimmi: Schutzbefohlene, das sind Juden und Christen
djâhiliya: die vorislamische heidnische Zeit in Arabien
djilbâb: Gewand über Kopf und Schulter
faqih, Pl. fuqaha: ein Rechtsgelehrter
fiqh: islamisches Recht
hadith âhâd: Überlieferung durch eine einzige Erzählerkette
hadith mutawâter: Überlieferung durch mehrere Erzählerketten
hadith: Überlieferung von Aussagen des Propheten
hanîf: Monotheist ohne Hilfe der Propheten
harâm: verboten
hidjra: die Migration Muhammads und seiner Anhänger von Mekka nach Medina 622
hudûd: das Recht Gottes, das der Mensch nicht annullieren kann
hûri, Huri: paradiesische Jungfrau
iblîs: Satan
ibn: Sohn
idjmâ': Konsens
ijtihâd 'aqli: geistige Anstrengung nach rationalen Regeln der Logik
ijtihâd schar'i: geistige Anstrengung nach Schariaregeln
ijtihâd: geistige Anstrengung
imârat al-istîlâ': Herrschaft durch Usurpation
kâfir, Pl. kuffâr: Ungläubige und Apostate
kâkem madani: Zivilgouverneur
kalâm: die islamische Theologie der Mu'taziliten
kasb al-af'âl: Aneignung der von Gott geschaffenen Taten
Khalifat al-rasûl: der Nachfolger des Propheten
khalifat allah: der Vertreter Gottes auf Erden
kufr: Unglaube und Apostasie
maghâzi: Razzien, Raubzüge

Glossar

mardja', Pl. marâdji': ein lizenzierter schiitischer Gelehrter, dessen Fatwas befolgt werden dürfen
maslaha: eigenes Interesse, Vorteil
mawâli: die nichtarabischen Konvertiten zum Islam
Mu'taziliten: die islamischen Theologen
muhadjirûn: die Exilanten, die Geflüchteten Muslime aus Mekka
mujâhidûn: die Kämpfer auf dem Weg Gottes
murdji'a: das Urteil über die große Sünde wird auf das Jenseits verschoben
mushrik, Pl. mushrikûn: die Beigeseller
qussas: Geschichtenerzähler der Tradition und anderer Geschichten
rabb: Gott
sahaba: die Gefährten des Propheten Muhammad
salaf: die Altvorderen
schahâda: die islamische Formel der Bezeugung Gottes und seines Propheten
shirk: Beigesellung
sihr: Magie, Zauberei
sira: die Biografie Muhammads
sudjûd: Niederwerfen
sunna: Sprüche und Taten Muhammads
ta'wîl: freie rationale Interpretation
tâbi'ûn: die Nachfolger der Generation der *sahaba*
takfîr: zum Apostaten erklären
talfîq: eklektische Auswahl aus verschiedenen Rechtsschulen
taqlîd: Nachahmung insbesondere einer Rechtsschule
taqwa: Frömmigkeit
tarîqa: Sufipfad
tawhîd: die Einsheit Gottes
um al-kitâb: das Urbuch
usûl al-fiqh: die Quellen des islamischen Rechts, des *fiqh*
wa'd: lebendig begraben
wilâyat al-faqîh: die Herrschaft des Gelehrten, eine Lehre von Al-Khomeini für die Legitimation seiner Herrschaft
zaqât: Almosen